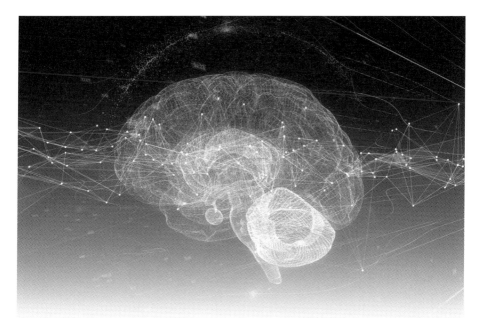

CONSUMER NEUROSCIENCE

コンシューマーニューロサイエンス

神経科学に基づく消費者理解と
マーケティングリサーチ

Moran Cerf
Manuel Garcia-Garcia 編

福島 誠 監訳
福島 誠・大須理英子・辻本悟史 訳

共立出版

CONSUMER NEUROSCIENCE

Edited by
Moran Cerf and Manuel Garcia-Garcia

Copyright © 2017 by Massachusetts Institute of Technology

Japanese translation published by
arrangement with The MIT Press
through The English Agency (Japan) Ltd.

Japanese language edition published by KYORITSU SHUPPAN CO., LTD.

刊行に寄せて

　消費者神経科学（コンシューマーニューロサイエンス）という新しい分野の総合的な書籍となる本書を歓迎し，喜ばしく感じている．コンシューマーニューロサイエンスのさまざまな側面の優れた専門家を集めてくださった Moran Cerf 教授にお礼を申し上げたい．

　消費者が判断や意思決定を行う方法に関するマーケティングの面からの長い研究を経た後に，本書は誕生した．マーケティング研究者は，消費者が常に合理的な意思決定を行うという経済学の前提を受け入れることに最初に疑問を呈した人々であった．消費者は自分の最善の利益に役立つものを合理的に選択するというのが，そのもとにある考え方であったのである．しかし，これが本当だとするなら，なぜ喫煙する消費者が存在するのだろうか？　なぜ消費者は老後に備えて十分に貯蓄できないのだろうか？　所得が低い消費者は，より安い車を買えばお金を節約でき，行きたい場所に行けるのに，なぜ高級車を買うことが起こりうるのだろうか？

　われわれは，多くの消費者がさまざまな非合理的な決定を下すことを前提とする．この非合理的な決定とは，客観的には最善の利益とならない決定を意味する．行動経済学という新しい分野は，非合理的な意思決定の概念やそのような行動の原因の発見に取り組むことをその基礎としている．心理学と行動経済学の融合と，その根底にあるメカニズムの研究に携わる科学者の増加に伴い，近年の神経科学は，（特に，ビジネス界全体への応用における）行動と意思決定とマーケティングの文脈において，人間の心理の理解に大きく貢献している．

　この分野の指導者の一人である Cerf 教授によって示されてきたことは，神経科学と心理学の理解の躍進によって，非合理的な行動の研究が進展し，行動や選択を予測する能力が向上する可能性があるということである．また，それは，われわれの行動や選択を改善する一助ともなりうる．

　神経科学に基づく手法を採用する消費財企業は増加しており，顧客が製品，ブランド，コミュニケーションにどのように反応しているかをより良く理解するた

めに利用されている．

　マーケター，マネージャー，また一般の読者にとって，コンシューマーニューロサイエンスに関する本書は，さまざまな製品やサービスを利用する際の人間の心の働きが実際どのようなものであるかを理解するための最良の入門書である．

SC ジョンソン国際マーケティング特別教授

フィリップ・コトラー

序文

『コンシューマーニューロサイエンス』第1版へようこそ．

近年，消費者神経科学（コンシューマーニューロサイエンス）の分野は大きく成長し，従来のマーケティング手法を完全に置き換えたり，神経科学の手法の使用を強化する企業が増えている．

マーケティングの世界に必然的に新しい技術をもたらすこのような変化に伴って，定性的な方法の代わりに，より定量的かつデータに基づいたマーケティングへ移行する動きが加速している．大規模なデータ，分析，統計的推論は日常的なマーケティングソリューションの一部となり，現代のマーケティングマネージャーに対する要求は日ごとに増えている．

嗜好や価値観の潜在的測定がマーケティングマネージャーの間でますます活発になることが予測され，その来るべき世界に向け，本書を提供したい．

コンシューマーニューロサイエンスの分野は大きく成長しているが，この分野の教科書や参考文献の数は不足している．さまざまな売れ筋の一般書は，この分野の可能性と重要性についての概要を提供するが，この分野において重要なプレーヤーになるためにマーケティングマネージャーが実際に知る必要がある実用的な一連の情報について扱ってはいない．

かくして，ソリューションの大部分は，主に神経科学者によって作られたブラックボックスに依存している．専門用語の障壁と，神経科学のコミュニティとマーケティングのコミュニティの間にある必然的な理解の欠如は，時に，この分野が生み出す無数の産物から具体的な成果を挙げる能力の妨げとなる．

本書は，まず何よりもこの問題を解決することを目標とする．

この本は，神経科学の知識を持たない人々が，この新しい分野におけるツール，手法，選択肢，そしてチャンスを理解するための講義などで利用する教科書となるべく執筆された．新任のマーケティングマネージャーが自分の関心のレベルに合わせてこの分野を順序立てて理解できるように，各章には，議論すべき問題点や，ケーススタディ，さまざまな例と要点が含まれている．さまざまな方法につ

いて深い数学的背景から幅広い可能性までをカバーし，ソリューションの詳細を知りたい読者のニーズも満足する．さらに，この分野の全体像を知りたい読者は，本書から幅広い概略をつかむことができる．多くの異なるレベルの読者にとって本書が有用であり，価値を見出せるものであることを期待したい．

本書は，ニューヨーク大学スターンスクール経営大学院，ノースウェスタン大学ケロッグ経営大学院，Burke Institute や，オンラインのコーセラ（Coursera）などにおける，コンシューマーニューロサイエンスに関する授業で使用され，洗練されてきた．この長年にわたる著者と共同研究者たちの経験が，読者に有益な学術的経験となることを願いたい．

本書の構成

まず第 1 章において，この分野の概要，既存の分野の中でのその位置づけ，そして来るべき今後の消費者インサイトを形作るための神経科学にとっての機会と可能性について説明することから始める．この章によって，新任のマーケティングマネージャーはこの分野の歴史と背景を理解でき，これから一緒に辿っていく道筋が明らかになるだろう．この章の著者は，Manuel Garcia-Garcia（広告業界を最先端に導く新技術の機会と可能性を評価することに重点を置く非営利団体である米国広告調査財団（Advertising Research Foundation; ARF）の研究開発部門シニアバイスプレジデント），Moran Cerf（ケロッグ経営大学院教授，コンシューマーニューロサイエンスとビジネスを研究する教授であり，消費者インサイトの収集を目的とした潜在分析手法の使用について，さまざまな機関でコンサルタントを務めている），Ana Iorga（コンシューマーニューロサイエンス分野を専門とする Buyer Brain 社の創設者）である．

第 2 章では，Yuping Chen（国立台湾大学教授），Ming Hsu（カリフォルニア大学バークレー校教授），Moran Cerf により，この分野を理解する上で必要となる生理システムとその用語を概説する．幅広く神経生理学に立ち入ることはせず，神経科学者によってよく使用される専門用語とマーケティングマネージャーが認識すべき専門用語の橋渡しを行い，後の章のより良い理解と，ツールの取り扱いに役立つ知識を提供する．

第 3 章では，Irit Shapira-Lichter（ラビンメディカルセンター教授）と Moran

Cerf が，われわれの感覚を支配するシステムや，周りの世界を評価し体験するシステム，そしてわれわれの知覚を提供する仕組みについて解説する．

脳に関する研究を理解するために必要な専門用語を身につけ，脳が世界を認識し体験を生成する仕組みに関する知識を得たところで，第 4 章では，マーケティングマネージャーが利用できる脳の研究手法について精査する．機能的磁気共鳴画像法（fMRI），脳波（EEG），視線追跡，バイオメトリクス，表情分析などの手法について議論し，読者に複数の選択肢と評価方法についての理解を与える．各手法の長所と短所，それぞれの性能と今後の課題，マーケティングマネージャーが認識すべき多数の可能性について，Moran Cerf が議論する．読者は，すべての選択肢について熟読してもよいし，自分のニーズに関連があるものに絞ってもよい．この章は，実際に仕事で使用することを目指す実務者が必要とし，複数の選択肢を評価するマネージャーにとって有益になるような深い理解を目指して執筆されている．

第 5 章では，Manuel Garcia-Garcia が，コンテンツと経験が脳に与える影響を研究する際に，マーケティングマネージャーが重要視すべき体系の一つである，コンテンツの将来評価のポイント（われわれが実際に注意を払っているかどうか）について解説する．神経科学において，われわれが配分する注意資源はどのように決められると理解されており，消費者の理解に向けて注意がどのように利用されているのか，といった事項とともに，われわれの注意を舵取りし操作するメカニズムを解説する．

第 6 章では，ニールセン・コンシューマーニューロサイエンスの Ingrid Nieuwenhuis が，マーケティングマネージャーが関心を寄せるもう一つの重要なメカニズム「記憶」について探求する．いかにしてメッセージを記憶に残し，固定して長期間使用されるようにすることができるのだろうか？ 記憶がどのように機能し，神経科学者が記憶の作用についていかに理解しているのかを議論することで，このような疑問に答える．

第 7 章では，Carl Marci（ニールセン・コンシューマーニューロサイエンス部門チーフサイエンスオフィサー，ハーバード大学医学部助教授）と Brendan Murray（ニールセン・コンシューマーニューロサイエンス部門クライアントサービスディレクター）が，まず感情の定義や理論を紹介し，続いて，その基礎とな

る神経プロセスと，それがいかに広告や消費者行動に関連するかについて論述する．また，マーケティング素材に対する感情反応を評価する方法を概説して，それらを用いた調査の実践事例を紹介する．

第8章では，Moran Cerf が，意思決定の理論と意思決定プロセスにおいて役割を果たす認知的要因を探究する．また，自由意志や消費者の購買意思決定の過程を理解するのに役立つ基礎研究についても議論する．さらに，従来のマーケティングのモデルに意思決定や神経科学の観点を応用して，モデルの改善の示唆を与える．

第9章では，マーケティング環境での人々の選択の理解を深めるために，Neal Roese（ノースウェスタン大学ケロッグ経営大学院教授，専攻は消費者行動）と William Cunningham（トロント大学ロットマンマネージメントスクール）が，報酬系と呼ばれる脳内メカニズムに焦点を当てる．報酬系は販売促進活動の主なターゲットであり，なぜコンテンツが消費者の行動に影響を与えるかを理解する上で重要である．

第10章以降では，ブランドの価値を生み出すために，これらすべてのシステムを実際に利用する方法について，より詳細に解説する．第10章では，Ming Hsu（カリフォルニア大学バークレー校ハーススクールオブビジネス教授）が，消費者がブランドと明示的でない繋がりを構築する方法や，ブランドエクイティが消費者の行動に与える影響を理解するのに役立つ神経科学的洞察を解説する．

人々がブランドとの関連を頭に刻み込む際に使う機能と様式を取り扱ったところで，マーケティングミックスとマーケティング戦略を神経科学のレンズを通して見ていく．第11章では，Neuromarketing Labs の Hirak Parikh, Davide Baldo, Kai-Markus Müller が，消費者のプライシングに対する認識と反応を説明するさまざまな認知プロセスについて紹介する．

第12章では，Dante Pirouz（ウェスタンオンタリオ大学アイヴィ経営大学院教授，専攻はコンシューマーニューロサイエンス）が，ソーシャルマーケティングの問題について，またコンシューマーニューロサイエンスがポジティブな行動の源となり，健全な行動を促しうるかについて説明する．

これらの方法，技術，機能，ツールは，すべて最終的に一つの目的，すなわち将来の行動の予測のために利用されるべきである．これによって，マーケティングマネージャーはこれらの価値を評価できるようになる．また，このような予測

は神経科学によって効果的にもたらされる可能性がある．

　第 13 章では，Moran Cerf が「ビッグデータ」分析と機械学習を組み合わせた事前知識が将来の予測にいかに役立つかを説明する．

　第 14 章では，David Brandt（ニールセン・コンシューマーニューロサイエンス部門エグゼクティブバイスプレジデント，広告効果戦略担当）が，消費者調査業界と，神経科学による業界の変化について解説する．David は，神経科学の文脈で広告テスト，ブランドエクイティ，パッケージテストなどの項目を扱い，こういった応用のそれぞれにおいて無意識の測定によって付加される効果と価値を取り上げる．

　第 15 章では，Maria Cordero-Merecuana（エモリー大学医学部），Daniela Somarriba（ニールセン・コンシューマーニューロサイエンス），Manuel Garcia-Garcia とともに，Julia Trabulsi（ニールセン・コンシューマーニューロサイエンス部門グローバルエンジニアマネージャー）が，神経科学の知識と技術の適用によって社会で生じる倫理的問題，またそれに対するコンシューマーニューロサイエンス産業の取り組みと対応について解説する．

　最後に，第 16 章では，Kimberly Rose Clark（ダートマス大学タックスクールオブビジネス教授，Merchant Mechanics 社チーフリサーチオフィサー）が，この分野の未来を象徴的に表すであろう優先課題と，可能性を秘めたプラットフォームについて説明する．

　本書は，世界中の多くのコンシューマーニューロサイエンスの講座で採用されている以上のような構成を通じて，消費者研究における神経科学の価値の概観を極めて実践的な形で提示することで，読者が専門能力を開発する助けとなることを目指した．この教科書では，学者と実務家の視点を融合し，消費者調査業界の将来および現在のリーダーにとっての応用の可能性と，科学的厳密さとのバランスを保つように努めた．

　本書が読者にとって役立ち，この成長し続ける分野の良い入門書になることを願ってやまない．

Moran Cerf
Manuel Garcia-Garcia

目次

第1章　コンシューマーニューロサイエンス入門　1
- 1.1　はじめに　1
- 1.2　行動の中枢としての脳　3
- 1.3　意思決定の神経科学の歴史　4
- 1.4　消費者と広告調査の歴史：意思決定　12
- 1.5　コンシューマーニューロサイエンス　14
- 1.6　なぜコンシューマーニューロサイエンスなのか？　16
  - 1.6.1　コンシューマーニューロサイエンスの利点　17
  - 1.6.2　コンシューマーニューロサイエンスの限界　18
- 重要ポイント　21
- 演習問題　22
- 参考文献　23

第2章　脳の生理学と解剖学　25
- 2.1　はじめに　25
- 2.2　神経科学を用いた消費者行動の理解　30
  - 2.2.1　報酬と意思決定：消費者の購入決定過程を理解する　31
  - 2.2.2　感情：消費者を突き動かすものを理解する　31
  - 2.2.3　注意：競争から一歩抜け出す　32
  - 2.2.4　記憶：永続する印象を消費者に残す　33
- 2.3　[付録] 脳領域の解説　34
  - 2.3.1　皮質領域　34
  - 2.3.2　皮質下領域　35
- 重要ポイント　36
- 演習問題　37
- 参考文献　37

第 3 章　感覚と知覚　　40

- 3.1　刺激検出の測定 ... 42
- 3.2　順応 ... 44
- 3.3　視覚系 ... 44
  - 3.3.1　刺激 ... 44
  - 3.3.2　視覚系の解剖学 ... 45
- 3.4　視覚情報の符号化と分析 ... 47
  - 3.4.1　物体認識 ... 50
  - 3.4.2　物体定位 ... 52
  - 3.4.3　結び付け問題 ... 52
- 3.5　聴覚系 ... 53
  - 3.5.1　刺激 ... 53
  - 3.5.2　聴覚系の解剖学 ... 53
  - 3.5.3　聴覚情報の符号化と解析 ... 56
- 3.6　嗅覚系 ... 59
  - 3.6.1　刺激 ... 59
  - 3.6.2　嗅覚系の解剖学 ... 59
  - 3.6.3　嗅覚情報の符号化と分析 ... 62
  - 3.6.4　嗅覚のマーケティングにおける利用 ... 62
- 3.7　味覚系 ... 63
  - 3.7.1　刺激 ... 63
  - 3.7.2　味覚系の解剖学 ... 63
  - 3.7.3　味覚情報の符号化と解析 ... 64
- 重要ポイント ... 64
- 演習問題 ... 66
- 参考文献 ... 67

第 4 章　手法　　72

- 4.1　どの手法を選択すべきか？ ... 72
- 4.2　手法 ... 78
  - 4.2.1　fMRI ... 79

	4.2.2	脳波	83
	4.2.3	顔面動作符号化システム（FACS）	92
	4.2.4	視線追跡	94
	4.2.5	陽電子放射断層撮影法（PET）	97
	4.2.6	生体信号を捉える他の技術	97
4.3	心理測定手法		98
	4.3.1	経頭蓋磁気刺激（TMS）	98
	4.3.2	潜在的連合テスト（IAT）	99
	4.3.3	電気生理学	100
4.4	［付録］神経科学研究のための定量分析		106

重要ポイント ... 112

演習問題 ... 113

参考文献 ... 114

第5章　注意　116

5.1	はじめに		116
5.2	トップダウン注意：意識的に駆動される目的志向の注意		119
5.3	ボトムアップ注意：注意のサリエンシーモデル		119
5.4	ボトムアップ注意に対する文脈の効果		124
5.5	低関与理論		125
5.6	視覚的サリエンスのバイアスとチェンジブラインドネス		126
5.7	脳における注意の測定		128
	5.7.1	視線追跡	128
	5.7.2	EEG	129
	5.7.3	バイオメトリクス	130
	5.7.4	脳イメージング	131
5.8	結論		132

重要ポイント ... 132

演習問題 ... 133

参考文献 ... 133

- 5.9 ［付録］テレビコマーシャルの評価における EEG の利用：香水を宣伝する二つの異なるスタイル 139
- 参考文献 149

第 6 章　記憶　151

- 6.1 記憶を支える脳領域 152
  - 6.1.1 海馬 152
  - 6.1.2 新皮質表現領域 154
- 6.2 忘却と想起の手掛かりの重要性 156
- 6.3 潜在記憶と単純接触効果 158
- 6.4 長く続く記憶の形成を可能にする原則 159
  - 6.4.1 反復 160
  - 6.4.2 感情 161
  - 6.4.3 既存の記憶 162
- 6.5 記憶の計測 164
- 重要ポイント 167
- 演習問題：ケーススタディ 167
- 参考文献 170

第 7 章　感情　172

- 7.1 はじめに 172
- 7.2 感情とは何か？ 172
- 7.3 感情はどのように作られるのか？ 174
- 7.4 感情の生物学：脳はどうなっているのか？ 176
- 7.5 感情の生物学：身体はどうなっているのか？ 180
- 7.6 測定方法 182
- 7.7 感情はマーケティングにどのように影響をもたらすか？ 189
- 7.8 マーケティングや売上とコンシューマーニューロサイエンスの指標の関係 191
- 重要ポイント 196

演習問題 197
参考文献 198

第 8 章　意思決定　　　　　　　　　　　　　　　　　　　205

8.1　はじめに 205
8.2　本当は誰が決定するのか？ 207
　　8.2.1　システム 1 の過程は脳が意思決定を導くための直接的な近道を提供する 210
　　8.2.2　システム 1 の過程はシステム 2 の思考も形作る 212
　　8.2.3　システム 1 は必要であれば覆されうる 213
　　8.2.4　文脈によって異なるシステムが優位になる 214
8.3　いつ決定するのか？ 217
8.4　どのような要因が意思決定に影響するのか？ 218
　　8.4.1　感情 218
　　8.4.2　認知的負荷 221
　　8.4.3　環境 224
　　8.4.4　文化 226
　　8.4.5　選択肢 226
　　8.4.6　記憶 228
8.5　意思決定の数理モデル 229
8.6　マーケティングミックスモデルを改善するための意思決定の応用 ... 231
　　8.6.1　価格 231
　　8.6.2　製品 232
　　8.6.3　プロモーション 233
　　8.6.4　流通 238
8.7　結論 239
重要ポイント 239
演習問題 240
参考文献 241

第9章　報酬系　　244

- 9.1 報酬とは何か？ 245
- 9.2 神経科学による報酬の評価はマーケターにどう役立つのか？ 246
- 9.3 「欲しいと思う」と「気に入っている」 251
- 9.4 ドーパミンの役割 251
- 9.5 報酬予測と報酬体験：顧客ロイヤルティにとっての意味 253
- 9.6 未来 255
- 重要ポイント 257
- 演習問題 257
- 参考文献 257
- 9.7 ［付録］神経美学：美学的に魅力のあるパッケージデザインの処理におけるドーパミン報酬の役割 260
- 参考文献 262

第10章　ブランドエクイティ　　263

- 10.1 はじめに 263
- 10.2 ブランドエクイティを定義する 265
- 10.3 ブランド知識 268
  - 10.3.1 連合記憶ネットワークとしてのブランド知識 268
  - 10.3.2 ブランド知識：多重記憶システムの見方 269
  - 10.3.3 ブランド知識に関する多重記憶システム 271
- 10.4 顧客の反応：知識を行動に移す 273
  - 10.4.1 目的志向的意思決定 vs. 習慣的意思決定 275
- 10.5 結論 277
- 重要ポイント 279
- 演習問題 279
- 参考文献 279

第11章　価格　　284

- 11.1 伝統的かつ非脳的アプローチ 285
  - 11.1.1 観察アプローチ 286

目次

- 11.1.2 調査アプローチ 286
- 11.1.3 なぜニューロプライシングか？ 287
- 11.2 価格認識の神経メカニズム 288
  - 11.2.1 製品認知 288
  - 11.2.2 価格認知 289
  - 11.2.3 製品の特徴としての価格の統合 290
  - 11.2.4 購入決定 290
- 11.3 ニューロプライシングを使用してゴルディロックス価格を見出す ... 291
- 11.4 ケーススタディ：ポテトチップスのパッケージの価格設定 292
  - 11.4.1 脳の信号をどのように計測するか？ 294
  - 11.4.2 妥当性と検証 294
- 重要ポイント 296
- 演習問題 297
- 参考文献 297

第12章 ソーシャルマーケティング　299

- 12.1 ソーシャルマーケティングとコンシューマーニューロサイエンスによる，より良いマーケティングと社会の構築 299
- 12.2 ソーシャルマーケティングとは何か？ 300
- 12.3 習慣性消費者行動の理解 302
  - 12.3.1 中毒的消費 302
- 12.4 機能するソーシャルマーケティングキャンペーンの創出 304
- 12.5 ソーシャルマーケティングの今後の方向性 308
- 重要ポイント 309
- 演習問題 309
- 参考文献 310

第13章 神経科学の知見をビジネス予測に使う　314

- 13.1 予測と不確実性 315
- 13.2 予測処理と脳 316
  - 13.2.1 予測誤差 317

	13.2.2	機械学習と予測	318
13.3	神経科学とマーケティングリサーチ	321
	13.3.1	fMRIと行動予測	321
	13.3.2	EEGを使用して消費者行動を予測する	323
13.4	脳とプロアクティビティ	323
13.5	コンシューマーニューロサイエンスを提供する会社は助けになるのか?	325
重要ポイント			326
演習問題			327
参考文献			327

第14章　マーケティング調査への応用　329

14.1	マーケティング調査の歴史		329
	14.1.1	「潜在意識」のマーケティングへの応用（初期）：否定的な姿勢	330
	14.1.2	神経科学活用の障壁	332
	14.1.3	ディスカッション	333
14.2	初期の神経科学に基づく研究の影響		335
14.3	神経科学の現状		337
14.4	今日の市場調査と今後		339
	14.4.1	コンセプトテスト	339
	14.4.2	広告テスト	342
	14.4.3	パッケージテスト	349
	14.4.4	ブランドエクイティ調査	352
14.5	今後の調査者		355
重要ポイント			356
演習問題			356
参考文献			357

第 15 章　コンシューマーニューロサイエンスにおける倫理　359

- 15.1 はじめに 359
- 15.2 脳神経倫理学の歴史 359
  - 15.2.1 臨床研究における倫理ガイドライン規制 360
- 15.3 コンシューマーニューロサイエンスの現実：現場において倫理的に考慮すべき事項 362
  - 15.3.1 インフォームドコンセント 363
  - 15.3.2 プライバシー 365
  - 15.3.3 不適切な操作 366
- 15.4 倫理的研究のための規制ガイドライン 366
  - 15.4.1 医療保険の携行と責任に関する法律（HIPAA）............. 366
  - 15.4.2 制度審査委員会 367
  - 15.4.3 ベルモントレポート 367
  - 15.4.4 ニューロマーケティングサイエンス&ビジネス協会（NMSBA） 368
- 15.5 科学的妥当性についての懸念 368
  - 15.5.1 予測の正当性と限界 368
  - 15.5.2 世界規模での科学的厳密性 369
  - 15.5.3 逆推論のリスク 370
  - 15.5.4 集団除外 370
- 15.6 コンシューマーニューロサイエンスへの批判 371
  - 15.6.1 コマーシャルアラート 372
  - 15.6.2 フランスにおける脳機能イメージング法規則 372
- 15.7 市場調査のための神経科学に対する支援に関する議論 373
- 15.8 コンシューマーニューロサイエンス研究の未来への展望 373
- 重要ポイント 374
- 演習問題 375
- 参考文献 376

第16章 コンシューマーニューロサイエンスの将来　378

- 16.1 はじめに 378
- 16.2 研究の標準化 380
  - 16.2.1 行動とビジネス成果を繋げる 382
  - 16.2.2 信頼性 384
  - 16.2.3 将来のベンチマーク 386
- 16.3 コンシューマーニューロサイエンスの将来のツール 386
  - 16.3.1 スタンドオフ技術 387
  - 16.3.2 ウェアラブル 388
  - 16.3.3 仮想現実（バーチャルリアリティ） 389
- 16.4 五感すべてへのマーケティングと測定 391
  - 16.4.1 嗅覚 392
  - 16.4.2 味覚 392
  - 16.4.3 触覚 393
- 16.5 知識 394
  - 16.5.1 アカデミア 394
  - 16.5.2 商業領域 395
  - 16.5.3 古いものと新しいものを結び付ける 395
- 16.6 データ 397
- 16.7 結論 399
- 重要ポイント 399
- 演習問題 401
- 参考文献 401

訳者あとがき　407

執筆者一覧　409

索引　410

■ ボックス一覧

ボックス 1.1	コンシューマーニューロサイエンスのベンダーの評価方法	19
ボックス 3.1	サブリミナル広告	43
ボックス 3.2	目の動きの追跡による，注意が向けられている場所の推測	47
ボックス 3.3	色	49
ボックス 3.4	音楽の心理的効果	58
ボックス 5.1	ルーマニアの主流のビールの正しいポジショニングは何か？	135
ボックス 7.1	シェルターペットプロジェクト	188
ボックス 8.1	選択にシステム 1 がどう関与するかに関する Millward Brown 社による調査	210
ボックス 11.1	アンカリング	293
ボックス 12.1	消費者行動の理解を目的とした神経科学ツールの利用についての懸念	304
ボックス 12.2	特定の消費者グループの保護	309
ボックス 14.1	感情的な広告のブランドへの作用を示すモデル	337
ボックス 14.2	広告認知とブランド認知のトラッキング	345
ボックス 15.1	ニュルンベルク綱領	361
ボックス 15.2	インフォームドコンセントについての練習問題	364

CHAPTER 1

コンシューマーニューロサイエンス入門

MANUEL GARCIA-GARCIA,
MORAN CERF, AND ANA IORGA

1.1 はじめに

> 消費者は自分がどのように感じているかを考えたりしないし，考えを言葉にすることもないし，言葉どおりに行動するわけでもない．
>
> David Ogilvy

消費者は自分がどのように感じているかを考えたりすることなどない．考えを言葉にすることもないし，言葉どおりに行動するわけでもない．これこそがコンシューマーニューロサイエンス（consumer neuroscience; 消費者神経科学）の主たる提供価値であり，マーケティングの刺激に対する脳の反応を理解することで，消費者の行動を理解し，影響を与えようとする理由はまさにここにある．

市場調査の世界において，常識破りと思われた広告キャンペーンの成功を従来の調査手法で予測できない事例はいくつもあった．Robert Heath 教授は英国の O_2 社における興味深い事例を好んで取り上げる（Heath 2012）．2001 年，小さな通信事業者であった Cellnet 社が分裂し，O_2 という社名で再出発する際，当時最大の通信事業者として急成長していた「巨人」Vodafone の面前でイベントが開催された．O_2 社は，軽快な音楽と青い水中の泡を用いた広告キャンペーンに多大な投資を行った．そして，意外なことに，4 年の間に O_2 は市場でのリーダーシップを獲得した．今になってみれば，あの水と泡こそがこの新しいブランドに

平等な自由さを感じさせ，携帯電話サービスプロバイダーとの固定的な契約の世界において稀有な存在感を与えたと論じることもできるかもしれない．しかし，本当のことを言えば，実際何があの広告キャンペーンを成功させたのかは誰にもわかっていないのだ．

このように，消費者を理解することは，たやすいことではない．しかし，消費者をその最も本質的なレベル，つまり脳を精査することによって，マーケターや広告主はその「ブラックボックス」の中身を照らし出すことができる．

本章では，コンシューマーニューロサイエンスの研究によって解決できるさまざまな課題と，解決することができない課題に目を向ける．このような研究の効果を過大評価すると，コンシューマーニューロサイエンスがすべての問題を解決するといった，誤った期待を与えてしまうことは容易に想像できるだろう．また，本章では，この種の研究の利点と限界を検討し，解決されるべき課題や基準（サンプルサイズ，調査機関，最適なコスト）に基づいて適切な手法を選択するためのガイドラインを提供する．これにより，実際に調査を依頼したい場合に，どのようにコンシューマーニューロサイエンスのベンダーを評価し，何を要求するべきなのかを学ぶことができるだろう．

あとで詳述するように，コンシューマーニューロサイエンスにはいくつもの限界がある．調査結果を評価する際，あらかじめそれらを考慮する必要がある．コンシューマーニューロサイエンスは（強力であることに違いはないが）深い洞察を与える一つの手法にすぎないし，読者の批判的嗜好を置き換えることもできないし，唯一の万能薬でもないことを忘れないでいただきたい．

大きな誤解の原因の一つは，コンシューマーニューロサイエンスが，特定の考えを消費者の心に植え付ける手段であるとクライアントが思ってしまうことである．この手法の目的は，刺激に対する消費者の反応の存在と誘発をより適切に評価することにある．また，それによって，消費者にとってより良い商品やサービスを創出することが目的であり，消費者の脳を操作することではまったくない．このようなことを念入りに説明し，クライアントに理解させることは，研究者の重大な義務と言える．

1.2 行動の中枢としての脳

　記憶想起やてんかんの臨床症状から，商品購入やサービスの利用に至るまで，脳活動によって人間の行動をさまざまなレベルで予測できるということが，複数の研究によって明らかにされている．以下の事例は，脳障害が行動に及ぼす劇的な影響を示すものだ．

　1966年8月1日のテキサス州オースティンは，当地の典型的な1日と思えた．朝のニュースは穏やかに晴れるその日の天気を伝えるとともに，米国上院選挙戦の討論会を集中的に報じていた．しかし，その日の出来事は，最も恐ろしい日の一つとして，オースティンの人々の記憶にこの日を留めさせることになった．

　その朝，20代半ばの工学専攻の大学生 Charles Whitman は，彼が通っているテキサス大学オースティン校へ車で向かっていた．彼はとりわけ暴力的であるとも，無遠慮なタイプであるとも見られていなかった．ジーンズ姿の Whitman は，大学に到着すると作業着を白いシャツの上に羽織り，装置を輸送する技官を装った．そのとき，彼がライフルやピストル，弾薬を手押し車に乗せた箱に隠し持っていることなど，誰も思いもよらなかった．Whitman は大学の本館（通称「ザ・タワー」）の展望台に到着すると，ザ・タワーの中にいた3人を殺害した上で，眼下のキャンパスにいた11人を殺害，33人を負傷させた．彼はすでに自分の妻と母親も，8月1日の早朝，大学キャンパスに向かう前に殺害していた．

　この凶暴な行為が始まった後，警察が到着してザ・タワーを包囲したが，Whitman は銃撃をやめようとはしなかった．警官が Whitman を狙撃し殺害することで，この凶暴な行為はようやく終結した．

　この事件の1週間前，Whitman は自分の机で日記を書いていた．奇妙な感覚に襲われ，自分がいつか「折れて」しまうことが怖いと書き綴っていた．さらに数か月前には，Whitman は大学医療センターの精神科医のスタッフと面会し，検診を受けている．その精神科医である Heatly 博士は，Whitman の敵意に満ちた感情を認識し，次回の訪問の提案をし，帰宅させた．だが，Whitman が再び訪問することはなかった．

　事件の前に書かれた遺書の中で，Whitman は死後の自分の体の検死解剖を要求している．死後，解剖が行われ，暴力衝動，不安，怒りなどを制御する脳の扁

桃体と呼ばれる部位に大きな腫瘍が発見されたが，腫瘍と Whitman の行動との因果関係は確立されなかった．

さて，読者の方々にはこの事件が常軌を逸しており，自分にはまったく関係ないと少しでも思われただろうか？ もしそうなら，再考してほしい．ある特定の濃度のエタノール分子によって，われわれが自分らしからぬ普段と違った振る舞いをしてしまうことは，読者も想像できるのではないだろうか？ エタノールは一般的にはアルコールと呼ばれている分子のことである．実際，適度な濃度のアルコールを少し飲んだだけでも，気分が解放され，冗談もよりおかしく感じられ，普段とは違った自分が現れるといったことがある．われわれの人格や好みは脳によってコントロールされており，われわれは突然変わってしまうことがある．神経科学者たちは脳を理解することで，われわれが何者であり，状況によってどのように振る舞うかについて，さらに正確に予測できるだろうか？

このような知見をいかにマーケティングに応用できるかを理解するためには，歴史的に意思決定と市場調査が社会でどのように理解されてきたのかを再検討し，両者がどの時点で影響し合うようになったかを見出す必要がある．

1.3 意思決定の神経科学の歴史

現代のマーケティングはテクノロジーの利用が進んでいるが，マーケターが持つ基本理念，推進力，動機の多くに，大きな変化はない．それはつまり，人間の行動を理解し予測するということである．ここ数十年の歳月を経て辿り着くことができた特筆すべき重要な変化がある．それは，問題解決に向けて，脳を調べることが可能になったことである．

その始まりは 12 世紀初頭に遡る．ウズベキスタンのブハラ出身の Avicenna (Ibn Sina, 980〜1037) は，生体指標を内面の感情状態と関係づけるためのシステムを開発したことから，コンシューマーニューロサイエンスの初期の先見者と言えるだろう．この生体指標は脈拍，皮膚伝導（発汗），瞳孔拡張など，現在のコンシューマーニューロサイエンスの分野でも使われるものである．これらは，広告によって生じる感情状態の推定において，高い表面的妥当性を示す，柔軟で非侵襲的な方法である．Avicenna は自伝の一つ *The Road to Isfahan* の中で，鬱病に苦しむ男性に出会ったときのことを次のように報告している．Avicenna は患

者の脈拍を手で測りながら，州，地区，町，通りの名前を列挙した．脈拍の変化を通じて，Avicenna は患者が恋していた女性の名前と住所を見つけることができた．恋している女性に関連する場所の描写によって生じた患者の内なる感情の状態を，現代の主要なコンシューマーニューロサイエンスの企業と同様に，彼は推察することができた（Mohamed 2008）．残念ながら，当時 Avicenna は脳から情報を直接記録する方法を持っていなかったため，「魂」の状態を末端の生体指標から推察するしかなかった．

16 世紀のキリスト教ヨーロッパは宗教のドグマに支配されていた一方で，科学革命を経て，多くの Galenus の論文と，アラブ諸国で起こった科学発展の影響を再発見した．人体の解剖は一般的となり，それが神経解剖学の誕生へと繋がった．脳がどのようなものであるかを観察できるようになったことで，科学者たちはそれぞれの立場を示し始めた——心の機能や能力は，特定の脳の部位に局在しているのか，それとも分散して存在するのか？ ほどなくして，科学者たちは心の機能を特定の脳の部位に割り当て始めた．

神経科学においては，目覚ましい発展がいくつも見られた．Thomas Willis（1621〜1675）が出版した図解入りの詳細な脳構造の解説には，反射と不随意運動についての記述と，さらに重要なことに，反射運動と脳の関連についての記述が含まれていた．反射運動はかつて脳とは独立に生ずるものと考えられていたが，Robert Whytt（1714〜1766）は瞳孔反射が中脳の活動と関連していることを示した．さらに，反射運動による防御機能が生存のためのメカニズムとして進化したおかげで，われわれの体が素早い決定を下せるようになったと主張した．Marshall Hall（1790〜1857）は，このような反射運動が無意識で不随意に起きる（さらに薬品によって変化させることもできる）ことを立証した．しかし，いまだに解消されていない疑問も数多く存在する．反射はわれわれが行う多くの意思決定と実際どのように異なるのか？ われわれは日常生活において，反射によって支配されているのだろうか？ 頭を使わず，脳を使うこともないのだろうか？

18 世紀の中盤以降に Benjamin Franklin が電気についての広範な研究を行った後，Galvani も含めた多くの人々によって，動物が電気を発生する能力を持ち，外部からの電気的刺激によって筋肉の収縮や運動を引き起こすことが観測された．電気生理学の基本的なコンセプトが考案され，脳やヒトの頭部から電気的活

動を直接記録する技術の土台が形成された．

　ニューヨーク市民であった William James（1842〜1910）は，この分野において最も影響力を持ち，議論の的ともなる思想家の一人である．彼が残した意識，感情，習慣についての論文は，コンシューマーニューロサイエンスを含む意思決定に関連する分野において依然として重要である．現在においても，彼の観点はさまざまな面において興味深い．読者自身が結論を導き出せるように，ここでそのいくつかを見てみることにしよう．

1. 「われわれが生得的に行う傾向がある習慣は，本能と呼ばれる」．これら生得的な本能や反射以外にも，習慣は生物の可塑性に基づいて形成されている，と彼は主張した．つまり，われわれの神経系は訓練され，その形に従って成長していく．これらの習慣によって，結果を得るのに必要となる動作は単純で正確なものとなり，必要な労力が軽減される．特に，われわれが動作するときの意識的注意は，習慣によって減ることになる．James いわく，運動が同時に組み合わさって生じるための第一の条件は，知的プロセスと並行して，注意にのぼらない感覚のプロセスがわれわれの内部で速やかに進行することである．

    ここで，読者が行う意思決定の中で，どれが習慣によってなされたものであり，合理的に説明がつくものがどれくらいあるか，考えてみてほしい．出勤する道のりでの一つ一つのステップを考えてみよう．地下鉄を使う人もいれば，自動車を運転して高速道路を使う人もいるだろう．車のブレーキのペダルを踏むとか，ハンドルを切るといった，1 分以内に行わなければならない意思決定のことを考えてほしい．このような意思決定に対する見方は，意識や自発性に対する伝統的な考えと対立するものであった．この見方は 20 世紀のほとんどの期間にわたる論争を経て復活を遂げ，今となっては意思決定，神経経済学において，そしてコンシューマーニューロサイエンスにおいても大きな役割を担っている．

2. Carl Lange とともに James が開発した理論では，生理的な変化が特定の感情の経験を誘発すると考えられた（図 1.1）．彼らが提案したのは，感情を感じた後に体が反応するのではなく，体の変化が先に生じるということ

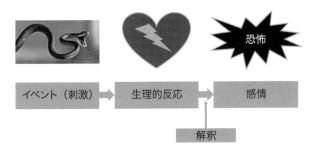

図 1.1 James-Lange モデル

であった．その後，脳が体の情報に対して反応し，それを解釈することで感情が体験される．言い換えれば，われわれは考えてから感じるのではなく，感じたあとで考えると，彼らは主張したのである．より具体的には，この理論によれば，ある刺激（読者の車線に突然入ってくる車や，道を横断しようとしているときに非常に速いスピードで突然近づいてくる車など）が生理的反応（心拍や呼吸を高め，体が迅速な応答をとる準備をする）を引き起こす．この生理的反応が大脳皮質によって知覚され，筋肉に情報を送り，刺激に対する応答（通りの反対側に走り出たり，車のブレーキのペダルを踏むといった動作）を行う．最後に，筋肉からの信号が大脳皮質に戻ってくることで，人々は感情（恐怖）を感じることになる．常識的には，クマを見かけたら，まず恐怖を感じて逃げ出すと思われるだろうが，クマに対する生理的な反応（震え）がまず起こり，逃げ出し，それから恐怖を感じると，James は考えた．この理論はコンシューマーニューロサイエンスに対して重要な示唆を与えている．それは，身体の変化やそれに繋がる脳活動を計測することで，本人が報告できることよりもずっと多くの情報が得られるということだ．

3. James は意思決定のさまざまなメカニズムの存在についても記述している．一つは合理的な論拠によって導かれるもの，もう一つはわれわれの自発的な選択によって行われるものである．James によれば，われわれの意思決定のほとんどは，自分の意思から導き出されるものではない．それは，外からの刺激に対する反応によるもの，習慣のような「自分自身への従属によるもの」，あるいは突然起こる気分の変化などによるものなのである．

このような自分の意思や合理的に判断を下す能力についての懐疑的な捉え方は，数十年にわたって論争の的となった．そして，脳を探求する技術を手にした今，非常にエキサイティングな研究課題となった．

4. James の注意についての論考は，繰り返し文献に引用され議論されている．「誰もが注意とは何かを知っている．われわれは注意によって，いくつかの同時発生しうる物事や思考の連鎖から，心が一つを選び出す．……注意とは，ある事柄に効果的に対処するために，別の事柄を遠ざけるということを意味し，混乱，眩惑され散漫とした，フランス語で distraction，ドイツ語で Zehrstreuheit と表記される脳の状態とはまったく正反対の状態である」．彼によってなされた注意プロセスの前提条件のすべて，すなわち，注意散漫を引き起こす外部の刺激も含め，同時に発生する事項を扱うことの困難さは，多くの研究者にとって，注意プロセスがどのように働くかを解明するためのインスピレーションとなった．さらに，連続した思考や気を散らせる物事を効果的に取り扱えないことは，個人の意志の観点からしても議論の余地があり，広告の仕組みを理解する上でも重要である．

　20 世紀の前半において，「行動主義」が出現する．これは観測可能な行動にのみ関心を持つ考え方である．その支持者は，行動は内的な状態や思考を調べることなく説明できると主張した．行動主義の時代の人物として，Watson, Skinner, パブロフ (Pavlov) が挙げられるが，パブロフは行動主義の支持者ではなかった．読者の多くは，行動のメカニズムを探るパブロフの犬の実験をご存知だろう．この実験では，犬は光や音による刺激の提示を受けた後に餌を与えられる．それを数回繰り返すと，犬はその刺激を餌と関連づける．これにより，犬は餌がなくても刺激の提示だけで唾液を分泌するようになる (Buchman and O'Connell 2006)．この刺激反応実験は観測不可能な事項については関知しないが，刺激と餌との関連は脳の中で形成されたものである．では，コカ・コーラとサンタクロースの関連と，それが脳の中で形成された過程について考えてみてほしい．

　同様に，Skinner の行動実験も観測可能な事象にのみ着目し，これらの行動主義者的な洞察によって緻密に調整されていた．Skinner の条件づけによれば，行動は環境内で動作し，その結果によって修正される．したがって，強化すなわち

報酬が伴う行動は維持され，懲罰が課される行動は取り止めになる．さて，これらの基礎条件の教育における明らかな影響に加えて，これらの論文と広告の関連性について少し考えてみよう．広告の一般的な目的は，製品を楽しませるという好ましい結果によって行動の強化を行い，購入行動を引き起こすことだ．まず，広告主は，商品と好ましい結果の間に何らかの関連性を作り出す必要がある．その結果，消費者は商品，ブランド，レーベルによって「涎を垂らす」ことになり，初めて購入する意欲を感じることになる．とはいえ，読者も思っているかもしれないが，著者もこんなに話が単純であったらと願うところである．

20世紀の後半には，行動主義者が認知過程について無視してきたことの反動として，新しい学派が現れてくる．行動主義者たちが思考を行動として捉えたのに対して，認知主義者たちは人々の思考様式が行動に影響すると主張した．それは行動主義への反動として浮上したが，認知心理学は，心理状態を受け入れた以前の学派の拡張であり，それらは認知行動療法による心理学的実践の発展において，うまく結合することとなった．

ここで過去に遡り，人格や意思決定と脳の関係を考える上で，革命的であった出来事を記述したい．この事例は，現代に至るまで何十年も研究されてきたものである．Phineas P. Gage（1823〜1860）はアメリカの建設現場監督であった．岩盤爆破の事故に遭い，そこで大型の鉄棒が彼の頭を貫通した．奇跡的に命に別状はなかったものの，鉄棒によって左前頭葉の大部分が損傷を受けた．この事例において興味深いのは，この損傷が事故後12年間の彼の余年において，彼の人格と行動に大きな変化をもたらしたという事実である．彼の担当医が報告したところでは，彼の雇用主たちは事故以前のGageのことを，働き者で責任感が強く，最も効率的かつ有能な監督であると評価していた．しかし，彼の事故後の心理的な変化は極めて大きく，この同じ雇用主たちは彼に監督を続けさせることはできないと考えた．Gageの担当医であるHarlow博士は，以下のように書き残している．

> 彼の知的能力と動物性との平衡またはバランスは，いわば破壊されたように見える．彼は気まぐれで無礼で，（以前の彼の習慣ではなかったのに）不遜で淫らな言葉を楽しみ，仲間に対してほとんど敬意を払わず，拘束や忠告が彼の欲求と合わないときに耐えることができず，時として執拗

に頑固である一方で，気まぐれで煮え切らず，将来の業務について計画を作っては捨てることを繰り返す．彼は知的能力と表現においては子供であるが，強い大人の男性としての動物的な激しい感情を持ち合わせている．学校で訓練されていたわけではなかったが，負傷する以前は，彼はバランスのとれた心を保っていた．彼を賢明でスマートなビジネスマンとして知っていた人々は，彼が業務のさまざまな計画に対して非常にエネルギッシュに粘り強く取り組むと感じていた．この点で彼の心は根本的に変わってしまった．そのため，彼の友人や知人は，彼はもはや Gage ではないと言った．

Gage は彼の行動を社会の状況に適応させることができなかった．現在では，社会的阻害に眼窩前頭皮質が関与することが知られており，この脳領域に病変を持つ患者では似たような行動が認められる．この事例は非常に重要であり，21 世紀においても関連する出版物を生み出し，臨床および健常者における多くの研究活動を動機づけてきた．このように新しく得られた知見は，ニューロイメージング技術がより発展した後に，意思決定，人格，社会的行動における前頭葉の脳領域の役割を理解するために検証されることになるだろう．

Hans Berger は，1928 年に頭の表面からヒトの脳の電気的活動を記録する脳波（electroencephalography; EEG）を発明した．その後の 20 世紀後半においては，ヒトについての神経科学に関する多くの技術が出現し，脳の内部を観察することで，脳の形状や機能について理解することが可能となった（図 1.2）．1970 年，コンピュータ体軸断層撮影（CAT）によって，脳の詳細な解剖学的画像を取得し，診断や研究に活用することが可能になった．1980 年代初頭には，単一光子放射断層撮影（SPECT）や陽電子放射断層撮影法（PET）により，より良い脳の画像を得ることができるようになる．この間に，核磁気共鳴画像法（MRI）が開発され，瞬く間に臨床診療に導入が広がり，高度な診断に貢献することになった．ほどなくして，PET によって測定された血流の変化は，侵襲性がはるかに低く，放射線被曝も伴わない機能的磁気共鳴画像法（fMRI）によって画像化できることが，科学者によって明らかにされた．

脳を調べることを可能にするこれらの技術の発展と，計算機の能力の大きな向上によって，研究者は人間の行動や意思決定に関してこれまで未解決だった多く

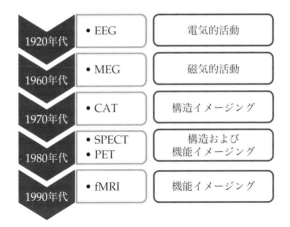

図 1.2　20 世紀に開発された手法

の問題を解決する手段を得ることとなった．

　さらに，この知識を実践し，ブレインコンピュータインターフェイス（BCI）を介して脳と機械の相互作用を促進するアルゴリズムと装置を開発する機会すらも得ることができている．21 世紀初頭は，消費者調査や自己健康管理などのさまざまな分野へのこうした技術の応用が顕著になっており，これらの方法論は，ポータビリティの大幅な進歩により実験室の外部へ持ち出せるようになり，より高い表面的妥当性を提供することになった．

　Gage の症例を研究し，人間の意思決定に関する歴史的な質問のいくつかに答えを与えた現代の神経科学者は，ポルトガル系アメリカ人の Antonio Damasio である．Gage と前頭葉に損傷を持つ他の患者の事例研究を通じて，身体から読み出した情報としての感情や，意思決定や社会認知を導く感情の概念といった William James のいくつかの視点を，Damasio は再び手にすることになる．Damasio のソマティックマーカー仮説は，感情とその生物学的基盤が意思決定にどのように（しばしば無意識的に）関わるかを説明するものである．彼は，扁桃体や前頭前皮質腹内側部など，意思決定に不可欠な感情に関わる皮質および皮質下の脳部位を明らかにした（Kandel, Schwartz, and Jessell 2000）．

　Damasio の論文の神経経済学およびコンシューマーニューロサイエンスへの影響の大きさは明白である．Daniel Kahneman のような他の研究者たちも，決定を下すためのさまざまなシステムについて執筆している．そのうちの一つは，

無意識で,素早く,感情によって駆動されるものだ.Robert Heath は,この考え方をわれわれの分野へとさらに一歩踏み出して,感情に導かれた暗黙の意思決定プロセスを広告の世界に用い,購入促進を図る広告キャンペーンを成功へと導いた.

ここまで考慮されてきたすべての知識と過去 10 年間に神経科学によって発見された数多くの応用の中で,コンシューマーニューロサイエンスはすでに広告主,メーカー,ブランドなどが消費者を理解し,マーケティングコミュニケーションと広告キャンペーンを最適化するのに役立ち,非常に著名な企業の成功を導いている.

1.4 消費者と広告調査の歴史:意思決定

広告の歴史は,古代エジプト人が販売メッセージや壁に貼るポスターを作るために使ったパピルスにまで遡ることができる.岩絵と壁画は,約 6,000 年前のインド岩壁画,そして今日でも世界のいくつかの地域で見られる,古代の広告スタイルである.

一般市民に文字を読む能力がなかった中世のヨーロッパにおいては,商人たちは自分の商品を描いた絵画や,時には大きな広場の通りでの呼びかけを利用して,消費者に向けて自社の商品を宣伝していた.

18 世紀には,英国の週刊新聞で印刷広告の掲載が開始された.19 世紀においては,現代の広告の父として知られているロンドンの Thomas J. Barratt がキャッチフレーズと画像を利用した効果的なキャンペーンを作り,Pears の石鹸を商標登録された初めてのブランドに導いた.高い文化・品質とブランドとの結び付きを作り出すために,彼は Pears の持つエクイティを調べ尽くした.彼は集中キャンペーンを通じて,独占的なブランドイメージと,製品の有用性を主張することの妥当性を強調した.

20 世紀の始まりにおいては,当時最も受け入れられた心理学派の広告への影響があった.そこで用いられた仮定のいくつかは正確ではなかったが,精神分析は大衆文化,臨床心理学,そして広告にも大きな影響を及ぼした.実際,Sigmund Freud の甥の Edward Bernays は,人間の本能を狙い,商品を購入したいという欲求を起こさせる原理を採用していた.これは,感情が消費者の行動に大きく関

わるということの，初期における興味深い利用例の一つである．

1920年代においては，心理学者のWalter D. Scottが同様のアイデアを，次のようにさらに発展させた．「人間は理性的動物と呼ばれているが，より正直に語るなら，暗示の生き物と呼ぶことができる．人間は理性的だが，大部分においては影響されやすいものである」．彼は，前述の行動主義の概念を広告に取り入れ，愛，憎しみ，恐怖に訴えることに焦点を当てた．

1960年代，広告は印刷物とラジオからテレビへと，メディアの多様化を目の当たりにすることになった．21世紀初頭に起こったのと同様に，宣伝活動は多額の支出を伴って，多様なメディアへと拡大した．雑誌，ラジオ，テレビという三つの異なる接点で同じ宣伝が露出されていた．

最も有名な広告理論であるAIDAモデルは，1899年に遡る．当時 E. St. Elmo Lewis は AIDA モデルを以下のように説明した．「広告の使命は，読者を引き付け，広告を見て読んでもらうこと．次に興味を持たせ，さらに読み続けさせること．そして，納得させて，読み終えたときにはそれを信じてもらうこと．もし広告がこれらの三つの成功要因を含んでいるのなら，成功した広告となるだろう」．AIDA は広告が誘発しなければならない四つのステップ，注意（Attention），関心（Interest），欲求（Desire），行動（Action）の頭文字である．それぞれのステップは，次のステップが生じるための必要条件とされている（図1.3）．

"広告の使命は，読者を引き付け，広告を見て読んでもらうこと．次に興味を持たせ，さらに読み続けさせること．そして，納得させて，読み終えたときにはそれを信じてもらうこと"

E. St. Elmo Lewis
1899

図1.3　AIDAモデル

前述したように，過去数十年の神経科学の進歩によって，意思決定における感情の役割を示す仮説を証明することが実現可能になってきている．Kahnemanの論文やDamasioの研究により，意思決定に関する確固とした理論が確立されたのに加え，厳格な科学的研究を通じてさらなる発展を遂げている．Heathや他の多くの学者たちの研究によって，これらの科学的知見を消費者調査と広告に結び付けることが可能になった．近年のコンシューマーニューロサイエンスの出現により，広告主は消費者の行動を，最も基本的なレベルである脳を観察することで理解することが可能になっている．

1.5　コンシューマーニューロサイエンス

コンシューマーニューロサイエンスは，ヒトに対する神経科学技術の発展の自然な結果として，また神経科学のより深い洞察が消費者研究にもたらした付加価値として出現した．しかし，それに加えて，人々がいかに意思決定を行うかについての考え方は，マーケターの哲学に基づいて始まった．比較的最近になって，意思決定に関するJamesのいくつかの仮説が神経科学的方法により立証されたことで，脳から直接得られるいくつかの洞察を用いて，必要な補完的な消費者調査が行われた．

消費者調査は，SOR（stimulus-organism-response；刺激−生体−応答）モデルなどの認知行動モデルに依存している．このモデルにおける「ブラックボックス」は，基盤となる脳プロセスを表す生体（organism）だ．個人の消費者を社会人口学的変数や人格変数として特徴づけ，消費者行動を理解し予測するために，既存の消費者調査の結果を利用できる．

伝統的に消費者の研究では，行動観察や報告によるサーベイ調査を通して，消費者の体験の異なる段階における，動機づけ，知覚，および高次認知プロセスを推測することを目的とする．伝統的な手法を用いて多くの洞察が得られる一方で，神経科学手法の利用によって研究者が直接「ブラックボックス」の中を観察することが可能になった．そこで，コンシューマーニューロサイエンスは，消費者の動機づけや認知プロセスについての洞察を得て，最終的には行動を予測することを目的としている．

意思決定に関するより洞察に富んだ理論の発展は，神経経済学と呼ばれる新し

い分野の出現に繋がった．この新しい分野は，経済的意思決定を理解し，経済学のモデルに指針を示すために，神経科学の洞察を用いる．

　しかし，コンシューマーニューロサイエンスには，消費者の意思決定を理解し予測する以上の多くのことが含まれている．これまで述べてきた根拠に基づいて，コンシューマーニューロサイエンスによって広告主が最適化できる対象は，テレビコマーシャルの流れ，オンラインユーザーインターフェイス，パッケージのデザインなど，マーケティングコミュニケーションプロセスの実にさまざまな段階にわたる．

　消費者調査と神経科学の組み合わせであるコンシューマーニューロサイエンスが目指すものは，神経科学の洞察と手法を用いて，消費者行動の理解を多くのさまざまなレベルにおいて促進することである．広告，コンセプト，パッケージ調査からブランド戦略や他のマーケティングコミュニケーションに至るまで，消費者調査において現存するコンシューマーニューロサイエンスの応用は数多い．

　コンシューマーニューロサイエンスの最も興味深い分野の一つは広告である．広告調査が数十年にわたって行われているにもかかわらず，広告の仕組みや効果的な広告の作成方法は明確になっておらず，また，広告キャンペーンの市場での成果を予測することはいまだに困難である．市場調査の分野での近年の神経科学によるブレークスルー以前は有力な理論であった上述の AIDA モデルにおいては，成功するキャンペーンとは，消費者の注目を集め，そして興味を生じさせ，その後に何らかの欲求を引き起こすことで最終的には行動に至らせるものであった．このように広く知られている直線的な論理は，無限の時間と認知資源が提供されるという信念を仮定している．これは日常の意思決定に適応した場合を考えると興味深いと言える．広告業界では，予期しないキャンペーンの成功を説明することが難しい場合がいまだに数多くある．ブラックボックスに窓を取り付けることで，市場での成功の予測に一歩近づくことができる．しかし，市場パフォーマンスに対しては，複数の変数が影響を及ぼすことを考えると，消費者の広告への反応を深く理解できるかどうかにかかわらず，広告効果だけからキャンペーンの成功を予測することは非常に困難である．ただ，いずれにしても，このような洞察は大きな役割を果たすであろうし，広告主は皆キャンペーンが消費者の脳に与える効果について理解を深めたいと思っている．

ブランド戦略の理解においては，実験室と市場調査業界は，どちらもコンシューマーニューロサイエンスを際立たせる素晴らしい機会となっている．報酬への期待によって活性化する脳の報酬系に焦点を当て，異なるブランドがどのように社会的強化子として働き，報酬系を活性化するかを研究者たちは示すことができている．さらに，神経科学はブランド構築のプロセスの仕組みを理解するのにも役立っている．よくある質問として，以下のようなものがある．ブランドエクイティを構築するにはどのくらい時間がかかるか？ 消費者の心の中で，そのようなブランドとの結び付きを築くには何が必要か？

1.6　なぜコンシューマーニューロサイエンスなのか？

なぜ別の市場調査の技術が必要なのか？ すでに市場には十分なツールが溢れているのではないか？ あまりにも多くのデータを収集しすぎて，どのように利用すればよいかもわからないのに，これ以上（ツールについて）頭を悩ませるべきなのか？

研究分野出身の実務家であれば，Ogilvy がかつて述べた以下の言葉が正しいと断言できる．「消費者は自分がどのように感じているかを考えたりしないし，考えを言葉にすることもないし，言葉どおりに行動するわけでもない」．それは，われわれは人間として仲間に喜ばれ受け入れられようと努力してしまうからであろう（Lieberman 2013）．だから，多くの人々は反駁するより同調しがちでもある．

これによって，社会的に望ましい回答が市場調査でいかに問題になるのかが説明できる．一般的に言えば，これはシステムエラーとして慣習的に受け入れられている「消費者過大申告」（consumer overclaim）と呼ばれているものだ．複雑な事後の検証によって，これらの偏りを較正し除外しようと試みられる．これこそが，コンシューマーニューロサイエンスを用いることでその価値を証明できる，少なくとも一つの状況と言えるだろう．コンシューマーニューロサイエンスが消費者が述べることができる以上のものに辿り着いたとき，人々の行動と態度の背後にある本当の動機のいくつかが明らかになる．

さらに，コンシューマーニューロサイエンスに価値がある別の理由は，購入意思決定プロセスの 95% もが無意識のレベルで行われるという Zaltman の見解に由来する（Zaltman 2003）．したがって，意識と無意識の両方を捉えるコン

シューマーニューロサイエンスは，非常に有益なものとなる．これがとても重要であることは，Ariely が，彼の著書（Ariely 2008）において「標準経済理論が想定しているよりもわれわれははるかに不合理である」と記述していることからわかるであろう．

　コンシューマーニューロサイエンスは，商品開発やマーケティング，コミュニケーションキャンペーンに関する企業のリスクを，ブランドの好みや購買行動を促す感情的かつ無意識の要因を特定することによって軽減する．

1.6.1　コンシューマーニューロサイエンスの利点

　ここでは，コンシューマーニューロサイエンスの主な利点をいくつか挙げる．

- コンシューマーニューロサイエンスは，消費者が言葉で述べる以上の状態を捉える．
- さまざまな刺激に晒されたときの顧客の脳活動を記録して分析することで，そのときどきに脳の中で何が起こっているのかを垣間見ることができる．これがわれわれにとって有用なのは，データの評価に高い精度を与えることになるからだ．
- プロセスが非常に短かったり弱かったりするため，人が気づかなかったり忘れてしまったりする一時的なプロセス（例えば，感情）を捉えることができる（Lee, Broderick, and Chamberlain 2007）．このようなプロセスは生理学的な痕跡を残すので，記録装置によって捉えて，さらに解析することができる．
- テストされる問題や題材が社会的にセンシティブであり，偽りや社会的に望ましい回答を与えることに特別なインセンティブを生み出す場合，コンシューマーニューロサイエンスは人々が制御できない脳の活動を記録するので，特に有用である．したがって，従来の研究方法をしばしば歪めてしまう戦略的行動や社会的欲求といったバイアスを除外することができる（Camerer, Loewenstein, and Prelec 2005）．
- 脳の活動を研究することによって，研究者は利益（製品を消費することで得られる喜びの期待値）が出費という苦痛を上回る価格ポイントを評価することができる（Knutson et al. 2007）．2013 年にドイツ Neuromarketing

Labs の Kai-Mueller が行ったスターバックスにおける調査は，最もメディアに活用された価格設定に関する研究の一つである．彼はスターバックスのトールサイズのコーヒーの価格に対する消費者の脳の反応を記録・分析し，人々は価格が約 33% 以上高かったとしても支払うことをいとわないとの結論に達した．スターバックスはコーヒー事業で上限の価格帯にあるとすでに認識されていたため，これは直観に反するものであった．

- コンシューマーニューロサイエンスによって，企業がメディアや広告費の投資対効果（ROI）を改善できることは重要である．メッセージを微調整し，消費者に最も大きな影響を及ぼす要素を選択することで，企業は広告費用をより有効に活用することができるだろう．

1.6.2　コンシューマーニューロサイエンスの限界

コンシューマーニューロサイエンスは強力な道具ではあるが，使用される手法やさまざまな研究分野で開発された方法論に起因するいくつかの限界が存在する．

コンシューマーニューロサイエンスが直面する主な限界の一つは，観察された人々の反応がなぜ現れてくるのかを提示できないことに起因する．顧客が新しい広告を気に入っているかがわかり，どの広告の要素を最も人々が気に入っているか（あるいは，どれを嫌っているか）も知ることができるが，なぜ人々がそれを気に入っているか（あるいは，嫌っているか）は知り得ないのだ．以前の結果と歴史的な挙動に基づいて，特定の因果関係を推定することができ，何らかの相関を計算することはできる．しかし，なぜ人々がそのように反応したかを確実に知ることはできない（Perrachione and Perrachione 2008）．もっとも，このようなことは重要でないと主張することもできる．なぜなら，最も重要なインパクトをもたらす要素や，人々が最も愛している製品が何であるかを知ることができるのなら，効率的なコミュニケーションキャンペーンを構築し，成功を収めることができるのだから．

もう一つの欠点は，研究の大半が実行されているのが人工的な研究室の中であり，実際の生活現場での人の反応と違ってしまう可能性があることだ．さらなる限界は，手法の時間分解能（fMRI, PET）および空間分解能（EEG, SST），倫理

的問題（TMS，fMRI，MEG），および費用（fMRI，TMS，MEG）に関する問題に由来する．

しかし，これらの技術の中には，消費者調査への応用がほとんどないものもある．絶え間ない技術開発により，これらのツールの多くは研究室の外に持ち出され，非侵襲的な装置によって比較的低い価格で無意識の反応の計測を可能にし，高い表面的妥当性を提供している．一部のベンダーにとっては，これらの新しい発展を利用する機会はしばらくないが，このような最先端の分野が使われないままであることはないだろう．

神経科学が遭遇する困難の一つは，ある脳パターンの発生に基づいて特定の精神過程が起こったという仮定を示す，逆推論である（Poldrack 2011）．あらゆる応用科学と同様に，コンシューマーニューロサイエンスは逆推論に依存しており，それ自体は欠陥ではない．もし仮にわれわれが脳と心の関係を完全に理解できたとすれば，これは完全に正当なものになると，Thomas Ramsøy は最新の彼のニューロマーケティングの本で主張している（Ramsøy 2014）．しかし，われわれの理解はまだそこまで達していないので，逆推論は慎重に使用されるべきであり，論文の主たる結論を引き出すのにこの慣行に専ら頼るべきではないということで，研究者は一致している．

脳がどのように機能するかを明らかにし，マーケティングに科学的なアプローチを導入することにより，コンシューマーニューロサイエンスによって研究者が従来のマーケティング理論を検証，再評価，または改善することを可能にする枠組みが作られる（Fugate 2007）．また，それによって消費者行動の根底にある精神プロセスをより深く理解し，企業がより良いコミュニケーション戦略を作り出すことも可能となる（Hubert and Kenning 2008）．

ボックス 1.1：コンシューマーニューロサイエンスのベンダーの評価方法

読者が所属する組織でコンシューマーニューロサイエンスの調査を検討しているが，どこから取り掛かったらよいかわからないとしよう．そんな場合に，将来のプロジェクトの成功を確実にするための，いくつかのステップがある．

まず，読者の組織において，そのような研究を行うのに正しいタイミングかどうかを評価しなければならない．キーパーソンが変化を受け入れて，結果を実行する取り

組みが行われているだろうか？

　第二に，調査の目的は何か，また答えを得たい質問は何かを明確に定義することが重要である．次に，調査する題材を決定する必要がある．読者の会社が，顧客の心の中で正しくポジショニングされているかを知りたいかもしれない．メディアに大きな投資をする前に，最新のテレビコマーシャルを評価したいかもしれない．あるいは，製品開発に携わっており，新しく改良されたバージョンの製品が，人々が期待するものであることを確認したいかもしれない．

　これらの事項を決定した後，探している答えを得るためにコンシューマーニューロサイエンスの最も適切なツールをベンダーとともに選択する必要がある．たいていの場合，いくつかの手法を組み合わせて課題に取り組むことが可能である．なぜなら，各手法は異なる洞察を提供でき，手法ごとに特定の短所があるが，組み合わせることでバランスのとれた結果が得られるからだ．例えば，EEGと視線追跡，ガルバニック皮膚反応（Galvanic skin response; GSR），表情分析，その他の生体信号計測手法を組み合わせて，テレビのコマーシャルを調査することができる．あるいは，fMRIを使うことも可能である．これらの技術はすべて異なる価格帯で提供されている．無制限の予算を持たない限り，得られる洞察と可能な予算との間で妥協点をとる必要がある．

　さらに，データ収集のプロセスも同様に重要であり，データの質が低下する可能性のある状況を避けるために特別な注意を払う必要がある．例えば，人々が家庭からオンラインで応答する潜在的連合テスト（implicit association test; IAT）の調査では，ありうる問題の一つはインターネット接続の速度と信号に関するものだ．

　速度が変化し，テスト中に接続が失われた場合，収集されたデータは破棄される．そのような状況を防ぐための特定の安全対策について，読者はコンシューマーニューロサイエンスのベンダーに確認したいと思うかもしれない．

　ベンダーを探す際には，その方法の妥当性（彼らが測定できると主張したものを実際に測定するべく，手法が適切に設計されていること）と信頼性（同じ条件下で同じ結果が得られること）を評価する必要がある．上記の測定の基準が満たされていると評価できる過去の事例の提示を要求することもできる．

　特に注意を必要とするのは，過大な主張に関することだ．まだ慣行が標準化されていないどの新しい分野でも起こりうるように，実際に提供できる以上のことを主張する企業が存在するかもしれない．このようなケースでは，方法論の妥当性や信頼性に関する問題がある場合や，調査が適切に設計されていない場合がある．過大な主張による競争は，聴衆を増やすためにあらゆる主張を拾うメディアの発信によって支えられてきた．そういったメディアは扇情的なニュースに飢えていて，厳密な科学によっ

て支持されているかどうかを気にすることはない.

　ニューロマーケティングサイエンス&ビジネス協会（Neuromarketing Science and Business Association; NMSBA）の責任者である Carla Nagel によれば[*]，協会はニューロマーケティング研究を提供する企業に品質マークとして機能する企業認定プロセスを導入し，過大な主張の発生率の低減に向けて第一歩を踏み出した．その品質マークは企業が有効かつ科学的な根拠に基づいたニューロマーケティングサービスを提供することを保証する．

　以下では，読者がプロジェクトのためにコンシューマーニューロサイエンスのパートナーを選ぶ際に使用できるチェックリストを提供する．

ベンダーのチェックリスト

- 会社概要：市場調査および神経科学手法の経験があるか．
- 技術ポートフォリオ：会社がどのような技術を採用しているか（伝統的手法か神経科学か，あるいは両者か）．
- 特定の手法と指標：会社が測定する指標（感情，記憶，注意など）．
- ポータビリティ：調査を実行するために必要な設定（実験室のみ，店頭，オンライン）．
- サンプルのサイズと構成：最小サンプルサイズはいくつか（また，それが検証されているか）．参加者の協力率と脱落率はどうか？ 調査に参加できる人に何らかの制限があるかどうか．
- 統計分析とデータベース比較：統計的検定手法，データベース基準，その他のモデリング分析．
- データ品質と妥当性：データの記録と分析のためのデータ品質の管理プロセス．
- ポリシーとコンプライアンス：対象者の保護とプライバシーポリシー．

---

[*] 著者の1人（A. I.）との個人的なメールでの回答による．

重要ポイント

　過去10年間，マーケティングマネージャーの間では，神経科学の知識がマーケティングメッセージの形成に役立ち，顧客の理解を向上させるために不可欠な役割を果たすことが理解されてきた．デジタルマーケティングを主流として導入する方向でマーケティングが過去10年の間に変化したように，コンシューマー

ニューロサイエンスはマーケティング全般にわたるわれわれの理解に影響を及ぼしていくことだろう．本章では，意思決定研究と神経科学の歴史について学び，脳を理解することが行動を理解するために重要であること，また，マーケティングマネージャーが消費者を理解するために，どのように神経科学を使ってきたかを見てきた．

読み終えた後に考えるべきいくつかの質問は以下である．

1. 有名な企業に対する読者の理解は，神経科学によってどのように促進されうると思うか？
2. 読者が行う意思決定のうち，どれくらいが合理的思考によるもので，どれくらいが感情的または非合理的意思決定だろうか？
3. 読者が二つの製品（例えば2種類の歯磨き粉）のどちらかを選ぶとして，自分が有用であると信じている属性だけに基づいて判断を行うことは，どうするとわかるだろうか？

これらの質問については，合理的および非合理的な意思決定プロセスに関する後の章でさらに議論する．

演習問題

1. ニューロマーケティングが今後克服しなくてはならない障壁とは何か？
2. ニューロマーケティングの主な長所は何か？　なぜそれが顧客にとって重要か？
3. 過大な主張がニューロマーケティングの実際の脅威になると思うか？　それはなぜか？
4. なぜ逆推論はニューロマーケティングで問題になるか？
5. 読者がニューロマーケティング調査から得た最も重要な洞察は何か？
6. 読者が大手小売業者の研究責任者だったとする．CEOはより多くの洞察を提供するよう求めており，読者はニューロマーケティングを試してみるべきか考えあぐねている．この場合，何を求め，どの方法論を使用すべきか？調査に適したパートナーをどのようにして選ぶべきか？　小グループに分かれて議論せよ．

7. 読者は中規模の研究機関のビジネス開発を担当しており，読者の会社が成長するための新しい方法論を継続的に評価しているとする．読者は，ニューロマーケティングを大きく取り扱った業界イベントに参加し，その内容を同僚と共有したいと思っている．小グループに分かれて，ニューロマーケティングの利点と限界について議論せよ．
8. 読者は大手菓子メーカーのマーケティング担当バイスプレジデントであり，fMRI 調査を行って，発売予定の新製品のフレーバーを評価したいと考えている．残念ながら，CEO は消費者の心を読んで操作しようとしているという印象を消費者に与えて反発が起こることを恐れているので，このプロジェクトにそれほど熱心ではない．別の同僚とペアを組んで，ニューロマーケティング調査が読者の会社にもたらす利益とリスクについて議論せよ．CEO が恐れているリスクは，どのように緩和できるか？

参考文献

Ariely, D. (2008). *Predictably irrational: The hidden forces that shape our decisions*. New York: HarperCollins.

Camerer, C., Loewenstein, G., & Prelec, D. (2005). Neuroeconomics: How neuroscience can inform economics. *Journal of Economic Literature*, 43, 9–64.

Fugate, D. L. (2007). Neuromarketing: A layman's look at neuroscience and its potential application to marketing practice. *Journal of Consumer Marketing*, 24(7), 385–394.

Heath, R. (2012). *Seducing the subconscious: The psychology of emotional influence in advertising*. Hoboken, NJ: Wiley-Blackwell.

Hubert, M., & Kenning, P. (2008). A current overview of consumer neuroscience. *Journal of Consumer Behaviour*, 7(4–5), 272–292.

Kandel, E. R., Schwartz, J. H., & Jessell, T. M. (2000). *Principles of neural science* (4th ed.). New York: McGraw-Hill.

Knutson, B., Rick, S., Wimmer, G. E., Prelec, D., & Loewenstein, G. (2007). Neural predictors of purchases. *Neuron*, 53(1), 147–156.

Lee, N., Broderick, A. J., & Chamberlain, L. (2007). What is "neuromarketing"? A discussion and agenda for future research. *International Journal of Psychophysiology*, 63, 199–204.

Lieberman, M. D. (2013). *Social: Why our brains are wired to connect*. Oxford, England: Oxford University Press.

Mohamed, W. M. Y. (2008). History of neuroscience: Arab and Muslim contributions to modern neuroscience. *IBRO History of Neuroscience*.

Perrachione, T. K., & Perrachione, J. R. (2008). Brains and brands: Developing mutually informative research in neuroscience and marketing. *Journal of Consumer Behaviour*, 7(4–5), 303–318.

Poldrack, R. A. (2011). Inferring mental states from neuroimaging data: From reverse inference to largescale decoding. *Neuron*, 72(5), 692–697.

Ramsøy, T. Z. (2014). *Introduction to neuromarketing & consumer neuroscience*. Rørvig, Denmark: Neurons, Inc.

Zaltman, G. (2003). *How customers think: Essential insights into the mind of the market*. Cambridge, MA: Harvard Business Press.

CHAPTER 2

脳の生理学と解剖学

YUPING CHEN, MING HSU, AND
MORAN CERF

2.1 はじめに

すべての思考や行動は最終的には脳から生じるため (Gazzaniga 2004), 経営者や企業は, 顧客の脳内で何が起こっているのかを理解することなく, 顧客を真に理解することはできない. この章では, 後の章で議論される脳の領域と回路についての基本的な知識を提供する.

人間の脳は, 複雑な 3 次元構造を持つ独特な機構である. 大人の人間の脳は重さ約 3 ポンド (1,500 g) で, 大きさはマスクメロンくらいである (Carpenter and Sutin 1983). 脳は少し桃色がかった灰色のクルミのように見え, われわれの思考, 感情, 選択を生み出す神経細胞 (ニューロン) によって構成されている. 人間の脳は, 異なる種類の約千億ものニューロンで構成されている. ニューロン間には約百兆の結合があり, 脳の 1 mm ほどの区画の中に, 銀河系の星の数よりも多い結合が含まれている. 個々の細胞は, われわれの遺伝的構成をすべて含んでいる. ニューロンは長く細い腕を介して結合し, 電気化学的信号によって互いに通信し合っている (図 2.1). このように複雑に絡み合った細胞の中に, われわれの思考, 感情, 記憶, アイデンティティといったものの構築単位であるニューロン (灰白質にその細胞体が存在する) がある. そして, このネットワークの骨格を形成する接着剤があり, これはミエリン (白質を構成している) で作られてい

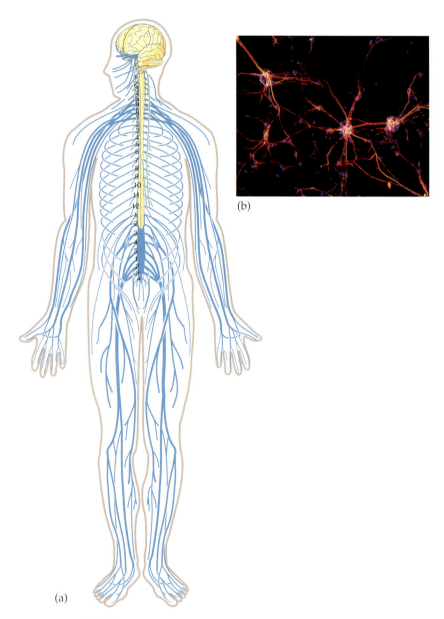

図 2.1 (a) 神経系，(b) 脳の中の神経細胞（ニューロン）．William Crochot による．

る．灰白質は，中核となる処理が行われる場所である．第 4 章で見る，脳のデータ分析の多くは，実際の思考に関与していないと考えられている白質をまず除外することで，脳機能の構造を統制するメカニズムではなく，われわれの行動に繋がるプロセスのみを分析対象とする．

　われわれの脳細胞であるニューロンは，典型的には三つの要素の組み合わせとして記述されている（図 2.2）．樹状突起（dendrite．「木」のギリシャ語．枝に似ていることから）として知られる入力の領域は，細胞体（soma）として知られるニューロンの中心に繋がり，そこで他の複数のニューロンから樹状突起に入力された情報がまとめられる．他の細胞からの入力のタイミングと入力の強さに基づいて，ある瞬間に細胞が受け取ったすべての入力を結合し，合計を計算する．その合計が応答を生成するために必要な入力の閾値を超える場合，細胞体はその出力のための唯一の枝である軸索（axon）を介して出力応答をする．かくして，各ニューロンは，それに入力を提供する複数のニューロンの活動を処理し，一度に一つの出力を生成する．実際には，この入力は，異なるニューロンの軸索から樹

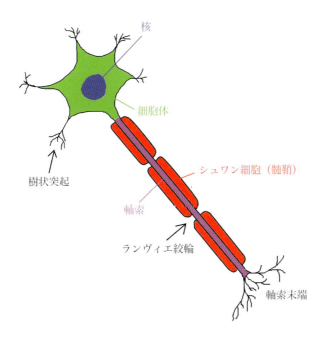

図 2.2　ニューロンの構造．Nick Gorton による．

状突起に伝えられた電気化学的な信号である．この一連の活動が，われわれの思考を形成する．細胞が送ってくる実際の信号は化学物質の変化であって，電圧の変化として記録される．各細胞は，ナトリウム，カリウム，カルシウム，塩素の組み合わせからなり，これらの細胞内外の濃度の変化が，発火活動を生み出す．神経科学者は，この発火をスパイクと呼ぶ（スパイクのイメージについては図 2.3 を参照）．ニューロンは素早く（1 秒当たり数十から数百の）スパイクを生じることもあれば，1 年に 1, 2 回だけスパイクするといったこともありうる．スパイク活動が細胞の主たる活動の指標である．つまり，ニューロンは，それが役割を担っているイベントが世界で発生したとき（例えば，特定の単語を考えたり，特定の感情を感じたりするとき），急激にスパイクを発する．したがって，ニューロンがスパイクするのはいつで，どのくらいのスパイクを生み出すかを知ることは，脳がその時々に何を処理しているかをわれわれが理解する一つの方法となる．

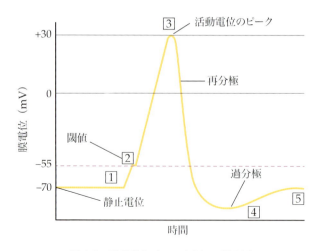

図 2.3 活動電位（スパイク）の概略図

重要な点として，ニューロンのスパイク活動は，慣例として普段の 1 秒当たりのスパイク数からの変化として計測される．典型的なニューロンは決して沈黙することはない．細胞は，それが好む刺激の存否にかかわらず，ときどき発火する．このように，神経科学者は，しばしば最初にニューロンの基準となる活動を測定し，関連するイベントが発生したときの活動と比較する．何かが起こったときに，

ニューロンは発火を増加（「興奮」と呼ぶ）させたり，基準以下に活動を低下（「抑制」と呼ぶ）させたりすることができる．一度に多く発火したある細胞は，同時に別の細胞にシグナルを送り，基準以下の発火レベルに下げることができる．したがって，脳が信号を符号化する複雑な方法は，多くの次元にわたる問題となる．神経科学者は，脳が機能や経験をどのように符号化するかを解明するために，多くの時間と資源を費やしている．この符号化のメカニズムが明らかにされれば，マーケティングマネージャーとしては，人が体験する特定のプロセスを評価する方法として利用することができる．

例えば，運動皮質として知られる脳の一部のニューロンの発火活動が腕の運動を引き起こすメカニズムを，神経科学者が明らかにしたとする．すると，われわれはこの情報の利用者として，計測によって運動皮質細胞の活動を傍受するだけで，そのニューロンに発火活動があれば腕の動きが1秒以内に起こるであろうことを予測できる．同様に，対象者の特定の感情や，脳内で想起される特定の記憶さえも，対象者に尋ねることなしに，しかもそのような考えが頭に上がってくることに対象者自身が気づく前に，読み取ることが可能になる．

脳は，皮質と皮質下領域に分けることができる．皮質領域は大脳皮質からなり，皮質下領域は視床，視床下部，小脳および脳幹から構成される．大脳皮質は，脳の高次認知および感情機能を司る．皮質（cortex）という言葉は，ラテン語の（木の）樹皮に由来する．なぜなら，皮質が脳の外層を構成する組織のシートであるためである．大脳皮質は，脳梁によって接続された二つの半球に分割されている．脳梁は両半球の通信の中継地点として機能する，幅広く平坦な神経線維の橋である（Carpenter and Sutin 1983）．いくつかの一般的な書籍では，この側方化（lateralization）が脳の機能において重要であると示唆されている（例えば，脳の右半球は創造的な側面に関与するのに対し，左半球は解析的処理に関与する）が，大部分の認知過程は両半球の活動によって支えられている（Gazzaniga 2004）．

二つの半球はほぼ対称的であり，各半球は後頭葉，側頭葉，頭頂葉，前頭葉の四つの主要な葉（lobe）にさらに細分化できる（図2.4）．これらの葉の内部の領域が司っているのが，知覚，感情，思考，計画などの意識的な経験，ならびに認知および感情の無意識過程である．大脳皮質の下には，皮質下（文字どおり「皮質の下」）と呼ばれるさまざまな構造がある（2.3節を参照）．

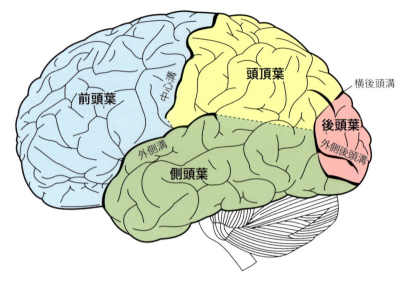

図 2.4 脳の皮質領域

2.2 神経科学を用いた消費者行動の理解

　脳がどのように意思決定を行うかを理解するためには，単一の脳領域での活動だけでなく，それらのネットワークがどのように連携して機能するかを理解する必要がある（Gazzaniga 2004）．顧客，従業員，競合他社，あるいは CEO の誰を理解したいかによらず，基本の部分ではわれわれの脳は肝心な特徴を共有していることを認識することが重要である．以下では，四つの神経回路と，それらがどのように消費者の理解に役立つかについて解説する．これらの回路と主要なマーケティング属性との対応づけを表 2.1 に示す．

表 2.1 マーケティングミックスの神経回路への作用

マーケティング活動	神経回路への主な作用
製品	意思決定，感情
価格	意思決定
プロモーション	感情，記憶，注意
流通	注意

2.2.1 報酬と意思決定：消費者の購入決定過程を理解する

読者が幸せを感じたときのことを考えてみてほしい．例えば，誰かが抱擁してくれたとき，褒め言葉をもらったとき，おいしいケーキを食べたときなどである．それぞれ理由は異なるが，これらの状況には類似の神経回路群が関与している (Wise 2004; Haber and Knutson 2010)．これが報酬経路または報酬回路と呼ばれるものだ．腹側被蓋野（ventral tegmental area; VTA）によってドーパミンが放出されると，それは扁桃体，線条体，および前頭前皮質の一部を含む報酬回路に広く伝達される (Missale et al. 1998; Spanagel and Weiss 1999)．読者が何らかの刺激を受け取り，VTAによりドーパミンが放出され，これらの経路に沿って移動するとする．そうすると，これが読者の体に良いものであると伝わり，また繰り返したいと思わせるのだ．これは，食べ物，セックス，社会的統合，特定の薬といった快い刺激に対する自然な反応である (Pierce and Kumaresan 2006)．ドーパミン受容体を持つこのような脳の部位に向かってVTAがドーパミンを放出すると，それらの脳領域はドーパミンを取り込む．

報酬とは，事象，行動的作用，内部の物理的状態（例：食べ物，性的接触，お金）などのポジティブな価値を記述する客観的な手段である．報酬はヒトに与えられる欲求刺激の一つであり，ヒトの行動を変えることができる．神経科学における報酬系は，快い結果を誘導することによって行動を調整し，制御しようとする脳構造の集合体である．その脳の回路は活性化されたときに，行動を強化する．そのような回路は腹側被蓋野，側坐核，前頭前野の一部などに存在するドーパミン作動性ニューロンを含んでいる．

2.2.2 感情：消費者を突き動かすものを理解する

お金，食べ物，住居などの具体的な報酬に対する欲求のもとで，われわれの行動は多種の気持ちや感情により引き起こされるが，そのうちのいくつかはわれわれが認識できないものを含んでいる (Chartrand 2005; Dijksterhuis et al. 2005)．例えば，われわれがお金を欲するという事実は，一部は手段価値，すなわちお金によって物を購入できることによっている．また，お金がわれわれに感じさせる無形の何かによるものでもある．例えば，お金により安心感を得たり，社会的な地位を他人に知らせることで肯定的な感情を促したりすることで，不安を和らげ

ることができる．

　マーケターにとって，購買決定の背後にある感情的な動機を理解することが重要である．なぜなら，それによって経営者に実用的な洞察を提供できるからだ（Westbrook and Oliver 1991; Bagozzi, Gopinath, and Nyer 1999）．ほとんどのマネージャーが直観的に理解していることは，それぞれの顧客は非常に異なる理由で同じ商品を大切にすることがありうるということだ．例えば，ある顧客は機能性を理由に新しい Apple Watch を購入するが，別の顧客は地位の象徴として購入するかもしれない．しかし，その理由は，マネージャーはもちろん，消費者自身ですらわからないことがある．そこで，神経科学によってこのような心情を明らかにする方法を提供するのである．

　感情（特に恐怖）の検出に関与する重要な脳領域の一つは，扁桃体である（LeDoux 1998）．扁桃体は脳内にあるアーモンド状の構造である．側頭葉の前方部分の海馬の近くに扁桃体は位置する．扁桃体は，特定の感情，特に恐怖を感じたり，他人の感情を知覚したりする能力にとって不可欠である．実際，われわれの生存に非常に重要なイベントに対する反応の多くが，扁桃体によって調整されているようである．われわれに差し迫った危険を警告するイベントは，扁桃体にとって非常に重要な刺激である．しかし，一方で，食べ物，性的パートナー，競争相手，苦しんでいる子供の存在などを示すイベントも同様である．

2.2.3　注意：競争から一歩抜け出す

　わずか 10 年前には想像もできなかった商品やサービスが膨大に現れて消費者に衝撃を与えるということが，これまで以上に起きている（Lynch and Srull 1982; Teixeira 2014）．このような場合，消費者の財布の取り合いだけでなく，消費者の注意の取り合いが起こる．これは，アイスクリームから最新電子機器に至るまで，新製品で消費者を引き付けることを狙う多くの業界で当てはまることだ（Teixeira 2014）．

　神経科学者は注意をボトムアップとトップダウンの 2 種類に区分する（Sarter, Givens, and Bruno 2001; Buschman and Miller 2007）．マーケターにとって，はるかに重要なのはボトムアップの注意，すなわち反射的な自動応答である．例えば，視界の隅に現れた突然の動きによって注意が引き付けられるようなものだ

(Sarter, Givens, and Bruno 2001).ボトムアップの注意の中心には，島皮質や頭頂前頭葉の回路が含まれる．このタイプの注意は，広告や他の販促活動にとって特に重要だ．ほとんどのマーケターは，ボトムアップの注意を喚起する機能を直観的に理解している．例えば，ティファニーの有名な青の色合いがそれに当たる．近年，神経科学者は，どの特徴が脳に対して顕著となるかを理解するために，脳を直接調べることによって顕著性（salience）検出を「リバースエンジニアリング」し始めている（Cerf et al. 2008; Zhao and Koch 2011）．これは潜在的に，消費者にとって何が顕著となるかを構築し予測する，データ駆動型で科学的原理に基づいた方法となりうる．

2.2.4 記憶：永続する印象を消費者に残す

現代の消費者がとっさの欲求によって動かされてしまうというのは，一般的な考え方である．かつてよりも消費者が「衝動的」である（それを示唆する説得力のあるデータは存在しないのだが）ということが本当だったとしても，消費者が自分の購買や消費の決定における習慣に忠実であり続けていることは確かである（Bettman 1979）．買い物行動に関する消費者調査のデータから，人々の購買と消費の約 45％ がほぼ毎日，通常は同じ状況で繰り返されていることが明らかになった（Wood and Neal 2009）．例えば，消費者は同じブランドの製品を購入し（Seetharaman 2004），同じ量を購入し（Vogel, Evanschitzky, and Ramaseshan 2008），同じタイプの食品を食べる傾向がある（Khare and Inman 2006）．

これは簡単に言うと，とりわけ時間をかけて見れば，消費者の記憶や習慣が，購買意思決定に重要な役割を果たしているということである（Alba, Hutchinson, and Lynch Jr 1991; Hutchinson, Raman, and Mantrala 1994）．記憶の研究者は，記憶を短期記憶と長期記憶の二つに分類する（Milner, Squire, and Kandel 1998）．短期記憶は，作業を完了するために情報の一部分を一時的に記憶することに関与している．短期記憶の関与は，前頭葉を含む脳領域に依存する（Baddeley 1966）．

おそらくマネージメントの観点から重要なのは，われわれの自伝的歴史と世界についての知識を構成する長期記憶である（Milner, Squire, and Kandel 1998; Schacter and Slotnick 2004）．長期記憶は，情報が短期記憶から海馬の関与に

よって移送されることで形成される．海馬は進化的に皮質の非常に古い部分であり，側頭葉の内側の襞に位置している（Moscovitch et al. 2006; Squire and Wixted 2011）．反芻したりさまざまな記憶術を駆使したりして新しい事実を覚えるとき，それらを海馬に渡すことになる．海馬はこれらの新しい要素間の関連の強化を，それを行う必要がなくなるまで続ける．皮質は，これらのさまざまな性質を関連づけることを学び，われわれが記憶と呼ぶものを再構成する．

2.3 ［付録］脳領域の解説

2.3.1 皮質領域

後頭葉：脳の後部に位置する，主要な視覚野の座であり，視覚情報の処理と解釈，文章の認識（内容ではなく，その存在の認識と解釈するための資源の分配）に関与する脳領域である．後頭葉は視覚情報を処理し，その結果を頭頂葉および側頭葉に引き渡す．

側頭葉：こめかみの後ろから後頭葉に向かう，言語と記憶の主要な処理中枢である．側頭葉は，聴覚，言語理解，視覚認識などを支援する．つまり，入力の集合が単一の概念に集約される多くの視覚認識のための最終地点であり，記憶獲得のための場所となるものだ．したがって，事象の分類にも深く関与している．また，側頭葉には感情の処理のための主な部位が存在する．つまり，側頭葉は，聴覚/視覚/触覚/嗅覚によって処理された情報が，単語として名前をつけられたり，あるカテゴリーのアイテムとして分類されたりすることで，意味のある概念に集約される場所である．したがって，側頭葉は，受容または表現のための言語処理を先導するウェルニッケ野（Wernicke's area）とブローカ野（Broca's area）が位置するところでもある．

頭頂葉：側頭葉の上にあり，後頭葉に隣接している．体性感覚皮質を含み，触覚および空間ナビゲーションに重要な役割を果たし，感覚処理，空間的解釈，注意，言語理解，および視覚的注意の配分を支援する．さらに，接触知覚としての触覚，温度知覚，および目的志向の随意運動に関与している．物体の操作（実際に製品を手に持つこと）や，特定の概念の理解を可能とするさまざまな感覚の統合にも関わっている．簡単に言えば，われわれの個性（感情，記憶，知覚）が座する中枢である．

前頭葉：額の後ろから頭頂葉まで伸びており，親類に当たる他の霊長類とヒトとを隔てる脳領域である．この大きな脳葉は，推論，意思決定，感覚情報の統合，および運動の計画と実行に関与する，いわゆる実行機能の座である．簡単に言えば，これはわれわれのアイデンティティと高度な処理が確立される場所である．われわれの意識，目的を設定して未来を計画する能力や，思考を抑制し，資源に注意を割り当てる能力もここに存在する．また，前頭葉は，時間知覚，（側頭葉へのフィードバックによる）感情的反応の制御，さらには（言語領域へのフィードバックによる）言語の内在化にも関与している．意思，環境の変化に対して反応を開始することや，さらに判断や想像力などの複雑な処理はすべて，ヒトにおいて画期的な前頭葉に集中している．

2.3.2 皮質下領域

小脳：脳幹の後ろに位置する．小脳（cerebellum）という単語は，「小さな脳」というラテン語に由来する．小脳は運動制御において重要な役割を果たす．小脳は運動を始動させることはないが，運動を調整したり，精度，バランス，平衡，正確なタイミングを維持したりする働きをする．さらに，筋肉の記憶に関与する反射運動のための記憶の座でもある．

脳幹：視床と脊髄の間にある脳領域である．脳幹の構造には，橋，延髄，中脳蓋，網様体，被蓋が含まれる．脳幹は，呼吸，心拍数および血圧，嚥下，衝撃的な刺激への応答，覚醒レベルの制御，バランス感覚などの基本的な生体機能の維持，ならびに自律神経系との連携や睡眠などに重要な役割を持つ．

視床下部：脳の基底に位置し，いくつかの異なる領域から構成されている．視床下部の一つの機能は体温の制御であり，下垂体も制御する．

視床：神経系の他の地域からの感覚情報を受け取り，大脳皮質にこの情報を送信する．運動に関する情報を処理するためにも重要である．

辺縁系（または辺縁領域）：扁桃体，海馬，乳頭体，帯状回を含む一連の構造である．これらの領域は，特定の状況に対する感情的反応を制御するのに重要である．海馬は記憶にも重要である．

基底核：淡蒼球，尾状核，視床下核，被殻，黒質を含む構造群であり，運動の調整に重要である．

中脳：上丘や下丘などの構造と赤核が含まれる．視覚，聴覚，眼球運動，身体運動において重要な役割を果たす．

海馬：短期記憶から長期記憶へ情報を定着させるための主要な要素である．空間ナビゲーションにも関与しており，高次の情報処理に不可欠である．

扁桃体：主に感情的事象の形成と保存に関与している．警戒すべき刺激への対応に関与しており，基本的に感情処理の多くに関わっている．

島皮質：感情の処理，社会的感情，内観，そして主に痛みを伴う経験の指標に深く関わっている．例えば，読者の腕を針で突くと，島皮質が活性化し，痛みのきっかけとなる．注目すべきことに，嫉妬や「支払いの痛み」などの社会的苦痛もまた，島皮質を活性化することが示されている．一般的に，内容の顕著性，高まった感情，社会的処理などはすべて，島皮質の活性化を示す．

側坐核（NAc）：報酬処理および強化学習処理の多くに関係している．

前帯状皮質（ACC）：「誤り検出」に関与することが知られている．簡単に言えば，間違いや異常を特定した場合，ACC（anterior cingulate cortex）がその存在を知らせるために活動することで，それを修正することが可能となる．マーケティングの文脈では，この活動を利用して，対象者の経験と反する内容の報告書を特定することができる．おそらく，神経科学的応答による行動の予測は，対象者の記述からの予測より高い精度を持つだろう．

眼窩前頭皮質（OFC）：前頭葉の一部であり，意思決定，選択肢の評価，および，運動野によって実行される選択肢に到達する複数の情報の統合に不可欠な役割を果たす．また，多くの先行する部位の制御ハブとして機能し，入力を感情や記憶に送り返してフィードバックし，将来の選択の前にそれらを変化させる．

重要ポイント

この章では，脳領域の概要，および，その部位とおおよその機能を説明した．マーケターが消費者の行動を理解するために特に重要な，四つの神経回路の機能を強調した．第一に，線条体，帯状皮質，前頭前野皮質を中心とする意思決定回路は，消費者がコストと利益を比較し，嗜好を最大化する行動を選択する能力を

担う．第二に，扁桃体のような進化的に古い核を多く含む感情の回路は，深くに潜んでいる消費者の欲望と恐怖を理解するために重要である．ただし，その一部には，意識へアクセスできず，自覚できないものもある．第三に，島皮質，外側前頭皮質，外側頭頂葉皮質を中心とする注意のための回路は，特に目につく広告のような顕著な刺激と事象の検出や応答に関与する．最後に，海馬や大脳新皮質の多くを含む一連の記憶システムの回路は，自伝的な詳細や世界についての知識など，消費者の記憶の基盤となる．ここでは解説しなかった，例えば言語に関する重要な神経回路も存在するが，上記の四つの回路は，消費者の行動，特にマーケティング活動がそれらの回路にどのように影響を与えるかを理解するための有用な出発点となるであろう．

演習問題

1. 脳の重さはどれくらいか？
2. 脳に含まれるニューロンの数はいくつか？
3. ニューロンとは何か？
4. スパイクとは何か？
5. ヒトの大脳皮質において，主要な葉（lobe）はどれか？
6. 報酬系に関係する主な脳の領域と，その領域間の結合について記述せよ．
7. 感情に関係する主な脳の領域を述べよ．
8. どの脳領域がボトムアップの注意を調節するか？
9. 海馬とは何か？

参考文献

Alba, J. W. J., Hutchinson, W., & Lynch Jr., J. G. (1991). Memory and decision making. In *Handbook of Consumer Behavior*, 1–49. Englewood Cliffs, NJ: Prentice-Hall.

Baddeley, A. D. (1966). Short-term memory for word sequences as a function of acoustic, semantic and formal similarity. *Quarterly Journal of Experimental Psychology*, 18(4), 362–365.

Bagozzi, R. P., Gopinath, M., & Nyer, P. U. (1999). The role of emotions in marketing. *Journal of the Academy of Marketing Science*, 27(2), 184–206.

Bettman, J. R. (1979). Memory factors in consumer choice: A review. *Journal of Marketing*, 43(2), 37–53.

Buschman, T. J., & Miller, K. E. (2007). Top-down versus bottom-up control of attention in the prefrontal and posterior parietal cortices. *Science*, 315(5820), 1860–1862. doi:10.1126/science.1138071.

Carpenter, M. B., & Sutin, J. (1983). *Human neuroanatomy*. Baltimore, MD: Williams & Wilkins.

Cerf, M., Harel, J., Einhäuser, W., & Koch, C. (2008). Predicting human gaze using low-level saliency combined with face detection. *Advances in Neural Information Processing Systems*, 20, 1–7.

Chartrand, T. L. (2005). The role of conscious awareness in consumer behavior. *Journal of Consumer Psychology*, 15(3), 203–210.

Dijksterhuis, A., Smith, P. K., Van Baaren, R. B., & Wigboldus, D. H. J. (2005). The unconscious consumer: Effects of environment on consumer behavior. *Journal of Consumer Psychology*, 15(3), 193–202.

Gazzaniga, M. S. (2004). *The cognitive neurosciences*. Cambridge, MA: MIT Press.

Haber, S. N., & Knutson, B. (2010). The reward circuit: Linking primate anatomy and human imaging. *Neuropsychopharmacology*, 35(1), 4–26.

Hutchinson, J. W., Raman, K., & Mantrala, M. K. (1994). Finding choice alternatives in memory: Probability models of brand name recall. *JMR, Journal of Marketing Research*, 31(4), 441–461. doi:10.2307/3151875.

Khare, A., & Inman, J. J. (2006). Habitual behavior in American eating patterns: The role of meal occasions. *Journal of Consumer Research*, 32(4), 567–575.

LeDoux, J. (1998). *The emotional brain: The mysterious underpinnings of emotional life*. New York: Simon and Schuster.

Lynch, J. G., & Srull, T. K. (1982). Memory and attentional factors in consumer choice: Concepts and research methods. *Journal of Consumer Research*, 9(1), 18–37. doi:10.2307/2488934?ref=no-x-route:39b8faf9e1d98d774368ba275342a391.

Milner, B., Squire, L. R., & Kandel, E. R. (1998). Cognitive neuroscience and the study of memory. *Neuron*, 20(3), 445–468.

Missale, C., Nash, S. R., Robinson, S. W., Jaber, M., & Caron, M. G. (1998). Dopamine receptors: From structure to function. *Physiological Reviews*, 78(1), 189–225.

Moscovitch, M., Nadel, L., Winocur, G., Gilboa, A., & Rosenbaum, R. S. (2006). The cognitive neuroscience of remote episodic, semantic and spatial memory. *Current Opinion in Neurobiology*, 16(2), 179–190. doi:10.1016/j.conb.2006.03.013.

Pierce, R. C., & Kumaresan, V. (2006). The mesolimbic dopamine system: The final common pathway for the reinforcing effect of drugs of abuse? *Neuroscience and Biobehavioral Reviews*, 30(2), 215–238. doi:10.1016/j.neubiorev.2005.04.016.

Sarter, M., Givens, B., & Bruno, J. P. (2001). The cognitive neuroscience of sustained attention: Where top-down meets bottom-up. *Brain Research Reviews*, 35(2), 146–160. doi:10.1016/S0165-0173(01) 00044-3.

Schacter, D. L., & Slotnick, S. D. (2004). The cognitive neuroscience of memory distortion. *Neuron*, 44(1), 149–160. doi:10.1016/j.neuron.2004.08.017.

Schultz, W. (2002). Getting formal with dopamine and reward. *Neuron*, 36(2), 241–263.

Schultz, W., Dayan, P., & Montague, P. R. (1997). A neural substrate of prediction and reward. *Science*, 275(5306), 1593–1599.

Seetharaman, P. B. (2004). Modeling multiple sources of state dependence in random utility models: A distributed lag approach. *Marketing Science*, 23(2), 263–271.

Spanagel, R., & Weiss, F. (1999). The dopamine hypothesis of reward: Past and current status. *Trends in Neurosciences*, 22(11), 521–527. doi:10.1016/S0166-2236(99)01447-2.

Squire, L. R., & Wixted, J. T. (2011). The cognitive neuroscience of human memory since H.M. *Annual Review of Neuroscience*, 34, 259–288. doi:10.1146/annurev-neuro-061010-113720.

Teixeira, T. S. (2014). The rising cost of consumer attention: Why you should care, and what you can do about it. *Harvard Business School Working Paper*, No. 14-055.

Vogel, V., Evanschitzky, H., & Ramaseshan, B. (2008). Customer equity drivers and future sales. *Journal of Marketing*, 72(6), 98–108.

Westbrook, R. A., & Oliver, R. L. (1991). The dimensionality of consumption emotion patterns and consumer satisfaction. *Journal of Consumer Research*, 18(1), 84–91.

Wise, R. A. (2004). Dopamine, learning and motivation. *Nature Reviews Neuroscience*, 5(6), 483–494. doi:10.1038/nrn1406.

Wood, W., & Neal, D. T. (2009). The habitual consumer. *Journal of Consumer Psychology*, 19, 579–592. doi:10.1016/j.jcps.2009.08.003.

Zhao, Q., & Koch, C. (2011). Learning a saliency map using fixated locations in natural scenes. *Journal of Vision (Charlottesville, Va.)*, 11(3), 9.

CHAPTER 3

感覚と知覚

IRIT SHAPIRA-LICHTER AND
MORAN CERF

　われわれの感覚は，周りの環境との通路である．感覚は，受容体と呼ばれる特有のニューロンを備えた感覚器官によって実現する．そこでは，環境から物理的なエネルギーを吸収し電気パルスに変える，変換と呼ばれるプロセスが起こる．電気信号は脳に伝達され，そこで処理され，解釈され，知覚を生成する．各感覚器官は，特定の種類および範囲のエネルギーを検出し，それ以外の種類のエネルギーや，範囲外のエネルギーに反応しない（表3.1）．伝統的に，視覚（見ること），聴覚（聴くこと），嗅覚（臭うこと），味覚（味わうこと），触覚（触れること）の五つの感覚様式がヒトにおいて同定されている．長年にわたり，より繊細な分類では，圧力，振動，温度変化，（痛みとして感じられる）組織損傷は，違うタイプの身体感覚として区別されている．また，前庭系と運動感覚は，それぞれ頭と体

表3.1　ヒトの感覚の伝統的な区分とそれぞれの感覚に関連するエネルギーの種類

感覚	感覚器	エネルギーの種類
視覚	目	光エネルギー
聴覚	耳	力学的エネルギー
嗅覚	鼻	化学エネルギー
味覚	口	化学エネルギー
触覚	肌	機械/熱エネルギー

の位置や動きに関する情報を提供する，さらに別の感覚である．特筆すべきことに，ヒト以外の種の動物は，ヒトが持つ感覚の一部を欠くことがある一方で，ヒトが検出できない種類のエネルギーを感知できたり，ヒトとは異なる感度の範囲を持っていたりすることもある．

この章では，最も研究されているヒトの感覚（視覚，聴覚，味覚，嗅覚）の主要な特性のいくつかを解説する．読者に留意してもらいたいのは，ヒトの感覚や知覚のほとんどすべての側面について，現時点での理解は限られているということである．符号化と構成の原理に関する現在の有力な理論について述べるが，まだ明らかにされていないことは多い．

各感覚系は，専属の感覚器官と，大脳皮質の第1次，第2次，および連合野から構成される．感覚情報は，主に階層的に処理される．最初の処理は，末梢感覚器官によって実行され，続いて皮質下の構造，次に第1次，第2次，連合皮質へと処理が進む．

各領域は，階層内の下の領域から情報を受け取って処理し，それを階層内の上の領域に送り出す．通常，感覚系の低い階層に位置するニューロンは，環境の小さな部分からの情報を収集して処理し，これが，小さな空間受容野として明示される．第1次感覚野は，皮質において最も低次で単純な感覚領域であり，受容体からたった数個のシナプス[1]を経由して，感覚入力を受け取り，視覚においては単純な輪郭や色，聴覚においては音高（ピッチ）などの単純な感覚の性質を検出することに高度に特化している．第2次感覚野は第1次感覚野を囲うように存在し，第1次感覚野からの情報を統合するが，それでも感覚刺激の比較的基本的な側面を処理する．階層構造の高次には感覚連合野があり，低次の皮質や他の情報源から来た情報を組み合わせて処理し，複雑な刺激を表現する．最も高次の大脳皮質連合野はマルチモーダルな情報を統合し，言語，計画，意思決定などの特定の感覚情報だけに依存しない，高度な精神機能を生み出す．

ボトムアップ処理とも呼ばれる上述の逐次的でフィードフォワードな伝達形式に加えて，多くの感覚領域は，階層的順序を迂回する接続を介して，皮質下や皮質領域に直接接続されることは特筆すべきであろう．このような接続によって，異なる経路を介して感覚情報を伝達し，階層をバイパスし，フィードバックする

---

[1]　【訳注】ニューロン同士の結合部分．

ことも可能になる．感覚野と，感覚系以外の大脳皮質のさまざまな部位との間には，さらなる相互の接続が存在し，トップダウン処理と呼ばれるような，高次のプロセスによる知覚の調節を行うための舞台を整えている．皮質で起こるすべての段階での感覚処理がトップダウンの調節を受けることを示す証拠もある．例えば，猫の第 1 次聴覚野におけるいくつかのニューロンは，特定の音声周波数に対して，それが特定のシーケンスの一部として現れたときに，より強い応答を示した（McKenna, Weinberger, and Diamond 1989）．この結果により，高次の性質である文脈といったものが，低次ニューロンが動作する仕方に影響を与えることがわかる．このように，知覚は，やってくる感覚入力によって決定論的に確定するわけではなく，文脈，期待，感情，注意などの要因から，処理の初期あるいは後期の段階でかなり影響を受けるのである（Moran and Desimone 1985）．

3.1 刺激検出の測定

われわれの感覚系は非常に鋭敏であり，それは刺激が非常に低い強度（絶対閾値と呼ばれる値）においても確実に検出されることから明らかである．ヒトはまた，非常に類似した刺激を区別することができ，これは弁別閾と呼ばれる．弁別閾は，刺激強度の関数として変化し，刺激がより強くなればなるほど弁別閾は大きくなる（Weber の法則）．絶対閾値と弁別閾の両者は，精神物理学実験において実験的に定量化される．典型的な実験では複数の試行が行われ，それぞれの試行では，刺激は存在するか存在しないかのいずれかであり，参加者は刺激を検出できたか否かを伝える．このような実験は，さまざまな動物種，感覚，ならびに感覚的性質の相対感度に関する現在の知識の基盤となっている．例えば，ヒトは音の強度よりも光の強度に敏感であり，音に関しては強度よりも周波数に対して敏感である．この種の情報はサブリミナル広告で使われている（ボックス 3.1）．異なる動物種の弁別閾は異なり，同じ動物種同士でも個体差があることに注意されたい．

上記のような実験において暗に仮定されていることは，「はい」の回答が刺激の検出を意味するということである．しかしながら，閾値は固定されているものではないし，感覚に生じる障壁のみによって検出が決まるのではない．むしろ，閾値に近い刺激に関する判断は，不確実な状況で行う困難な知覚に基づいた決定で

ある．したがって，決定は二つの要因，すなわち対象者の刺激に対する感度と判断基準によって影響される．

その判断基準には，心理学的状態あるいは生理学的状態（またはその両方）から生じることがある応答のバイアス（例：疲労，戦略，期待）が反映されている．例えば，列車の運転士が線路を横断する車の存在を示す信号の点灯を見たかどうかが確かでなかったら，基準をより低くして電車を停止し，見逃すことによって引き起こされる事故よりも誤警報（false alarm）（表 3.2）を選ぶであろう．同じような曖昧な点灯が却下される（つまり，存在しないと見なす）ことがあるのは，ある道路を特定の時間内に通過する車両の数をカウントする統計学者が，車両の有無により高い閾値を用いるときである．信号検出理論では，おのおのの試行は，対象者の回答と実際の状態によって，四つの場合のうちの一つに分類される（表3.2）．これらの分類ごとの試行の割合は，感度と基準の両方を推定するために使用される（Swets, Tanner, and Birdsall 1961）．

表 3.2　信号検出理論実験における可能な結果

		応答	
		「存在する」	「存在しない」
信号	存在する	ヒット	ミス
	存在しない	誤警報（false alarm）	正しい棄却（correct rejection）

ボックス 3.1：サブリミナル広告

サブリミナル広告は，商業コンテンツを他のコンテンツに埋め込んで潜在的刺激を与えることで，メッセージを促進し，視聴者の行動を変えるための広告である．多くの場合，刺激はごく短時間提示される．これは意識的な知覚を生成するには短すぎるが，感覚器官による検出を可能にするのには十分に長い時間である．

20 世紀の半ばに初めて導入されて以来，サブリミナル広告の着想から多くの誇大宣伝が行われ，依然としてその有効性については異論が非常に多い．サブリミナル広告の効果は，適応範囲と期間がかなり限定されていると思われる．例えば，潜在的なメッセージが視聴者の目的と関わるような状況においてである．あるブランドラベルのサブリミナルな露出によって，その主要なブランド商品を飲む意向を高めたが，その効果

はそのとき喉が渇いていた参加者に限定的なものであった（Karremans, Stroebe, and Claus 2006）．

　サブリミナル広告の使用は，しばしば公な批判と嫌悪感を引き起こし，一部の国では違法でもある．

3.2　順応

　生物は，膨大な量のマルチモーダルな感覚情報に常に晒されている．システムがこの膨大な情報に効率的に対処するのに役立つ一つの重要な特性は，変化しない入力情報に対する応答を低減することである．これによって，行動の変化や反応が必要とされる新たな入力情報を処理するために，利用可能な資源をより多く残しておくことができる．順応は，すべての感覚において無意識にかつ制御不能に起こる（痛みに関しては，これはそれほど当てはまらないかもしれないが）．例えば，日中われわれは身につけている衣服を感じることはないが，それはわれわれの体性感覚の受容体が一定に与えられ続ける機械的圧力に順応してしまっているためである．同様に，われわれは徐々に車のエンジンによるノイズを意識しなくなり，レストランでは到着したときに感じた厨房の匂いが消えていくように感じる．生理学的には，一定の刺激の曝露による感覚順応は，複数の階層で起こる．これは，受容体の応答の減少から，皮質の単一のニューロンの変化，複数の脳領域にわたる心的表象の分散表現の変化にまで及ぶ（Solomon and Kohn 2014）．順応は，例えば特定の方向への動きや速度のように，かなり選択的でありうる．

3.3　視覚系

- 光：ヒトの可視範囲にある電磁放射．
- 光受容体：光エネルギーを電気信号に変換する視覚系の受容体．

3.3.1　刺激

　ヒトの視覚は，光と呼ばれる約 400〜700 nm の波長の電磁放射への露出から生じる．波の物理的性質，すなわち波長，強度，純度は，それぞれ色相，明度，彩度として知覚される（図 3.1）．

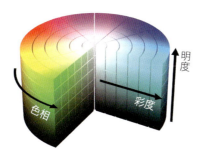

図 3.1　色関連のプロパティのデモンストレーション．SharkD による．

3.3.2　視覚系の解剖学

光線は，環境内のすべての物体に反射し，すべての方向に伝播する．われわれの視覚の感覚器である眼球に入った光線は，小さな倒立した像を眼球内に作り出す．このプロセスの基礎となるいくつかの重要な要素を図 3.2 に示す．これらの要素には以下のものが含まれる．

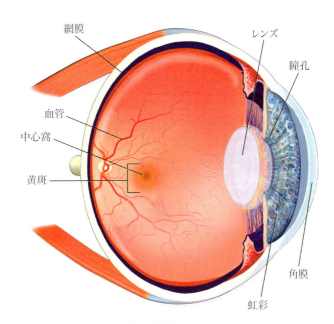

図 3.2　ヒトの眼の概略図．Bruce Blaus による．

- **角膜**：光を屈折させ，光線束を網膜上のはっきりした焦点に向けて曲げる．
- **レンズ**：さまざまな距離に焦点を合わせるためにその形状を変え，また画像を（上下左右に）反転させる．
- **瞳孔**：目の中に入る光の量を調節する虹彩の小さな開口部．
- **網膜**：眼球の内面の薄い層であり，視覚受容体（光受容体と呼ばれる．表3.3参照）が存在し，視覚環境の倒立像が生じる場所．
- **中心窩**：正確な色視覚を支える網膜の中心にある小さな領域．

表3.3 ヒトの網膜におけるさまざまな種類の光受容体の主要な特性

名前	数	網膜での密度	低強度の光に対する感度	波長*	知覚	用途
錐体（三つのサブタイプ）	6〜7百万個	中心窩では高く，周辺部では低い	低い	〜419 nm（"青"） 〜531 nm（"緑色"） 〜558 nm（"赤"）	詳細がはっきりとわかる高い視力，色覚	昼間視
桿体	〜1億2千万個	周辺部にのみ存在	高い	〜496 nm	低い視力，色盲	薄暗い光の下，夜間視

*最大応答/吸光度の波長（Dartnall, Bowmaker, and Mollon 1983）

網膜全体の中心窩の占める大きさと釣り合わないほどに視神経と視覚皮質の大きな部分が，中心窩によって検出された情報の伝達と処理に充てられている（Daniel and Whitteridge 1961）．視覚環境の反射的あるいは意図的な探索において，われわれの目は絶え間なく高速に動き，サッカードと呼ばれる不規則な運動を行う．サッカードの間には，目が比較的静止したまま（固視と呼ばれる）である数百ミリ秒の時間間隔が生じる（Rayner 1998）．したがって，各瞬間には環境のわずかに異なる部分が中心窩に落ち，最も高い分解能で感知される．複雑な視覚刺激を知覚するために中心視（中心窩による視覚）が不可欠であるという事実があるので，視線追跡を利用することで，注意がどこに向けられているかを推測できる（ボックス3.2）．

> **ボックス 3.2：目の動きの追跡による，注意が向けられている場所の推測**
>
> その限られた処理能力のため，生物がすべての感覚入力を意識にのぼらせることは不可能であり，選択することが必要になる．視覚環境において特定の位置に中心視を向ける仕組みは，視覚的選択のために重要である．視線の方向は，観察者（例えば，目標と期待（Einhäuser, Rutishauser, and Koch 2008））と刺激（例えば，顕著性（サリエンシー），物体認識（Schütz, Braun, and Gegenfurtner 2011））の両方に関連する複数の要因によって決定される．視線の方向は注意が注がれる場所と密接に関連しているため，目の動きを追跡することで，注意がどこに向けられているかを理解できる可能性が高い（Duc, Bays, and Husain 2008）．
>
> 注目すべきは，視線追跡は視聴者の能動的な協力を必要としないので，この手法は子供や乳児にも利用できることである．例えば，西洋文化圏の健康な幼児は，成人と同様に，多くの場合，他者の目に視線を向けることがわかっている（Jones and Klin 2013）．
>
> 視線追跡は広く利用されており，パッケージ，ブランド，広告，ウェブサイト，棚のディスプレイなどに関連する情報の処理について調べたり，さまざまな商業的メディアの有効性を評価したりするために使われている（Duchowski 2002）．用いられている計測量は複数あり，目の動きの順序を示すスキャンパスや，固視の長さ，固視の数，最初の固視までの時間などが含まれる．

3.4 視覚情報の符号化と分析

- **物体恒常性**：網膜画像に大きな変化があっても，物体の性質が意識の中では一定に保たれる現象．
- **単眼性奥行き手掛かり**：各眼からの情報のみから得た，奥行きについての手掛かり．
- **両眼性奥行き手掛かり**：両眼の網膜画像間の小さな差異から得た，奥行きについての手掛かり．

光の検出は，光が光受容体の感光色素の分子に衝突することで開始する．これにより一連の事象が連続して引き起こされ，最終的には神経節細胞の発火率が変化する．発火する神経節のアイデンティティは，網膜上の光の位置，つまりは現実世界における位置を表すものだ．大部分の神経節細胞は円形の空間受容

野を有し，受容野の内側と外側は相反する応答を示す．ある細胞では，内側の円に入る光が興奮を引き起こし，外側の円に入る光は抑制を引き起こす．他の神経節細胞は，反対の円形の受容野を有する．明るさを符号化する神経節細胞もあれば，色に敏感なものもあり，黄色/青色または赤色/緑色に対して内側と外側の円で相反する応答をする．反対色のペアによる符号化によって，ヒトが赤みを帯びた緑や，青みがかった黄色などを知覚できないことを説明することができる．前者の混合物は，典型的には黄色として，後者は白色として経験される．色の心理的影響とそのニューロマーケティングでの応用については，ボックス3.3で述べる．神経節細胞の軸索は目から脳へ投射する視神経を形成し，主に視床の背側外側膝状体への伝達を行う．そこから情報はさらに視覚皮質へと伝達される．

第1次視覚野（線条皮質とも呼ばれる）は，後頭葉の後極に位置する．これは網膜の空間構成を保持しており，隣接するニューロンは網膜上の隣接する場所（および現実世界）に対して応答する．

上述したように，網膜は視野の倒立像を具現化しており，視野の右側が各網膜の左側にあり，視野の上部が各網膜の下方にある．脳内では，環境の（左右の）各側が反対側の半球によって表現される．第1次視覚野のニューロンは，色，正弦波格子，特定の方向の線分，網膜視差や動きなどの基本的な特徴に反応し，エッジの検出に優れている．マカクザルの第1次視覚野のニューロンには，時間の経過とともに（ニューロンが最も鮮明に応答する）選好方向を変えるものもある（Ringach, Hawken, and Shapley 1997）．より複雑な視覚的特徴は，さらに高次の視覚皮質で表現され，その多くは網膜上の配置を維持する（レチノトピー）．外線条皮質におけるV4やV5のようないくつかの小領域は，それぞれ色や動きなどの特定の視覚的特徴の処理に特化している（Livingstone and Hubel 1988）．視覚情報の処理は，二つの並行した経路において行われる（Ungerleider and Mishkin 1982）．下側頭葉皮質を終着点とする腹側皮質視覚路は，主に形態と物体認識のために利用されている．その中の小領域は，顔，風景，文章，身体部分などの特定の種類の刺激の処理に特化している（Kanwisher 2010）．さらに，腹側皮質視覚路内のいくつかのニューロンは，特定の個人，目印，物体の異なる例に選択的に応答する．つまり，これらのニューロンは少数の特定の物体を不変

的に表現するのである[2] (Quiroga et al. 2005). 後部頭頂皮質で終わる背側視覚経路は，主に位置および動きの知覚のために利用される．

ボックス 3.3：色

パート 1：色の心理的効果

　異なる色は象徴的な意味や文化的コノテーションを伝えるが，個人それぞれの主観的な好みもある．色の意味，嗜好，影響は，国，文化，性別，民族，年齢，人格特性によって異なる（Whitfield and Wiltshire 1990; Aslam 2005; Bakker et al. 2015）．色の体験は，3.3.1 項で説明した三つの主要な物理的次元，色相，明度，彩度の共同作品である．これらの次元は，他の視覚的パラメーター（例えば，光の種類と量，物体からの距離（Elliot 2015），物理的および心理的状況（Elliot and Maier 2014））とともに，知覚される色に深く影響する．色の組み合わせは，色の要素の総和とは質的に異なる．ここでは，色覚の最も研究されている側面，すなわち特定の色相（波長）の影響に焦点を当てる．

　かつての有力な仮説では，色は覚醒に影響を与えるとされていた．短波長の色（青色，紫色，緑色）は涼しさや落ち着きを与える効果があり，長波長の色（黄色，赤色）は暖かさや不安，興奮を喚起する効果があるとされていた（Goldstein 1942; Jacobs and Suess 1975）．この覚醒についての考え方に科学的根拠はほとんどなかったが（Elliot and Maier 2014），科学研究によって，色が影響を及ぼすものには，視覚刺激の初期処理（Castelhano and Henderson 2008），行動（Frank and Gilovich 1988），認知（Elliot et al. 2007），モチベーション（Mehta and Zhu 2009），感情状態（Hamid and Newport 1989）などがあることが確かめられた．例えば，特定の条件のもとでは，赤は成績の妨げになり（Elliot et al. 2007; Elliot and Maier 2014），青は創造性を高め（Mehta and Zhu 2009），黒は攻撃的な行動を増加させる（Frank and Gilovich 1988）．色は，伝えられたメッセージの意識的な熟考を要することなしに，人々に影響を与えることができる（Friedman and Forster 2010）．現在の理論が示唆するのは，動機（Mehta and Zhu 2009）や注意の範囲（Friedman and Forster 2010）における変化によって，色の効果が変化するということだ．例えば，危険を意味する赤色は，業績達成課題において人の注意の及ぶ範囲を狭め，結果として成績を低下させる（Elliot and Maier 2014）．

---

[2]【訳注】これらのニューロンは，特定の個人に結び付いた情報に選択的に反応する．例えば，人物 A の顔，声，（文字として提示された）名前などに反応するが，人物 B のそれらの特徴には反応しない．

パート2:マーケティング事業における色の役割

　色はマーケティング戦略において重要な役割を果たす．その効果は複数の階層にわたっており，商品の色とパッケージの色から，店舗，モール，ウェブサイトの表示の彩度，さらにはブランドロゴの色の形式や製品広告に関連する色のレベルにまで至る．色は，好ましい気分や印象を作り出し，メッセージを伝達し，期待を作り出すために使われている．ショッピングの体験，購入意向，製品または企業の評価に影響を与えることもある．他の背景属性と同様に，関与度の低い購買において色が大きな影響を与える（Grossman and Wisenblit 1999）．

　このボックスのパート1で説明した色知覚の複雑な性質により，特定の色の効果に関する堅実で包括的なルールを作り上げることは困難である．しかしながら，特定の状況や人々に適用できる，いくつかの経験則は存在する．例えば，青色の外装を持つ店舗は，オレンジ色の店舗に比べて混雑していないと認識されやすく（Yüksel 2009），青色を用いたウェブサイトは信頼性がより高いと認識されやすい（Lee and Rao 2010; Alberts and van der Geest 2011）．味のアイデンティティの判定は，一般的に着色によって影響を受ける（Spence et al. 2010）．注目すべきは，色の好みは製品ごとに固有のものであり（Grossman and Wisenblit 1999），一般的には製品の機能と関係していることである（Bottomley and Doyle 2006）．例えば，スポーツカーなどの贅沢なステータスと結び付けられる商品は，広告においてしばしば赤色で塗装されている．同様に，高価で上品な製品は，多くの場合冷たく暗い色の包装をされている．一方，価格に敏感な消費者向けの製品は通常明るい色で包装されている（Ampuero and Vila 2006）．

　色は，製品やブランドの差別化のためにも利用できる（Grossman and Wisenblit 1999）．ペプシの製造元であるPepsicoは，このアプローチをとった．ペプシは赤−白−青の配色を使用して，その主要な競合相手であるコカ・コーラが使用する赤色と差別化を図ったのである．

3.4.1　物体認識

　ボトムアップの視覚物体認識は，単純な線や角度の検出から始まり，それらをより複雑な形状へと統合し，生成された形状と記憶されている物体の表現を照合する．物体認識の基盤となるのは，何よりもまず形である．その次に貢献するのは，物体の大きさ，色，質感，および視覚的文脈である．特に視覚情報が曖昧な場合は，物体認識を補助するために，トップダウン処理において事前知識と予測を用いる（図3.3参照）．物体認識には，物体を互いに分離したり，関連する要素

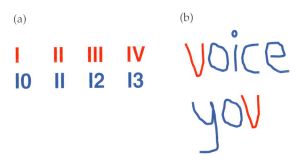

図 3.3 視覚的知覚へのトップダウン寄与．(a) "II" という記号は，上段では数字の 2 として，下段では数字の 11 として認識される．(b) 赤色の文字は，上段では V，下段では U と認識される．

を一体に統合することが必要とされる．ゲシュタルト（Gestalt）心理学者は，要素のグループ化のよりどころとなる原理を記述した．それには以下のものが含まれる．

- 空間の近接：近接要素をグループ化する（図 3.4 (a) 参照）．
- 閉合：隙間を無視し，補完することで輪郭線を形成する（図 3.4 (b) 参照）．
- 良い連続：連続した輪郭を構成する要素をグループ化する．

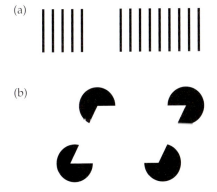

図 3.4 グループ化におけるゲシュタルト法則の例．(a) 空間の近接性に基づくグループ分け：これらの線分は二つのグループとして認識される．(b) 閉合に基づくグループ分け：四つの円の一部を隠している菱形が認識される．

- 形や動作の類似性：類似の形や一緒に運動している要素をグループ化する．
  または，
  距離の類似性：観測者から同じような距離に位置すると認識される要素をグループ化する．

物体認識の基本的な特性は，さまざまな網膜画像を生成する視覚状態にわたって物体を認識する能力に基づく．例えば，われわれはマグカップを認識することができるが，網膜上での大きさは物体からの距離の関数として大きく変化する上，網膜上での形状は見る角度と傾け方によって円筒から円に連続的に変化し，さらに網膜上での色も，照明によって劇的に変化する．にもかかわらずマグカップを認識できるこのような特性は，物体恒常性と呼ばれている．

3.4.2 物体定位

物体を定位するには，物体の位置と動きに関する情報が必要となる．3次元での物体の空間的位置は，網膜上に作成された2次元画像から推定されなくてはならない．これは，網膜画像に依存する単眼および両眼の奥行き手掛かり，両眼または時間的に連続する時点で得られた画像の比較，および，眼の筋肉による調節に基づいて達成される．対象物が動いているかどうかを知るためには，網膜上の対象物の位置の変化が，観察者の頭や眼の動きに関する情報と統合されなくてはならない．物体が移動しているとき，背景の一部を順に覆い隠していくことになるので，結果としてそれが網膜上の変化として現れ，動きの補助的な手掛かりを与えることになる．

3.4.3 結び付け問題

統合された知覚経験を生成するためには，分散された複数の脳領域で別々に処理される視覚的特徴が結合されなければならない（Damasio 1989）．脳の中でそれがどのように，またどこで行われているのかは，いまだに謎である．細胞レベルでは，規則的に変動するニューロン集団の時間的同期が，この結合のメカニズムの候補として提案された（Singer and Gray 1995）．より高次の処理のレベルでは，特徴統合理論によって，空間的注意のメカニズムが複数の視覚的特徴を結合すると提案されている（Treisman and Gelade 1980）．また，それによって異なる感覚様式の特徴が結合されるとも考えられている．

3.5 聴覚系

3.5.1 刺激

音は，空気分子を動かす振動によって生成される．その振動によって，空気などの媒体を通って伝播する圧力変化の振動波が生成される．音は正弦波で表現することができる．正弦波を定量化する一つの尺度は，1秒間に生じるサイクル（波の頂点から次の頂点まで）の数である．この尺度は周波数と呼ばれ，ヘルツ（Hz）単位で表される（1 Hz は 1 秒当たり 1 サイクルが生じることに相当する）．ヒトの聴覚は約 20〜20,000 Hz の音波との接触から生じる．注目すべきこととして，以下で解説するように，いくつかの音響特徴は，高周波数と低周波数では異なる処理が施され，符号化される．（純音と呼ばれる）単純な音は，単一の正弦波で構成される．正弦波は振幅，持続時間，位相によってさらに特徴づけられる（図 3.5 (a)〜(e) 参照）．複合音は，周波数，強さ，位相が異なる複数の正弦波の和として得られる（図 3.5 (f) 参照）．波の強さ（intensity）を表す振幅は，音の大きさとして知覚される量と関係しており（強い＝大きい音），周波数は音の音高（ピッチ）の知覚と関係している（高周波数＝高い音）．音色の知覚の様相には複雑さが伴う．すなわち，音の組み合わせはそれぞれ特定の神経活動を引き起こし，それが特定の音色（例えば，楽器による違い）として識別される．

3.5.2 聴覚系の解剖学

聴覚器官は耳である．その解剖学的構造，特に外耳と中耳の膜および小骨の機械的構成は，音の伝達や増幅を目的としている（図 3.6）．より具体的には，音波によって振動させられるのは鼓膜であり，セットとなっている複数の小骨に運動を生み出す装置となっている．続いて，それが前庭窓と呼ばれる別の膜を振動させる．これらの振動によって，蝸牛と呼ばれる内耳の一部に圧力変化および振動が引き起こされる．蝸牛は，液体で満たされた骨のコイル状チューブであり，聴覚系の受容器が配置されている基底膜を含んでいる．その形状から有毛細胞と呼ばれるこの受容体は，基底膜の振動に応答して屈曲し，電気的インパルスを生成し，それによって力学的エネルギーを電気信号に変換する．図 3.7 に，聴覚信号変換の前に起こるステップを要約する．

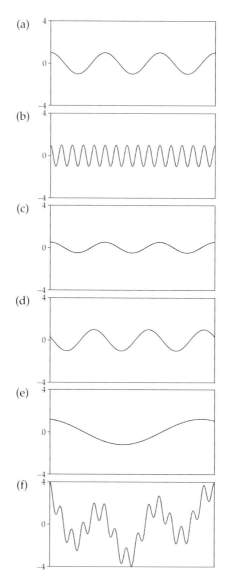

図 3.5 純音 (a)〜(e) と複合音 (f). (a) 正弦波. (b) (a) と同じ強さおよび位相であるが,周波数がより高い波. (c) (a) と同じ周波数および位相であるが,振幅がより低い波. (d) (a) と同じ周波数および振幅であるが,位相が異なる波. よって,特定の時間に生じる正弦波の値は (a) の正弦波と異なる. (e) 強さ,位相および周波数が異なる波. (f) (a)〜(e) の波の和からなる複雑な波.

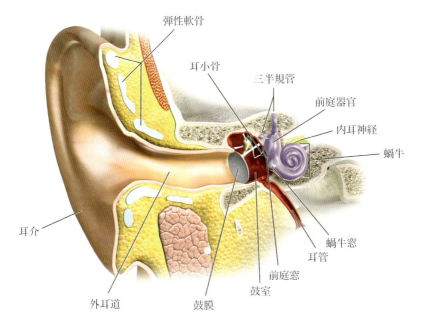

図 3.6　ヒトの耳の概略図．出典：Blausen.com staff（2014）．

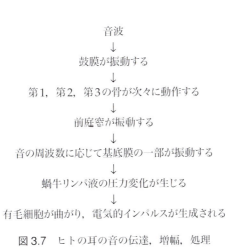

図 3.7　ヒトの耳の音の伝達，増幅，処理

3.5.3 聴覚情報の符号化と解析

- **有毛細胞**：聴覚系の受容体．力学的エネルギーを電気信号に変換する．
- **トノトピックマップ**：隣接する位置が連続する周波数に応答するような，音の周波数の表現の位相的構造．

3.5.3.1 周波数の符号化

音の周波数は，高い周波数と低い周波数とでは異なる方法で符号化される．中〜高周波数は，有毛細胞の位置によって符号化される（位置による符号化とも呼ばれる）．基底膜の厚さと弾性はその長さ方向に沿って変化する．この特性により，膜の特定の位置での応答と音響周波数との間に特定の結び付きが作り出される．つまり，基底膜の解剖学的性質のために，各周波数は膜の特定の部分で振動を発生させるのだ (von Bekesy 1949)（図 3.8 参照）．したがって，屈曲した有毛細胞の位置は，音の周波数を表現する．周波数符号化の位相的配列は，トノトピックマップによって周波数の位置による符号化の基盤となる．低周波数は他の手段によって符号化される．すなわち，低周波数は基底膜の特定の部位の振動の

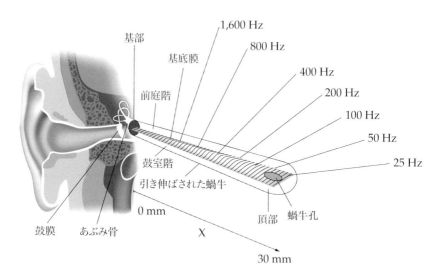

図 3.8 基底膜に沿った周波数同調．A. Kern, C. Heid, W-H. Steeb, N. Stoop, and R. Stoop による．

速度によって表現される．一連の研究によると，低周波数の電気信号を使用してこの特定の領域を刺激すると，聴覚障害者においても音の体験を引き起こすことができる（Pijl and Schwarz 1995）．

3.5.3.2 音の強さの符号化

高周波数では，（ニューロンの）発火率によって音の強さが符号化される．低周波音波の強さは，発火しているニューロンの数によって符号化される．高周波数と低周波数における周波数と強さの符号化について，表 3.4 に要約する．

表 3.4　聴覚系における周波数，強さ，位置の符号化

音波	符号化に使われる性質		音源の位置
	周波数	強さ	
高周波数	場所	発火率	強さ
低周波数	発火率	発火しているニューロンの数	位相差

聴覚系においては複数のタイプのニューロンが同定されている．あるニューロンは，周波数や強度などの単純な特徴や，これらの特徴の変化に反応する．特定の周波数帯域に応答して発火速度を増加させ，隣接する周波数に対しては発火速度を減少させるニューロンもある．さらに，ある種の両耳性の構造に応答するニューロン，時間依存的に応答するニューロン，特徴の組み合わせに応答するニューロンがある（deCharms, Blake, and Merzenich 1998）．刺激持続時間と関係する複数の神経応答のパターンも同定されている．一つの例は，刺激開始時またはその停止時に排他的に応答するものである．別の例としては，刺激開始時，停止時，その中間で異なる応答パターンを示すものがある．聴覚連合野のニューロンには，ある種の複雑な音を生成する周波数の特定の組み合わせにのみ反応を示すものもある．例えば，リスザルの聴覚野では，自分の種の発声に敏感なニューロンが同定されている（Wollberg and Newman 1972）．

聴覚情報は，いくつかの皮質下の中継場所で処理された後，外側溝の下壁に位置する第 1 次聴覚野に達する．この領域は，基底膜のトノトピックマップの配置を維持し，内側-外側軸は基底膜の下側および上側の面に対応する（Romani, Williamson, and Kaufman 1982）．聴覚情報は，1 次から 2 次，連合聴覚皮質ま

で伝達され、そこでは音に意味が込められる．ヒトでは、第 1 次聴覚皮質に隣接している特定の領域が音声に優先的に反応するが、それはおそらくその特有な音響特徴によるものであろう（Binder et al. 2000）．興味深いことに、いくつかの領域は言語と音楽の両方の認識に特化しており、それらに共通のメカニズムがあることが示唆される．ボックス 3.4 で、音楽の心理的効果について解説する．ウェルニッケ（Wernicke）野として知られる領域は、言語に優位な半球（通常は左半球）の 1 次聴覚野の後方に位置し、聴覚による単語認識と言語理解に重要な役割を果たしている（Petersen et al. 1988）．現代のモデルでは、上側頭回前部の単語認識における重要な役割が認識されている（DeWitt and Rauschecker 2012）．音の検出という基本的な仕事を完了すると、聴覚システムは音認識と定位の課題に取り組むことになる．

ボックス 3.4：音楽の心理的効果

音楽にはさまざまな感情を引き起こす力があり（Krumhansl 1997）、この性質は人が音楽を聴く主な要因として特定されている（Juslin and Laukka 2004）．したがって、音楽は、感情処理一般に関与する、辺縁系などの脳の構造の活動に作用することができる（Frühholz, Trost, and Grandjean 2014）．感情は、素早く粗い低レベルの処理だけでなく、楽曲のより複雑な構造からも引き出される．扁桃体は前者に関与しているが、海馬は後者に関与していると考えられている．なぜなら、おそらく記憶と文脈による関連性を提供するからである（Frühholz, Trost, and Grandjean 2014）．

3.5.3.3　音認識

われわれは、さまざまな音源から同時に出てくる、絶え間なく変化する複雑な音声の混合を同定し、区別することができる．例えば、本書を図書館で読んでいる読者は、何人かの生徒の話し声、誤って本を落とす音、携帯電話の着信音、ノート PC でタイプする音などが聞こえてくるかもしれない．聴覚パターン認識では、目的の音を構成するさまざまな周波数をグループ化し、他の音に属する周波数からそれらを分離する必要がある．これらのプロセスは、各音源の固有のスペクトル、位置、開始時間、持続時間、音圧を含む複数の手掛かりに依存する．時間的パターンが類似していたり、周波数スペクトルが似ている音は、同じグループとして分離される（Bregman 1990）．

3.5.3.4　音源定位

　低周波数（3,000 Hz 以下）の場合，音源の位置は主に到着時間や位相の両耳間の差によって決定される．つまり，音源が頭の右か左にあるとき，各時間において正弦波の異なる部分がそれぞれの耳に到達し，位相がずれた状況になる．音源が頭の真正面や真後ろに正確に位置する場合は，音波の同じ部分が同時に両方の耳に届くことになる．聴覚のニューロンには，両耳から情報を受け取り，到着時間または位相差を検出するものもある．クリック音のような明確な音については，各耳での到着時間の差によって音源の位置が示される．長いトーンなどの連続音の場合，両耳での位相差によって位置が示される．高周波数では，位相の差が短すぎて検出できないため，別の手段で位置を推測する．聴覚系は，人の頭部が高い周波数を吸収してしまうことを利用する．この物理的性質によって，到達する信号の強度に差が生じることになる．その結果，音源に近い耳がより強度の大きい信号を受信する[3]．

　表 3.5 に，視覚系と聴覚系の類似点と相違点をまとめる．

3.6　嗅覚系

3.6.1　刺激

　われわれの最も原始的な感覚は嗅覚である．脳は匂い物質と呼ばれる空気中の化学物質を解釈する．匂い物質の化学組成は，直接接触することなしに物体に関する情報を脳が処理することを示している．ヒトの嗅覚は，1 兆個の異なる種類の匂いを検出することが可能とされている．しかし，われわれの嗅覚は，125〜300 の臭腺を有する犬をはじめとする他の動物とは，比較にならないほど劣る．

3.6.2　嗅覚系の解剖学

　鼻は嗅覚における主要な感覚器である．鼻の内側には匂い物質を識別するための情報を脳へ送り込む嗅覚系がある．鼻の両側の鼻腔の深部には，匂い物質を検出するニューロンが存在する．これらのニューロンは，鼻腔の上部の嗅上皮に位

---

[3]【訳注】高周波数は頭部によって一部吸収されてしまうので，頭の反対側から来る音は吸収され，減衰して耳に届く．

表 3.5 視覚系と聴覚系の類似点と相違点

	視覚系	聴覚系
A. 刺激		
物理刺激のタイプ	電磁気放射	圧力変化の機械的な波の振動
検出可能なエネルギーの範囲	約 400〜700 nm	約 20〜20,000 Hz
混合することの効果	合成：複数の波長の混合物が単一の色となる。	分析的：音色の混合では、二つの元の音色が保存される。
B. 感覚器官		
器官	目	耳
空間的にカバーする範囲	視界の小さな部分（中心窩視野）で最も高い解像度を持ち、そこから離れていくにつれて分解能が徐々に低下する。網膜に映されない近傍の環境を見ることができない。	周囲から来るすべての音を検出できる。
感覚器官間の違いの利用	両眼視差が奥行きの知覚に役立つ。	両耳での差が音源定位に役立つ。
C. 神経組織		
受容野	空間受容野（例：神経節細胞はその中心に現れる光刺激により発火率を上昇させ、その周辺に現れる光刺激により発火率を低下させる）	周波数受容野（例：特定の周波数の発火率を増加させ、隣接する周波数の発火率を減少させるニューロン）
階層的処理	単純なエッジから複雑な物体や風景へ	純音と単純な音響特徴から複合音へ
末梢感覚と 1 次感覚野との位相相的対応	末梢および第 1 次視覚野の網膜部位対応地図	末梢および第 1 次聴覚野のトノトピック構造
ヒトの脳における特化された領域の例	顔の知覚に特化した紡錘状顔領域	言語知覚に特化したウェルニッケ野

表 3.5 つづき

	視覚系	聴覚系
D. 信号の解釈		
定位	網膜地図と奥行きからの推定により定位がなされる.	定位は位相差と音の強さの差から推測される.
分離の課題	図 (対象物) を地 (背景) から分離する.	異なる音源を分離する.
類似の要素をグループ化するための原則 (低いレベルでの分離の原則, 迅速かつ自動的に知覚されるもの)	近接要素, 同じ方向と速度で動く要素 (ゲシュタルトの役割)	時間の経過とともに同様のパターンの音
学んだスキーマの例 (高度な機能, ゆっくり分析され, 学習されたもの)	規則的な視覚パターンに関する知識を蓄積する (例：樹冠は通常幹の上方に位置するという知識).	規則的な聴覚パターンに関する知識を蓄積する (例：特定の周波数の混合物によってクラリネットの音色が作られるという知識).

置する．それは嗅球の細胞にも結合している．嗅球は，前頭葉の下の脳の底に位置する小さな部位である．嗅球は，嗅索から嗅球へ情報を伝達する．線毛（髪のような鎖）と粘液が上皮を覆っている．

3.6.3　嗅覚情報の符号化と分析

匂い分子が鼻から吸い込まれると，鼻腔の粘液に溶け込んでいく．匂いは嗅細胞の嗅覚受容体によって認識される．匂い分子が線毛上の受容体と反応すると，匂いの刺激が脳に送られる．信号を伝達する嗅細胞は，ゾーンと呼ばれる上皮の領域にランダムに散在している．信号は嗅細胞から嗅球に送られる．その軸索によって，嗅球の同じ領域に同じ受容体が表現される．この軸索の束は嗅索と呼ばれている．嗅索は嗅皮質に投射している．さらに，嗅球は，扁桃体，新皮質，海馬，青斑核，黒質からの情報を受け取る．

3.6.4　嗅覚のマーケティングにおける利用

嗅覚は，事実記憶よりむしろ感情記憶に密接に関係している感覚の一つと考えられている．匂いはまた，あらゆる種類の感情の記憶を引き起こすことが知られている（Aggleton and Waskett 1999）．小売業者は，焼きたてのパンの香りなど，肯定的な感情の記憶を呼び起こすために嗅覚を使用できる（Davies, Kooijman, and Ward 2012）．こういった誘因要素は，小売環境に直接結び付いていない外部の経験によって生成される．別の考えられる匂いの利用は，特定の匂いから特定の売り場を想起させることだ．これによって，消費者がその売り場で得た楽しい経験や記憶を呼び起こすことができる．これらの誘因要素は小売業者が提供するものである．匂いを一種の小売マーケティングとして使用した結果を定量化することは難しい．消費者が異なる匂いの刺激を実際に処理したかどうかは，時として定かではない．しかしながら，匂いは小売業者と消費者の間に「絆」を作り出す最も強力な感覚の一つである．匂いは過去の記憶を呼び覚ますことが示されているため，小売での忠誠心（ロイヤルティ）を発展させる強力なツールとなるだろう．

3.7 味覚系

3.7.1 刺激

味は人間の神経系の行動機能のより原始的な側面に密接に関係している．味は食品中の化学物質から生成される．これらの化学物質は，口の中で唾液によって分解される．その化学物質は味孔を通って味細胞に到達する．一つの化学物質は，味覚受容体タンパク質やイオンチャンネルタンパク質と反応する．これにより，脳に化学的メッセージを送る味細胞の電気的変化が引き起こされる．神経伝達物質を通じて，その化学的メッセージが脳に伝えられる．脳に送られたその刺激は，甘味，酸味，塩味，苦味，うま味という五つの基本的な味として解釈される．イオンチャンネルは，五つの異なる味を生み出す化学物質を導く役割を果たす．塩味と酸味を生成する化学物質は，イオンチャンネルを直接通過する．しかし，甘味と苦味を生み出す化学物質は，表面受容体に結合してイオンチャンネルを開閉する信号を送信する．甘味は有機化学物質によって生み出される．これらの化学物質は，一般的には炭素から構成されている．酸味は水素イオンによって生み出される．これは，酸が塩基よりも酸味を感じさせる傾向があるためである．イオン性化合物である塩は，複数種類の味覚受容体を活性化する塩味を生じる．甘味と同様に，苦味も有機化学物質によって生み出される．これが意味することは，分子構造の小さな変化が苦味を甘味に，また甘味を苦味に変えることがあるということである．アルカロイドや塩基は，しばしば苦く感じられる傾向がある．うま味（umami）は最も新しく同定された味の種類であり，"savory" の日本語である．この味はアミノ酸のグルタミン酸によって生み出される．グルタミン酸は風味増強剤であることが知られており，甘味に続いて 2 番目に好ましいものであると考えられている．

3.7.2 味覚系の解剖学

われわれは舌と呼ばれる筋肉でできた器官によって味を見分ける．味は舌の味蕾によって識別される．味細胞がこの味蕾を構成し，味を知覚することを可能にする．舌の味蕾は，舌にそのざらざらした質感を与える小さな隆起である乳頭に見出すことができる．乳頭は舌の上に散在したピンク色の隆起である．舌の後方

には，いくつかの有郭乳頭が存在する．実際の味蕾は小さな球体である．味蕾は，支持細胞，味細胞，基底細胞という三つの異なる細胞群から構成されている．基底細胞は幹細胞として働く．基底細胞は支持細胞に分裂し，最終的に成熟した味細胞へと分化する．味蕾の大部分は支持細胞で構成されている．支持細胞は，自身を味細胞や舌上皮から隔離する．支持細胞および味細胞は，味覚孔を突き抜けて舌の上皮に至る長い微絨毛（味毛）を有する．味覚孔は，分子およびイオンが受容体細胞に到達するための出入口である．

3.7.3 味覚情報の符号化と解析

受容体細胞はさまざまな化学物質を味として解釈する．すべての受容体細胞は，脳と繋がる感覚ニューロンに結合している．神経線維は，舌から脳へ味覚を伝達する役割を果たす．神経線維は，まず延髄の味覚核（領域），次いで後腹側核，そして第1次および第2次味覚野に信号を伝達する．神経線維の放出頻度は，1秒足らずの間にそのピークに達するまで増加する．味覚神経は，脳幹，視床，そして最後に島皮質および前頭弁蓋部を結ぶ．すると脳はその信号を認識して味を判定する．好きな食べ物を食べると，脳内にエンドルフィンが放出されることが知られている．これらのエンドルフィンによって，リラックスしたり痛みが緩和したりすることがある．

重要ポイント

感覚情報は，およそ階層的に処理（ボトムアップ処理）され，ニューロンは徐々に環境の大きな部分と複雑な次元を表現するようになる．別の経路では，階層的な順序を迂回し，高次のプロセスによる知覚のフィードバックおよび変調（トップダウン処理）を可能にする．

変化しない入力情報に対する応答は，通常は減少し，それにより，新しい入力情報を処理するために利用可能な資源をより多く残す．

視覚的特徴は，分散した脳領域において別々に処理され，それらを結合して，統合された知覚経験を生成する．腹側の経路は，主に形状および物体認識のために存在し，いくつかの領域は特定のタイプの刺激に特化されている．背側の流れは，主に位置と動きの知覚に特化している．

形状，サイズ，色，質感，および視覚的文脈の点で網膜画像には違いがある一方で，視覚物体認識では，物体を互いに分離することや，関連する複数の要素を統一体としてまとめること，そして物体恒常性が必要となる．

　聴覚パターン認識では，周波数のグループ分けと分離が必要となる．これらは各音源の固有のスペクトル，位置，開始時間，持続時間，および大きさに依存するプロセスである．

　嗅覚は人間の最も原始的な感覚であり，感情記憶に密接に関連している．

　ヒトの脳は，信号を未加工の形態（光子，音波など）で取り入れ，脳信号に変換する．これは電気化学信号に変換する機構を利用して行われる．信号が処理される脳内の部位に基づいて，われわれはその体験を聴覚，視覚，嗅覚などと名づける．

　世界を感知するためにわれわれが持っている機構は限られており，われわれは周りの世界の一部を見る，聞く，嗅ぐ，または感知することしかできない．

　ヒトにおいて，視覚は脳の最も大きな部分を占めるものである．脳のほぼ5分の1は視覚のために割り当てられている．目からの情報は脳の後方に伝えられ，そこで視覚系によって処理がなされ，前方へ伝達され，われわれの知覚へと至る．

　同様に，われわれの聴覚系は，空気中の波の干渉を鼓膜の動きに変換して，音として解釈する．

　味や匂いは，舌や鼻に結合した空気分子を用いて，味覚や嗅覚の経験を生むプロセスを活性化させる．

　痛みは，他の五感とは異なるものの，同様に感覚と見なされる．それは複数の点において働きが異なっている．しかし，触覚に強く結び付いており，それ自体特有なものである．触覚は，肌の至るところにある温度センサーと圧力センサーから得られ，それらの感触が脳へと伝えられる．われわれの身体は脳の部位にマッピングされており，それにより，体の上の外界の感覚が特定の場所に帰属する．われわれの触覚能力は非常に敏感で，手の甲に触れた髪1本の動きでも容易に感じられる．

演習問題

1. 匂いと味の感覚は実際には同じ感覚から生じるとする人々がいる．この考えが考慮に値する理由，そしてこの考えの正しい部分と正しくない部分を説明せよ．

2. 生まれながらに盲目の人は，視覚野を活性化させる信号を持っていない．したがって，他の感覚が「転用」し，敏感な聴覚や嗅覚を発達させている可能性がある．これは，新しい感覚を「学ぶ」ために脳を訓練すれば，脳の能力を実際に再配分できるという理論的な可能性に繋がる．感覚的追加（sensory addition）と呼ばれるこの分野は，嗅覚，聴覚，または味覚をより洗練できることを示唆している．実際に，ソムリエやシェフは，しばしば経験を通してそのようなより良い感覚を獲得すると述べている．人間の感覚を拡張することが何を意味するのか，そして，われわれの世界で視力や聴力を改善することが意味することについて議論せよ（もしわれわれが携帯電話の電波を見ることができたり，犬と同等に敏感な嗅覚を持つことができたら，世界はどう変わるだろうか？）．

3. 刺激検出における絶対閾値と弁別閾の違いを説明せよ．

4. われわれが新しい香水やコロンをつけたとき，たいてい香りをつけてから数分後には，その香りに再び気づくことはない．これは馴化として知られている．しかし，痛みのような感覚は，同じような経験にはならない．痛みの感覚は，なぜ馴化しにくいのだろうか？

5. 視覚か聴覚のどちらか一つを選び，光子が網膜に当たる瞬間，あるいは音が鼓膜と干渉する瞬間から，脳が見るまたは聴くという経験を符号化するまでの過程を説明せよ．脳のレベルでは，信号を取り入れるプロセスが終わってしまえば，聴覚と視覚が収束して結合する経路において何か違いがあるだろうか？

6. 光は音よりも速いが，われわれの神経での視覚処理は，脳の構造上，聴覚の処理速度よりも遅い．したがって，われわれはしばしば見えているものよりも速く音を処理することになる．このことから，100 m走の「スタート」にカーレースで使用される緑の光ではなく銃の音が使われる理由を説明せよ．

7. 以下の現象が消費者の行動にどのように影響するかを説明し，ニューロマーケティングにおけるその原理の創造的な応用を述べよ．

    - 感覚順応
    - 事前知識と期待による知覚のトップダウン変調

8. 色や音楽をうまく使って感情状態を誘発するキャンペーンを見つけて，本章で学習した原理がこれらのキャンペーンでどのように適用されているか説明せよ．

9. 感情的な状態を誘発するために色と音楽をうまく活用できるキャンペーンを特定し，学習した原理を適用してより創造的なソリューションを示せ．

10. ニューロマーケティングにおける要素のグループ分けに利用できるゲシュタルトの役割を示せ．

参考文献

Aggleton, J. P., & Waskett, L. (1999). The ability of odours to serve as state-dependent cues for real-world memories; Can Viking smells aid the recall to Viking experiences? *British Journal of Psychology*, 90(1), 1–7.

Alberts, W. A., & van der Geest, T. M. (2011). Color matters: Color as trustworthiness cue in web sites. *Technical Communication (Washington)*, 58(2), 149–160.

Ampuero, O., & Vila, N. (2006). Consumer perceptions of product packaging. *Journal of Consumer Marketing*, 23(2), 102–114.

Aslam, M. M. (2005). Are you selling the right colour? A cross-cultural review of colour as a marketing cue. In *Developments and trends in corporate and marketing communications: Plotting the mindscape of the 21st century: Proceedings of the 10th International Conference on Corporate and Marketing Communications*, edited by I. Papasolomou, 1–14. Cyprus: InterCollege, Marketing Department, School of Business Administration.

Bakker, I., van der Voordt, T., Vink, P., de Boon, J., & Bazley, C. (2015). Color preferences for different topics in connection to personal characteristics. *Color Research and Application*, 40, 62–71.

Blausen.com staff (2014). Blausen gallery. *Wikiversity Journal of Medicine*. doi:10.15347/wjm/2014.010. ISSN 20018762.

Bregman, A. S. (1990). *Auditory scene analysis: The perceptual organization of sound*. Cambridge, MA: Bradford Books, MIT Press.

Binder, J. R., Frost, J. A., Hammeke, T. A., Bellgowan, P. S., Springer, J. A., Kaufman, J. N., et al. (2000). Human temporal lobe activation by speech and nonspeech sounds. *Cerebral Cortex*, 10(5), 512–528.

Castelhano, M. S., & Henderson, J. M. (2008). The influence of color on the perception of scene gist. *Journal of Experimental Psychology: Human Perception and Performance*, 34(3), 660–675.

Damasio, A. R. (1989). The brain binds entities and events by multiregional activation from convergence zones. *Neural Computation*, 1, 123–132.

Daniel, P. M., & Whitteridge, D. (1961). The representation of the visual field on the cerebral cortex in monkeys. *Journal of Physiology*, 159, 203–221.

Dartnall, H. J., Bowmaker, J. K., & Mollon, J. D. (1983). Human visual pigments: Microspectrophotometric results from the eyes of seven persons. *Proceedings of the Royal Society of London. Series B, Biological Sciences*, 220(1218), 115–130.

Davies, B., Kooijman, D., & Ward, P. (2012). The sweet smell of success: Olfaction in retailing. *Journal of Marketing Management*, 19(5), 611–627.

deCharms, R. C., Blake, D. T., & Merzenich, M. M. (1998). Optimizing sound features for cortical neurons. *Science*, 280(5368), 1439–1443.

DeWitt, I., & Rauschecker, J. P. (2012). Phoneme and word recognition in the auditory ventral stream. *Proceedings of the National Academy of Sciences of the United States of America*, 109(8), E505–E514.

Duc, A. H., Bays, P., & Husain, M. (2008). Eye movements as a probe of attention. *Progress in Brain Research*, 171, 403–411.

Duchowski, A. T. (2002). A breadth-first survey of eye tracking applications. *Behavior Research Methods, Instruments, & Computers*, 34(4), 455–470.

Einhäuser, W., Rutishauser, U., & Koch, C. (2008). Task-demands can immediately reverse the effects of sensory-driven saliency in complex visual stimuli. *Journal of Vision*, 8 (2): 2, 1–19.

Elliot, A. J. (2015). Color and psychological functioning: A review of theoretical and empirical work. *Frontiers in Psychology*, 6, 368.

Elliot, A. J., & Maier, M. A. (2014). Color psychology: Effects of perceiving color on psychological functioning in humans. *Annual Review of Psychology*, 65, 95–120.

Elliot, A. J., Maier, M. A., Moller, A. C., Friedman, R., & Meinhardt, J. (2007). Color and psychological functioning: The effect of red on performance in achievement contexts. *Journal of Experimental Psychology: General*, 136, 154–168.

Frank, M. G., & Gilovich, T. (1988). The dark side of self and social perception: Black uniforms and aggression in professional sports. *Journal of Personality and Social*

Psychology, 54(1), 74–85.

Friedman, R. S., & Forster, J. (2010). Implicit affective cues and attentional tuning: An integrative review. *Psychological Bulletin*, 136(5), 875–893.

Frühholz, S., Trost, W., & Grandjean, D. (2014). The role of the medial temporal limbic system in processing emotions in voice and music. *Progress in Neurobiology*, 123, 1–17.

Goldstein, K. (1942). Some experimental observations concerning the influence of colors on the function of the organism. *Occupational Therapy and Rehabilitation*, 21, 147–151.

Grossman, R. P., & Wisenblit, J. Z. (1999). What we know about consumers' color choices. *Journal of Marketing Practice*, 5(3), 78.

Halloway, M. (1999). The ascent of scent. *Scientific American*, 99(281), 42.

Hamid, P. N., & Newport, A. G. (1989). Effects of colour on physical strength and mood in children. *Perceptual and Motor Skills*, 69, 179–185.

Hanss, D., Böhm, G., & Pfister, H. R. (2012). Active red sports car and relaxed purple-blue van: Affective qualities predict color appropriateness for car types. *Journal of Consumer Behaviour*, 11, 368–380.

Jacobs, K. W., & Suess, J. (1975). Effects of four psychological primary colors on anxiety state. *Perceptual and Motor Skills*, 41, 207–210.

Jones, W., & Klin, A. (2013). Attention to eyes is present but in decline in 2–6 month-olds later diagnosed with autism. *Nature*, 504(7480), 427–431.

Juslin, P. N., & Laukka, P. (2004). Expression, perception, and induction of musical emotions: A review and a questionnaire study of everyday listening. *Journal of New Music Research*, 33, 217–238.

Kanwisher, N. (2010). Functional specificity in the human brain: A window into the functional architecture of the mind. *Proceedings of the National Academy of Sciences of the United States of America*, 107, 11163–11170.

Karremans, J., Stroebe, W., & Claus, J. (2006). Beyond Vicary's fantasies: The impact of subliminal priming and brand choice. *Journal of Experimental Social Psychology*, 42(6), 792–798.

Krumhansl, C. L. (1997). An exploratory study of musical emotions and psychophysiology. *Canadian Journal of Experimental Psychology*, 51(4), 336–353.

Lee, S., & Rao, V. S. (2010). Color and store choice in electronic commerce: The explanatory role of trust. *Journal of Electronic Commerce Research*, 11(2), 110–126.

Livingstone, M., & Hubel, D. (1988). Segregation of form, color, movement & depth: Anatomy, physiology and perception. *Science*, 240, 740–749.

McKenna, T. M., Weinberger, N. M., & Diamond, D. M. (1989). Responses of single auditory cortical neurons to tone sequences. *Brain Research*, 481(1), 142–153.

Mehta, R., & Zhu, R. J. (2009). Blue or red? Exploring the effect of color on cognitive task performances. *Science*, 323, 1226–1229.

Moran, J., & Desimone, R. (1985). Selective attention gates visual processing in the extrastriate cortex. *Science*, 229, 782–784.

Petersen, S. E., Fox, P. T., Posner, M. I., Mintun, M., & Raichle, M. E. (1988). Positron emission tomographic studies of the cortical anatomy of single-word processing. *Nature*, 331(6157), 585–589.

Pijl, S., & Schwarz, D. W. (1995). Melody recognition and musical interval perception by deaf subjects stimulated with electrical pulse trains through single cochlear implant electrodes. *Journal of the Acoustical Society of America*, 98(2 Pt 1), 886–895.

Quiroga, R. Q., Reddy, L., Kreiman, G., Koch, C., & Fried, I. (2005). Invariant visual representation by single neurons in the human brain. *Nature*, 435(7045), 1102–1107.

Rayner, K. (1998). Eye movements in reading and information processing: 20 years of research. *Psychological Bulletin*, 124(3), 372–422.

Ringach, D. L., Hawken, M. J., & Shapley, R. (1997). Dynamics of orientation tuning in macaque primary visual cortex. *Nature*, 387(6630), 281–284.

Romani, G. L., Williamson, S. J., & Kaufman, L. (1982). Tonotopic organization of the human auditory cortex. *Science*, 216(4552), 1339–1340.

Schütz, A. C., Braun, D. I., & Gegenfurtner, K. R. (2011). Eye movements and perception: A selective review. *Journal of Vision (Charlottesville, Va.)*, 11(5), 1–30.

Singer, W., & Gray, C. M. (1995). Visual feature integration and the temporal correlation hypothesis. *Annual Review of Neuroscience*, 18, 555–586.

Solomon, S. G., & Kohn, A. (2014). Moving sensory adaptation beyond suppressive effects in single neurons. *Current Biology*, 24(20), R1012–R1022.

Spence, C., Levitan, C. A., Shankar, M. U., & Zampini, M. (2010). Does food color influence taste and flavor perception in humans? *Chemosensory Perception*, 3, 68–84.

Swets, J., Tanner, W. P., & Birdsall, T. G. (1961). Decision processes in perception. *Psychological Review*, 68, 301–340.

Treisman, A., & Gelade, G. (1980). A feature-integration theory of attention. *Cognitive Psychology*, 12, 97–136.

Ungerleider, L. G., & Mishkin, M. (1982). Two cortical visual systems. In D. J. Ingle, M. A. Goodale, & R. J. W. Mansfield (Eds.), *Analysis of visual behavior* (pp. 549–586). Cambridge, MA: MIT Press.

von Bekesy, G. (1949). The vibration of the cochlear partition in anatomical preparation and in models of the inner ear. *Journal of the Acoustical Society of America*, 21, 233–245.

Whitfield, T. W., & Wiltshire, T. J. (1990). Color psychology: A critical review. *Genetic, Social, and General Psychology Monographs*, 116(4), 385–411.

Wollberg, Z., & Newman, J. D. (1972). Auditory cortex of squirrel monkey: Response patterns of single cells to species-specific vocalizations. *Science*, 175(4018), 212–214.

Yüksel, A. (2009). Exterior color and perceived retail crowding: Effects on tourists' shopping quality inferences and approach behaviors. *Journal of Quality Assurance in Hospitality & Tourism*, 10(4), 233–254.

CHAPTER 4

手法
MORAN CERF

　脳を理解するためにさまざまな手法を利用することができる．これには，脳の内部を研究するイメージング手法から，侵襲的に行う直接的な脳の測定方法（ニューロンを記録，操作，活性化，または損傷させることによって，個々のニューロンの活動を直接観察するもの），さらに身体能力の変化（目の動き，皮膚のコンダクタンスの変化，顔の筋肉の動きなど）から脳の活動を推測するさまざまな2次的な尺度が含まれる．

　この章では，さまざまな手法を取り上げ，その長所と短所，価格，複雑さ，利用のしやすさ，典型的かつ一般的な事例，マーケティング調査で神経科学を利用する際の注意点と対処方法について説明する．

4.1　どの手法を選択すべきか？

　各手法の長所を知る前に，特定の研究課題に最も適している方法はどれか，それに関連する課題を効率的に解決するのに最も効果的な手法はどれかを知りたいかもしれない．消費者神経科学（コンシューマーニューロサイエンス）の調査で使用される手法は，大きく二つのカテゴリーに分けられる．それは，脳の（代謝的または電気的）活動を（直接的または間接的に）記録する手法と，他の信号の測定（バイオメトリクス反応，顔や目の動き，および反応の速度）に基づいて脳の働きを推測するものである．この分野で現在使用されている最も重要な手法の

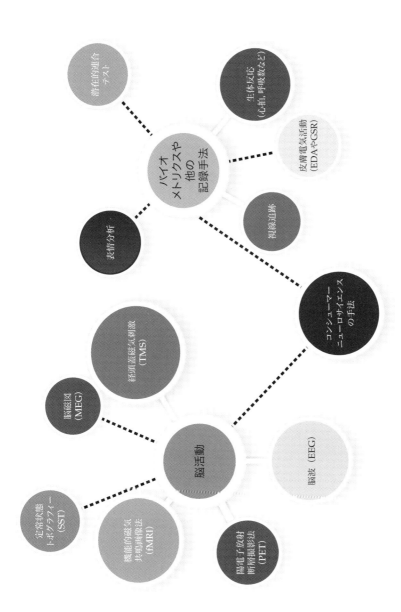

図 4.1 コンシューマーニューロサイエンスで用いられる手法

概要を以下に示す（図 4.1）．

　それぞれの手法には，調査を考案する際に考慮されるべき長所と限界がある．戦略的あるいは日常的なマーケティングマネージメントでの課題（表 4.1）に適する手法は調査の目的によって異なる．さらに，各手法は，マーケティングミックスの段階によって異なる役割を果たすこともある．

　コンシューマーニューロサイエンスの調査の大半は，表 4.1 の最後の質問（何を行うべきか？）に答え，クリエイティブコンセプトとコミュニケーションに関わる制作物が消費者に与える影響を評価することを目指している．新しいキャンペーンの背後にあるクリエイティブプロセスは，最も注意を要する研究対象の一つである．多くの場合，代理店でクリエイティブに関わる人々は，自分の仕事を評価するあらゆる調査方法に非常に懐疑的である．定性的方法が濫用されることにより，彼らの抵抗が正当化される場合もある．ここで，クリエイティブプロセスにおけるコンシューマーニューロサイエンスの使用方法の概要を紹介する（図 4.2）．これはコンセプトテストから広告（または製品のプロトタイプ），最終製品，コミュニケーションの全体的なインパクトにわたる四つの段階すべてを網羅するものである．

　初期の段階においては，キャンペーンのコンセプトを構築する際に使用される属性と主張を調査することが可能である．例えば，カテゴリー内で最も重要な属性は何か，どのブランドがその属性を所有しているか，どの属性がどのブランドにも使用されていないものか，どの属性がわれわれの戦略と一致しているか，を知ることができる．

　広告のコンセプトが承認されると，われわれはストーリーボードや異なるエグゼキューションのアニマティックをテストし，どれがその会社のユーザーや非ユーザーに最も影響を与えるかを調べることができる．また，ユーザーと非ユーザーの両方にとって，メッセージの影響を強化または低下させる要素が何なのかを評価することもできる．クリエイティブプロセスの初めから認知をテストすることは理想的ではあるが，いつもそれが可能であるわけではない．そこで，テレビのコマーシャルやウェブサイトをすでに制作した場合であれば，上記と同じアプローチを使って影響を評価する．すなわち，レイアウトの違う要素をテストしたり，タグラインが機能しているか，主張の内容が信用できるかを評価したり

表 4.1　典型的なビジネス上の問題とニューロマーケティング手法との対応づけ

戦略的マーケティング課題	マーケティングマネージメント手法	コンシューマーニューロサイエンス手法
どこで行うのか？	マーケットセグメント ● 顧客は誰か？ ● どのようなクラスターを形成しているか？ ● 市場提供物は何か？	● IAT
どうやって勝つのか？	ブランドポジショニング ● そのカテゴリーの中で重要なものは何か？（カテゴリードライバーは何か） ● どのブランドがどんな属性を所有するのか？　どんな属性と関連するのか？	● fMRI ● IAT
何を行うべきか？	製品ラインナップ ● 種類の豊富さ（フレーバー，色など） ● サイズの豊富さ ● パッケージング	● fMRI ● IAT ● EEG ● EDA（GSR） ● ET
	価格設定 ● 顧客はどれくらい払うつもりがあるか？	● fMRI ● IAT ● EEG ● EDA（GSR）
	コミュニケーション ● いかにして最善のコミュニケーションを行えるか？（コンテンツ，実行，シーケンス，チャンネル） ● これは最善か，十分な競争力があるか？	● fMRI ● IAT ● EEG ● 表情分析 ● ET ● EDA（GSR） ● 生体信号記録
	流通 ● プレゼンス ● 棚（配置） ● マーチャンダイジング（コミュニケーションツール）	● fMRI ● IAT ● EEG ● 表情分析 ● ET ● EDA（GSR） ● 生体信号記録

EDA：electrodermal activity; 皮膚電気活動，EEG：electroencephalography; 脳波，ET：eye tracking; 視線追跡，fMRI：functional magnetic resonance imaging; 機能的磁気共鳴画像法，GSR：Galvanic skin response; ガルバニック皮膚反応，IAT：implicit association test; 潜在的連合テスト

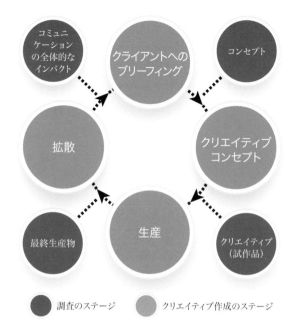

図 4.2　クリエイティブ作成の作業工程と調査のステージ

する．

　キャンペーンがすでに放送に使用されている場合や，しばらく同じポジショニングでコミュニケーションを行っている場合は，一定期間後にコミュニケーションのパフォーマンスをテストし，全体的な影響と時間の経過とともにどのように認知が変化したかを評価できる．これにより，顧客の行動に影響を与え，変化が明白になる前に，認知やブランドイメージに表れた微妙な変化に素早く反応することが可能となる．クリエイティブプロセスの各段階においてニューロマーケティングによってもたらされる洞察と付加価値を，表 4.2 に要約する．

　同様のアプローチを使用して，製品開発プロセスの各段階を調査することができる．すなわち，新製品の利点とポジショニングのテストから開始し，プロトタイプと最終製品を評価し，製品の発売後に顧客の認識を判断する．

表 4.2 クリエイティブプロセスのさまざまな段階をテストするための、コンシューマーニューロサイエンスを使用した洞察と付加価値

段階	コンセプト	広告	最終製品	全体的なインパクト
ニューロマーケティングによってもたらされる洞察	・カテゴリーの中で（無意識のレベルにおいて）消費者が最も大きく（あるいは小さく）評価する属性は何か？ ・誰がその特定の属性を所有しているのか？ ・この特定の属性を利用する信頼できる顧客も同様に良い印象を受けるか？ ・競合に対して、最も強力な属性は何か？ ・顧客はわれわれのブランドの約束やポジショニングを信じているか？	・どのクリエイティブがメッセージの伝達に最も適しているか？ ・どのエグゼキューションが実際の顧客に最もインパクトを与えるか？潜在的な顧客も同様に良い印象を受けるか？ ・メッセージの実行において、全体のメッセージを強化・弱化させる要素はあるか？	・メッセージの実行において、全体のメッセージを強化・弱化させる要素はあるか？ ・メッセージが顧客に与える影響は？ ・しばらく使用されていたコミュニケーションメッセージ（また は製品）について、機能しているか？ ・顧客はわれわれの主張を信用して購入するだろうか？彼らは喜んで購入するだろうか？	・顧客のブランドに対する認知は時間とともにどう変化するか？ ・認知されている競合他社のイメージはどうだろうか？
ニューロマーケティングによってもたらされる付加価値	・適切なコンセプト（とメッセージ）に焦点を当て、将来のキャンペーンのインパクトを最大化する。 ・実際に機能しているメッセージを選ぶことで、リスクを最小限に抑える。 ・投資対効果（ROI）を向上させる。 ・新製品の場合：基盤を作るための最適なポジショニングやメッセージを発見する。	・メッセージを伝えるために最も効果的な広告のエグゼキューションを選ぶことにより、将来のキャンペーンのインパクトを最大化する。 ・機能しない可能性のあるメッセージを生成・拡散してしまうリスクを最小限に抑える。	・最も高いインパクトを持つ製品（やメッセージ）に焦点を合わせることで、ROIを増加させる。 ・間違ったメッセージにお金を使うリスクを最小限に抑える。	・消費者の行動に変化が生じる前に、ブランドの認知やイメージに表れてるわずかな（無意識レベルの）変化に迅速に対応する。

4.2 手法

マーケティングメッセージを調査するために，神経科学者が使用する手法の分類の仕方は，数多く存在する．それは価格，使いやすさ，スピードなどによって評価される．神経科学者が頻繁に使用する方法を分類する一般的な方法の一つは，取得データの時間分解能および空間分解能によって手法をランクづけすることである．脳の迅速な活動（ミリ秒単位）を考えると，時間分解能が高いほど脳信号をより正確に読み取ることができるが，膨大なデータが生成され，分析の難易度が上がる．これに対して，機能的磁気共鳴画像法（fMRI）や陽電子放射断層撮影法（PET）のような秒単位の非常に低い時間分解能を有する手法では，素早い変化のイベントを容易に見逃してしまう可能性がある．しかし，そのような手法によって，特定の機能またはその残余効果に含まれている脳構造の活動を捕捉することができる．このようなことが可能なのは，複数のメカニズムが関わっており，結果として長い時間の活動となる場合である．

また，同様にして高い空間分解能の計測によって，脳構造全体にわたる結合と相互作用の理解が得られる．個々のニューロンがわかるレベルの解像度では，そのレベルでの変化を捉えることができる．これには，単一の細胞への入力/出力や，学習および適応を促進する細胞内の変化が含まれる．ここでもまた，高分解能は大きなデータを必要とし，またおそらく脳内に深く埋め込まれた多くの記録装置を必要とするであろう．したがって，脳波（EEG）計のような空間分解能の低い装置で，何百万ものニューロンの活動を大まかに捉えることとなる．これが意味することは，たとえて言うなら，ある人がその父親や母親（個々のニューロンのレベルで符号化されている）について考えていることを知ることはできないが，場所や物体ではなく人物について考えているという程度のことであればわかる，ということである．より高い空間分解能であれば，人が「起きている」または「眠っている」や，あるいは「数学的処理」と「感情的処理」のどちらに従事しているかという知見に繋がりうるが，それらの要因となる内容まではわからない．

高空間分解能と高時間分解能の組み合わせは，単一ニューロン記録（4.3.3 項参照）などの侵襲的手法を使用して達成できる．この手法は科学者によって使われてきたもので，動物や，臨床目的で手術を受けているヒトの脳に電極を埋め込む

ものである．この手法によって多くのことを知ることができるが，マーケティングマネージャーにとってやすく利用できるものではない．しかし，この方法で得られた洞察は，マーケティングマネージャーからも高く評価されるべきものである．なぜなら，それによって思考の根底にある主要なプロセスのいくつかを明らかにすることができるからである．例えば，この方法を利用することで，各自の脳内で連想を生成するために必要な刺激の反復数や，脳内で二つの異なるコンテンツの結び付けがどのように起こるか，また，記憶や感情がどのように脳の中に刻み込まれるかを知ることができる．このようなことを理解するために重要なのは，脳を直接観察することである．この手法は，今すぐに用いる可能性は低いとしても，マーケティングリーダーにとって無視すべきことではないだろう．

4.2.1　fMRI

科学者が脳や身体の形態を明らかにするために使用する方法は，多く存在する．これらの方法の中で最も正確なものの一つは，fMRIである．fMRIスキャナー（図4.3）は神経活動の結果として生じる血液中の脱酸化と血流の変化を脳全体にわたって計測し算出する．脳の特定の部分がより活性化する場合，それに動力を供給するために，より多くの酸素流量が必要となる．そこで，fMRIスキャナー

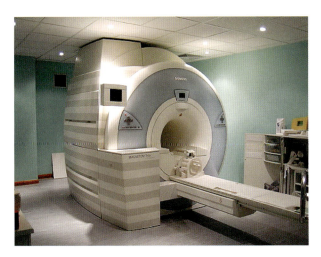

図4.3　fMRI装置．fMRIスキャナーの画像磁気コイルは，大きなシリンダー内に埋め込まれており，そこに頭を配置してスキャンを行う．

は，血流の酸素濃度がどこで高いかを明らかにし，脳のどの部分が所定の時間に使われているかを画像として示す．fMRI スキャナーが脳の活動を明らかにすることができる理由は，酸素が豊富な血液と酸素が欠乏している血液が著しく異なる磁気共鳴を有することによる．より多くの血流を有する領域には，酸素が豊富な血液が存在する．血流，血液量，および酸素の使用の測定値は，血中酸素濃度依存（blood-oxygen-level dependent; BOLD）信号と呼ばれる．

科学者はさまざまな理由で fMRI スキャナーを選択し利用する．最も大きな理由の一つは，fMRI が非侵襲的であり，相当量の放射線を用いないことである．これにより，放射線の影響を受ける危険性がなく，利用者にとってより安全であり，また，使いやすい．fMRI のもう一つの利点は，人が何を感じているかを詳細に評価できることである．特定の時間に脳のどの部分が活性化しているかが正確に示されるので，どのような感情や変化が起こっているかを医師が判断できるのだ．また，EEG データが 2 次元的な構造をとるのに対し，fMRI では脳の活動を 3 次元で測定できる．

しかしながら，いくつかの欠点も存在する．fMRI スキャナーは構築および購入するのが非常に高価な（多くの場合，200 万米ドルに達する）装置である．さらに，数秒の範囲の脳活動を観測する時間分解能に限られている．fMRI 測定では，検査を行う専門の技官が必要であり，研究室または診療所に専用の場所も必要とされる．特定の感情が誘発されたかどうかは判別できるが，それがいつ生じたかを正確に示すことはできない．このようなことは，ニューロマーケティングの研究を行う際の大きな欠点となる．しかし，EEG のような，より安価な手法も存在する．

高額な機械が必要になることや，運用の知識に関わる戦略的な障害から，マーケティングマネージャーのために fMRI データが収集されることは一般的に行われていない．一方で，fMRI を使用したマーケティングソリューションを提供する企業も存在する．これによって得られた成果は，近年の価格設定の研究で大きな貢献を果たしている．学術研究により，製品の価格設定が脳の報酬系にどのように記録されているかが示されている．報酬系は，fMRI 以外の方法ではほとんどアクセスできない．なぜなら，側坐核（第 2 章参照）は脳の深い位置にあり（大脳皮質から離れている），したがって EEG では直接計測することができない．

最終的に，fMRI を使用する上での重要な問題は，それに付随する費用と，高い磁場によって課される制限のために多くの対象者に使用できないという事実から生じる（例えば，タトゥーのインクが熱を発生することがあるため，タトゥーをした人は対象にできない．これは体の中に金属を持つ人にも同様である．手術で人工椎間板が埋め込まれた人などがこれに当たる．金属が入っている衣服でさえ問題になりうる）．さらに，多くの対象者は，閉所恐怖症のために fMRI 研究に参加することを望まない．なぜなら，対象者は頭部をカゴの中に入れられ，ほとんど動けない状態で，非常に大きくてうるさい装置に入っていなければならないからである．

実際に調査が開始すると，どのような解析を意図していたとしても，まず最初の壁となるのがデータの前処理の難しさである．fMRI データを分析する科学者は，最初に頭部のサイズを標準サイズに変換する必要がある（各対象者が異なる頭部形状を持つので，標準規格化された頭部がしばしば使用される）．この変換を行ったあとで，避けられない頭部の動きによるアーチファクトの除去を行う．このノイズの除去に続いて，認知課題と機能的な関連を持たない，分析対象外の白質由来のゴースト画像をフィルターしなければならない．最後に，すべての脳で酸素化レベルが異なる可能性があるため，対象者ごとにデータを正規化する必要がある．これらの前処理はすべて，一つの分析が完了する前に実行されるものだ．このプロセスの助けになる既存のツールもあるが，非常に高価であり，一般的な利用のために作られていないため，しばしば使いにくくユーザーフレンドリーでないと見なされる[1]．また，対象者当たりの磁気共鳴装置利用コストが高額であり（数百から数千米ドル），比較する各グループに約 15～20 人の対象者が典型的に必要になることから，実験は非常に高価になり，数万米ドルのレベルに達する．

このような事情によって，fMRI はマーケティングマネージャーにとってあまり一般的なものになっていない．ただ，そういったことを踏まえても，脳の深部にアクセスする能力は，他に劣らない．もし調査目的が報酬，認知的意思決定プ

---

[1] 【訳注】fMRI データの解析には無料で使用できるソフトウェアも広く普及している．以下に代表的なものを挙げる．
- AFNI：http://afni.nimh.nih.gov/afni
- FSL：https://fsl.fmrib.ox.ac.uk/fsl

ロセス，評価，複雑な記憶活動の理解が必要なものであるなら，fMRIは依然として必要であると言える．

いったんデータが前処理され，利用可能なフォーマットに変換されると，約10万個の時系列データが得られることになる．各時系列は，脳容積ピクセル（ボクセル）一つの経時的な活動に対応する．それは，脳内の1か所で1〜1.5秒ごとの血中酸素の活性化活動を示す．これらのデータは典型的にはおよそ$50 \times 50 \times 50$の時系列からなる立方体と見ることができ，立方体としての脳の3次元画像の時間変化に対応する．したがって，例えば30分（30分＝30×60秒＝$30 \times$（1.5秒ごと，毎分40サンプル））の記録を行うと，$50 \times 50 \times 50 \times 30 \times 40 =$約1億5千万サンプルを取得することになる．

典型的な調査では，1人につき1時間のデータを（fMRIの料金は時間単位で計算される），約20人分収集するため，容易に数ギガバイトのデータに達する．これ自体が，分析ツール，分析システムのメモリ，長時間のコンピュータ処理の必要性，およびバックアップのためのストレージの必要性に関して，いくつかの戦略的問題を提起する．

結局のところ，前処理の複雑さと比較すれば，解析自体は簡単なものだ．典型的には，科学者自身が関心のある脳領域（例えば，扁桃体）のx, y, z座標を特定する．他の領域を上回る扁桃体の活性化が期待される予備タスク（ローカリゼーションタスクと呼ばれる）を用いて，あるいは単純にその位置の推定座標を使用して，重要なボクセルを識別する．そして，タスク中に，特定の刺激を表示したときのボクセルの活動を観測する．つまり，刺激が提示される前に決定された活動のベースラインから，刺激の提示または削除によって，活動が増加あるいは減少するのかを調べるのである．また，環境ノイズの中においても堅牢なデータを得るためには，刺激を何回か繰り返して提示する必要がある．

解析は，商用ソフトウェアやMATLAB, Python, Rなどの標準的な解析ツール，その他既存の解析ソフトウェアを使用して行われる．解析には多くのステップが含まれ，誤った結論に至らないように，精密な調査が数多く行われている．近年では，統計やデータ解析の手法上の欠陥について指摘がなされたこともある．現在ではプロセスをより簡略化するツールが増えているが，依然として，fMRIは他の手法に比べて高度なものと考えられている．fMRI解析結果は，タスク中に

活動していた脳の領域を強調する形で（脳の MRI 画像上に重ね合わされたヒートマップとして）示されることが多い（図 4.4）.

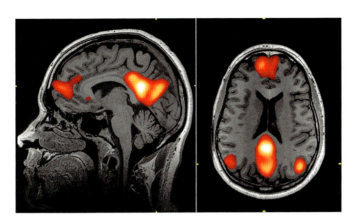

図 4.4 fMRI 画像．さまざまな角度の脳の断面を使用して，撮像中に活動した領域を強調して表示する．画像内の色つき（黄色/赤色）で強調された部分は，撮像中の活動が著しく高かった領域を反映している．

4.2.2 脳波

脳波（electroencephalography; EEG）は，脳の活動の測定に使用できる手法の一つである．EEG は，数十年にわたって広く普及している神経科学の手法である．これはニューロンの発火から即座に生じる電気活動を記録するものだ．典型的な EEG では，32〜64 個のセンサーを用いる．さらに，EEG は非侵襲性であり，ヘッドキャップ（図 4.5）を使用して頭皮に所定の数の電極を配置することによって機能する．これらの電極は，脳から発生する電気信号をトレースし，fMRI 同様に，特定の部位で増加した活動を探索することができる．これらの信号はガルバノメーター（検流計）という微弱な電流を計測する装置に送られる．

EEG により，脳全体から発生するこれらの電流を追跡し，生じた変動をニューロンの活動が発生してから 1 秒以内に観測することができる．EEG の欠点は，脳の構造を示せないことである．つまり，脳の特定の部位が持つ役割を示すことができない．一方で，EEG は刻一刻と変化する脳の活動を検出することができる点で優れている．これにより，脳における誘因が特定しやすくなる．EEG によ

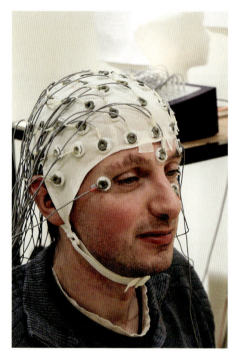

図 4.5　対象者の頭に装着された EEG キャップ．特定の構造（「モンタージュ」）に従って電極を頭部のさまざまな場所に配置する．電極は，対象者の後方にある，頭部の脳活動電位を読み取る記録システムに接続されている．

れば，感情関与，注意のレベル，特定の記憶の指標を測定することができる．また，EEG は携帯性に優れており，さまざまな環境で使用することが可能である．EEG システムの全体にかかるコストは，電極数が多いもので，およそ 3～4 万米ドルである．ただし，EEG データ収集および解釈においては専門家を必要とする．対象者に EEG ヘッドキャップを取り付けて準備するのに要する労力と時間もまた，負担になりうる．しかしながら，EEG には幅広い用途があり，ニューロマーケティング調査において価値があることが示されている．

　fMRI とは違って，EEG は使用と管理がはるかに容易であり，上述の価格であっても安価な手法であると考えられる．高品質の EEG システムは，数万米ドルの価格帯（表 4.3）に属し，操作方法は一度取得すれば容易である．市場においては，電極の数が限られた安価なさまざまな EEG ツールが提供されている．こ

4.2 手法

表 4.3 各手法の特徴

手法	妥当な調査となるために必要な典型的な対象者数	使いやすさ (1〜5)*	価格	調査/分析にかかる時間	分解能 (空間/時間)	調査可能なもの	(マーケティング調査のための) モビリティ
電極数の多い (32以上) EEG	25	4	装置：8万米ドル、調査：2万5千米ドル	数時間〜数日	低/高	感情、記憶、注意、関与度	最適とは言えないが、可能ではある。
電極数の少ない EEG	30	3	社内で稼働する機器：500米ドル、調査：2万米ドル	数時間〜数日	低/高	感情、関与度	可能
fMRI	15	5	装置：100〜500万米ドル程度	数日〜数週間	高/低	感情、記憶、注意、関与度、価格設定、報酬、痛み	不可能
TMS	20	4	装置：2千米ドル、調査：2千米ドル	数日〜数週間	低/高	感情、認知、実行機能などの機能	使用されたことはない、可能だが知識が必要ではない。
アンケート	80	1	場所/人員：約1万米ドル、調査：1万5千米ドル	数時間〜数日	神経活動データなし	主観的/知覚された感情、記憶、関与度、推定された支払い意志、質問に対する自己知覚や応答時間を含む回答	可能

EEG：脳波、fMRI：機能的磁気共鳴画像法、IAT：潜在的連合テスト、TMS：経頭蓋磁気刺激

*取り扱いが最も容易なものは1で、5が最も難しい。1はプログラミングに関する知識が必要なく、セットアップやデータの処理が簡単。5は神経科学の豊富な知識とプログラミング能力やツールが必要とする。

表 4.3 つづき

手法	妥当な調査となるために必要な典型的な対象者数	使いやすさ (1〜5)*	価格	調査/分析にかかる時間	分解能 (空間/時間)	調査可能なもの	(マーケティング調査のための) モビリティ
IAT	80	2	200米ドル (通常はオンラインで行われ、費用はウェブページ作成、コンテンツ、統計分析の補助に使用される)	数分〜数時間	神経活動データなし	連合、応答時間	不可能
視線追跡	20	4	装置：2万米ドル、調査：4千米ドル	数時間〜数日	低/高	覚醒、関与度、応答時間、注意、低レベルの特徴、認識、コンテンツの中の顕著な特徴	可能
表情分析	80	3	約500分の分析：1千米ドル	数分〜数時間	低/低	感情	可能
皮膚コンダクタンス	80	3	機器：2千米ドル、調査：3千米ドル	数時間〜数日	低/低	覚醒	可能
ウェアラブルデバイス	100	3	非常に安価なツールを使用したアプリケーション開発：1千米ドル、調査：2千米ドル	数分〜数日 (使用されるサンプルとデバイスの数による)	低/低	位置、運動 (いくつかの感情の代替として見なせることもあるが、非神経データである)	可能
電気生理学	10	5	装置：約30万米ドル (商業利用にはこれまで提供されていない)	数日〜数か月	高/高	感情、注意、記憶、関与度、痛み、報酬、支払い意志、連合、意思決定プロセス、無意識のプロセス	不可能

れらの人気が高まる一方で，依然として信頼性は低いと見なされている．経験的に言えば，高い電極密度と広い記録領域は，たいていの調査に適している．対象者が眠っているのか目を覚ましているのか，まどろんでいるのか注意を払っているのか，何かを感じているのかそうでないのか，といったことに焦点を絞った簡単な調査であれば，少数の電極で十分であろう．しかしながら，32 個の電極が現在のデファクトスタンダードである．また，1 セル（一つの条件について評価をする対象者のグループ）の調査に含める標準の対象者数は，20〜25 人である．

解析方法は，前処理が行われたあとでは fMRI と類似する点が多い．多くの EEG 装置は，標準的な解析ツールで読み取ることができる形式で生データを出力する．データのフォーマットも fMRI データと類似する点がある．例えば，32 個の電極による 30 分にわたる記録では，32（電極の数）× 30（分）× 60（秒）× 500（サンプル/秒）（500 は典型的なサンプリングレート）となり，数百メガバイトのデータが得られることになる．

時系列データは，一般的にはグラフにして示すことが多く（図 4.6），これにより，特定のイベントが発生した瞬間を高い時間分解能で検出することが可能にな

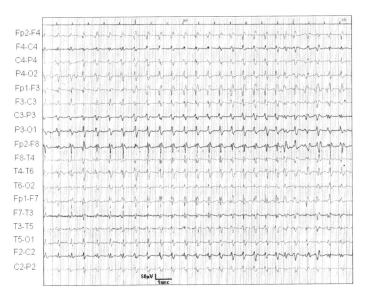

図 4.6　EEG 信号のグラフ．各行の曲線は，頭皮のさまざまな場所に位置する各電極から計測された対象者の脳内の電気活動を示している．

る．その後，同じ事象が発生した多くの試行を平均する．その活動を，事象が発生していない時間帯のものと比較し，信号の中のわずかな増減を特定する．このような増減を1回の試行で特定することは，データのノイズのために，ほとんど不可能である（脳活動が「位相」のずれにより「波」のように動くにつれて，常に信号が増減するため）．しかしながら，複数（典型的には数百回の）試行の平均を計算することで，ノイズを平滑化し，刺激による実際の変化を抽出することができる．このような処理によって得られる信号は，事象関連電位（event related potential; ERP）として知られており，EEGを分析するための重要な情報を提供する．電極の下の各脳領域では，刺激によって誘発される活動は，脳内で処理が行われた順序に基づき，異なるタイミングで生じる．例えば，対象者が他人の顔を見た場合は，顔を処理する後頭葉の部分が，顔のアイデンティティを認識する側頭葉の前に活動するはずである．より具体的には，刺激開始から約100ミリ秒後に後頭葉の細胞の活性が増加し，側頭葉の細胞の活性はさらに50ミリ秒後（つまり刺激開始150ミリ秒後）に生じる．したがって，対象者が好感を持っている女性モデルの画像が広告に現れたときに，後頭葉の電極の活動をすべての試行にわたって平均すると，画像提示後100ミリ秒での活動の増加が示されるのだ．この上昇した活動は，神経科学者によってP100と呼ばれている（100ミリ秒での陽性（positive）のピークに対応する．抑制性の陰性（negative）応答はN100と呼ばれている）．これに続く平均された時間的活動としては，例えばN150が生じる可能性がある．

　神経科学者は今までに，特定の機能に関係する正/負のピークを複数同定している．マーケティングマネージャーはこれを利用して，特定の機能を同定することが可能である（例えば，あるコンテンツを見たときに記憶が活性化したかどうかが，コンテンツ提示後に側頭葉領域上の電極から得たN180を調べることで，わかるかもしれない）．このように，今日のマーケティングマネージャーは，目的の活動の同定自体には関与せず，むしろ既知の現象の「辞書」を参照して，分析に利用する．経験のある神経科学者であれば，一般的に期待される応答の多くを同定することが可能である．また，マーケティングマネージャーの興味対象となる応答を計測するための調査を設計することもできるだろう．EEGによって調査できる主要な脳の機能については，表4.4を参照されたい．神経科学の研究に

表 4.4 各手法のまとめ

技術	測定量/尺度	測定単位	技術的な仕様	対象となる心的処理	マーケティングでの利用可能性
脳波 (EEG)	数千のニューロンから生じる電位の変動。空間分解能はセンチメートルのオーダー。	ヘルツ (Hz, 周波数) とマイクロボルト (振幅) によって波形を特徴づける。アルファ波、ベータ波、デルタ波、ガンマ波、シータ波、ミュー波などが含まれる。	ヘッドギア (帽子やヘルメットなど) に配置された、表面電極。非侵襲的計測で、痛みを伴わず、比較的快適。EEG の費用は、500 米ドル (1 回の計測) から、ハードウェアとソフトウェアの整備で 1 万米ドルと幅がある。	素早く起こる認知過程を精査するのに向いている。高い時間分解能でデータが得られ、一般的な意思決定、購時の反応、問題解決などを分析するのに向いている。	ブランディング：記憶と関連する言葉や画像を提示した際に生じる、EEG のパターンを同定する。広告：脳全体にわたる特定の EEG パターンや、脳での変化と対応する注意を測定する。
機能的磁気共鳴画像法 (fMRI)	脳の活動をマイクロメーターのスケールと秒単位で計測する血中酸素濃度依存 (BOLD) 信号。	ボクセル (3 次元の体積の要素) での値の大きさで示される。カラーコード (例：赤が大きな値、青が小さな値) などで示される。	脳の組織を活性化または安定化するこつの磁場により、コイルにおいてエネルギーの変化が生じる。fMRI 撮像は非侵襲的で安全である。閉所恐怖症に対してはリスクがある。1 回の撮像は 500〜800 米ドルの費用であり、装置は 100 万〜300 万米ドルで、最新の 7 テスラの磁場を持つ fMRI スキャナーは 500 万米ドル程度とされている。	脳の活動を詳細な空間分解能によって分析し、行動に対応する脳領域を同定するように設計されている。食物や飲料の探索や判断など継続する領域を同定するのに適している。	ブランディング：連合が引き起こされるときに活動が生じる脳領域を同定する。

表 4.4 つづき

技術	測定量/尺度	測定単位	技術的な仕様	対象となる心的処理	マーケティングでの利用可能性
脳磁図 (MEG)	脳内の電気信号から誘導される磁場。磁場の計測的な計測によりミリ秒単位の分解能が得られる。	テスラ（磁束密度の単位）。典型的な計測では 100 フェムトテスラ程度の大きさ。	超伝導量子干渉デバイス (SQUID) などの磁力計を介して磁場を検出するために使用される設置型セットアップ。MEG は非侵襲的であり、すべての年齢の人々に対して医学的に承認されている。MEG の費用は 1 回のスキャンで 5 千ドル、計測装置と分析装置の全体で 200〜400 万米ドル。	EEG より高い空間分解能を必要とする時間的プロセスに最適、感覚野での脳信号の変化に有用.	学術的な目的で使用されており、商業的なニューロマーケティングのための実用的な方法としては注目されていない。世界で利用できる装置が限られている。
経頭蓋磁気刺激 (TMS)	磁場によって正常な電気的活動を妨害することで、特定の脳の領域を活性または抑制する。	テスラ	磁気コイルによって電気的なパルスを発生し、その周波数の高低により、脳を活性あるいは抑制させる。TMS は FDA の臨床使用承認を受けているが、頭痛や失神、稀に発作の様な軽度の副作用の可能性が認められている。TMS は 300〜500 米ドル、ハードウェアのセットアップとトレーニングのコストは約 10 万米ドル。	脳領域の活性または抑制により、行動におけるさまざまな脳領域の役割を発見するのに有用である。	広告：製品とパッケージデザイン、特定の脳領域が抑制、活性、通常状態のどれかによって、マーケティングの刺激に対する対象者の反応を分析する。

表 4.4 つづき

技術	測定量/尺度	測定単位	技術的な仕様	対象となる心的処理	マーケティングでの利用可能性
顔面動作符号化システム (FACS)	ユーザーによって符号化された顔の動きや特徴を異なるアクションユニット (AU) に分類する．これらの AU との組み合わせて，人の気分や行動を間接的に評価する．	単位がない．このシステムは，50 以上の顔面 AU の特徴および特定の顔面以外に関連する 50 個の動きを使用する．	ユーザーはさまざまな (50 以上の) AU を識別するために有料 (300〜400 米ドル) のトレーニングを受ける．近年は，顔認識ソフトウェアによる AU 分類の自動化が一般的である．	特定の考え方や態度に相関する．微妙な顔面の動きを分析することによって明示的に表現されうる，背後にある気分や意図された行動を同定するのに役立つ．	製品テスト：提案された製品機能への顧客の反応．広告テスト：異なる広告のバージョンを選択したり，広告キャンペーンが失敗する理由を特定する．ブランド感情：ブランドに対する感情的な反応を測定する．
視線追跡	赤外線または近赤外線光を用いて，対象者の眼に角膜反射を発生させ，瞳孔の動きを追跡して動画として記録する．追加のハードウェアによって，移動の際の視線の計測も可能である．	毎秒の凝視の回数，サッカード線形マッピング，毎秒の瞬きの回数．	小さな高解像度のビデオカメラを，対象者の視界を妨げることなく眼の近くに配置する．シーンをキャプチャーする他のカメラと平行して視界を追跡し，その際，カメラを誘導するために小さな非侵襲的なライトがフェアおよび視線追跡ソフトウェアパッケージはさまざまである．利用されるデータセットに大きく依存するが，数百〜数万米ドルの費用がかかる．	視覚システムを調査するのに有用である．特に対象者がさまざまな側面を見ているときと順序を調べるのに役立つ．	製品とパッケージデザイン：対象に対する視覚的な注意と感情的な覚醒テストする．広告：人が広告を見ているときの各秒当たりの凝視の回数 (fps) を測定できる．買い物客のマーケティング：消費者が通路や棚の中を見ているとき，また各製品を調べているとき，どこを見ているのかを計測する．

よってより多くの領域や活動を同定することで，調査可能な機能も常に増加し続けている．

多くの試行平均で得られる振幅の変化に加えて，EEG の周波数が刺激の変化に伴って特定の領域で変化する傾向があることを神経科学者たちは見出している．例えば，目を開いているほぼすべての人の後頭葉から，典型的には（振幅に関係なく）毎秒 3 回（3 Hz）の波を観測することができる．目を閉じると，毎秒の波の数がかなり多くなり（およそ 8 Hz 程度），目を再び開くと直ちに減少する．さまざまな領域におけるこのような周波数変動が同定されており，機能の変化の兆候として分類されている．また，神経科学者たちはこのような変動の多くを特徴づけ，変動の表記を容易にするために周波数帯に名前をつけている（例えば，目を閉じることで上昇した毎秒 8 回（8 Hz）の周波数は「アルファ波」の活動と名づけられている）．フーリエ変換と呼ばれる単純な数学的手法により EEG の変動を分離することで，特定の機能を符号化する脳領域を強調して示すことができる．これはスペクトル分析と呼ばれ，行動と関連する機能の差異を同定するために神経科学者たちが使う手法である．

これらの分析手法（スペクトル分析および時系列/事象関連分析）は，習得しさえすれば，以下で説明する多くの手法と同様に扱えるということは重要である．次元が異なる fMRI/EEG が前処理後に本質的には同じように扱えるのだ（fMRI は多くのボクセルで取得されるが，$50 \times 50 \times 50 \times (30 \times 40)$ と，時系列を生み出す時間の計測点は少ない．EEG は 32 個の時系列からなるが，時間の計測点は多く，$32 \times 30 \times (60 \times 500)$ である）．同様にして，最終的にはすべてのツールが同様の解析のための測定量を提供することになる．つまり，非常に多くの時間や空間の計測点を持つ，時系列のデータである．例えば表情分析では，128 個の表情筋を 0.5 秒ごとに記録するが，解析としては同様である．

4.2.3 顔面動作符号化システム（FACS）

顔面動作符号化システム（facial action coding system; FACS）は，異なるタイプの表情の動きを，顔の外見から評価するために使用される．FACS は，もともとスウェーデンの科学者 Carl-Herman Hjortsjö によって作り出されたものである．進化生物学者と心理学者が行った研究に基づいており，感情状態を反映す

る表情が異なる文化にわたって共通している傾向があることが見出された．Paul Ekman は，感情と結び付いている表情を生み出す筋肉を効果的に解読できるようにマッピングするという，重要な研究を行った．FACS ではシステムに組み込まれている表情認識のソフトウェアを使用する．このソフトウェアは，顔に表出している筋肉のパターンを識別する．このプロセスは，対象者がビデオ撮影されている間に行われ，ソフトウェアは顔の動きを表出している感情に変換する．顔面符号化の利点は，リアルタイムの感情的な反応を提供できることだ．顔面符号化は比較的利用しやすく，主に解析システム，ウェブカメラ，広告を表示するディスプレイが必要となる．顔面動作符号化システムはある程度機能することは示されているが，精度については改善の余地がある．現在のシステムによって，幸福，悲しみ，怒り，驚き，恐怖，嫌悪という六つの基本感情の全体としての強さを解釈することが可能である．システムの改良によって，退屈，混乱，警戒感，魅力といった異なる感情に拡大できる可能性もある．顔面符号化は，対象者たちの完全な応答を捉えるには限界もある．対象者の顔の反応のみを測定しているのにすぎないからである．この方法が異なる文化に適用できるかどうかについては，依然として議論もある．異なる反応に応じて異なるタイプの顔反応がありうるからだ．

　顔面符号化解析は，典型的には毎秒 2 回の頻度で顔の画像を感情に分類する，既製のオープンソースツールを使用して行われる．これによって，「どのくらいの笑顔が 0.5 秒ごとに現れるか」，「顔にどれくらいの悲しみが現れているか」，「どれだけ怒っているか」等々についてのグラフが得られる．これらの分類のほとんどは，事前に分類された人々の顔の多くの研究に基づいている．現在ではコンピュータにより，「典型的な笑顔，しかめ面とどれくらい似ているか」などを簡単に調べることが可能だ．

　あるいは，顔面動作符号化システムの担当者としてトレーニングを積んで，動画から表情を手作業によって符号化する能力を身につけることを選ぶマーケティングマネージャーもいるかもしれない．最近では，個々の画像をオンラインで特定の感情に分類するよう人々に依頼するクラウドソーシングも普及している．動画の一コマごとの静止画フレームに対して，ある一定数の人から特定の感情であると合意を得ることをすべてのフレームについて行えば，動画全体に対しての顔

面符号化ができ上がるという仕組みである．

顔面符号化ソフトの入力となる一連の表情の例については，図 4.7 を参照されたい．静止画は，（左上から時計回りに）幸福，悲しみ，疑念，驚き，怒り，嫌悪感，恐怖の感情を表している．

図 4.7　特定の感情の顔面符号化に使用される表情筋

4.2.4　視線追跡

視線追跡は，目の動きを頭と体の位置と対比して追跡して記録する方法である．科学者は，対象者の頭部やコンピュータに視線追跡装置（アイトラッカー）を設置して，視線追跡データを収集する．この新しい技術の出現以前は，科学者はビデオカメラを使って目の動きを追跡し，手動でデータを収集していたこともある．

これらの手法では，一瞬一瞬の目の瞳孔の位置を評価し，記録することが目的である．例えば，対象者が画像を 10 秒間見ている場合，科学者は 1 秒ごとの画像上の目の位置を捉える．人の嗜好や行動の分析に使用できることから，視線追跡はニューロマーケティングや他の神経科学分野でも有用なツールであるとされている．脳は解析の対象となるものに視線を自動的に集中させる傾向があるので，人々の注意を最初に集めるものを判別するのに，視線追跡を利用することができる．科学者は単に最初に対象者の視線を集めるものを探し出せばよい．例えば，白黒の写真の中にある赤いリンゴに最初から集中しているのであれば，そのリンゴが注意を最初に集めたと判別できる．おのおのの瞬間に何に注意を向けているかを知ることで，人々がどのように視覚刺激を取り込み，どのようにその情報を処理するかをより良く理解することができる．さらに重要な点として，多くの最新の視線追跡装置は，眼球の位置だけでなく，瞳孔の大きさ（覚醒レベルや照明の明るさの目安となる）を測ったり，頭部のスクリーンから距離と位置を計測したりすることもできる．視線追跡装置には設置型とモバイル型があり，モバイル型はスーパーマーケットなどの現地調査で購入選択を調査する際などに使用することができる．

実際の視線追跡のデータは，その性質上一見複雑であるが，EEG や fMRI データと非常によく似ている．典型的な視線追跡装置では，高いサンプリングレート（毎秒約 500〜1,000 サンプル）で，7 列のデータを含む CSV ファイルが出力される．データは以下のフォーマットで与えられるのが普通である．

タイムスタンプ，xL, yL, pL, xR, yR, pR

ここで，タイムスタンプはフレームの時間（最初の 1 秒間の第 1 フレームというように指定する．1,000 Hz のサンプリングの視線追跡装置では，毎秒約 1,000 行のデータが得られる）に対応する．よって，1,000 行目が開始から 1 秒後の視線追跡データに相当することになる．次に，xL と yL はスクリーン上の左目の位置の (x, y) 座標にそれぞれ対応し，xR と yR は右目の座標に対応する．pL および pR は，所与の瞬間における左右の瞳孔の大きさの計測値である．

部屋の照明（と画面の明るさ！）が計測時に一定に保たれていれば，瞳孔サイズの変化は，コンテンツ（例えばコマーシャル）の視聴中の関心および感情を示す，覚醒レベルの変化に対応する．

データの分析の典型的な目的は，視聴中の特定の重要な瞬間における視線の位置を見出すことにある．例えば，ある人がウェブサイトを閲覧していたときに，左側に提示された広告にどのくらい速く視線が移動したか？　その広告をどれくらい時間をかけて鑑賞したか？　広告の中の製品を見たときに（覚醒の指標となる）瞳孔は拡張したか？　広告の中の美しい女性モデルから視線が離れたあとで，彼女が持っている製品に視線が移動したか？　コマーシャルの中で提示された電話番号は見られていたか？　というようなことである．

視線追跡データは分析が容易であり，マーケティングマネージャーの間では製品設計，注意，棚の構成，印刷物や商業広告が関係する調査でさらに役立つ機会が増えている．

ウェブサイトを閲覧している個々の対象者のサッカード（眼球運動）の例を図 4.8 に示す．最初に顔へ向かう典型的なサッカードが目立つが，直後に画面から離脱し，黄色でハイライトされた文字に視線が戻る．これは，このウェブサイトの構成が，注意を維持するのに理想的でないことを示している可能性がある．

図 4.8　ウェブサイトを見た際の視線移動の道筋を表すイラスト．数字はサイトが提示されてから対象者が見た順番を示している．

4.2.5 陽電子放射断層撮影法（PET）

陽電子放射断層撮影法（positron emission tomography; PET）は，脳の活動を2次元および3次元の画像で提供する手法である．これは血流に導入された放射性の信号を測定することによって可能となる．多くの医師がPETスキャンを使用するのは，腫瘍，病変や，損傷した組織の位置の同定に使えるからである．血流の変化，病気，加齢，負傷の結果として，組織に損傷が生じる．PETは，薬物療法で効果が出ない患者や，特定の記憶障害を有する患者，およびアルコールまたは薬物乱用の病歴を有する患者などの診断に利用されている．これによって脳の損傷した領域を発見し，この情報をより正確な治療のために使用する．fMRIスキャナーと同様に，病院や医療センターで使用されている．fMRIスキャンも脳の変性を見つけるために使用されるが，PETスキャンは他のタイプのスキャナーと異なった多くの情報を提供することができる．脳に流入する化学物質と結合する低レベルの放射性同位体を血流に注入し，脳がさまざまな機能を発現する際にその物質を追跡する．

4.2.6 生体信号を捉える他の技術

血圧，心拍，呼吸，皮膚発汗などのバイオメトリクス（生体信号）を使用して消費者の反応を測定する方法もある．これらのバイオメトリクスの変動によって，興奮やリラックスの度合いを示すことができる．バイオメトリクスでは，興奮の引き金となるものを特定することが神経指標に比べて難しい．しかし，言語化されない反応を捉えることができるという点では，バイオメトリクスは重要である．ガルバニック皮膚反応（GSR）は，EEG，視線追跡とともに利用されている．GSRは指に取り付けたセンサーを使って皮膚発汗の度合いの変化を記録する．簡易的に取り付けたベルトで，消費者の心拍の変化を計測することも可能だ．他の手法で得られるデータを補足するものとして，このデータを使用することもできる．

近年の着用可能な装置の改良によって，上述の装置以外にも安価で容易にアクセスできる計測ツールが多く生み出されている．これらには，加速度計（位置と運動のペースの測定），ジャイロスコープ，磁力計，圧力センサー，温度センサー，GPSを利用した高空間分解能の位置計測などがある．位置計測は，衛星を使用し

た屋外だけでなく，屋内でも可能である．

　これらのツールは安価で簡単にアクセスできることに加え，大規模なデータを多くの人々から取得することで一般化できるという点で，より確かな計測方法であると言える．例えば，最近の研究では，バイオメトリクスのデータだけを用いて，（運動量や，自宅からの外出率の著しい変化などを捉えることにより）鬱病やその他の精神状態や社会的状態を評価することが行われている．異なる状態での行動比較を可能とする機械学習のデコーディングの技術は，一見単純とも思える手法が人格についての複雑な理解を導き出す可能性を示している．

　携帯電話やハンドヘルド機器が約50億人（世界中で使用されているコンピュータの約2倍）に使用され，農村部であってもインターネットに接続されており，携帯電話などの機器がほぼ常時ONになっている状況である．このような状況を考慮して，多くの企業がこれらのツールを行動予測に利用しようとしている．そういった企業と同様に，マーケティングマネージャーもそのような情報へのアクセスを望んでいる．そのような情報の価値は高く，携帯や機器から派生した個人情報の管理とアクセスに対して，多くの企業が競合していることは驚くことでもないだろう．マーケティング企業や研究者は，このような洗練された技術を利用して情報を解析し，顧客についての理解を深めようとしている．

4.3　心理測定手法

　心理測定または潜在テストと呼ばれる，ソフトウェアを使用して応答を調査する方法がある．これらのテストでは直感的な応答を捉える．一般的に利用されるテストとして，潜在的連合テスト（IAT）がある．心理測定手法はさまざまなタイプの調査で使われ，リアルタイムで結果を生成できる．心理測定手法もまた比較的安価である．しかし，これらのテストの結果は，神経測定の結果に比べて間接的である．心理測定では解析においても専門知識が必要とされる．

4.3.1　経頭蓋磁気刺激（TMS）

　経頭蓋磁気刺激（TMS）は，脳を観察するために科学者が利用する方法の一つで，脳内の限定された領域を刺激することができる非侵襲的なシステムである．弱い電流を生成できるコイルのように見える磁場発生器を備えており，電流を送

るパルス刺激装置に接続されている．この装置の目的は，これらの電流によって脳の特定の領域を刺激することである．実際に利用できる刺激装置は，最大 2.5 テスラの磁場を最高 30 Hz の周波数で生成することができる．TMS を使用して，特定の筋肉と脳との繋がりを医師が調べることもある．例えば，多発性硬化症，脳卒中や，他のタイプの運動障害において TMS が使用される．また，慢性的な片頭痛のような病気を治療するために，痛みの原因となる脳の領域を標的とすることも行われる．

TMS は，驚くほど簡単に入手して使用することができ，米国では入手に関して規制もされていない．また，一時的な「病変」を誘発し，機能がどのように失われるのかを知る強力な方法でもある（例えば，後頭部の機能を一時的に停止し，この瞬間に提示された刺激を見ることができるのか，また，視覚的な領域で「見る」ことなしに無意識的に報告できるかどうかを観察することができる）．

図 4.9 は，TMS 研究に使用される蝶のような形のコイルを示している．

図 4.9　TMS を用いた刺激．蝶のように見えるコイルを頭皮の近くに配置し，脳活動を誘発するために磁気刺激を加える．これによって瞬発的な行動変化が引き起こされる．

4.3.2　潜在的連合テスト（IAT）

潜在的連合テスト（implicit association test; IAT）では，馴染みのある概念同士を素早く結び付けることができると仮定する．このテストは，バイアスのよう

な無意識で作られた関係性を調査する神経科学に基づいた手法である．このバイアスは，われわれ自身も気づけないものかもしれない．このテストは，心理学とマーケティングの両方で実用的な利用が進んでいる．マーケターは，特定のブランドに対する無意識の注目に関心を持つかもしれない．IAT は低コストで，テストの対象にできるものに柔軟性がある．しかし，これらのテストの結果は解釈に頼るものであり，厳密な科学的データというよりむしろ推論の意味合いが強い．

4.3.3　電気生理学

脳の基本的な構成要素は，神経細胞（ニューロン）である．脳の同じ領域に存在し，互いに隣接しているニューロンであっても，非常に異なる機能を持ち，異なる刺激に反応することができる（Cerf and MacKay 2011）．したがって，個々のニューロンの活動を研究することによって，人間の脳がどのように機能するかに関して多くのことを学べる．しかし，fMRI の研究で得られる単一のボクセルですら通常数千個のニューロンが含まれており（Grill-Spector and Malach 2001），fMRI または EEG によって観察される脳活動の変化は，数千または数百万のニューロンの集団としての活動を示している．

数多くの研究によって個々のニューロンの活動が調べられてきたが，この研究のほとんどはネズミやサルなどのヒトではない動物が対象である（Shadlen and Kiani 2013）．とはいえ，これらの研究は人間の行動や経済的意思決定に適用できる多くの洞察を提供している（Levy and Glimcher 2012; Glimher and Fehr 2014）．近年においては，研究者はヒトの単一ニューロンの活動を研究し始めている．てんかん患者の特定の外科的処置においては，脳に電極を配置する必要がある．これは，深部にプローブとして挿入するか，または皮質の表面上の格子として配置するかのいずれかである（Fried et al. 2014）．筒状のプローブの中心に配置された細いマイクロワイヤーは，ニューロンに接触し，比較的長い期間，個々のニューロンから信頼度の高い測定が行える．ヒトの単一ニューロンの研究は，マーケティングの文献で見かけないことは無理からぬことだが，マーケターや消費者研究者にとって興味のある知見を提供してきた．

単一ニューロン研究は，かつてヒトでない動物でしか行われていなかった．しかし，薬理学的手段では発作を制御できないてんかん患者に対する外科治療技術

の進歩によって，ヒトにおいて単一ニューロンの活動を記録する機会がもたらされた．てんかんの発作は，大規模かつ制御不能なニューロンの活動であり，通常，それぞれの患者の脳の特定の部位から生じるものである．医師たちは，その起源となる部位を外科的に取り除くことで，患者の発作を止め，てんかんを治癒させる．

脳神経外科医たちは発作が起きる正確な脳の部位を同定するために，長さ数センチ，直径約1ミリの細い中空のプローブまたは電極（典型的には1〜12個）を発作の起源と考えられる部位を取り囲むいくつかの領域に埋め込む．埋め込む部位は臨床的な基準によって決められる．内側側頭葉や，前頭葉，運動皮質にプローブを埋め込むことが多く，他の領域に埋め込まれる頻度は比較的低い．一般的に，埋め込みの場所は，脳の特定の機能と関係している．例えば，記憶の固定と想起（海馬，嗅内皮質），恐怖および社会的行動（扁桃体），高次の認知，ナビゲーション（海馬傍回），特定の概念の認知（右扁桃体および海馬傍回），高レベルの認知制御と調節（眼窩前頭皮質），運動計画（補足運動野），一般的な計画と意志，ならびに誤り訂正（前部帯状体，眼窩前頭皮質，および他の前頭皮質）が挙げられる．

ここではマイクロワイヤー電極を伴う方法に焦点を当てたが，皮質脳波計測（electrocorticography; ECoG）や頭蓋内脳波計測などの方法では，脳の表面に配置された電極を用いて，皮質の表面のみからの活動を記録する．ここで記録された活動は，個々のニューロンの活動ではなく，領域にわたる電位であるが，それでもなおヒトの脳への直接的なアクセスがあるということが利点である．

ヒトにおける単一ニューロン研究の多くは，記憶，知覚，ナビゲーション，またはニューロンによる符号化のような，神経科学コミュニティにとって重要な基本的な神経プロセスに焦点を当ててきた．こういった研究が，マーケティングなどの応用分野に対する有用性に焦点を当てていないことは理解できる．しかし，研究で得られた知見の一部がマーケティングと消費者行動に関連することは間違いない．

マーケティングマネージャー向けに，神経科学の手法を使って測定できる機能を表4.5にまとめる．図4.10には，脳を研究するためのさまざまなテクニックの空間的および時間的分解能の概略図を示す．

表 4.5 神経科学の手法を使って測定できる機能のリスト

測定される対象	説明	正確さ	手法	複雑さ
エンゲージメント	体験したコンテンツとの関与度の指標（視覚、聴覚など）．	80%	EEG	中
エンゲージメント	体験したコンテンツとの関与度のより高解像度の指標（視覚、聴覚など）．	90%	fMRI	高
感情	コンテンツは感情的だったか？	80%	EEG	中
感情	感情はポジティブ/ネガティブだったか？	80%	fMRI	高
感情	具体的に、対象者はどのような感情（幸福、悲しみ、嫌悪、怒り、恐怖、驚き、中立）や高レベルの感情（畏怖、嫉妬、困惑など）を持っただろうか？	60%	FACS バイオメトリクス	低
記憶 I	再認＝"私はそれを以前に見たことがあるか"	80%	EEG	低
記憶 II	再生＝過去に見たものを自由に想起するように命じられたときに、想起できること．	80%	EEG	中

手法：
- EEG：脳活動を頭皮に装着した電極で計測する．
- fMRI：核磁気共鳴を利用し、ニューロンの活動によるエネルギーの消費を計測する．脳の深部の構造も含めて、脳全体から記録が可能．
- FACS：感情の変化と相関する、表情に関係する無意識的な筋肉の変動を計測する．
- バイオメトリクス：皮膚コンダクタンス、心拍、呼吸、酸素レベル、加速度、筋肉の動き、身体の動作の指標、圧力、感情反応、覚醒、恐怖、関与度などと相関する．
- DNA 測定：調査前後の対象者の試料、ホルモンレベルの変化を捉える（アドレナリン、オキシトシンなど）．
- SNR（単一ニューロン記録）：脳外科手術を行う患者において、埋め込まれた電極によって得られる直接的な神経活動の記録．最も正確なものであるが、認知神経科学の研究以外での利用はほとんど見られない．

正確さ：データにかかると行動を予測する正確さのレベルの目安．

複雑さ：
- 中：1 回の調査に約 20 名の対象者が必要、期間の組み合わせで 24 時間、結果の提供に 1 週間、約 2 千米ドルの費用が必要．
- 高：1 回の調査に 20 名の対象者が必要、結果の提供に 1 週間、約 2 万米ドルの費用が必要．
- 低：1 回の調査に 20 人未満の対象者、結果の提供に数分から数時間、容易に使い方が学習できる安価なものとなり、多くの経験が必要とならず、利用しやすいため普及している．

灰色の部分（次ページ）：これらは個人の意思決定に関わるもので、コンテンツの鑑賞や体験についてのものではない．

表 4.5 つづき

測定される対象	説明	正確さ	手法	複雑さ
記憶 III	視覚=対象者が，(実際に心の目で見ているように) 詳細を思い出すことができる．例：映画の登場人物の横顔プロファイル，ゴッホ絵画のヒマワリの数．	70%	EEG	中
注意	コンテンツ内の注意のプロファイルを測定する．時間経過に伴った評価を行う．	80%	EEG	中
味	対象者がそれを好きかどうか？他のものと比較して，おいしく感じられるか？これはまた，変動する味覚としても分析することができる（例：デザートとしてはおいしいが朝食には向かない．最初の2日まではおいしい）．	70%	fMRI	高
報酬	製品を体験したときの報酬系の活動の評価（どれくらい中毒性のあるコンテンツかの判断に使用できる）．	60%	fMRI	高
価格	価格を操作する効果．例えば，二つの価格 ($4.99 対 $5.00) が「同じ」と「異なる」のどちらで認識されているか．または価格変化がコンテンツの認識に与える影響の測定（価格を$4.65から$4.66に引き上げると，値上がりが変化したと感じられるか？）．	90%	fMRI	高
衝動	購入の衝動のレベル．自制が働く特定の状況で，買う誘惑に抵抗する可能性のレベル．	40%	EEG	中
個人的なバイアス	選択の要因を特定するための，個人についての研究．選択の要因となるものを推定するために，自分のバイアスについて学びたい対象者に向いている．	70%	複数手法の組み合わせ	高
効果のスピード	選択の速さや，コンテンツが脳に効果を与える速さの計測．素早い選択がゆくりとした選択とは違う結果に至る場合に関係がある（例：高い頻度での投資の意思決定）．	40%	EEG	中
低所得の選好	資産不足の状況における個人の意思決定の計測．資産不足は高い「認知負荷」に繋がるため，高いプレッシャーのもとでの選択を評価することが可能になる（典型的には，時間圧迫下での選択，高負荷の選択，または限られた情報で選択を行う低所得集団における選択の評価に関係する）．	40%	fMRI	高

4.3 心理測定手法　103

表 4.5 つづき

測定される対象	説明	正確さ	手法	複雑さ
異時点間選択	選択において時間的な割引を行う個人の能力を評価する.	20%	複数手法の組み合わせ	中
内部競争と審議	自分の意思決定プロセスを導く内部の審議プロセスと個人の脳における競合メカニズムの測定とアクセス.	90%	複数手法の組み合わせ	高
不確実性のもとでの意思決定	個人の決定に含まれる要素を,少ない情報をもとに評価する.	60%	複数手法の組み合わせ	高
リスクアセスメント	無意識に知覚されたリスクの評価,個人内のリスクを評価するための個人的なガイドライン,およびリスクのある選択肢の許容範囲(特に財務的選択に関連する).	90%	GSR	低
感情が選択に及ぼす影響	意識的な意思決定における無意識的側面の関与の予測.	40%	複数手法組み合わせ	中
サリエンシー	ビジュアルコンテンツの目立つ度合い(どのくらい見られるか,どのくらい早く見られるか?など).	90%	複数手法組み合わせ	中
連合	単一ニューロン記録(SNR)を使用して,連合(ブランドと広告の出演者,またはブランドとカテゴリーの間の関連など)が成立するために必要な繰り返し回数を同定する.これは,連合の強さと確立の両方を測定するために使用できる可能性がある.	60%	SNR	高
配役	関与度の指標の使用により,特定のビジュアルコンテンツのための配役決定を行う.	80%	EEG	中
圧縮	関与度を用いることで,関与のレベルを落とさずに動画から除去できる場面を選定する(TV広告を短縮し,コストを下げるのに有用).	80%	EEG	中
購入意向	対象者によって認識された購買の意向(実際の購入の意向は40%程度に留まる).	80%	EEG	中

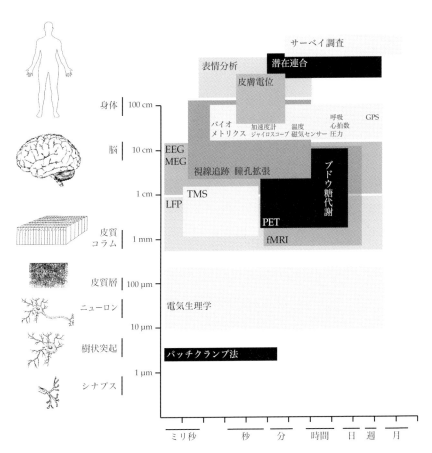

図 4.10 脳を研究するためのさまざまな技術の空間的および時間的分解能の略図．x 軸は，ミリ秒から月単位までの時間分解能を示している．y 軸はマイクロメートルからセンチメートルまでの空間分解能を示している．EEG：脳波，fMRI：機能的磁気共鳴画像法，LFP：局所電界ポテンシャル，MEG：脳磁図，PET：陽電子放射断層撮影法，TMS：経頭蓋磁気刺激．Moran Cerf による．

4.4 ［付録］神経科学研究のための定量分析[2]

　消費者の神経科学の分野に参入する科学者の多くは，「実際に装置をセットアップするにはどうしたらよいか？」，「実際にデータをどのように分析するのか？」など，手法の詳細に興味を持っている．この付録では，企業グループが神経活動を分析するために使用する手法の具体例について詳しく説明する．この特定の例（多くの研究室で使用されている標準的な設定を反映する）においては，ポータブル EEG システム（イタリア EB Neuro 社の BE Micro と Galileo Software）によって記録された EEG 活動を示している．対象者からは調査の説明の後にインフォームドコンセントが得られており，倫理委員会からの承認を得ている．電気的に遮蔽された，照明が薄暗い部屋に設置されたリクライニングチェアに快適に座った対象者に対して調査が行われた．

　この研究は EEG に焦点を当て，脳表面の電極の標準的な構成である国際 10-10 法の範囲に従って電極が配置された．電極は，頭部の位置によって「モンタージュ」（神経科学者が電極の構成と名前/場所を示す際に使用する用語）の中で命名されている（前頭極の場合は Fp，側頭の場合は T，後頭部の場合は O）．これは配置されている電極の下に位置する脳葉に基づいている．数字は，偶数（奇数）が左（右）半球を示し，z の文字は脳の中心を横切る仮想的な線（「正中線」と呼ばれる）を表す．

　EEG データに加えて，ガルバニック皮膚反応と心拍の測定も行われた．調査の対象となった事象については，前頭皮質領域の明確な役割が，過去の研究（Erk et al. 2002; Braeutigam 2005; Knutson et al. 2007; Vecchiato et al. 2011）で示されていた．よって，AF7, Fp2, Fpz, Fp1, AF6, F5, AF3, AFz, AF4, F6 という電極チャンネルが使用された．皮質上にない電極を基準に記録され，記録後に平均基準を用いて変換が行われた．電極インピーダンスを 5 kΩ 以下に保ち，サンプリング周波数 256 Hz で EEG 活動が記録された．次に，各 EEG データは，アーチファクト検出，フィルタリング，セグメンテーションなどの信号前処理を実行するために，Brain Vision フォーマット（ドイツ Brain Products GmbH 社

---

[2] Barnett and Cerf 2017 から引用．

のBrainAmp）に変換された．EEG信号は，1～45 Hzでバンドパスフィルタリングし，独立成分分析（ICA）を用いて眼球からのアーチファクトが除去された．EEGデータは，共通平均基準（CAR）を求め，それを基準として測定値が再計算された．関心のある周波数帯をシータとして定義するために，IAF（individual alpha frequency）が対象者ごとに算出された．記録されたデータから，各対象者の感情，注目，記憶を反映する指標が導出された．これらの標準的な指標を脳の活動から引き出すことは容易ではない．そこで，指標を抽出するために使用されたデータ解析を以下に示す．

自律神経系の記録と信号処理

ガルバニック皮膚反応（GSR）および心拍数（heart rate; HR）は，PSYCHOLAB VD13Sシステム（SATEM，イタリア）を用いてサンプリングレート10 Hzで記録された．皮膚コンダクタンスは定電圧法（0.5 V）により記録された．マジックテープ式のファスナーを用いて，対象者の利き手でないほうの手にある，中指と薬指の中節骨の掌側にAg-AgCl電極（有効領域は直径8 mm）が取り付けられた．SATEMは心拍の信号を取得するための使い捨てAg-AgCl電極も提供している．出版済みの文献（Boucsein 2012）に掲載されている手順に従い，センサーを取り付ける前に対象者の皮膚が洗浄された．GSRと心拍の信号は動画視聴中全体にわたって記録された．信号のフィルタリングと分割はMatlabを使って行われた．GSR信号の処理に関しては，0.2 Hzの低いカットオフ周波数を有するバンドパスフィルターを使用して，皮膚電気活動（electrodermal activity; EDA）の律動性の要素を持続性の要素から分離する．また，1 Hzのハイパスフィルターにより，Ebbecke波によるノイズとアーチファクトが抑制された（Boucsein 2012）．

記憶指標

EEG信号をシータ帯でフィルタリングし，以降の計算では左前頭葉のチャンネルのみを用いる．神経科学の研究においては，左前頭葉領域からのEEGシータ帯のパワーの増加を測定することによって，新規な情報の符号化に成功した痕跡を検出できるという証拠が得られている（Summerfield and Mangels 2005; Werkle-Bergner et al. 2006）．これらのチャンネルを用いて，空間平均を以下の公式によって計算し，記憶指標（memolization index; MI）を定義する．

$$\mathrm{MI} = \frac{1}{N_Q} \sum_{i \in Q} x_{\theta_i}^2(t) = \text{Average power}_{\theta_{\text{left,frontal}}}$$

ここで，x_{θ_i} は，左前頭葉から記録されたシータ帯の i 番目の EEG チャンネルを表す．Q は左チャンネルの集合であり，N_Q はその個数を表す．このように，MI の増加は記憶の増加に関連している．以下では，記憶指標を「記憶」として参照することにする．

注意指標

前頭葉の EEG 信号は，アルファ帯でフィルタリングされ，以下の指標を定義する．注意と関係する皮質の活動は，前頭葉のアルファリズムの変化を測定することにより検出できるという証拠が示されている（Klimesch 1999; Petersen and Posner 2012）．これらのチャンネルの空間平均を計算し，注意指標（attention index; AI）を以下の公式に基づいて定義する．

$$\mathrm{AI} = -\frac{1}{N_Q} \sum_{i \in Q} x_{\alpha_i}^2(t) = \text{Average power}_{\alpha_{\text{frontal}}}$$

ここで，x_{α_i} は前頭葉から記録されたアルファ帯域における i 番目の EEG チャンネルを示す．また，Q は前頭葉のチャンネルの集合であり，N_Q はその数を示している．このように，AI の増加は注目の増加に関連している．以下では，AI を「注意」として参照する．

接近/回避指標

前頭部脳波非対称性理論（Coan and Allen 2003; Davidson 2004）に関連する理論に基づいて接近/回避指標（approach/withdrawal index; AW）を定義するために，左右チャンネルの平均 EEG パワーの差に基づく不均衡を計算した．用いた公式は以下のように示される．

$$\begin{aligned}\mathrm{AW} &= \frac{1}{N_P} \sum_{i \in P} x_{\alpha_i}^2(t) - \frac{1}{N_Q} \sum_{i \in Q} y_{\alpha_i}^2(t) \\ &= \text{Average power}_{\alpha_{\text{right,frontal}}} - \text{Average power}_{\alpha_{\text{left,frontal}}}\end{aligned}$$

ここで，x_{α_i} と y_{α_i} はアルファ帯の右前頭葉と左前頭葉から記録された i 番目の EEG チャンネルをそれぞれ示す．

また、$P = \{Fp2, AF6, AF4, F4\}$、$Q = \{Fp1, AF7, AF3, F5\}$ であり、N_P と N_Q はこの 2 組のチャンネルの数を示す。このように、AW の増加は関心の増加に関連し、逆もまた同様である。AW 値は対象者ごとに z スコアに変換され、複数の対象者について平均される。以下、この指標を「関心」の尺度として使用する。

感情指標

感情指標は、GSR および心拍信号を考慮して定義される。そのような変数の構築に関しては、感情円環（Russell and Barrett 1999）を参照する。この空間における点の座標は HR（心拍、水平軸）と GSR（垂直軸）によって定義される。これら二つの自律神経の変数がそれぞれ誘発性と覚醒とに相関することが、研究によって示されている（Critchley 2002、総説としては Mauss and Robinson (2009) を参照）。

単一次元変数として、以下の感情指標（emotional index; EI）を定義することによって、対象者の感情状態を記述する。

$$\text{EI} = 1 - \frac{\beta}{\pi}$$

ただし

$$\beta = \begin{cases} \frac{3}{2}\pi + \pi - \vartheta & \text{GSR}_z \geq 0,\ \text{HR}_z \leq 0 \text{ の場合} \\ \frac{\pi}{2} - \vartheta & \text{それ以外} \end{cases}$$

GSR_z および HR_z はそれぞれ GSR および HR の z スコアを表し、ϑ は $\arctan(\text{HR}_z, \text{GSR}_z)$（単位はラジアン）である。したがって、角度 β は ϑ の定義域を $[-\pi, \pi]$ から $[0, 2\pi]$ へ変換するために定義され、EI は $[-1, 1]$ 値をとることになる。これが β を計算する式が二つある理由である。EI と β、および感情円環方程式（Russell and Barrett 1999）によると、EI の負の値（$\text{HR}_z < 0$）と正の値（$\text{HR}_z > 0$）はそれぞれ負の感情と正の感情に関係し、感情円環全体にわたるものである。

実査プロセス

この章では科学者が新規にコンシューマーニューロサイエンスの分野に参入するためのツールを提供している。締めくくりとして、EEG のより具体的なガイドラインと道具一式についても追記することが重要であろう。神経科学のマーケ

ティング研究者が使用するツールはさまざまであり，EEG は決して唯一のツールではない．しかし，利用が広がっていることを踏まえ，例として EEG に焦点を当てることにしたい．

1. 対象者が着席する前に，EEG キャップ（EEG 電極用の丸いプラスチック製のホルダーがついた，水泳帽に似た帽子）を調査のために準備する必要がある．あらかじめ複数のキャップサイズ（例えば，54 cm や 58 cm）を用意しておいて，それぞれの対象者の頭に合ったキャップを選択する．次いで，特定の頭皮の位置（例えば，先に述べた 10-10 のモンタージュ）に従って指定のホルダーに電極をはめ込む．各電極に番号を付して，EEG キャップの各ホルダーに対応する番号をつけておくと便利である．また，キャップを発泡スチロール製の頭の模型（図 4.11 左）にかぶせておくと，電極を取り付けるのが容易になる．

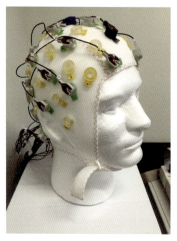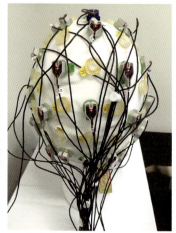

図 4.11 EEG キャップの準備．写真のクレジット：Moran Cerf.

2. EEG キャップを各対象者の頭部に装着する．キャップが対象者の頭部に密着し，対称的に着用されていることを確かめる．これは，各対象者の特定の電極の位置を，他の対象者と同じ解剖学的位置に対応させるためである（これは対象者グループ単位での分析のために必要である）．対象者の顎の下の布製の留め具を締めて，キャップが動かないようにする．このと

4.4 ［付録］神経科学研究のための定量分析 | 111

き，不快なほど締め付けないように注意する．さらに，対象者の快適さを保つために，各電極から伸びる細いケーブルは，電極をホルダー内の所定の位置で回転させることによって，顔の反対側で束ねる（つまり頭の後ろにケーブルの「ポニーテール」ができる．図 4.11 右を参照）．

3. EEG 電極のケーブルは，コントロールボックスに接続するリボンケーブルとしてまとめられる（図 4.12 の左の装置）．"Z" で示されているインピーダンスボタンは，各電極についている LED を作動させるのに使われる．高いインピーダンスが生じている場合は，その電極の LED が赤色に点灯し（図 4.11 参照），導電性ジェルをその部位に塗布する必要があることを示す．ジェルはシリンジを用いて注入される．シリンジについては安全性を対象者に確認してもらう．これを先が尖っていない「チューブ」と単に呼ぶこともある．一定の場所で電気伝導性を確立するためには，通常はエンドウ豆くらいの量のジェルで十分である．このプロセスは練習と忍耐が必要とされる．ジェルを注入する最初の二つのサイトは，グランド（GND，黒）およびリファレンス（REF，青）電極である必要がある．両方の部位にジェルが十分に塗布されると，それらの LED は緑色に変わる．次に，32個のデータ収集用電極にジェルを塗布する．各所の LED は，信号を伝導するのに十分なジェル（すなわち，十分に低いインピーダンス）を有する

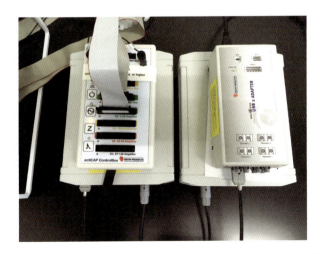

図 4.12 　EEG システム構成要素．写真のクレジット：Moran Cerf.

ときに緑色に変わる．およそ 15 分かけてすべての LED が緑になったところで，信号ボタン ⊖ を押す．EEG の記録は，装置に繋がれたノート型 PC のソフトから開始することができる．

4. ガルバニック皮膚反応，心拍数，呼吸などの他の測定値が調査に含まれる場合，その生理学的記録装置が各対象者に取り付けられる．心臓データの収集のためには，衣服の下の胸の両側と左下の腹部に 3 本の電極リード線を，心臓の周りに三角形を形成するように取り付ける．呼吸データの収集のためには，対象者の胸のすぐ下の胴の周りに伸縮可能なベルトを取り付ける．EDA 記録のためには，対象者の利き手と反対の手の人差指と中指に電極をテープで貼り付ける．これらの電極は，腕時計のように腕に装着された中継装置に接続される．最後に，動画を再生するスクリーンの近くにビデオカメラを置き，対象者を観測する．これらのデバイスはすべて，実験開始の前から記録を開始する．
5. 実験の開始時に，あらかじめ選択された映像と音声が含まれた刺激が提示される．
6. 調査が完了すると，すべての記録装置を停止し，対象者から取り外す．
7. ジェルは水で簡単に洗い流せるので，対象者には濡れたタオルを渡し，頭皮についたジェルを拭き取ってもらう．

重要ポイント

- 現代においては，マーケティングマネージャーが顧客に意見を述べてもらう代わりに，その脳を調査するための多くの手法が利用できる．
- 各手法は神経活動を測定する方法に違いがある．脳内のニューロンを直接観測するものもあれば，ニューロンの集団としての活動の結果生じるものを観測するものもあるし，神経回路を働かせるのに必要な酸素の量を計測するものもある．また，表情筋や眼球を計測することで，神経系によって生み出されたものを近似的に捉える手法もある．
- 各手法には長所と短所がある．時間的な正確さを持つものもあれば，空間的な正確さを持つものもある．安いものもあれば，早くできるものもある．

手法を選択するにあたっては，答えが必要な具体的な課題，調査の対象となる機能，価格，スピードなどを考慮する必要がある．

演習問題

1. fMRI と EEG の主要な違いと，コンシューマーニューロサイエンスの調査でそれらを使用することの利点と欠点を挙げよ．
2. 30 人の対象者からなるグループにコマーシャルを見てもらい，鑑賞中に起こる感情的な体験について知りたいとする．対象者に直接質問せずにコマーシャルの影響と価値を理解できる三つのツールと方法を挙げよ．
3. ヒトの好みを研究する二つの手法を選び，単に好みについて参加者に尋ねるのと比較した，これらの手法の利点と欠点をそれぞれ三つ挙げよ．
4. 対象者は，正方形の製品を中心に映したコマーシャルを，$1,280 \times 960$ ピクセル 15 インチモニターで見ている．製品の画像は幅 100 ピクセルである．対象者の視線を測定したところ，得られた座標は

    a. $x = 591$, $y = 434$
    b. $x = 589$, $y = 434$
    c. $x = 600$, $y = 600$
    d. $x = 640$, $y = 540$

    であった．それぞれの位置（a～d）について，対象者が製品のどこを注視しているかを説明せよ．
5. あるクライアントは，来たるスーパーボウル[3]において，どの広告を配信すべきかに興味を示している．現段階では，彼らは製品（フケ防止シャンプー）は持っているが，スーパーボウル広告の完全なアイデアは持っておらず，どのタレントを起用するかも決まっていない（かわいい子犬とジョージ・クルーニーの起用が検討されている）．通常，彼らは開発段階と製品が最終決定された段階において，いくつかの広告を作成し（通常は三つ），フォーカスグループによる調査にかける．それによって，ゲームのどの時点で広告が提示されるべきか，どれくらいの長さか，子犬と俳優はそ

---

[3]【訳注】アメリカ合衆国のプロアメリカンフットボールリーグ，NFL の優勝決定戦．

の役に適切かなどを分析する．しかし，今回は，フォーカスグループの代わりに，コンシューマーニューロサイエンスのアプローチを使用することになり，その調査を読者が引き受けることになった．最良の広告，適切なタレント，適切な長さを選び，態度を測定する方法を説明せよ．

参考文献

Barnett, S. B., & Cerf, M. (2017). A ticket for your thoughts: Method for predicting content recall and sales using neural similarity of moviegoers. *Journal of Consumer Research*, 44(1), 160–181.

Boucsein, W. (2012). *Electrodermal Activity*. Medford, MA: Springer Science & Business Media.

Braeutigam, S. (2005). Neuroeconomics—From neural systems to economic behaviour. *Brain Research Bulletin*, 67, 355–360.

Bruce, A. S., Bruce, J. M., Black, W. R., Lepping, R. J., Henry, J. M., Cherry, J. B. C., et al. (2014). Branding and a child's brain: An fMRI study of neural responses to logos. *Social Cognitive and Affective Neuroscience*, 9(1), 118–122.

Cerf, M., & Mackay, M. (2011). Studying consciousness using direct recording from single neurons in the human brain. In *Characterizing Consciousness: From Cognition to the Clinic? Research and Perspectives in Neuroscience*, ed. S. Dehaene, & Y. Christen, 133–146. Berlin: Springer.

Coan, J. A., & Allen, J. J. (2003). Frontal EEG asymmetry and the behavioral activation and inhibition systems. *Psychophysiology*, 40(1), 106–114.

Critchley, H. D., Mathias, C. J., & Dolan, R. J. (2002). Fear conditioning in humans: The influence of awareness and autonomic arousal on functional neuroanatomy. *Neuron*, 33(4), 653–663.

Davidson, R. J. (2004). What does the prefrontal cortex "do" in affect: Perspectives on frontal EEG asymmetry research. *Biological Psychology*, 67, 219–233.

Erk, S., Spitzer, M., Wunderlich, A. P., Galley, L., & Walter, H. (2002). Cultural objects modulate reward circuitry. *Neuroreport*, 23, 2433–2438.

Fried, I., Rutishauser, U., Cerf, M., & Kreiman, G. (2014). *Single Neuron Studies of the Human Brain: Probing Cognition*. Cambridge, MA: MIT Press.

Glimcher, P. W., & Fehr, E., (Eds.) (2013). *Neuroeconomics: Decision Making and the Brain*. 2nd ed. New York: Academic Press.

Grill-Spector, K., & Malach, R. (2001). fMR-adaptation: A tool for studying the functional properties of human cortical neurons. *Acta Psychologica*, 107(1), 293–321.

Klimesch, W. (1999). EEG alpha and theta oscillations reflect cognitive and memory performance: A review and analysis. *Brain Research Reviews*, 29, 169–195.

Knutson, B., Rick, S., Wimmer, G. E., Prelec, D., & Loewenstein, G. (2007). Neural predictors of purchases. *Neuron*, 53(1), 147–156.

Levy, D. J., & Glimcher, P. W. (2012). The root of all value: A neural common currency for choice. *Current Opinion in Neurobiology*, 22(6), 1027–1038.

Mauss, I. B., & Robinson, M. D. (2009). Measures of emotion: A review. *Cognition and Emotion*, 23(2), 209–237.

Petersen, S. E., & Posner, M. I. (2012). The attention system of the human brain: 20 years after. *Annual Review of Neuroscience*, 35, 73–89.

Russell, J. A., & Barrett, L. F. (1999). Core affect, prototypical emotional episodes, and other things called emotion: Dissecting the elephant. *Journal of Personality and Social Psychology 7*, 6(5), 805.

Shadlen, M. N., & Kiani, R. (2013). Decision making as a window on cognition. *Neuron*, 80(3), 791–806.

Summerfield, C., & Mangels, J. A. (2005). Coherent theta-band EEG activity predictsitem-context binding during encoding. *NeuroImage*, 24(3), 692–703.

Vecchiato, G., Astolfi, L., De Vico Fallani, F., Toppi, J., Aloise, F., Bez, F., et al. (2011). On the use of EEG or MEG brain imaging tools in neuromarketing research. *Computational Intelligence and Neuroscience*, 2011, 643489.

Venables, P. H. (1991). Autonomic activity. *Annals of the New York Academy of Sciences*, 620, 191–207.

Werkle-Bergner, M., Müller, V., Li, S.-C., & Lindenberger, U. (2006). Cortical EEG correlates of successful memory encoding: Implications for lifespan comparisons. *Neuroscience and Biobehavioral Reviews*, 30, 839–854.

CHAPTER 5

注意
MANUEL GARCIA-GARCIA

5.1 はじめに

　消費者は常に広告から情報を与えられているが，処理できるのは認知資源の限界までである．ヒトは感覚受容器を介して1秒当たり最大1100万ビットの情報に晒されうる一方で，約50ビット程度の情報しか処理できない．これは受け取る情報のほんの一部である（Wilson 2002）．注意は何が処理されるかを決定する認知プロセスである．注意がどのように定義されているか，William James（図5.1）の1890年の文章から引用しよう．

> 誰もが注意とは何かを知っている．それによって，いくつかの同時発生可能な物事や思考の連鎖から，心が一つを選び出す．……ある物に効果的に対処するために，別の物を遠ざけるということを意味し，混乱し，眩惑された散漫とした，フランス語でdistraction，ドイツ語でZehrstreuheitと表記される脳の状態とはまったく正反対の状態である．

　注意はわれわれの脳のシステムに何を優先して入れるのかを決定するものであるから，情報処理の非常に重要な要素である．Jamesは注意の処理について，ある物に効果的に対処するためには，別の物を遠ざける必要があると仮定していた．同時に発生する事項を扱うことの不可能さは，多くの研究者が注意プロセスがど

図 5.1　William James（ウィリアムズ・ジェームズ）

のように働くかを解明するためのインスピレーションとなった．最も興味深いのは，注意を自分でコントロールできなくなり，外部の要因に向かっていくときに何が起こっているのかを理解することである．

　注意は，ボトムアップとトップダウンの二つのタイプに分類される．トップダウンの注意は，この用語を使用するときに通常われわれが考えているタイプのものだ．つまり，そこに集中すると決め，われわれの注意をそこにシフトさせることだ．これは，物体を見つめたり，われわれがより入念に観察したい博物館の彫像の方向へ頭を向けたり，大きな画像の特定の細部に焦点を合わせたり，といった状況が当てはまる．ボトムアップの注意は，神経科学者の関心をしばらく集めていた．これはわれわれの頭の中にあって，意識がなくても世界にあるものを強調して見せるスポットライトである．自分の娘を含む子供の集合写真を見たとき，自分の娘を初めに見てしまうことは避けられない．たとえ彼女が3列目に立っていても，2人の背の高い子供に挟まれていても，読者の目はどういうわけか娘の顔に引き寄せられるであろう．森の中を歩いていて，突然茂みの中から音が聞こえれば，読者の脳はそこから出てくるかもしれない迫りくる危険に，直ち

に注意を向けることだろう．このような注意の変化は，意思によらない無意識的なものであり，われわれが情報を意識的に処理するときよりもはるかに速い速度で起こる．これらは，われわれの脳の特定の部位によって制御されている．われわれに警告し，生存に不可欠な信号に焦点を当てさせる脳の部位である．その迅速さと支配力は重要で，われわれの生態を理解できるだけでなく，それを利用して，重要なことが最初に見える状況を作ることができる．

　注意散漫とは，実のところボトムアップの注意の一つの形である．ボトムアップの注意が生じるのには理由がある．人間の脳では，自分や種の生存を確保することを目的としている．それを達成するためには，生存と生殖を促すような刺激には近づき，潜在的な脅威は回避することが必要だ．脅威（または魅力的な対象物）となる可能性がある刺激を見つけるために，われわれの脳は周囲を監視する必要がある．だから，われわれの脳は，意義のある事象すべてに対する注意資源の集中と分配のバランスを絶えず探している．しかし，自分への関連や感情への刺激を含む出来事が生じた場合には，いくらかの注意資源がその監視に追加されるようにもなっている．面白い本に夢中になって，その文章にほとんどの注意資源を割り当てることを決めた場合を考えてみよう．ガラスが割れたり，火災報知器が鳴ったり，誰かが部屋に入ってきたら，脳はそれらのイベントを評価するための資源を必要とする．これらのイベントによって注意の散漫が引き起こされる．その間，そのイベントを処理し，注意を維持するのに十分な価値があるかどうかを評価する．そして，そのような価値がなければ，没頭していた読書に戻ることになる．このすべてのプロセスは，0.5秒ほどで完了する．

　思考の連鎖を止めたり気を散らせるものに効率的に対処できないということは，複数の画面を同時に扱うことが多い現代において，広告がどのように機能するかを理解する上で重要となる．視聴者はテレビをつけている間に，彼らの注意を複数のデバイス間で頻繁に切り替えていることが知られている．夕方ソファーに座って，WhatsAppで友人や親戚とインスタントメッセージのチャットに注意を集中させる自分を想像してみよう．われわれの脳は，常に潜在的な脅威や顕著なイベントを探して環境を監視している．テレビがついていて，すべてのテレビCMを無視してテキストに集中していても，読者に関連する何かが耳に入った途端，読者はすぐに広告に注意を向けるかもしれない．ある程度の資源が周囲

を監視するのに割り当てられているので，広告主はその利用可能な資源を利用して，読者の注意をテレビに戻そうと考えるだろう．しかし，これは簡単な作業ではない．

消費者の注意を引き付ける方法を理解するための基本的な概念として，例えばサリエンシーモデル，トップダウン注意，競合的視覚選択，作業記憶（Knudsen 2007）といったものがある．この章ではそのいくつかを検討する．注目の二つの主なタイプ（トップダウンとボトムアップ）と消費者研究との関連性を説明することから始めることにしよう．

5.2 トップダウン注意：意識的に駆動される目的志向の注意

トップダウン注意は，あらかじめ決められた物体や空間へ注意資源を意図的に割り当てるものである．それは個人それぞれの興味によって動かされるものだ．トップダウン注意は，消費者と製品の両方に基づいて決められる．それはまた，以前の経験，知識，および目標の結果として生じる注意のプロセスでもある．ある製品や画像の特定の側面に関する以前の経験によって，注意が引き付けられ，これは無関係な情報よりも優先される．これはネガティブ，ポジティブな経験どちらによっても影響を受ける．例えば，自動車を探しているとき，以前自分で調べたことがある車，「派手な」車，高級に見える車は，注意を引く可能性がある．

特定の目標や情熱によって，トップダウン注意が喚起されることもある．過去の研究によれば，消費者のニーズによって，特定の細部への関心が高まる可能性があることが示されている．例えば，コーラの缶を探すときには，消費者の注意は赤い部分に向けて高くなるのだ（Theeuwes 2010）．

5.3 ボトムアップ注意：注意のサリエンシーモデル

新しい刺激を処理するとき，われわれはすべての情報を一度に処理するのに十分な資源を持ってはいない．われわれの脳はすでにエネルギーの約20%を消費しており，効率的に機能する必要がある．よって，環境内のいくつかの要素を，

他よりも優先して処理しなければならない．どの要素を優先的に処理するかをあらかじめ広告主が知ることは，広告に大きな利点をもたらすことになる．われわれの脳は，興味のある対象，すなわちサリエントな（salient; 顕著な，突出した）対象を決定するために体系的な方法を使用する（Riche et al. 2012）．サリエンシー（saliency; 顕著性）を考慮した興味のモデルによれば，われわれの認知システムは，含まれる可能性のある情報の量に応じてどの要素が最も関連しているかを判断する．これが，それに注意を向けるつもりがなくても，サリエントな刺激がわれわれの注意を引き付けやすい理由である（Schreij, Owens, and Theeuwes 2008）．

例えば，会話に夢中になっていたとしても，ドカンと大きな音が生じれば，それに注意が引き付けられる可能性がある．予期しないことが起きたときにわれわれの注意が引き付けられるのは，自分に関係があるかもしれない新しい情報を含んでいるからである．棚に青いパッケージが並んでいて，一つだけ赤いパッケージがある状況を想像してみよう．ミスマッチな要素は，本質的に新規な情報を含んでいる．なぜなら，それが集合の中で他とは異なる情報を持つからである．よって，処理される可能性も高い．

ボトムアップ注意は，前注意的なメカニズムに依存しているため，注意プロセスの最初の段階と考えることができる．多くの研究によって報告されているのは，予期しない事象が引き起こす刺激処理の初期段階での影響は，そのような刺激に対する高い評価に繋がるということだ．予想外または不一致の刺激については，前注意の段階での脳の電気的な指標（ミスマッチ陰性電位と呼ばれている）（Escera and Corral 2007）が知られている．予期しない刺激を処理することは，人間の進化においても重要であり，この脳の活動パターンは，乳児や昏睡状態の患者でさえ生じることが知られている（Fischer, Morlet, and Giard 2000）．

ボトムアップ注意が促進される要因には，以下のようなものが挙げられる．

1. 感情的に関連があること：主要な感情刺激は，食物，セックス，または生存を脅かす脅威など，生存を促進するための基本的または主要なニーズを表すものである．このような刺激は明確に優遇される．なぜなら，脅威と

なるものが現れた場合，その処理を優先し，反応して自分自身を守る必要があるからだ．通りを歩いて潜在的な脅威（われわれに向かってくる車や武装した人など）を目撃すれば，われわれの脳は深い思索からわれわれを解放する．これによって，われわれは状況を評価してすぐさま適切に反応することができる．同様に，食べ物と水，そして性関連の出来事は，われわれの原初的なニーズ，生存と繁殖に役立つので，われわれの脳によって優遇されるのだ．マーケターは，主要な誘因を長い間使用し，神経科学を用いないで，それらが効果的であることを示してきた（図5.2）．

図5.2 感情的手掛かりは，消費者の関心を引くための方法として，広告に長い間使われてきた．食べ物や性関連のコンテンツなどの主要な感情刺激は，これらの手掛かりが自然に生存を促進することを意味することを考慮すれば，われわれの注意システムに対して本能的に優位に働くと考えられる．この広告は性的なムードにあるカップルを示している．広告主は「セックスが売れる」ことを長い間知っていたが，今はその理由が理解されている．

2 次的な刺激は，学習された刺激である．学習された感情的な刺激は個人の経験に依存するので，取り扱いが難しい．数年にわたってブランドとの関係を構築したあとで，ブランドの表現による感情的な反応が引き出されることになる．ある特定のブランドは，そのブランドとの経験によって，ポジティブあるいはネガティブな 2 次的な感情刺激になる．このため，ターゲットとなる消費者とその消費者のブランド体験を知ることが重要である．また，それにより，消費者のニーズに合わせてコミュニケーションを調整することが可能となる．マーケティングコミュニケーションに対するわれわれの脳の反応は，文化をまたいで似ているとされている．しかし，製品やブランド，およびその表現に対する消費者の反応は，そのブランドとの経験に依存する．よって，読者の市場調査の課題を解決し，読者のビジネスに関連する人々にリーチするためには，人口スクリーニング（および消費者インサイト）が非常に重要である．

2. 移動する物体：脳は動いている物体が気になる．進化論的観点から，人間は動く物体に素早く反応しなくてはならない．なぜなら，そのような物体は潜在的な脅威（捕食者，接近する車など）である可能性があるためだ．移動する物体（バスなど）で広告することは，目立つ上，見た人が思い出しやすいという点で，より効果的であると言われている．しかしながら，その購買行動への影響はまだ実証されていない．この動きに対する好みを活用することは，比較的簡単だ．広告や宣伝の対象となる商品やブランドの周りに動きを加えることで，少なくとも広告は見つけられやすくなる．

3. 予期しないイベント：先に述べたように，予期しないイベントには予期したイベントよりも多くの情報が含まれているため，さらに慎重に評価する必要がある．予期しないイベントは自分に関連する情報を含んでいる可能性があるため，われわれの脳は優先的に処理をする．期待と一致しない刺激の処理は，自動的により多くの注意資源を消費する．これは広告主にとって有用なツールとなりうる（図 5.3）．

図 5.3 予期しないイベントには予期されているイベントより多くの情報が含まれている．したがって，われわれの脳は，期待と一致しないものについて，周囲を本能的に監視し処理する．そして，予期されていない要素に注意を集中させる．この広告は，人の大きさのオウムが女性に叫んでいて，明らかに想定外のシナリオであり，それゆえボトムアップの注意を喚起する．

5.4　ボトムアップ注意に対する文脈の効果

　ボトムアップ注意の初期の処理段階であっても，文脈と独立ではいられない．注意資源の量は，個人が要求の高いタスクを実行しているか，横になってテレビを見ているかでは，だいぶん違ってくるものだ．予想外の刺激に割り当てられた認知資源の量は，実行しているタスクの難易度（あるいは作業記憶に対する負荷）によっても異なることが過去の研究によって明らかになっている（San Miguel, Corral, and Escera 2008）．これが意味することは，読者の脳が一生懸命働いているときは，脳が休息しているときよりも注意散漫の度合いは低いということだ．また，ここでも，集中している目的を処理するのに十分な資源を割り当て，同時に周囲の環境にある，自分に関連する可能性のあるイベントを同時に監視することとのバランスを絶えず維持しようと，われわれの脳は努力している．集中しているタスクの要求がより厳しい場合，周囲を監視するために利用可能な資源が減ることになる．その場合，広告主はユーザーの注意を引き付けるためにより多くの努力が必要となる．

　テレビ広告キャンペーンにおいて，音を活用することは視聴者の注意をスクリーンに戻す効果的な方法である．バイオメトリクスによる調査によれば，音だけによる広告キャンペーンは，音つきの動画と比べても，潜在的により魅力的なものになる可能性がある（Moses 2015）．音を活用し，文脈を認識させることで，認知を向上させ広告の影響を最大化することが，広告主にとって可能となる．また，異なるプラットフォームにわたって同期したキャンペーンを行うことによって，広告主はコンテンツと文脈の両方をより詳細に制御できる．セカンドスクリーンは気を散らすように見えるかもしれないが，メインのスクリーンと内容が関連している場合は，広告キャンペーンとの関与度を高めることができる．

　ボトムアップの注意を喚起する際は，イベントに割り当てる資源の量に影響を与えうる文脈に関する要素が増える．感情的に興奮した瞬間に，何かイベントが発生したら何が起こるだろうか？　すでにわれわれが学んだことからすると，そのイベントが感情を掻き立てる場合には，生存の促進との関連性を考えれば，割り当てられる注意資源の量はより多くなる．しかし，そのイベント自体ではなく，文脈が感情を掻き立てるものであった場合はどうであろうか？　イベントが感情

的に興奮する環境で発生した場合，そのイベントを処理するために割り当てられる時間と資源の量が増えることが，研究によって示されている．例えば，脳波（EEG）と脳イメージング検査によって，刺激に割り当てられる認知資源の量が増加することが示されている．また，注意の移動に関連する脳領域の活性化（例えば，上側頭回）も示されている（San Miguel, Corral, and Escera 2008）．

興奮させる環境の効果（Dominguez-Borras, Garcia-Garcia, and Escera 2008）を考えると，キャンペーンを適切に配置し，広告のインパクトを最大化するには，刺激的な文脈を利用することが推奨される．しかし，目立たせることを目的として，ホラー映画において商品を見せることは効果的だろうか？　この場合，最も憂慮されることは，否定的な感情がその製品と結び付いてしまうことだ．特に刺激的な状況では，潜在的あるいは明示的な記憶が強く形成されることが知られているからである．

5.5　低関与理論

ほとんどの研究者は，注意が効果的な広告キャンペーンに必要な要素であることに同意する一方で，見解を異にする研究者もいる．Robert Heath の研究は，ブランド選択の伝統的で合理的な見方に異議を唱え，消費者が広告によってどのように影響を受けているかに関する根本的に新しいモデルを提示した．

われわれの脳がどのように働いているかを理解することで，潜在的処理の概念が消費者研究にもたらされた．潜在的な処理においては，われわれは明示的な言葉による結論を導くのではなく，潜在的な関連づけによって，しばしば気づかないうちにデータを処理し，記憶してしまう．広告認知度の高さ以上に，このような潜在的関連づけは，ブランドの成功の鍵となっている．その上，消費者が高い関与度でブランド価値を処理する必要がまったくなかったとしたら，それを気にかけることもないだろう．これによって，素晴らしい広告キャンペーンのいくつかが，明示的な報告に基づくサーベイ調査で高く評価されなかったことも説明できる（Heath and Muzinger 2008）．

Heath の理論（Heath 2012）によれば，消費者は，注意のレベルが低くても，広告に晒されている間に知覚していることを意味記憶に関連づけることができる．これによれば，広告が高い関与を必要としない，テレビやラジオなどの受動

的なプラットフォームで提示される場合にも，非常に効果的でありうることを説明できる．Heath は，広告の感情的要素のいくつかは，広告をフィルタリングするわれわれの防衛メカニズムから逃れて，意識的に何か別のものに注意を向けさせることができると主張している．これらの要素は，自動的かつ無意識に，われわれのブランド認知に影響を与える．

実際に，Heath は広告が無意識レベルで行動に影響を与えることができる二つの重要な方法について語っている．

1. 潜在的連合条件づけ：広告内の何かが感情に訴える反応を誘発し，時間が経つと無意識においてその感情反応をブランドに移していく場合に発生する．
2. 潜在的関係の操作：広告の独創性がその広告についての感じ方に影響を与える場合に発生する．

5.6　視覚的サリエンスのバイアスとチェンジブラインドネス

視覚系は，中枢神経系の一部で，視覚刺激からの情報を解釈する総合的な分析を行う．視覚系は視覚刺激から重要な情報を絶えず受け取っており，他の感覚に比べて，注意においてより大きな役割を果たしている．

消費者が雑然とした広告を眺める時間は，1.73 秒程度の短さである（Pieters and Wedel 2004）．このような状況においては，視覚的注意が特に関係してくる．視覚では，二つの皮質経路（where：背側経路，what：腹側経路）が関与している．これらの経路を理解することで，脳が視覚的な画像を取り込んでどのように処理（画像の色，強度，傾きなどの分析）するかを理解し，模倣することができる．ボトムアップの注意は，われわれが直接アクセスできない脳内の（色，強度，傾きなどを処理する脳の部位のような）メカニズムによって完全に支配されている．そのようなボトムアップ注意を理解して，広告コンテンツの体裁を整えたり修正することで，聴衆に，わざわざ視線を制御して移動させることなくそれに気づかせることができる．ヒトの注意の大部分を直ちに引き付け，最初に見るものを強制する広告，コマーシャル，動画を作り出すことは可能である．素晴らしい

写真家やディレクターの中には，このような能力を持っている人がおり，その基礎となる注意の科学に気づいていなくても，こうしたテクニックを使って聴衆を完全に引き付けている．このようなことが可能になるのは，われわれの周囲の環境の描写が無意識のうちに生じてしまうからである．

Janiszewski, Kuo, and Tavassoli（2012）が使ったたとえを用いると，視覚的注意は，環境にある物体を描く一式の絵筆で考えることができる．ここで，絵筆の数は限られており，環境が複雑な場合は，全体を大まかに描くことになるかもしれない．あるいは，特定の場所だけを細かく描くことになる．この「注意の絵筆」の数に限りがあるという事実は，チェンジブラインドネス（change blindness）の犠牲にならないことを望んでいるならば，広告主が考慮すべき要素である．チェンジブラインドネスとは知覚現象の一種であり，競合する情報に注意を向けていると，関連する情報が見えなくなってしまう現象である．

「絵筆」が限られている理由は，視覚野が処理できる情報の量に限界があることによる．ニューロンの活動の増加と抑制によって，注意の焦点（例えば，刺激がその環境内でどの程度細かく描かれるか）が制御されるのは，進行中の行動に最も関連する情報に注意を集中させ，生存を促進するために，進化の過程で獲得されたメカニズムである．注意の焦点に影響を与える源は，経験（以前に見たかどうか），トップダウンの目標に基づいた方向性（自分に関係している項目かどうか），ボトムアップの環境での手掛かり（目立つものであるか）の三つである．これらのパターンがある特定の刺激に対して決定されると，それが将来にわたって保持される．だからこそ，消費者の注目を集めるために，ブランドの手掛かりを一貫したものとして保つことが重要なのだ．

多くの研究が視覚的サリエンス（salience; 顕著性）のバイアスに焦点を当てている．このバイアスは，視覚的に最も顕著な画像が，脳内で処理される可能性が最も高いというものである．視覚的サリエンスのバイアスは，衝動買いのように，急いだり切迫した状況で行われるありがちな意思決定で特に見られる（Milosavljevic et al. 2012）．

Milosavljevicらは2012年の研究で，迅速な意思決定においては，視覚的サリエンスは嗜好よりも選択に影響を与えるという事実を見出した．しかし，市場においては何が刺激（例えば，製品やブランド）の顕著性を高めるのだろうか？

顕著性を理解することで，情報の処理能力の限界から生じる脳が持つバイアスを，広告主が利用することが可能となる．視線追跡による研究では，複雑なディスプレイ（自動販売機やスーパーマーケットの棚など）を提示された場合，明るさや色などの視覚的属性が視線の位置や固視の持続時間に影響を与えることが明らかになっている．また，選択時に刺激に割り当てられる価値は，意思決定プロセスの間にその刺激に払われる注意の量に依存する（Armel, Beaumel, and Rangel 2008）．

消費者にとっての製品の価値は，明らかに重要な要素である．視覚系と作業記憶の一部は，消費者がより好むブランドを選択した場合に，より活動が高まる（Deppe et al. 2005）．

文脈も視覚的サリエンスのバイアスに関係する．目立つ物体に対するこの視覚的バイアスは，利用可能な認知資源が少ない場合に，より当てはまる．こういった場合において，われわれの認知システムは，バイアスによる速い経路を用いて意思決定を行う必要があり，視覚的サリエンスのバイアスはより大きな効果をもたらすであろう．実際，Milosavljevic らは，そのバイアスは認知負荷が大きいほど持続性が高く，相対的に強くなることを実証した．調査されるべき大きな課題は，これらの視覚的サリエンスのバイアスを引き起こす要因（広告の要素かもしれない）である．

研究によると，ある製品に注意を繰り返し割り当て，他の製品に注意を払わなくすることで，選択に影響が出ることが示されている（Janiszewski, Kuo, and Tavassoli 2012）．これは，選択の瞬間より前，つまり広告やパッケージテストの間などに，製品に注意が払われると，競合他社の製品よりもその製品を選択する可能性が高くなることを意味する．これらの結果は，クリエイティブを市場のメディアや製品（またはパッケージ）に配置する前に，広告作品における注意を評価することの重要性を強調する．

5.7　脳における注意の測定

5.7.1　視線追跡

視線追跡は視覚的注意を計測する主要な手法である．前章で述べたように，アイトラッカー（eye tracker）は視線と頭に対する眼球の動きを追跡する．視線追

跡データは，コンピュータに接続された頭部装着型アイトラッカーを使用して収集されることが多い．しかし，今日では眼鏡にハードウェアを取り付けるモバイル視線追跡装置が数多く利用可能となっている．PCや携帯機器のウェブカメラで視線追跡データを収集することも行われるようになってきている．

　無意識の測定方法の中でも，視線追跡は主流になってきた．その理由は，シンプルさと，コストの低さ，高い利用価値である．トップの消費財企業は，視線追跡を利用して，パッケージングをより顧客にとって魅力的で注目を集めるものにすることで，製品のパッケージングや小売店の棚の設計の最適化を行っている．代理店はこの技術をオンラインアプリケーションでのウェブサイト設計とユーザーエクスペリエンスに適用し始めている．視線追跡は，主要なバイオメトリクスや神経科学の指標と組み合わせて，身体や脳の反応と視覚情報との相関関係を確立するために，市場で広く用いられている．視線追跡分析は，さまざまな応用領域で視覚的な注意を定義するのに非常に有用である．その一方で，マーケティングコミュニケーションにおいて，関与や注意のピークが何に結び付いているかを判断することが必須となる．

5.7.2　EEG

　EEGは，安全で非侵襲的な技術であり，ヘッドキャップを使用して頭皮に取り付けられた複数の電極からの入力を受信するものである．脳の信号の伝達を良くするために，シリンジを用いて塩分が含まれたジェルで各電極を覆う．これらの電極は，脳内で生成された電気信号を捉え，その信号をコンピュータに送信する．EEGは，この信号を脳内でのプロセスが発生してからミリ秒以内に受信する．実際，EEGの大きなメリットの一つは非常に高い時間の精度であり，時々刻々とリアルタイムに認知プロセスを理解することを可能にする．EEGの考えられる一つの欠点は，空間精度の欠如である．しかし，マーケティングの評価においては，高い時間精度が最も実質的な価値があると考えられる．

　注意に関連して，焦点化と集中は，EEGによって測定できる非常に一般的なプロセスであり，それをEEGによって訓練することもできる．前頭葉のアルファ波の同期と強さは，焦点化と注意集中の明確な指標であり，額の電極で簡単に検出できる．これは，注意障害を持つ患者を訓練するために何十年も使用されてき

た．彼らの脳が所望の集中レベルに達したときに視聴覚信号を（時には脳によって制御するビデオゲームの形で）送ることによって，訓練に用いるのだ．この応用は，EEG 技術の発展と無線デバイスの出現により，脳波を介してボールの動きを制御するゲームや，スマートフォンアプリによって集中する方法をユーザーに教えるモバイルデバイスへと移行した．

EEG のノイズレベルは非常に高いものの，信号は比較的計測しやすい．そして，多くの消費者神経科学（コンシューマーニューロサイエンス）調査のサプライヤーによって使用されており，評価すべきマーケティングコミュニケーションによって引き出される注意のレベルを決定することができる．動画広告のテスト，パッケージング，印刷広告のテスト，さらには製品のユーザーエクスペリエンスにおいても，一部のサプライヤーによって広く使用されている．しかし，視線追跡やバイオメトリクスなどのより単純な手法とは違って，EEG を利用するには一定のレベルの専門性が必要となり，それが理解と普及を妨げている．

5.7.3　バイオメトリクス

バイオメトリクスは，ヒトの特性に関係する測定値を意味する．それらのうちのいくつかは安定しており，認証（指紋，DNA など）に使用されている．一方，人体の状態によって変化する測定値は，個人の内部の感情の状態を探る手法になりうる．消費者の反応を評価するために使用される最も一般的な身体の測定値は，心拍数，呼吸数，ガルバニック皮膚反応（GSR）または皮膚電気活動（EDA），そして瞳孔拡張である．これらの測定値のほとんどは，交感神経系によって制御されている．交感神経系は，ヒトの身体が，自分に潜在的に関連する状況に対処するように，感情の要素を使って準備するシステムである．体内の血流を増やすことで，ヒトの体に，戦ったり飛び上がったりする準備をさせるシステムである．したがって，このような一般的なバイオメトリクスは覚醒の指標になりうる．

マーケティングコミュニケーションの評価において，感情的興奮または覚醒度を推定するために使用される最も一般的なバイオメトリクスは，EDA である．その理由は，より高い精度，感度および時間分解能を持つことによる．しかしながら，今まで述べた手法は同時に複数使われることが多い．これらのマーカーには

俊敏な構成要素も含まれるが，バイオメトリクスの測定によって，注意について語ることは実際難しい．しかし，注意が必ずしも覚醒を促すわけではないのに対し，覚醒は注意を促すので，注意のレベル，特にボトムアップ型の注意の増加を示す指標になると考えられる．

瞳孔反応も交感神経系によって制御される．しかし，瞳孔拡張は，光への曝露，性的刺激などのさまざまな状態に対する反応でありうる．さらにそれは，注意を向けている対象に対する興味の目安となる場合もある．したがって，一定の照明を維持することで，それを興味の目安として，消費者の関心を引き出すマーケティングコミュニケーションの要素を評価するために，使用することができる．

5.7.4　脳イメージング

コンシューマーニューロサイエンスにおいて，マーケティングコミュニケーションによって引き出される注意のレベルを決定するために普及している別の手法がある．それは機能的磁気共鳴画像法（fMRI）である．fMRIは，脳全体の酸素化ヘモグロビンの量を測定することによって機能する．脳のより活性が高い部分はより多くの酸素を必要とし，より多くの酸素化ヘモグロビンが消費される．fMRI技術を使用して，マーケティングの対象に対する反応としての消費者の脳活動を，研究者たちは観察することができる．

fMRIは非常に高い空間分解能を有するが，時間分解能が低いことがマーケティングコミュニケーションの評価への適用を制限する大きな欠点の一つである．この手法の最も効果的な用途の一つは，作品をテストし，報酬の期待に対して反応することが知られている報酬系の活性化を調べることである．

しかし，注意を調べる場合に関して言えば，前頭眼野を含む前頭葉や頭頂葉の脳領域が，注意の負荷に応答して活動する．時間分解能の低さを考慮すると，広告やパッケージをテストしている間にfMRIによって提供される情報は，刺激に晒されている間にどのくらいの処理が行われているかは示すものの，どの要素が消費者の注意を捉えるのに効果的かを特定するのには向いていないだろう．

5.8　結論

まとめると，注意の捕捉（ボトムアップの注意）は刺激（この場合はマーケティングコミュニケーション）と文脈（広告プラットフォーム，ショッピング環境など）の両方から影響を受ける．感情的に自分に関連があり，予期しない，または移動している刺激に対して，われわれの脳は認知資源をそれらに向けて割り当てる傾向がある．感情的に興奮させる文脈では，われわれの脳は刺激に対して特別な注意を払う一方で，認知的な要求が高い文脈では，速い処理と意思決定が促進される．

広告キャンペーンを（適切な文脈で）テストすることで，マーケティングコミュニケーションが目に留まり，消費者の注意を集め，最初に処理されるように，マーケティングコミュニケーションを最適化することができる．複数のテクニックを利用すると，広告が発見され，処理され，どの程度深く処理されたかをさまざまな洗練度で調査できる．

重要ポイント

- 注意は，トップダウン（意志による目標主導の注意）とボトムアップ（無意識な刺激によって主導される注意）に分類できる．
- 感情的に自分に関連する要素，予期しない出来事，動く物体などは，消費者の注意を集めるのに有利である．
- 文脈は注意に影響する．すなわち，感情的に興奮させる文脈によって，入ってくる情報の処理が強化される一方で，非常に要求の厳しい状況では，関与の低い処理が促進される．
- 低関与理論によれば，低い関与を誘発するような広告キャンペーンであっても，無意識のうちに連想記憶を生成することによって非常に効果的になりうる．
- 視線追跡，EEG，バイオメトリクスなどの技術は，マーケティングコミュニケーションの可能性を評価するために非常に有効であり，消費者の注目を集めて処理を促進し，その目標を達成するためのコミュニケーションを最適化することができる．

演習問題

1. 消費者の注目を集め，処理を引き出すための基準を満たしたキャンペーンを特定せよ．
2. 以下の目的を達成するために使用できる手法を挙げよ．
   (a) ウェブサイトの中で特定のデジタルバナーが注目されるかどうかをテストする．
   (b) テレビ広告によって誘発される時々刻々の注意のレベルを評価する．
   (c) 小売の棚の特定の商品が気づかれるかどうかをテストする．
   (d) モバイルアプリのユーザーエクスペリエンスデザインによって引き起こされる処理のレベルを測定する．
   (e) 長文形式の印刷物による3種類のマーケティングコミュニケーションによって誘発される認知負荷の量をそれぞれ特定する．
3. プラットフォームをまたいだキャンペーンを開発中の企業がアドバイスを求めている．
   (a) プラットフォームを三つ選択せよ．
   (b) 注意の捕捉と文脈について本章で学んだ原則を応用し，それぞれのプラットフォームで広告の開発を始めよ．
   (c) 広告をテストして，キャンペーンを事前に最適化し，成果を挙げる方法を説明せよ．

参考文献

Armel, K. C., Beaumel, A., & Rangel, A. (2008). Biasing simple choices by manipulating relative visual attention. *Judgment and Decision Making*, 3(5), 396–403.

Deppe, M., Schwindt, W., Kugel, H., Plassmann, H., & Kenning, P. (2005). Nonlinear responses within the medial prefrontal cortex reveal when specific implicit information influences economic decision making. *Journal of Neuroimaging*, 15(2), 171–182.

Dominguez-Borras, J., Garcia-Garcia, M., & Escera, C. (2008). Emotional context enhances auditory novelty processing: Behavioral and electrophysiological evidence. *European Journal of Neuroscience*, 28(6), 1199–1206.

Escera, C., & Corral, M. J. (2007). Role of mismatch negativity and novelty-P3 in involuntary auditory attention. *Journal of Psychophysiology*, 21(3), 251–264.

Fischer, C., Morlet, D., & Giard, M. (2000). Mismatch negativity and N100 in comatose patients. *Audiology & Neuro-Otology*, 5(3–4), 192–197.

Heath, R. (2012). *Seducing the subconscious: The psychology of emotional influence in advertising*. Hoboken, NJ: Wiley-Blackwell.

Heath, R., & Muzinger, U. (2008). *How consumers process brand information—new insights for more effective brand communication*. Brand Equity and Advertising Research.

Janiszewski, C., Kuo, A., & Tavassoli, N. T. (2012). The influence of selective attention and inattention to products on subsequent choice. *Journal of Consumer Research*, 39(6), 1258–1274.

Knudsen, E. I. (2007). Fundamental components of attention. *Annual Review of Neuroscience*, 30, 57–78.

Milosavljevic, M. M., Navalpakkam, V., Koch, C., & Rangel, A. (2012). Relative visual saliency differences induce sizable bias in consumer choice. *Journal of Consumer Psychology*, 22(1), 67–74.

Moses, E. (2015). Sound or Sight? Wearable biometrics & facial coding solve engagement. *Re! Think (London, England)*, 2015.

Pieters, R., & Wedel, M. (2004). Attention capture and transfer in advertising: Brand, pictorial and textsize effects. *Journal of Marketing*, 68(20), 36–50.

Riche, N., Mancas, M., Culibrk, D., Crnojevic, V., Gosselin, B., & Dutoit, T. (2012). *Dynamic saliency models and human attention: A comparative study on videos*. Asian Conference on Computer Videos.

San Miguel, I., Corral, M. J., & Escera, C. (2008). When loading working memory reduces distraction: Behavioral and electrophysiological evidence from an auditory-visual distraction paradigm. *Journal of Cognitive Neuroscience*, 20(7), 1131–1145.

Schreij, D., Owens, C., & Theeuwes, J. (2008). Abrupt onsets capture attention independent of top-down control settings. *Perception & Psychophysics*, 72, 672–682.

Theeuwes, J. (2010). Top-down and bottom-up control of visual selection. *Acta Psychologica*, 135(2), 77–99.

Wilson, M. (2002). Six views of embodied cognition. *Psychonomic Bulletin & Review*, 9(4), 625–636.

ボックス 5.1：ルーマニアの主流のビールの正しいポジショニングは何か？

概要

ルーマニアのビール市場は，ヨーロッパでは第 8 位の市場であり，主要なグローバルプレーヤーがすべて揃っている．この市場は，価格のセグメントごとでの激しい競争があり，各セグメントにおいては，少なくとも一つのグローバルプレーヤーのブランドが競合として参加している．近年では，市場規模の縮小と，低価格帯へと向かう市場の歪みが特徴的である．このような状況の中，低価格のビールのセグメントは中価格帯の商品に損失を与え，中価格帯（主流）のビールのセグメントで現存するブランドにさらなる競争の圧力をもたらした．小規模な主流ブランドの一つのセグメント内でのポジショニングを微調整する計画があり，著者らはその支援の依頼を受けることになった．課題となったのは，過去数年にわたってブランドが使用していた既存のポジショニングの有効性をチェックし，可能性を秘めた新しい領域を示すことであった．

目的

このプロジェクトは 2 段階で構成されていた．第 1 段階は，重要な属性を理解してランクづけし，顕在レベルと潜在レベルの両方でカテゴリーの品質の認識を高めること（ビールカテゴリーの属性のマッピングとランクづけ）を目的としていた．第 2 段階の目的は，第 1 段階でランクづけされ，認定された属性について，ユーザーと非ユーザーにおける，調査対象ブランドの明示的な理性的認識と潜在的な感情認識を特定することであった．

手法

古典的な手法と神経科学的手法を組み合わせて使用した．古典的な手法は，明示された（意識による）評価を測定することを，また，神経科学的手法は潜在的な（意識にのぼらない）評価を測定することを目的とした．第 1 段階では，上記のビジネス目標は，調査と測定の目的としては，「質の高いビール」と，ビールのカテゴリーを表現する一連の属性との間の関係の強さを評価するこし，と翻訳できる．第 2 段階では，ブランド名と事前に特定された属性との関連性の強さを測定した．この二つの調査は，潜在的連合テスト（IAT）を用いて，三つの異なる都市の中心部で行われた．

最初の調査では，ビールカテゴリーに属する 60 の属性を評価した．244 人の参加者を（消費するビールの価格に基づいて），節約，主流，高級の三つのカテゴリーに分類した．

2 番目の調査では，上記のカテゴリー別の調査で良く機能し，主流のセグメントに属し

ていた，20の属性について調べた．そして，われわれのクライアントのブランドのユーザーと非ユーザー（3都市の180人の参加者）に対してパフォーマンスをテストした．

どちらの調査もコンピュータ上で行われ，参加者に，画面上に表示された主張をできるだけ速く読んでもらい，同意できるか否かを5段階のリッカート尺度で評価してもらった．

（最初の調査ではビールとテストされた属性の間，2番目の調査ではブランドと属性の間の）関連性の測定には，宣言的（顕在）レベルではリッカート尺度が，無意識（潜在）のレベルでは，人々が回答をクリックする速さが使われた．潜在レベルのスコアは，「トップ2段階」（top 2 boxes; T2B）内の回答についてのみ計算された．反応（リッカート尺度の一つを選択する速さ）が速いほど，潜在的な関連が強いとし，遅ければ弱いとしたさらに，宣言的レベルで得られた状態と潜在的な無意識の状態を分析し，それらを比較した．

結果の考察

宣言的な結果は，全体の割合として報告された（例えば，回答者の96%が理想的なビールは爽やかであると信じていた）．次の段階の分析では，潜在的関連づけを調べ，最も強い関連性を持つ属性を特定した．次に，二つのタイプの結果を関連づけることによって，図に示すように四つの属性カテゴリーが見出された．

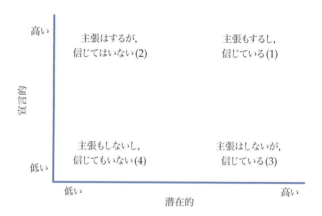

図　宣言的分類と潜在的分類（数は属性のカテゴリーを示す）

（宣言的スコアと潜在的スコアの両方で）真ん中のレベルと採点された属性は中立的であると見なされ，人々は信じることも拒否することもないので，テストされたカテゴリーやブランドに与える影響は低い．

最も高い可能性を秘めた属性は，第3のカテゴリーのものであり，低い宣言的スコアと高い潜在的スコアを持つものだ．なぜなら，人々はそれらの主張を信じていながら，意識的には気づいていない可能性があり，その結び付きがまだ顕在化していないからだ．そして，こここそが可能性が潜むところである．これらの属性は，競合が認識していない「隠された宝石」のようなものである．これらの属性が属しているブランドは，そのカテゴリー以外でも，人々はそれらをそのブランドに関連づける．ならば，これらの属性は，マーケティングコミュニケーションに含めるべきである．なぜなら，それによって，消費者に重要な差別化の基準を提供できるからである．
　第1のカテゴリー（宣言的，潜在的両者において高評価）の属性は，誰もが競って求めるものである．カテゴリーの中には必須のものもあり，誰もが所有しているので，それによって差別化を図ることはできない．2番目と最後のカテゴリーの属性は重要ではない．いずれにしても，人々は実際にはそれらを信じていないからである．
　ビールカテゴリーの最初の調査では，宣言レベルで90％を超える八つの属性を発見したが，無意識（潜在）レベルでも重要度が高かったものは，そのうちの三つに過ぎなかった．宣言的な結果だけしか見ていなければ，人々が主張はしたが信頼していなかった他の五つの属性に惑わされていただろう．潜在レベルでは，関連性の高い12個の属性を発見した．そのうちの4個が第3のカテゴリーにあり，最も高い可能性を秘めていた．それらの属性を2番目の調査に含めて，特定の（著者らのクライアントまたは競合企業の）ブランドに属しているのか，それともどのブランドにも属しておらず，利用できるのかを評価した．
　調査された属性のほぼ半分は，潜在レベルが低い，第2カテゴリーと最後のカテゴリーに属していた．つまり，信じていると述べたとしても，実際には信頼や信用はしていなかったということである．それらは付加価値をもたらさないので，マーケティングコミュニケーションにおいてそれらの属性を使用しないように，著者らはクライアントに推奨した．
　次に，ビールカテゴリーの結果を，節約，主流，高級の三つのカテゴリーで分類した．無意識のレベルで最高のランク付けをした属性に基づいて，カテゴリー内の分類ごとに理想的なビールの青写真を作り上げた．例えば，節約の分類では，理想的なビールは安価かつ伝統的なもので，勤勉な人々に適していた．対照的に，高級の分類での対象者は，「勤勉な人々」の主張を強く拒否し，パーティや特別な場面に関係し，より男性的なビールに関心を持っていた．主流のビールは伝統的かつ本格的で，味が強く，パーティやサッカーと結び付いていた．属性「良い品質」は，どの分類に対しても潜在レベルでは重要ではなかったが，宣言的なスコアは良好であった．

2番目の調査では，このカテゴリーとクライアントにとって最も重要であった20の属性の「オーナーシップ」を評価した．これらの属性は，クライアントと二つの競合他社（マーケットリーダーとフォロワー）に属する合計三つのブランドに対して示された．各属性は三つのブランドすべてに対して評価された．

著者らによる興味深い発見を以下に挙げる．

- 回答者の64%がクライアントのブランドを購入すると回答したが，それについて深く信頼していなかった．フォロワーのブランドに対しても同じ状況であった．しかし，マーケットリーダーについては，回答者の78%がそれを購入するだろうとし，実際それを意図していることがわかった．
- 61%は宣言的にクライアントブランドとフォロワーブランドの両方を推奨したが，クライアントのブランドに対してのみ，人々が実際にそれを意図していた．より重要なのは，マーケットリーダーについては，たとえ宣言的なレベルでそれを推薦する人が増えても，実際にはそれを信じていなかった（ブランドの中で最も低い潜在的スコアだった）ということである．
- 「値段に見合う価値」という属性に関しては，宣言的にすべてのブランドが良いスコアであったにもかかわらず，人々はマーケットリーダーに対してしか信頼していなかった．

著者らは，三つのブランドのユーザー/非ユーザーによる評価をより詳細に精査した．ユーザー/非ユーザーのセグメントは，著者らのクライアントのブランドに言及していた．調査したブランドのコアユーザーは，彼らのビールに対して非常に忠誠度が高いことがわかった．つまり，ユーザーはブランドを（宣言的，潜在的の両方において）高く評価し，93%のユーザーが信頼できると評価し，91%はそれを購入し，勧めるだろうとした．彼ら全員が自分たちの主張について信じていた．

このブランドは，非ユーザーにも信頼できる本物のビールとして認識され（非ユーザーの50%以上で潜在的な関連が見られた），バランスのとれた味で，自分の好きなビールの良い代替品と見なされていた．この点は非常に重要である．なぜなら，非ユーザーは著者らのクライアントのコミュニケーションを受け入れる余地があり，ターゲットとされたメッセージで説得することができる可能性があるからだ．ユーザーのセグメントは，他のブランドを受け入れる余地は見られなかった．これは，好みのビールに対する彼らの忠誠心を再び示すものであった．

結論

この調査の結果は，著者らのクライアントのブランドのポジショニングを変更するために有用であった．最初のステップとして，このポジショニングの変更は，ブラン

> ドの戦略的文書，すなわちブランド宣言に反映された．その後，そのブランド宣言は，新しいコミュニケーション戦略を開発する基礎となり，ひいては，ブランドのライン活性化と，店内での配置を通じたその戦略の実行の基礎となった．また，パッケージや製品ラインナップの微調整にも影響を及ぼすこととなった．

5.9 ［付録］テレビコマーシャルの評価における EEG の利用：香水を宣伝する二つの異なるスタイル[1]

カルティエとプラダのテレビコマーシャル

　大手コンシューマーニューロサイエンス企業の一つである BrainSigns は，28人の対象者（うち 12 人は女性）に動画を鑑賞してもらう調査を実施した．動画は，開始から 5 分後と 15 分後に 1 回ずつコマーシャル休憩を挿入した，20 分間のドキュメンタリーであった．各コマーシャル休憩は，それぞれ 30 秒の 6 本のコマーシャルの動画で構成された．この事例で使用されたテレビコマーシャルは，対象者は知らないもので，それぞれは実験中に 1 回だけ提示された．テレビコマーシャルは，香水，消費，銀行，スポーツ，電話，衣類の六つの商業カテゴリーを明確にするように選定された．ドキュメンタリーの間，コマーシャルビデオはランダムな順番で提示された．以下の解析で，順序が交絡因子となることを防ぐためである．

　二つの特定の広告は，香水カテゴリーに属し，カルティエとプラダが放送したものであり，主人公として 2 人の恋人がフロアで踊っているというプロットだった．二つのコマーシャルの特定の場面における脳活動を評価するために，コマーシャルは，図 5.4 および図 5.5 に示すように，イントロ（図中の Intro），ダンス（Dance），ファイナル（Final），製品（Product）の各シーン，およびブランドが提示されるシーンを定義するように分割された．

　このテレビコマーシャルは以下の URL から鑑賞することができる．

- カルティエ：http://www.youtube.com/watch?v=D9yVNKEYlDU
- プラダ：http://www.youtube.com/watch?v=S_7fBn9enDE

---

[1] Giovanni Vecchiato, Patrizia Cherubino, Arianna Trettel, and Fabio Babiloni.

図 5.4　カルティエのコマーシャル動画クリップの，1 秒ごとのフレームシーケンス．右側の凡例が示すように，下線の色は，広告を分割する四つのシーンを示している．この各区分において，推定指標の平均 z スコア値が計算された．

脳活動を推定し，二つのテレビコマーシャルで定義されたフレームセグメントの間で比較が行われた．

行動についての結果

28 人の対象者（22 ± 1.7 歳，うち 12 人は女性）の，神経応答である EEG，心拍数（HR），ガルバニック皮膚反応（GSR）を記録した．これについては，以前に出版された報告（Vecchiato et al. 2010, 2012; Vecchiato, Cherubino, et al. 2014）でも説明されている．この実験グループは男女別に分けて分析がなされた．とりわけ，女性グループ（21 ± 1.7 歳）と男性グループ（21.67 ± 1.61 歳）が考慮された．自発的な想起と好意的な評価のパーセンテージの z スコア値が，各対象者お

5.9 [付録] テレビコマーシャルの評価における EEG の利用：香水を宣伝する二つの異なるスタイル

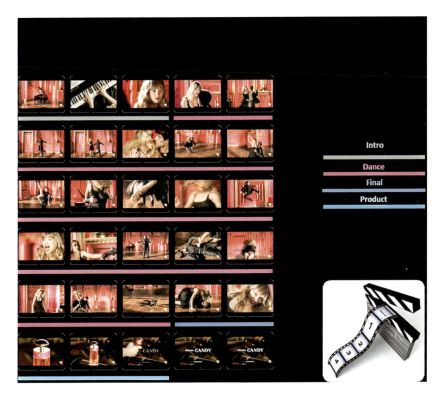

図 5.5 プラダのコマーシャル動画クリップの，1 秒ごとのフレームシーケンス．右側の凡例が示すように，下線の色は，広告を分割する四つのシーンを示している．この各区分において，推定指標の平均 z スコア値が計算された．

よびテレビコマーシャルについて計算され，六つの分析カテゴリーについて平均された．図 5.6 は，自発的な想起と好意的な評価の女性と男性の z スコアの差を示している．

この図では，自発的な想起と好意的な評価のパーセンテージについて，男女間の差を示している．値は z スコアとして計算されたものである．この棒グラフから，男女間の最大の違いは，自発的な想起と好意的な評価の両者で，香水カテゴリーに属するテレビコマーシャルの鑑賞と関連していることがわかる．特に，このカテゴリーにおいて，自発的想起と好意的評価ともに，女性の割合が高い（自発的想起：$z_{women} = 0.31$, $z_{men} = -1.54$, 好意的評価：$z_{women} = 0.42$, $z_{men} = -1.49$）．

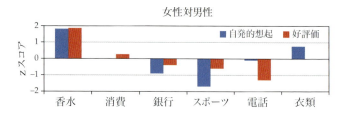

図 5.6 棒グラフは，六つの商業カテゴリーの分析における女性と男性の間の自発的想起（青）と好評価（赤）の平均 z スコア値の差を示す．正（負）の値は，女性（男性）における高い自発的想起と好評価を示す．

以下では，「記憶」，「関心」，「感情」に関連する脳の変数をそれぞれ分析する．性別間やビデオクリップ間の比較を行うことで，香水カテゴリーとカルティエとプラダによる二つのコマーシャルについての分析を行う．

脳の指標

「記憶」，「関心」，「感情」の脳指標を分析することによって（Vecchiato et al. 2011; Vecchiato, Maglione, et al. 2014），カルティエとプラダ（香水カテゴリーに属している）について，図 5.7 に報告されているように，二つの実験グループ間で異なる活性化パターンが示された．特に，女性と男性の「記憶」の平均値は，両方とも -1 に近い負の値であり，大きな差はなかった．しかし，「感情」と「関心」においては異なる結果が得られた．実際，男性は「感情」と「関心」の両方で負の値を示しているのに対して，女性の脳活動では「感情」と「関心」の両方

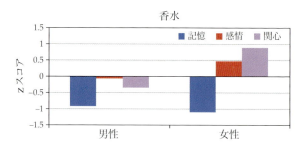

図 5.7 男性グループ（左）と女性グループ（右）の記憶（青），感情（赤），関心（紫）の脳変数の平均 z スコア値．平均 z スコア値は，香水カテゴリーに属する二つのテレビコマーシャル，カルティエとプラダに対するものである．

について正の値となっていたのが特徴的である.

　香水に関連するコマーシャルの鑑賞での性差をより深く調査するために，カルティエとプラダの動画クリップについて男女間とコマーシャル間の z スコアの差を示す．この分析では，「記憶」，「感情」，「関心」のすべての脳変数を考慮している．

性別分析

　二つのコマーシャルに対する脳指標の変動を別々に分析することにより，二つのグループが動画クリップの鑑賞において違った反応をするかどうかを調べることができる．とりわけカルティエの動画に対しては，すべての脳指標において男性に比べて女性の数値が高い．この結果を図 5.8 に示す．最も大きな差は，「感情」（$z_{women} = 1.91$，$z_{men} = -0.06$）で見られた．二つ目の動画であるプラダは，男性において「記憶」と「感情」では高い値を示したが，「関心」についての値では依然として女性のほうが高かった．

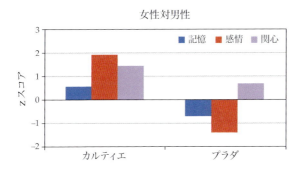

図 5.8　カルティエ（左）とプラダ（右）の二つのテレビコマーシャルにおける，記憶（青色），感情（赤色），関心（紫色）の脳指標の女性と男性の平均 z スコア値の差．正（負）の値は，女性（男性）の脳指標の値が高いことを示す．

　ここまでで提示された値は動画全体の鑑賞に関するものであったので，いくつかの興味深い場面における脳指標の値を以下の図で提示することにする．「記憶」，「感情」，「関心」の変動の違いを明らかにするため，縦軸のスケールは固定してある．

図 5.9 は，カルティエとプラダのテレビコマーシャルのそれぞれに関して，女性と男性の「記憶」の平均 z スコア値を示している．カルティエの動画を分析することで，男性ではイントロとダンスに関連するシーンの「記憶」が減少していることがわかる（$z_{intro\_men} = -2.36$, $z_{dance\_men} = -2.28$）．逆に，女性においては，すべてのシーンセグメントにおいて，「記憶」の指標の値が低く，z スコアは 0 に近かった．全体的に，男性と女性の両方で，カルティエの動画に対して「記憶」のスコアは，負の値または 0 に非常に近いものであった．一方で，プラダは最後のシーン（$z_{final\_men} = 2.11$）において男性の「記憶」の値が高く，女性はイントロの部分において「記憶」の値が減少した（$z_{intro\_women} = -3.29$）．

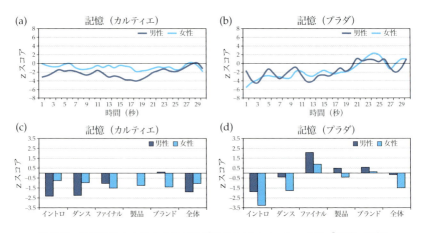

図 5.9　男女別のカルティエとプラダのテレビコマーシャルの「記憶」指標の変動．上段：カルティエ (a) とプラダ (b) のテレビコマーシャル全体にわたる女性（水色）と男性（青色）の「記憶」指標の平均 z スコアの時系列．下段：カルティエ (c) とプラダ (d) のテレビコマーシャルの女性（水色）と男性（青色）の各シーンにおける「記憶」指標の平均 z スコア値．

図 5.10 は，カルティエとプラダのテレビコマーシャル両方に対して，女性と男性の「関心」の平均 z スコア値を示している．カルティエについての分析では，女性の「関心」の値がコマーシャル全体で正の値となっており，男性よりも高い値を示していた．しかし，特定の場面においては女性の「関心」の値が負になっており，男性よりも低くなっていた．これは製品とブランドが提示された部分である（$z_{product\_women} = -2.17$, $z_{brand\_women} = -2.61$）．

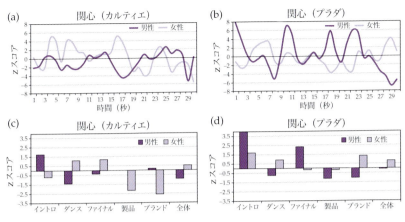

図 5.10　男女別のカルティエとプラダのテレビコマーシャルの「関心」指標の変動．上段：カルティエ (a) とプラダ (b) のテレビコマーシャル全体にわたる女性（薄紫色）と男性（濃い紫色）の「関心」指標の平均 z スコアの時系列．下段：カルティエ (c) とプラダ (d) のテレビコマーシャルの各シーンにおける女性（薄紫色）と男性（濃い紫色）の「関心」指標の平均 z スコア値．

　カルティエの動画について女性と男性の比較を行うと，イントロ，製品，ブランドなどの場面において，男性と比較して女性の「関心」の値が低い（$z_{diff\_intro} = -2.49$, $z_{diff\_product} = -2.19$, $z_{diff\_brand} = -2.84$）．一方，ダンスの場面では女性の「関心」は男性よりも高くなっている（$z_{diff\_dance} = 2.52$）．プラダの場合，男性はイントロとファイナルの場面において高い「関心」の値を示した（$z_{intro\_men} = 4.24$, $z_{final\_men} = 2.37$）が，女性は 0 に近い値を示した．二つの性別間で値を比較することによって，イントロおよびファイナルにおける男性の関心が女性より高いのに対し（$z_{diff\_intro} = -2.53$, $z_{diff\_final} = -2.57$），女性ではブランドの場面において値が高くなっていることが見出された（$z_{diff\_brand} = 2.43$）．

　図 5.11 は，カルティエとプラダの動画における，女性と男性の「感情」の平均 z スコア値を示している．カルティエに対しては，イントロの場面の女性の「感情」の値が高い（$z_{intro\_women} = 2.29$）が，男性の「感情」の変動では増減は現れなかった．さらに，その二つのグループ間の「感情」の値を比較することで，イントロとダンスの場面で女性は男性よりも高い値を示すことがわかった（$z_{diff\_intro} = 2.84$, $z_{diff\_dance} = 2.12$）．プラダに対しては，女性と男性の両方の「感情」の値はす

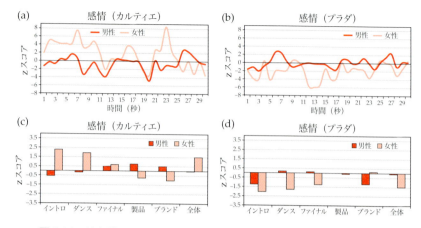

図 5.11 男女別のカルティエとプラダのテレビコマーシャルの「感情」指標の変動．上段：カルティエ (a) とプラダ (b) のテレビコマーシャル全体にわたる女性（オレンジ色）と男性（赤色）の「感情」指標の平均 z スコアの時系列．下段：カルティエ (c) とプラダ (d) のテレビコマーシャルの各シーンにおける，女性（オレンジ色）と男性（赤色）の「感情」指標の平均 z スコア値．

て，負の値またはゼロに近い値であった．特に，女性はイントロの場面で「感情」の低下を示した（$z_{intro\_women} = -2.04$）が，男性では場面間で変化が見られなかった．しかし，各場面での「感情」を比較すると，女性はダンスの場面で低い値を示すことがわかった（$z_{diff\_dance} = -1.96$）．

二つの動画クリップの比較

図 5.12 は，男女の「記憶」，「関心」，「感情」について，カルティエとプラダの間の平均 z スコア値の差を示している．具体的には，図 (a) は男女の脳指標のカルティエとプラダの間の差を示している．この棒グラフでは，カルティエが女性においてより高いレベルの「感情」を引き起こし（$z_{Cartier\_women} - z_{Prada\_women} = 3.39$），一方で，すべての変数において男性について 0 からのズレはないことが見て取れる．

図 (b)〜(d) は，二つのテレビコマーシャルの特定の場面における脳指標の差を明らかにしている．図 (b) の「記憶」では，プラダはファイナルの場面で女性と男性の両方で高い値を示し（$z_{final\_women} = -2.48$，$z_{final\_men} = -3.18$），カルティエはイントロにおいて女性（$z_{intro\_women} = 2.491$）のみで高い値を示した．

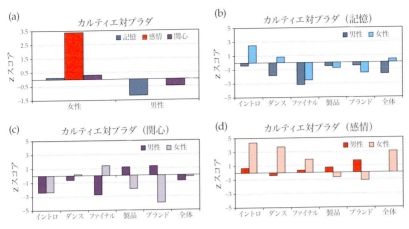

図 5.12 女性（左）と男性（右）の記憶（青色），感情（赤色），関心（紫色）の脳指標の，カルティエとプラダのテレビコマーシャル間での平均 z スコア値の差 (a)，および，女性（薄い色）と男性（濃い色）の各シーンでの記憶 (b)，関心 (c)，感情 (d) の違い．

図 (c) の「関心」については，プラダのイントロは，女性と男性の両方でより高い値であることがわかる（$z_{intro\_men} = -2.47$, $z_{intro\_women} = -2.44$）．一方で，プラダは製品とブランドの場面で女性が高い値（$z_{product\_women} = -1.97$, $z_{brand\_women} = -3.97$）を示し，男性ではファイナルの場面（$z_{final\_men} = -2.75$）がより高い値を示した．また，全体では，プラダとカルティエであまり差がなかった．

図 (d) の「感情」では，カルティエはイントロ，ダンス，動画クリップ全体で女性において高い値を示した（$z_{intro\_women} = 4.33$, $z_{dance\_women} = 3.72$, $z_{all\_women} = 3.05$）．男性では，二つのコマーシャル間の全体での差は見られなかった．

議論

自発的想起と好評価についての行動データは，男女間での差は，香水のカテゴリーに属する二つのテレビ広告の鑑賞で最も高かった．特に，女性は，男性と比較して自発的想起および好評価の率が高い．

分析された二つのテレビコマーシャルの「記憶」レベルは，女性と男性の両方で低く，二つのグループの間に差はなかった．カルティエとプラダの「記憶」の

値は他のコマーシャルのカテゴリーよりも低い．「感情」については，カルティエの動画のイントロの場面では，女性でより関与が強かったが，プラダについては弱かったことが見出された．特に，カルティエのダンスシーンは女性により大きな「感情」を引き起こし，プラダのダンスシーンでは男性がより「感情」を高めた．「関心」と関連する脳指標は，多彩なパターンを示した．これは，テレビコマーシャルによって，女性と男性の両方に対して異なる魅力的なシーンが存在するためである．二つのコマーシャルの間の脳指標を比較することによって，男性においては二つのコマーシャルの間に「感情」の差はないが，カルティエの動画の鑑賞においては女性での「感情」の関与が高かったことがわかった．逆に，プラダによる広告は，女性と男性の両方において「記憶」と「関心」が高い値を示していた．

全体として，生体信号の EEG, HR, GSR の記録では，二つの実験群での「記憶」，「関心」，「感情」の関与の変化に関連した神経指標が得られた．適用された時間分割における，このような指標の変化は，場面ごとの広告の認識を示している．これは記録された対象者の全サンプル，あるいは各グループのサンプルに関する情報である．この情報は，異なるフレームシーケンスの効率性に関する興味深い兆候を観察したり，もととなる認知や感情の変数に関連する洞察を発展させることによって分析することができる．また，これらの手法は，広告の時間を短縮する合理的な方法を提供することができる．このような短縮版は，最初に詳細なクリエイティブ制作を行ったあとで広告キャンペーンで実装されることが多く，最高のパフォーマンスを持った場面を保存し，最低の場面を削除することによって時間を短縮する．このような時間短縮は，男女別にそれぞれ最適になるように作成することができる．

今日，マーケティング目的で脳活動の可視化を利用できることにマーケターは興奮している．まず，脳機能イメージングが，マーケティング調査の可能性を洗練するのに役立ち，コストと利益の間の効率のトレードオフが改善されることが望まれている．こういった要望があるのは，人々は好みを明示的に表現するよう求められても完全には言い表せず，消費者の脳が本当の嗜好についての隠れた情報を持っていると考えられるからである．脳に隠されたこのような情報は，より最近の神経科学理論に照らして，購入行動をより良く理解し，ニーズを満たすた

めに利用しうる．したがって，製品設計の改善と売上の増加の恩恵を得るために，脳機能イメージング調査の実施コストは払う価値があると言える．少なくとも理論的には，脳機能のイメージングによって，人々が好むかどうかだけでなく，彼らが購入する意図がある対象を明らかにすることができる．

　本節で紹介したニューロマーケティングによるアプローチは，デザインが終わったあとの，特に広告キャンペーンの効果を測定することに重点を置いていた．とりわけ，性別に応じてコミュニケーションを変化させることが可能であることを示唆する結果を紹介した．マーケティングコミュニケーションの二つの異なるバージョンを適切に設計し提示することで，メッセージの質と有効性を向上させることができる．さらに，テレビコマーシャルの時間を短縮するための客観的な方法は，動画の制作者が効果のないシーンをカットし，魅力的な新しいテレビコマーシャルを作成するための合理的な基盤を提供する．したがって，視聴者の動画クリップへの感情的「関与」，つまり脳の「関与」は維持しつつ，動画クリップの放映コストを削減することができる．それによって，30秒バージョンと同じ（またはそれ以上の）効果をもたらす短縮版で費用を幾分節約することができる．

　さらに，ニューロマーケティング調査は，製品が作られる前の段階でも利用することができる．脳活動のデータは，潜在的な嗜好を標準的な市場調査より正確に示す可能性があり，大きな損失を避けるのに有用である．このような場合，製品のコンセプトを迅速にテストでき，有望でないものはプロセスの初期段階で排除することができる．これにより，有望な製品の開発に絞って，資源をより効率的に割り当てることが可能になるだろう．

参考文献

Vecchiato, G., Astolfi, L., De Vico, F. F., Cincotti, F., Mattia, D., Salinari, S., Soranzo, R., & Babiloni, F. (2010). Changes in brain activity during the observation of TV commercials by using EEG, GSR and HR measurements. *Brain Topography*, 23(2), 165–179. doi:10.1007/s10548-009-0127-0.

Vecchiato, G., Cherubino, P., Maglione, A. G., Trinidad, H. E. M., Marinozzi, F., Bini, F., Trettel, A., & Babiloni, F. (2014). How to measure cerebral correlates of emotions in marketing relevant tasks. *Cognitive Computation*, 6(4), 856–871. doi:10.1007/s12559-014-9304-x.

Vecchiato, G., Kong, W., Maglione, A. G., & Wei, D. (2012). Understanding the impact of TV commercials: Electrical neuroimaging. *IEEE Pulse*, 3(3), 42–47. doi:10.1109/MPUL.2012. 2189171.

Vecchiato, G., Maglione, A. G., Cherubino, P., Wasikowska, B., Wawrzyniak, A., Latuszynska, A., Latuszynska, M., et al. (2014). Neurophysiological tools to investigate consumer's gender differences during the observation of TV commercials. *Computational and Mathematical Methods in Medicine*, 2014(July), e912981. doi:10.1155/2014/912981.

Vecchiato, G., Toppi, J., Astolfi, L., De Vico, F. F., Cincotti, F., Mattia, D., Bez, F., & Babiloni, F. (2011). Spectral EEG frontal asymmetries correlate with the experienced pleasantness of TV commercial advertisements. *Medical & Biological Engineering & Computing*, 49(5), 579–583. doi:10.1007/s11517-011-0747-x.

CHAPTER 6

記憶

INGRID L. C. NIEUWENHUIS

　読者の脳にはどれくらいの情報が保存されているだろうか？　読者が知っている言葉，顔，テレビシリーズ，メロディ，歌詞，本，場所，さらには覚えている出来事，逸話，考えがどれくらいあるか，概算してみよう．脳は信じられないほどの量の情報を記憶できる．人々は何千もの顔，数万の単語を認識できる．画像を認識するわれわれの能力は，ほとんど限りがない．実験においては，対象者は10,000枚の写真を見た数日後，80％以上の正答率でそれらを識別することができた（Standing 1973）．例えば，YouTubeで，読者の子供時代から覚えているテレビコマーシャル，テレビのテーマ曲，ビデオゲームの数を調べてみよう．

　それは楽しい気晴らしではあるが，そういった思い出をすべて保存する機能は，われわれを過去の追憶に耽けさせるためにあるのではない．記憶はわれわれが生活する複雑な環境で生き残るために必要である．例えば，食物の種類や危険な場所を覚えていることは，どんな生き物にとっても不可欠である．そして，われわれは単に情報を保存するだけではなく，われわれの脳は遭遇したデータからパターンと規則性を絶えず抽出し，将来の出来事や意思決定に備えて準備している．自分の周囲の世界を客観的に体験していると思うかもしれないが，これらの保存された記憶と抽出されたパターンによって，われわれの認識や行動は影響を受けてしまうものだ．したがって，消費者の脳に新たな記憶がどのように形成されるのかを理解することは不可欠である．そもそもどのような情報が保存され

るのか？ 長期的な連想はどのように形成されるのか？ どのようなタイプの記憶が崩壊しやすいか？ 保存されたパターンは消費者が接触するさまざまなマーケティング活動にどのような影響を与えるか？ そして，これをどうやって測定することができるのか？

6.1 記憶を支える脳領域

記憶に最も重要な二つの脳領域は，海馬および新皮質である（図 6.1）．新皮質は，脳の外側の層であり，哺乳動物の進化の過程で大きさが増大したものである．その進化の結果，新皮質の表面積は A4 判の紙 4 枚分程度となり，ヒトの頭蓋骨に収まるくらいのサイズになっている．海馬は脳の奥の隠された部分に位置している．

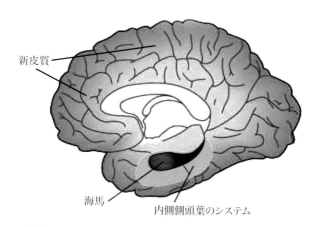

図 6.1 記憶に関与する脳領域．記憶は最初に海馬に保存されると考えられている．時間が経つにつれ，情報は統合され，新皮質の情報表現に関わる領域に保存される．海馬は周辺の内側側頭葉の皮質領域を介して，新皮質領域と密接に相互接続されている．

6.1.1 海馬

海馬は脳領域との相互結合を最も多く持つ領域の一つである．多くの他の新皮質領域からの入力が海馬に収束し，海馬からの出力は再び新皮質全体へ拡散される．1950 年代に，新たな記憶パターンの形成には海馬が不可欠であることが明らかになる．当時のある外科医は，深刻なてんかんに苦しんでいたある患者の海

馬を切除した．この患者は，海馬が発作の原因であると特定され，その原因を除去することにより，発作から患者を解放できるとされた．手術によって，患者のてんかん発作を制御することには成功した．しかし，手術の後，彼はもはや新しい長期記憶を形成することができなかった．この患者については，詳細な評価と記述が多くの科学論文に記載され，彼のイニシャル「H.M.」によって表記されている（Scoville and Milner 1957）．

一見すると，H.M. の行動は正常に見える．彼の知性は元のままであり，会話をしたり，クロスワードパズルを読んで記入したりすることもできた．しかし，本を数ページ読んだ後，何を読んだかを思い出すことが彼にはできなかった．手術のあとに出会った人たちのことを覚えていることができなかった．手術後数年間，何千時間もの検査を行っていた会社の医師を認識することすら彼にはできなかった．医師は会うたびに自己紹介をしなければならなかったのである．特筆すべきなのは，彼は鏡に映った物の形をなぞるといった新しい運動技能を習得できたことだ．これは，手術後に彼に対して行った検査のうちの一つであった．医師は毎回，彼にしてもらいたいことを説明しなければならなかった．これは鏡に映った星などの形を見ながら，その形を描いてもらうというものだった（読者も挑戦されたい．紙の上に星を描き，鏡に映ったその星を見ながらなぞってみよう．これは実際かなり難しいので，ゆっくりとしかできず，多くの間違いをすることになるだろう）．この作業に対して，H.M. は普通の人が上達するのと同じスピードで上達した．しかし，この作業を 100 回行ったあとでも，以前に行ったことは覚えておらず，上手に作業できることに彼自身が驚いた．要約すると，海馬は新しい宣言的記憶（事実と事象の記憶）を構築するために重要であるが，手順記憶（運動記憶のようなもの）のためには重要ではない．

海馬は，イベントが起こっている瞬間に記憶を書き出す必要がある．したがって，到着する情報を完全に整理することは困難だ．この過程の不可能なほどの難しさを想像するために，書類の仕分けをする人の状況を考えてみよう．絶え間ない書類の束の流入があり，それらを適切なカテゴリーに仕分けする必要がある．しかしながら，何が書いてあるのかを読む時間は与えられていない．また，書類の中にある情報によっては，新しいカテゴリーを作成したり，既存の二つのカテゴリーを統合する必要があるかもしれない．したがって，情報が流入してくる瞬

間的にそれを内容に基づいて整理することは不可能である．そこで，海馬は，主に「どこで」それが起こったかに基づいて情報を整理する．これを説明する次のような経験を読者はしているかもしれない．やらなくてはいけないことについて，ある場所で（机や台所）で考えた．そして，それをしようと思って歩き出したところで，それが何であったかを思い出せなくなってしまった．でも，最初の思考を行った場所に戻れば，突然それが蘇って思い出すことができた．読者が記憶を作成した場所は，海馬が記憶の内容を取り出すための手掛かりとして機能するのだ．

6.1.2 新皮質表現領域

海馬は記憶内容にとっての最終段階ではない．時間が経つにつれて，海馬から新皮質への情報の転送が生じる（Marr 1971）．最終的には記憶は新皮質の連想記憶ネットワークに保存される．これは，H.M. や海馬病変を有する他の患者の観察から明らかになったことである．彼らは新しい記憶を形成できないことに加えて，時間的な勾配を持つ逆行性健忘症を示す．これは，海馬の病変が発生するよりもずっと前に形成された古い記憶は破壊されることは少なく，海馬に依存するより新しい記憶は病変によって破壊されることを意味する．

記憶表現を支えるネットワークは新皮質に広く分布している．記憶に関わる脳領域は，知覚と行為に関与する領域と重複している（Martin 2007）．「ハンマー」の記憶における表現に関わる脳領域は複数ある．例えば，形状および色知覚に関与する視覚領域や，「ハンマー」という言葉の意味，ハンマーを打ち付けることで生じる音，「ハンマー」という言葉の音を表現する側頭葉領域が挙げられる．さらには，ハンマーを打ち付ける際の運動命令を実行することに関与する運動領域も含まれる．このように，新皮質の多くの領域が記憶表現に関与しており，これらの領域は海馬と強く相互に結合している．

記憶は単に海馬から新皮質にコピーされるのではない．この二つの脳領域では，情報を収納する方法が根本的に異なっている（McClelland, McNaughton, and Randall 1995）．その違いは，情報を組織化する方法にある．新皮質における情報は，海馬とは対照的に，内容に応じた構造を持つ，いわゆる連想記憶ネットワークに収納されている（図 6.2）．これはつまり，例えば，リンゴの表現に関与

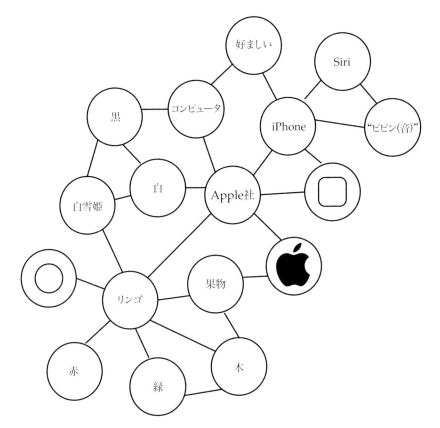

図 6.2 連想記憶ネットワーク．大脳皮質は情報を連想によって蓄えている．関連するコンセプトは記憶ネットワークの中で結合されている．活性化は結合を通じて広がっていく．一つのことについて考えることで，関連情報も活性化されることになる．

するニューロンは，ナシ，円形，さらに（Apple の）iPhone といった表現に関係するニューロンと関与，つまり強く結合しているということだ．ある記憶表現が活性化されると，その活性がメモリネットワークのノードに沿って関連する項目に広がる．それによって関連する項目が想起される可能性が増加する．だから，iPhone を見れば，Apple という言葉を簡単に想起できるだろう．脳が「iPhone」という概念に関連することについて話したり考えたりする可能性に対して準備している状態にあると言える．

6.2　忘却と想起の手掛かりの重要性

　すべての情報が新皮質の連想記憶ネットワークに組み込まれるわけではない．新たに取得された情報の重要な部分だけが，より大きな既存の知識体系に統合される．海馬のキャパシティは限られており，多くのオリジナルのエピソード記憶は上書きされてしまう．適合しなかったり，面白みに欠けていたり，重大でないと見なされた情報は消えていく．

　生成された直後から，記憶は減衰し始める．記憶は，学習直後に非常に急な曲線をたどって減衰し，時間が経つとゆっくりと減衰するようになる．この曲線は，19世紀後半にドイツの心理学者 Hermann Ebbinghaus によって初めて示された（Ebbinghaus 1964）．彼は1年以上にわたり，自分自身に対して数多くの一連の実験を熱心に行った．毎日，意味のない音節（BOK または YAT のような）が含まれる一覧表を学習し，その一覧すべてを完全に記憶したのだ．次に，学習後のさまざまな時刻においてそれらを思い出せるかをテストし，その成績が時間の経過とともにどのように低下したかをグラフに表した（図 6.3）．

　図 6.3 の曲線は，学習直後の1時間以内に，学習された情報の 50% がすでに失われたことを示している．学習後の最初の 24 時間で大部分が忘却されており，

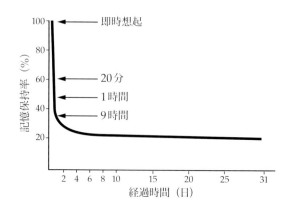

図 6.3　忘却曲線．記憶の減衰は記憶された直後から始まる．学習後最初の 24 時間でほとんどの忘却が起こる．減衰の度合いはその後緩やかになる．曲線の急峻さは，学習した材料の種類によって異なる．この曲線は，意味のない音節を記憶した Ebbinghaus の実験における忘却率を表している．

その後，忘却率は横ばいになった．この曲線は，意味を持たない中立的な情報の忘却率を表している．このような情報は保持する（および学習する）のが最も難しい．なぜなら，脳に保存されている既存の情報との結び付きが存在しないからだ．意味のある情報であれば忘却はよりゆっくりと起こるが，およその曲線の形は同様であり，ほとんどの忘却が最初の24時間に生じ，時間が経つにつれ緩やかになる．

さらにEbbinghausは，思い出せない場合であっても，情報が完全には消え去っていないことを示した．ほとんど完全に「忘れられていた」古い音節のリストの再学習は，初めて学習したときよりかなり速くできることを見出したのだ．これは，情報の少なくとも一部が何らかの形で脳にまだ存在していることは間違いないが，それにうまく到達できなかった状況を示している．情報をうまく思い出すためには，検索手掛かりが重要である．例えば，記憶が形成された場所に戻ると，記憶が蘇ってくることがある．この場合，場所が脳にとっての手掛かり（「コネ」）としての役割を果たし，完全な記憶を呼び戻すことが可能になる．1970年代には，学習が行われる場所が強力な検索の手掛かりとなることを示す見事な実験が行われた（Godden and Baddeley 1975）．この実験では，ダイバーたちに言葉のリストを水中で学習してもらった．その記憶のテストを水中で行うと，より良くリストの内容を思い出すことができたのだ．符号化が起こる時点で，単語のリストを表す記憶痕跡は，水中環境の記憶痕跡と結び付けられる．記憶の一部（水中環境）が再活性化すると，その活動はネットワークのノードに沿って伝搬し，記憶の残りの部分（学習された単語）を再活性化することができる．よって，間違いなく記憶を取り戻すためには，脳に対して，記憶を再活性化するための適切な手掛かりを提供することが重要だ．

正確な記憶の想起のために検索手掛かりが重要であることは，マーケティングコミュニケーションにとって大きな意味を持っている．この情報を認識の手掛かりとなるものに結び付けることによって，消費者が伝達された情報を再活性化させる機会が増えるだろう．

例えば，パッケージや店舗環境をテレビコマーシャルで見せることによって，それらを認識の手掛かりとすることができる．これにより，消費者が後に店舗においてパッケージを見ることで，広告で伝えられていたことについての記憶が蘇っ

てくる可能性がある．初期に 30 秒間のフルバージョンのテレビコマーシャルを放送し，あとになって 15 秒間のバージョンを放映することは非常に効果的でありうる．その 15 秒バージョンによって，30 秒フルバージョンの記憶の再活性が促される可能性がある．思い出すための手掛かりを作り出すことの有用性の説明として，複数の端末（テレビ，携帯電話，タブレット）である広告を見ることは，それらの合計時間分その広告を一つの端末で見るよりも効果が大きいということがある．複数の端末で表示される広告は，より多くの環境と結び付けられるため，思い出すためのより多くの「コネ」を持つことになるからである．

6.3　潜在記憶と単純接触効果

　たとえある情報を思い出すことができなくても，その情報が潜在的な表現として存在する可能性は残されている．重要なのは，潜在的で意識にのぼらない印象であっても，嗜好や行動に影響を及ぼすことがあるということだ．人々は慣れ親しんだ物事の優先度を，単に慣れ親しんでいるというだけの理由で上げる，ということが一貫して示されている．この効果は Robert Zajonc によって最初に発見され，単純接触効果と呼ばれている．例えば，この現象は研究者によってミシガン州で行われたある実験で示されている．彼らは，二つの大学新聞に，中立的な文体でトルコ語の単語を掲載した．ある単語は何度も掲載された一方で，他の言葉は 25 日ごとに 1, 2 回しか掲載されなかった．その後，学生たちにそれらの単語の意味が肯定的か否定的かを推測してもらった．研究者によって見出されたことは，多くの人々はそれらの言葉を見たことを意識的に思い出すことができなかったにもかかわらず，より頻繁に掲載された言葉をより肯定的に評価したということであった (Zajonc and Rajecki 1969)．この効果は単語だけでなく，シンボル，絵，顔についても同様に起きることが発見されている (Zajonc 1980)．さらに，対象者が意識的に知覚しない刺激（サブリミナル提示）に対しても，この単純接触効果は存在する (Bornstein, Leone, and Galley 1987)．意識にのぼらない処理のほうが，単純接触によって嗜好をより効果的に高められることを示唆する研究さえある．

　単純接触効果の科学的説明は，何かが提示される頻度が高くなると，心理的に処理するのが容易になるということである．処理がより流暢にできるようになる

のである．そして，多くの実験によって示されているように，より流暢に処理されたものが，より好まれるのである（他の例では，読みやすいフォントで書かれたメッセージはより積極的に評価され，発音しやすい名前のバンドはより好まれる）．親しみがなく，流暢でないものは，予測不可能で潜在的に危険である．単純接触のポジティブな効果は新しい刺激に対して最も大きい．その効果は 10〜20 回の提示で最大となる．

　したがって，消費者が広告を思い出すことができない場合でも，広告内の情報が脳の中に格納されていないとは言えない．ブランドや製品との単純な接触によって，処理が流暢になり，さらにそれによって好みも高めることができる．そして，そういった接触が意識されているかどうかは重要ではないのだ．単純接触効果は，バナー広告の効果とたびたび関係すると指摘されている．測定されたクリック率にかかわらず，バナー広告はブランドに対して肯定的な態度を形成する可能性があるのだ（Fang, Singh, and Ahluwalia 2007）．馴染みが薄かったり，新しいブランドや製品では，最も効果が高い．なぜなら，最初の接触において処理の流暢さの向上が最も大きいからである．単純な接触によって，脳が新しく馴染みのないものに向けて示す初期のためらいが取り除かれることになる．最近の研究で，架空のブランドのブランドロゴと製品を短時間繰り返し示す，注目度の低いインターネットのポップアップ広告の効果が調査された（Courbet et al. 2014）．Courbet らは，この広告を見たことを忘れてしまった対象者に対して，何らかの測定可能な影響があるかどうかを観察した．彼らの記憶は以下のように，潜在的なものであった．7 日にわたる（忘れてしまった）広告との接触によって，対象者のブランドに対する態度と（言葉で表現された）購入意向が変化したのである．彼らの態度は非接触者の否定的なものから，接触者の肯定的なものへとシフトした．この効果は 3 か月経った後においてもなお顕著に見られた．

6.4　長く続く記憶の形成を可能にする原則

　マーケティングコミュニケーションが効果的であるためには，そのようなコミュニケーションにおける情報を二つの段階に分けて行わなければならない．まず海馬に情報を符号化する必要があるが，それはスタート地点にすぎない．その後，長く続く印象を作り出すためには，情報を新皮質の連想記憶ネットワークに

統合し,そのブランドの神経表現を形成する必要がある.すべての情報がこの第2段階に至るわけではない.情報がそこに至るに値するほど重要であることが,脳によって「決定」されなくてはならない.どの記憶が新皮質に至るかを決定する過程において,脳は以下のいくつかの原則に従っている.

6.4.1 反復

あらゆる記憶は,それが新皮質の記憶ネットワークに統合される可能性をわずかに有している.同じものを何度も見れば,それが統合される可能性が高まる.子供の頃の記憶として思い出されるものとして,テレビのテーマ曲,コマーシャル,コンピュータゲームなどがよく挙げられるのは,偶然ではない.これらは何度も繰り返し接触したものなのである.神経科学の基本的な法則として,一緒に発火する細胞間の結合は強化されるというものがある (Hebb 1949).これの一つの解釈は,一緒に呈示されたり,同時に発生したものは,脳の記憶ネットワークの中で結合されうるというものだ.これは,われわれがかなり幼い頃から行ってきた学習方法である.

例えば,われわれは何かを見て音を聴くことで言語を学ぶ.一貫して同じ画像とともに同じ音を聴くことで,われわれの脳は自動的にその音が画像を説明していることを理解し,単語が学習されることになる.これは完全に自動的に行われる.つまり,環境の中で二つのアイテムを一貫して対にして提示するだけで,それらのアイテムに対するわれわれの心的表象同士が結び付けられることになる.

進化論的な観点から,繰り返し起こることは強化される可能性が高いということは理解できる.あらゆる生物の生存にとって,環境で何が起ころうとしているかを予測できることは重要である.反復は重要さのしるしである.なぜなら,繰り返されることはその環境における規則性を暗示するからだ.このような規則性を捉えることによって,未来についてのより良い予測が可能となり,それによってより良い意思決定を行うことも可能となる.

このようなことはマーケティングとブランディングにとって何を意味するだろうか? 長続きする関係を構築するには多くの反復が必要となるため,ブランドが一貫性を持つことが重要である.一貫してブランドと結び付いているものは,象徴的なブランドアセットになる可能性がある.つまり,そのようなものはブラ

ンドの神経表現に統合されるのだ．これらのブランドアセットは，その後，マーケティングコミュニケーションで非常に効果的なブランディングの手掛かりとして使用できる．キャンペーンごとに変更されるタグラインは，何十年も一貫して使用されているタグラインよりも，長く続く記憶に組み込まれる可能性は低い．例えば，"Just do it"，"Melts in your mouth, not in your hands"，"Think different"[1] などを見ると，関連するブランドが記憶の中で自動的に活性化されるであろう．また，より抽象的な，色，フォント，パッケージの形なども，一貫して使用することでブランドと結び付けられる．プライベートブランドはしばしば意図的にオリジナルのブランドが作り上げた，このようなブランドアセットを模倣しようとする．

6.4.2 感情

すべての記憶は同等に作られてはいない．感情と対になっている記憶はかなり残りやすい傾向がある．多くの研究によって示されていることは，感情的な言葉はより容易に思い出すことができたり，感動的な写真は時間が経ってもよく認識できたりするということだ（Adelman and Estes 2013）．これは，ポジティブな感情とネガティブな感情の両方に当てはまる（Hamann et al. 1999）．感情は，脳の中で重要性を示唆する「保持せよ」（keep）という小さなタグのようなラベルとして機能する．われわれの最も古い子供時代の記憶の多くは，感情的な出来事である．デパートで迷子になったことや，とても欲しかった誕生日プレゼントをもらったこと，また，おばあちゃんがよく焼いてくれた特別なパイは，おいしい味と香りとともに鮮やかに思い出すことができるだろう．

感情的な記憶を保持することは，賢い生存戦略と言える．例えば，同様の危険な状況に後に陥ることを避けるためには，危険に晒された状況を覚えておく必要がある．事故やそれに近い状況を経験あるいは目撃した人々の多くは，その出来事が鮮明に記憶として残っている．さらにあとでそれが起こった場所を車で通りかかるたび，その記憶は自動的に再活性化される．その場所を見るだけで，自動的に検索手掛かりとして機能し，警戒するレベルが高まるのだ．

---

[1] 【訳注】NIKE，M&M's，Apple のスローガンや広告コピーとして使用された言葉やフレーズである．

また，ポジティブな感情も生き延びることに関係している．例えば，何か有益なものを見つけたら，あとで再び似たようなものがどこでどのように見つけられるかを覚えておく必要がある．このように，危険や有益な状況に至る出来事は，よく記憶される傾向にある．なぜなら，直前に起こったことが何であれ，あとでその状況が避けられるべきか求められるべきかを認識する必要があるからだ．

　マーケターにとって，これは感情が強力なツールであることを意味し，ジョークやスラップスティックコメディにあるような「やっちまった」瞬間，鳥肌が立つような場面や歌は，マーケティングコミュニケーションの忘却の回避に役立つ．しかし，ブランドが感情を呼び起こすコンテンツに十分に統合されていることが重要である．そうでなければ，人々は広告を記憶するが，ブランドについて思い出すことはできない（さらに悪いケースでは，誤ったブランドとの結び付きが形成されてしまう）．最もよく記憶されている広告のいくつかは，それらによって生じる感情によって，非常に強く残る．例えば，"Diet Coke break"（これはブランドの完璧な統合と言える）や Dove の "Real Beauty Sketches" というグローバル広告キャンペーンを覚えているだろうか？

　最後に，感情は子犬や赤ちゃんによって誘発されるだけではないことを認識することが重要だ．すなわち，食欲をそそる食べ物の場面，明確に共感されるようなベネフィット，または待望されている製品，といった機能的な側面も脳の報酬信号を引き起こす．それによって，テレビのコマーシャルや出版広告の記憶を高めることができる．

6.4.3　既存の記憶

　われわれがすでに知っている情報によく合致する記憶は，より良く符号化され，衰えにくい（Alba and Hasher 1983）．なぜなら，符号化の間，新しい情報が脳の中で既存の知識の検索手掛かりとして機能するからだ．この関連する既存の知識は，自動的に再活性化される．同時に符号化される新しい記憶の痕跡は，その新しい情報と，情報を受け取った際に呼び起こされた既存の知識の両方を含むことになる．物理専攻と芸術専攻の学生が，同じ量子力学についての講義に出席する場合を考えてみよう．講義の直後，両者はまったく同じ情報を受け取ったにもかかわらず，物理専攻の学生は，芸術専攻の学生よりも多くのことを覚えている

可能性が高いだろう．そして，この差は時間が経つにつれて広がる．両者が前衛芸術の進化に関する講義に出席した場合，この傾向は明らかに逆転するだろう．

　新たに学習された情報を既存の知識構造（スキーマ）に組み込むことができれば，それは新皮質内により速く統合され，これは海馬とは独立して起こることが，ネズミを用いた研究で示された（Tse et al. 2007）．このネズミは，格子の六つの場所を6種類の味と関連づけることを学習した．これは味−場所連合（flavor-place association）と言われるものである．その後，ネズミは同じ格子上にある二つの場所と味との新たな結び付きをとても速く学習することができた．48時間後に海馬を摘出しても，ネズミは新しく学んだ二つの味と場所との関連を思い出すことができた．しかし，味の関係が一貫していない状況（同じ場所が時間の経過とともに異なる味と結び付けられる）では，ネズミは二つの新しい味と場所との関連を学習するのがずっと遅くなった．そして，最終的に二つの新しい関連を学習した後に海馬を摘出すると，その新たに形成された記憶は消失したのだ．

　マーケターにとっては，これは既存の記憶に新しい情報を結び付けることが非常に効果的であることを意味する．これにより，コミュニケーションを記憶されやすくすることができ，記憶の想起のための追加の手掛かり（既存の記憶）を生成することもできる．例えば，有名人が広告に使用された場合，その有名人に結び付いているポジティブな関係に基づいて広告が構築される．それによって，人々はその製品をより好み，よく記憶する（Klucharev, Smidts, and Fernández 2008）．別の例として挙げられるのは，よく知られている音楽を使用することだ．ブランドによっては，同じ広告戦略を首尾一貫して使い続けることができ，既存の広告の基盤の上に新しい広告を作成して，脳の中で豊かに相互に繋がった表現を作り出しているものもある．例えば，マスターカードの「お金で買えない価値がある．買えるものはマスターカードで」という"Priceless"キャンペーンは，1997年以来200以上の国で実施されている．また，反復によって作成された象徴的なブランドアセット（6.4.1項参照）は，それを使用するすべての新しいマーケティングコミュニケーションの処理を容易にする既存の記憶として機能する．

　また，既存の記憶はブランドエクイティの形成を妨げる可能性がある．新たに提示されたメッセージと調和しない特定の関係性がすでに存在する場合，脳はこの情報を保存することが困難になり，情報は永続する記憶ネットワークに統合さ

れないことがありうる．これは，エクイティが完全に一致していない場合に，企業が複数のブランドを作り出すことがある理由である．例えば，一つのブランドには高い効能を持たせ，別のブランドは環境に優しい成分を使用する，あるいは，一つ目は健康に，二つ目は味に注力したブランドとし，三つ目は価格を気にする人のための割安なバージョンのブランドにするといったように，ポジショニングを変更することがある．

既存の関係性によって，あるブランドの宣伝が競合ブランドのより強力な潜在的な活性化をもたらしてしまう状況を作り出す可能性もある．これは，例えば，競合他社がマーケットリーダーである場合に起こりうる．ブランドAの製品を使用している状況を見せることで，マーケットリーダーのブランドBを想起させる可能性がある．これは，ブランドBの使用が，すでに，使用場面とブランドBの繋がりを消費者の心の中に作り出している場合に起きる．このような事態は，すでに競合他社のブランドと結び付いているベネフィットやエクイティを提示することでも発生しうる．自社ブランドの新機能として，競合が所有するエクイティを伝えてしまうと，たとえ，ロゴやブランド名など，自社ブランドに対する明確なブランドの手掛かりを使用したとしても，競合ブランドの強力な潜在的な活性化を招く可能性がある．競合ブランドの活性化が同時に起こりそうな状況では，対象のブランドに独特なブランドアセットを利用することで，競合ブランドよりも対象ブランドの活性化を促進することが可能となる．既存の記憶や関係性を認識することは，非常に重要である．例えば，競合他社が天然の製品として強く位置づけられている中で，自社ブランドが広告内で緑色を頻繁に使用すると，競合ブランドの記憶の再活性化を引き起こしてしまう可能性がある．

6.5　記憶の計測

消費者神経科学（コンシューマーニューロサイエンス）では，例えば，テレビコマーシャルを見たあとで記憶形成が起こったかどうかを測定するいくつかの方法がある．最も簡単な方法は，消費者に見たことを覚えているかどうかを尋ねることだ．しかし，その調査をいつ行うかが重要だ．つまり，広告との接触から調査までにどのくらいの時間が経過したかを知ることである．大部分の忘却は記憶を作成した後の最初の24時間以内に起こるので，広告との接触の直後に行われ

る調査と翌日に行われる調査では，想起率に大きな違いが予想される．24時間後にまだ記憶が残っている場合は，より長持ちする記憶の表現が生成されていることを示す良い目安となる．

　記憶についてどのように尋ねるかも重要である．純粋想起（昨日どの広告を見たか？）と手掛かり再生では，記憶のパフォーマンスに大きな差がある．後者の「手掛かり再生」では，ある種の手掛かりを用いて記憶が誘発される．そのような手掛かりには，想起されるべき広告の説明や，広告に含まれるいくつかの場面が含まれる．純粋想起で調査する場合，思い出せない広告だったとしても，質問をして調査すれば，その広告を見たことを思い出せるかもしれない．また，質問の表現も，人々が広告をうまく思い出せるどうかや，どのくらい多くの具体的な内容を思い出せるかに影響する可能性がある．なぜなら，表現によっては，想起のためのより良い手掛かりとして機能することがあるからだ．その結果を解釈するには，調査の実行方法を正確に理解することが重要だ．そして，記憶のサーベイ調査は潜在的記憶の形成を捉えることはできないという点は，重要である．

　機能的磁気共鳴画像法（fMRI）を用いて記憶に関連する脳活動を測定することも可能である．これらの実験では，参加者は，まず記憶すべき一連の刺激を提示される．次のテストの段階では，以前に示された（古い）項目が新しい項目と混在して示される．成功した符号化が脳内でどのように見えるのかは，記憶された項目による脳活動を，忘れられた項目による脳活動と比較することで明らかになる．研究者はこれを事後記憶効果（subsequent memory effect）と呼ぶ（Wagner et al. 1998; Klucharev, Smidts, and Fernandez 2008）．古い項目を認識している場合と，テストの段階での新しい項目の正棄却（以前見たものでないと正しく棄却すること）の場合の脳活動とを対比することで，成功した認識を示すことができる．これは新旧効果（old-new effect）と呼ばれる．成功した符号化と認識の両方において，海馬の活動は増加する（Henson 2005）．そして，より記憶が古いほど，新皮質の表現領域がより活発になり，海馬の活動は時間とともに減少する（Takashima et al. 2009）．

　ある fMRI の研究では，コカ・コーラとペプシコーラの味を評価する際における既存の記憶の重要性が明らかにされた（McClure et al. 2004）．この研究の参

加者は，MRI装置の中で，ブランドを隠したコーラとブランドを明らかにしたコーラを飲み，McClureらは，両者を飲む場合の脳の活動と好みの違いを比較した．同じ味であるにもかかわらず，コカ・コーラのラベルがついたコカ・コーラの味のほうが好まれた．これは，ブランドという手掛かりの存在によって，味についての認識を変えることができることを示している．つまり，（おそらく肯定的な）既存の記憶とコカ・コーラとの連想によって，飲み物の味を良く感じられるのだろう．これと合致するように，ブランドが示されたときの味覚テストでのfMRIは，海馬などの記憶関連の脳領域においてより多くの活性を示した．

　記憶システムの活性化はまた，脳波（EEG）によって測定された信号においてもはっきりとしたパターンを示す．EEG信号は，複数の周波数帯の活動に分解することができる．異なる周波数帯は，異なる脳のシステムおよび異なる認知課題と関連している．適切な周波数を選び出すことにより，記憶システムの活動をリアルタイムで観測することができる．多くの研究によって示されていることは，成功した符号化（事後記憶効果）と想起（新旧効果）において，シータ帯とガンマ帯の周波数のパワーが増加するということである（Osipova et al. 2006; Jensen, Kaiser, and Lachaux 2007）．EEGと非常によく似た手法である脳磁図（MEG）を用いた研究は，記憶を支える脳領域において，時間の経過とともに自発的な再構成が起こることを明らかにした．時間が経過すると，情報の統合に重要な脳領域が関与し始める（Nieuwenhuis et al. 2012）．

　最後に，既存の記憶の関係は，語彙判断課題と呼ばれる課題によって測定することができる（McNamara 2005）．この課題では，参加者は実在する単語（"table"など）と実在しない単語（"bluck"など）を見て，できるだけ速くそれらを分類し，ボタンを押さなければならない．ここでは，実在する単語としない単語で，それぞれ別のボタンが与えられる．ある単語を提示する前に，関連する単語が短時間提示されると，分類を速く行える．例えば，"car"という単語を短く提示したあとよりも，"chair"という単語のあとのほうが，"table"を分類する反応時間が短くなる．これは，短く提示された単語の心的表象が脳内で活性化され，関連する単語に広がるために起こると考えられる．この増加した活性は，次に提示された単語を処理するのに必要な時間を減少させ，それによって反応時間を短縮する．これはプライミング効果と呼ばれるものだ．プライミングは言葉と言葉の間

だけでなく，絵と言葉の間や，絵と絵の間でも起こりうる．このプライミング効果は，ブランドエクイティの関係性を定量化するために使用できる．ブランドの名前やロゴを提示したあとで，あるエクイティを表す単語（"premium"）を分類するための反応時間が短縮した場合，これはブランドが消費者の心の中のそのエクイティと結び付いていることを意味するのだ．

重要ポイント

　海馬に入ってくる情報を素早く保存し，その重要な部分を組織化された新皮質に移行することで，脳は信じられないほど大量の情報を効率的に構造化して保存することができる．

　記憶のどの部分が重要であると考えられるかは，記憶の痕跡の強さや，既存の知識と新しい情報の一貫性，感情の誘発性，そのコンテンツを獲得したときに得られた満足度などに依存する．脳がどの情報を保持するかを決定するために使用する原則を認識しているマーケターは，消費者の心の中の記憶表現に長期的に影響を及ぼす強力な広告素材を効果的に作成できる．さらに，適切な記憶が形成され，対象のブランドに結び付けられることを確認するためには，いくつかのツールの組み合わせを使用して，宣言（顕在）的記憶と潜在的記憶の両方の形成をテストすることが賢明であろう．

演習問題：ケーススタディ

ブランドカテゴリーを超えた，ブランド特有の記憶の形成に向けて

　あるブランドは，競合他社のシェアが支配的な市場に製品を投入している．そのブランドは，市場シェアを拡大することを目的とし，製品を宣伝するためのテレビコマーシャルを開発した．そのコマーシャルでは，その製品が必要とされるであろう困難な状況が示されるとともに，製品の利点が述べられ，所望の結果が達成されることが強調された．コマーシャルの終わりには，ブランディングのための一連の映像として，製品，ブランドロゴ，そしてブランドを象徴するキャラクターが示された．この企業は，コマーシャルの放送前に消費者のサーベイ調査を行い，提示直後のブランドの記憶と主なコミュニケーションにおける利点を分

析した．その結果，平均レベル以上のブランドと利点の認知を消費者にもたらしたことが示された．

そのコマーシャルは数か月にわたり，消費者に影響を及ぼすのに十分な質と量の放送時間が与えられた．しかし，そのブランドの市場シェアの増加はまったく見られなかった．その後，そのコマーシャルが，ニューロマーケティングの手法を用いてテストされた．24人の消費者にコマーシャルを見せて，脳活動をEEGで測定し，視線追跡を行った．さらに，コマーシャルによって潜在レベルでそのブランドと競合ブランドが活性化する強さ（潜在的なブランドの共鳴; implicit brand resonance）を測定した．

このテストでは，製品が必要とされるであろう場面での感情の関与と記憶の活性化が明らかになり，消費者がそれを認識し，関心を持っていることが示された．さらに，製品を使って困難な問題を解決する広告の部分で，記憶の活性も強くなっていた．しかし，視線追跡で得られたヒートマップから，消費者は確かに製品を見ていたが，視線が最も集中していたパッケージの部分は，競合ブランドも含んだ製品カテゴリー全体に共通する特徴を示す部分であり，ブランドのロゴを示すパッケージのラベルの部分には視線はほとんど集まっていなかったことが明らかになった．

最後のブランディングのための一連の映像では，記憶の活性化は中程度であり，認知的な負荷が高かった．これは，情報が過多になっており，すべての情報を最適に処理することが妨げられていたことを示していた．

最後に，潜在的なブランドの共鳴は，広告全体でこのブランドよりも競合のブランドが高いことが明らかになった．これは，事前に実施された調査では明確なブランド認知が示されていたので，驚くべきことかもしれない．つまり，消費者は接触した広告がこのブランドのものであることを意識的には理解していたが，心の中においては同時に競合他社のブランドが強く活性化されていたのだ（図6.4参照）．この結果のパターンは，消費者の心にある既存の記憶によって説明することができる．競合他社のブランドは市場シェアが大きく，ほとんどの消費者は，提示された困難な問題がある状況で競合製品をこのブランドよりも多く使用していた．そのような状況で競合製品を繰り返し使用してきたことによって，その状況が消費者の連想記憶ネットワークにおいて競合他社ブランドに結び付いて

図 6.4 顕在的，潜在的なブランドの共鳴の比較．広告の視聴者は，広告がこの広告主のブランドのものであると述べることができたが，一方で同時に競合他社のブランドが脳内で活性化されていた．競合他社ブランドの強力な無意識における活性化は避けるべきである．なぜなら，伝達されたベネフィットと競合他社ブランドを結び付ける可能性があるからだ．

いたのだ．広告に訴求力の高い困難な状況を提示し，パッケージの表示においては製品カテゴリー共通の要素が消費者にとって最も目立っていた結果，競合他社ブランドの非常に強い活性化が同時に引き起こされることとなった．

さて，このブランドの記憶を高めるために，推奨できる方策を提案せよ．

回答例

以下のようなアクションを実行することで，明確に異なるブランドプロファイルをもたらすコマーシャルの制作が可能となる．

- 競合他社に結び付いていない，より独特な解決されるべき困難な状況を見つける．
- コマーシャルの最初から象徴的なブランドキャラクターを使用する．ブランドキャラクターが重要な役割を果たすストーリーラインを作成することを検討する．
- 製品カテゴリーに共通する一般的な要素ではなく，パッケージのラベルを強調する方法で製品を表示する．
- 色，形，音声の使用に注意を払う．競合他社と結び付いている要素を避け，ターゲットブランドに固有の要素を使用する．将来のキャンペーンでも利

用できる象徴的ブランドアセットを，より多く構築することに投資する．
- 最適な処理のために，ブランディングの一連の映像をシンプルに見せる．

参考文献

Adelman, J. S., & Estes, Z. (2013). Emotion and memory: A recognition advantage for positive and negative words independent of arousal. *Cognition*, 129(3), 530–535.

Alba, J. W., & Hasher, L. (1983). Is memory schematic? *Psychological Bulletin*, 93(2), 203.

Bornstein, R. F., Leone, D. R., & Galley, D. J. (1987). The generalizability of subliminal mere exposure effects: Influence of stimuli perceived without awareness on social behavior. *Journal of Personality and Social Psychology*, 53(6), 1070.

Courbet, D., Fourquet-Courbet, M.-P., Kazan, R., & Intartaglia, J. (2014). The long-term effects of e-advertising: The influence of Internet pop-ups viewed at a low level of attention in implicit memory. *Journal of Computer-Mediated Communication*, 19(2), 274–293.

Ebbinghaus, H. (1964). *Memory: A contribution to experimental psychology.* (H. A. Ruger & C. E. Bussenius, Trans.). New York: Dover. (Originally published 1885)

Fang, X., Singh, S., & Ahluwalia, R. (2007). An examination of different explanations for the mere exposure effect. *Journal of Consumer Research*, 34(1), 97–103.

Godden, D. R., & Baddeley, A. D. (1975). Context-dependent memory in two natural environments: On land and underwater. *British Journal of Psychology*, 66(3), 325–331.

Hamann, S. B., Ely, T. D., Grafton, S. T., & Kilts, C. D. (1999). Amygdala activity related to enhanced memory for pleasant and aversive stimuli. *Nature Neuroscience*, 2(3), 289–293.

Hebb, D. O. (1949). *The organization of behavior: A neuropsychological approach.* New York: John Wiley & Sons.

Henson, R. (2005). A mini-review of fMRI studies of human medial temporal lobe activity associated with recognition memory. *Quarterly Journal of Experimental Psychology Section B*, 58(3–4), 340–360.

Jensen, O., Kaiser, J., & Lachaux, J.-P. (2007). Human gamma-frequency oscillations associated with attention and memory. *Trends in Neurosciences*, 30(7), 317–324.

Klucharev, V., Smidts, A., & Fernández, G. (2008). Brain mechanisms of persuasion: How 'expert power' modulates memory and attitudes. *Social Cognitive and Affective Neuroscience*, 3(4), 353–366.

Marr, D. (1971). Simple memory: A theory for archicortex. *Royal Society of London*

Philosophical Transactions Series B, 262, 23–81.

Martin, A. (2007). The representation of object concepts in the brain. *Annual Review of Psychology*, 58, 25–45.

McClelland, J. L., McNaughton, B. L., & O'Reilly, R. C. (1995). Why there are complementary learning systems in the hippocampus and neocortex: Insights from the successes and failures of connectionist models of learning and memory. *Psychological Review*, 102(3), 419.

McClure, S. M., Li, J., Tomlin, D., Cypert, K. S., Montague, L. M., & Montague, P. R. (2004). Neural correlates of behavioral preference for culturally familiar drinks. *Neuron*, 44(2), 379–387.

McNamara, T. P. (2005). *Semantic priming: Perspectives from memory and word recognition*. Hove, UK: Psychology Press.

Nieuwenhuis, I. L. C., Takashima, A., Oostenveld, R., McNaughton, B, L., Fernández, G., & Jensen, O. (2012). The neocortical network representing associative memory reorganizes with time in a process engaging the anterior temporal lobe. *Cerebral Cortex*, 22(11), 2622–2633.

Osipova, D., Takashima, A., Oostenveld, R., Fernández, G., Maris, E., & Jensen, O. (2006). Theta and gamma oscillations predict encoding and retrieval of declarative memory. *Journal of Neuroscience*, 26(28), 7523–7531.

Scoville, W. B., & Milner, B. (1957). Loss of recent memory after bilateral hippocampal lesions. *Journal of Neurology, Neurosurgery, and Psychiatry*, 20(1), 11.

Standing, L. (1973). Learning 10000 pictures. *Quarterly Journal of Experimental Psychology*, 25(2), 207–222.

Takashima, A., Nieuwenhuis, I. L. C., Jensen, O., Talamini, L. M., Rijpkema, M., & Fernández, G. (2009). Shift from hippocampal to neocortical centered retrieval network with consolidation. *Journal of Neuroscience*, 29(32), 10087–10093.

Tse, D., Langston, R. F., Kakeyama, M., Bethus, I., Spooner, P. A., Wood, E. R., Witter, M. P., & Morris, R. G. (2007). Schemas and memory consolidation. *Science*, 316(5821), 76–82.

Wagner, A. D., Schacter, D. L., Rotte, M., Koutstaal, W., Maril, A., Dale, A. M., Rosen, B. R., & Buckner, R. L. (1998). Building memories: Remembering and forgetting of verbal experiences as predicted by brain activity. *Science*, 281(5380), 1188–1191.

Zajonc, R. B. (1980). Feeling & thinking: Preferences need no inferences. *American Psychologist*, 35(2), 151.

Zajonc, R. B., & Rajecki, D. W. (1969). Exposure and affect: A field experiment. *Psychonomic Science*, 17(4), 216–217.

CHAPTER 7

感情

CARL MARCI AND
BRENDAN MURRAY

7.1 はじめに

　感情は広告に重要な役割を果たす．これは衆目の一致するところだ（例えば，Binet and Field 2009）．感情に関する神経科学も，過去数十年にわたって大きく進展してきた．しかし，その進展にもかかわらず，感情体験がどのように生じるのか，基礎的なメカニズムについてはいまだ議論が続いている．とりわけ，脳の反応と身体の反応の関係や，それらの反応がどのようにして「感情」という現象論的な体験に繋がるのか，今も活発に研究が行われている．この章の目的は，大きく以下の2点にある．一つは，マーケターのために感情の最新のモデルを概観することだ．その際には，関連する基本的な神経生物学を絡めつつ議論を進める．そのあとに，二つ目の目的として，消費者神経科学（コンシューマーニューロサイエンス）のツールを使って感情を計測する方法について総説する．

7.2 感情とは何か？

　「感情」（emotion あるいは affect．感情科学では後者がよく使われる）の定義は，心理学や感情科学において長く議論されてきた（総説として，Barrett and Bliss-Moreau 2009）．その中で広く受け入れられているものの一つに，*Handbook of Affective Sciences* の編集者である Davidson, Scherer, and Goldsmith（2002）

による定義がある．それによると，「感情は，比較的短時間のうちに起こる脳，自律神経系，および行動の協調的変化であり，その変化は，有機体にとって重要な外的・内的事象への反応を促進する」．「気持ち」(feeling) は，感情の専門家によると，感情体験の主観的・意識的な表現を反映するものとして，より狭く定義されている．それに対して，「感情」(affect) という用語は，この章ではより広い意味で使用される．意識的に体験されうるか否かは問わない．つまり，感情は意識・無意識にかかわらず，感情反応が生じるどんな状態も記述しうる．「自律的」(autonomic) という用語は，ここでは自律神経系の意味で使う．自律神経系は神経系の一部であり，主に意識的には気づかない状態で，脳から身体へと情報を伝達する．

感情反応は一般に，相対的に速く（開始はミリ秒から数秒）かつ相対的に短い反応であり，内的あるいは外的な事象に対して起こる．一方，「気分」(mood) という用語は，長期的，低強度で，より長い時間（数分，数時間，あるいは数日）にわたる感情反応に使われる．感情に関する現代的な理論家の最初の一人である Wilhelm Wundt は，次のように示唆している．人間はどの個人も完全にニュートラルな状態にいることは決してなく，常に何らかの感情反応の状態のもとにある (Wundt 1897, 1998)．

感情やその状態の正確な定義の詳細は，科学の世界でまだ議論が続くトピックである．とはいえ，マーケットリサーチャーの間では，一般に感情という用語は以下のような用途で使われるだろう．マーケティングコミュニケーションや広告などの刺激に対して生じる，速くて比較的短時間の反応を簡潔に言い表すための用語という位置づけだ．個々人の気分は，購買意思決定のようなある瞬間の反応に対してもちろん影響を及ぼしうる (Coleman and Williams 2013)（あるいは，その気分の背後にある気質や自我，状況的な文脈などのような，他の内的な感情や社会的要因も同様である）．しかし，それらの内的要因は，概してマーケターや広告主がコントロールできないところにある．ところが，次節以降で議論するように，現実にはその一瞬一瞬の感情反応は，神経生物学のレベルでも実践的なレベルでも，極めて重要だ．その先の行動に影響する要因であるし，消費者の脳内にブランド構築のネットワークを形成する助けにもなるからである．

7.3 感情はどのように作られるのか？

　実際のところ，感情反応はさまざまに理解されうる．感情が生じる過程にも，多くの異なる理論が存在する（総説として，Gross and Barrett 2011）．その中で，感情を操作的に扱える理論として最も普及しているものに，次の二つがある．「基本感情理論」（basic emotion theory）（例えば，MacDougall 1908, 1921; Ekman 1972; Davis 1992; Panksepp 1998; Ledoux 2000）と，「心理的構成理論」（psychological construction theory）（例えば，Wundt 1897, 1998; Schacter and Singer 1962; Russell 1980, 2003; Barrett 2009）である．コンシューマーニューロサイエンスで使われるツールの多くは，これら二つの理論の一方または両方に依拠した研究に基づいている．

　基本感情理論は，生物学的に基本的な個別の感情（例えば，恐怖，悲しみ，怒り，喜び）の存在を仮定する（Ekman 1972）．この基本感情は個人や文化によらず普遍的である．また，それらは心理状態の基本的要素であり，かつ感情それ自体よりも細かく分解されることはない．この理論のもとでは，ある刺激（例えばブランドコミュニケーション）が「基本感情」の一つを誘発する．この感情の誘発は，その特定の感情に特化した神経回路の活性化によって生じる．その活性化が起こると，あたかもコンピュータのプログラムを実行するかのように，ある気持ちの状態とそれに結び付いた身体の反応へと繋がる（図7.1 上）．基本感情理論の最も厳密な定義によれば，それぞれ個々の感情の体験は常に一貫していて，体験ごとあるいは個人ごとに柔軟に変化できる余地はほとんどない（例えば，ある人の「恐怖」は別の人の「恐怖」と生物学的に同一であり，ある人のある時点での「恐怖」は同じ人の別の時点の「恐怖」と同一である）（Panksepp 1998）．

　それに対して，心理的構成理論は，多次元尺度構成によるアプローチをとる（Russell 1980, 2003）．感情反応は，覚醒度（arousal）と感情価（valence）という二つの直交する次元に分解される．そして，その直交次元上で感情が構成される．この枠組みでは，覚醒度は，落ち着いた状態から興奮した状態までのさまざまな反応として広く定義される．一方，感情価は，不快から快まで変化する次元

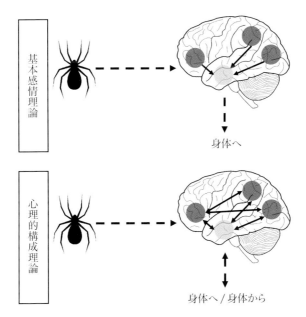

図 7.1 感情の発生を概念化する二つの方法．それぞれ異なる感情の理論に基づく．図中の濃灰色と薄灰色の円は，図解のためだけに用いており，感情発生に関連する特定の脳領域やネットワークとは無関係であることに留意されたい．上：基本感情理論に従って，刺激は，発生される感情に特化した一連の明確な神経過程を誘発する．下：心理的構成理論に従い，刺激は，状況と個人の文脈に基づいて変化する脳-身体の一連の協調的相互作用を誘発する．

である（図 7.2）．心理的構成理論は，この 2 次元空間を用いる．そこでは，（個別の感情それぞれに特化した回路を定めるよりむしろ），感情価と覚醒度の反応が「構成要素」となり，ある感情の生理学的体験や現象論的な体験を生じさせる．何らかの感情を表す単語（感情語）は，それが 2 次元軸上のどこに位置づけられるかによって，ある種の感情反応に割り当てられる．書き言葉の形式でも，口頭で表現されたものでも同様だ．ただし，それらの感情語は，厳密な神経生物学上の回路や普遍的な身体的状態に必ずしも密接に結び付くわけではない．

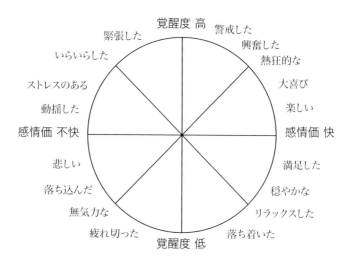

図 7.2　感情の円環モデル（Russell 1980）の再現．感情の体験は，感情的覚醒度（縦軸）と感情価（横軸）という二つの直交軸に沿って変化する．感情のラベル（例えば「楽しい」や「疲れ切った」など）は，感情価と覚醒度の状態に基づき，感情状態の潜在的な伝達のラベルを再現する．心理的構成理論のもとでは，異なる感情（例えば「楽しい」）は，現象論的体験としては，個人ごと，状況ごとに変わりうることに注意されたい．

7.4　感情の生物学：脳はどうなっているのか？

　コンシューマーニューロサイエンスに興味のあるマーケティングの役職者やリサーチャーは，前述の感情に関する二つの主要な理論的モデルについて，以下の側面から検討すべきである．その側面とは，それらのモデルの神経生物学的な裏づけと，その裏づけに基づいてマーケットリサーチで感情を計測する方法である．大まかに言って，基本感情理論は感情に関する「ロケーションベース」の説明と考えられる．この説明では，個々の感情について厳密な生物学的・遺伝学的基盤を想定する．それぞれの感情状態（例えば，恐怖，悲しみ，怒り，喜び）の背後には，身体，脳，表情パターンの普遍的特徴が存在する．それに対して，心理的構成理論の想定によると，感情体験は生理学的・心理学的な反応の基本セットから出現あるいは「構成」される．その反応は個別の感情体験（例えば，恐怖，悲しみ，怒り，喜び）に特有のものではなく，むしろ神経ネットワークの「ドメイ

ン特異的」なセットから出現する．この神経ベースの反応は，その体験の特定の文脈に基づいて心理的事象を生み出す．また，その反応は，その体験をしている人の過去の経験（つまり記憶）を利用する．両方のモデルともに，学術的な研究に基づいている．その神経生物学的枠組みを基本的なレベルで理解することは，マーケティングにとって価値がある．

これまで議論してきたように，基本感情モデルは，感情の明確なカテゴリーを想定する．また，そのモデルは，単一の「モード」あるいは生物学的に区分された神経ネットワークの存在を示唆する．それらのモードやネットワークは，それぞれ別々の各感情を担う特定の「ロケーション」に依拠している．このモデルでは，個別の感情は特定の普遍的な特徴を持っている．そして，その特徴には，それぞれに対応する生理，表情，および身体のマッピングがある．このモデルは生後の発達や文化的な影響（例えば，特定の東洋の文化における表情表出の減少）を多少は許容するものの，大まかな想定としては，感情反応は自己に「生まれつき」備わっているものである（Lindquist et al. 2012）．

このように，基本感情モデルでは，脳と感情の間に一対一の対応が想定されている．このロケーションベースのモデルを支持する古典的な例として，恐怖反応における扁桃体の役割がある．Kluver and Bucy（1939）によって最初に報告されて以来，扁桃体という脳部位は，感情に役割を持つと想定され研究されてきた（Aggleton 1992; Gallagher and Chiba 1996; Cahill and McGaugh 1995．ただし，両側の扁桃体損傷患者における感情反応に関する議論について，Feinstein et al. (2013) を参照）．ロケーションベースのモデルによると，ヒトの恐怖反応は扁桃体の活性化を優先的かつ一貫して引き起こすことが示唆される（一方，例えば嫌悪は島皮質を優先的に活性化させるかもしれない．Vytal and Hamann (2010) によるメタ分析を参照）．

このモデルでは，扁桃体を恐怖の脳内中枢と見立てて関連するデータを考えると，つじつまが合う．この扁桃体-恐怖仮説は，古典的条件づけを使った恐怖の動物モデルによって進展してきた（Adolphs and Tranel 2000; Davis et al. 2010）．実験では，電気ショックのような刺激と結び付いた音刺激に対して，ラットが「すくみ行動」や「驚愕反応」（覚醒イベント）を示す．ヒトのデータは，片側あるいは両側の扁桃体の一部または全体に損傷を持つ患者で観察されてきた．これ

らの患者では，感情的な覚醒度の尺度である皮膚コンダクタンス反応の減衰が見られる（LaBar et al. 1995）．また，実験室における恐怖刺激の知覚に困難を示す（Bechara et al. 1995; Adolphs et al. 1999）．ある研究の報告によると，扁桃体損傷患者は，恐怖を誘発しそうな刺激（例えばヘビや蜘蛛）が自分のすぐ近くにあっても，恐怖反応を報告できなかった（Feinstein et al. 2010）．

しかしながら，基本感情モデルが完結するためには，理論的に，恐怖以外の感情は扁桃体の活動を引き起こさないはずだ．言い換えると，すぐ前に述べたとおり，このロケーションベースのモデルは，恐怖と扁桃体（および可能性としては他の脳領域も）に一対一の限定的な結び付きを示唆する．ところが，実際にはこれは事実でないことがわかった．扁桃体は，より幅広く感情反応を引き起こす役割を持ちそうであることが示されたからだ．例えば，不確実で曖昧な状況や刺激（すなわち両価的または一部だけ目立つ刺激）に直面したときや，状況が未解決の際にも扁桃体が活性化する（Camerer, Loewenstein, and Prelec 2005）．また，恐怖以外の感情の強度や覚醒度に関して，扁桃体が幅広い役割を持つことも示されている（例えば，Sabatinelli et al. 2005）．

これらを含め，さまざまな研究によって，感情の「構成ベースのモデル」が発達してきた．構成ベースのモデルは心理的構成理論に基づいていて，解剖学的な制約がより少ない．すなわち，構成ベースのモデルは，個々の感情反応（例えば，恐怖，怒り，喜び）と特定の神経ネットワークや脳部位の間に一対一の関係を必要とせず，そのような関係を考えることもない．この点は，ロケーションベースのモデルと根本的に異なるポイントである．なお，構成ベースのモデルでも，ロケーションベースのモデルのように，刺激に対して体現化された反応によって始まる過程を通して感情が「構成される」が，構成ベースでは，すべての感情反応は根本的に同様の過程に従い，同様の神経ネットワークあるいは脳部位が関与するという点で，ロケーションベースのモデルと区別される．つまり，主な違いは，われわれが感情体験だと考えるものに繋がる反応を，脳がどう概念化するかにある．

基本感情理論を支持するものとして，個々の感情反応に特化した神経回路が実際に存在するかもしれないという証拠が，脳イメージング研究で示唆されてきた．Vytal and Hamann（2010）による最近のメタ分析によって，喜び，恐怖，怒り，嫌悪，悲しみの個々の基本感情に対して，区別可能な神経回路の存在が示された．

しかしながら，Lindquist and Barrett (2012) が言及しているように，そのメタ分析の著者は，特定の一つの脳領域・ネットワークと特定の一つの個別の感情（例えば喜びや怒り）との間の一貫した固有の関係については，まったく示していない．この一対一の固有の関係の欠如は，さまざまな研究による過去の知見と一致している（Lindquist and Barrett (2012) の Box 2 を参照）．さらに，同じメタ分析の著者らは，次のように示している．自分たちの発見は心理的構成理論と矛盾しているわけではなく，むしろ基本感情理論と心理的構成理論の両方を支持する証拠を提供するかもしれない（Vytal and Hamann 2010）．

大まかに言うと，心理的構成理論は本質的に四つのステップからなる．そして，どんな感情が体験される場合でも，同様の神経ネットワークと脳領域が関与する．先述のとおり，ステップ 1 は，五つの感覚モダリティ（視覚，聴覚，触覚，味覚，嗅覚）の一つを通して情報を受け取った後，体現化された反応が引き起こされたときに起こる．この体現化された反応は，コア感情と呼ばれることもある．その反応は，体性感覚，運動感覚，固有感覚，神経化学などの身体変化の組み合わせとして生じる．ステップ 1 は，両方のモデルで同様である．これらの身体的反応は脳にマップされ，構成ベースのモデルの次のステップに繋がる．

ステップ 2 は概念化のステップである．ここでは，身体に引き起こされたコア感情を，意味のある解釈に結び付ける．この過程は，体験された刺激や状況に依存する．つまり，ステップ 2 はそのときどきの状況に特有の過程である．重要なことに，構成ベースのアプローチが作り出す体験の意味は，（外的あるいは内的に誘発された）刺激と過去の関連する経験（つまり過去の経験の記憶）に部分的に基づいている．概念化は，自動的かつ無意識に，知覚できる努力もなくなされる．また，概念化は，直接的な物理体験や（例えば「頭が痛い」），大まかな気持ちの状態（例えば「私は疲れていて不快である」），具体的な気持ちの状態（例えば「私は悲しい」），物体への投影（例えば「あの夕日は美しい」）などに基づく．

ステップ 3 は，対象に実行注意（executive attention）を向ける過程である．このステップは，ステップ 2 の概念化と連携して起こるか，あるいはその直後に起こる．実行注意は，動機的に顕著で関連のある解釈（そして最終的に行動反応）に対して注意資源を差し向けることである．そして，それはコア感情や体験の即座の概念化に反応して起こる．脳内はいつも，内的世界と外的世界の情報であふ

れている．したがって，注意資源の分配は，マーケターにとって進化的にも実用的にも重要である．実行注意は，一部の体験を増幅し，他を無視する役割を果たす．マーケティングの一つの目標は，ブランドコミュニケーションの体験を増強することである．

最後に，ステップ4で，構成ベースのモデルにおける感情のすべての体験が完結する．ここでは，感情体験が感情を表す言葉（感情語）と結び付けられたり，あるいはその言葉が表出されたりする．このモデルでは，感情語は抽象的な感情カテゴリーのアンカーとして働く．感情カテゴリーは，大まかに社会的に構成されることが多く，すでに述べたように，気持ちの状態の根底にあるものである．感情語は，言語に根差したものである．その言葉によって，われわれは内的な感情の体験を伝達することができる（時に不正確あるいは不完全にではあるが）．すべての感情体験がステップ4にたどり着くわけではないことに注意したい．すべてのコア感情の体現化の体験が，感情の言葉に繋がるわけではない．実際，コア感情はどんなときでも常にある程度は生じているが，それに比べると，感情の意識的な気づきは相対的に稀な出来事である（Wundt（1897, 1998）によって最初に示唆された; Barrett and Bliss-Moreau 2009）．このことは，無意識，意識どちらをベースにするかにかかわらず，広告における感情の測定ツールを評価する際に重要な検討事項である．

7.5　感情の生物学：身体はどうなっているのか？

基本感情モデルと心理的構成モデルの両方が，次の点を想定していることにも注目したい．すなわち，感情の体験は身体からの何らかの感覚入力を含んでおり，その入力は，身体，内臓，血管，神経化学などとして，さまざまに記述されてきたという点である（Lindquist et al. 2012）．身体的状態は感情の精神的体験の初期の構成要素であり，意識や自己アイデンティティの一貫性にとって極めて重要だと考えられる（Damasio 2010）．身体的状態（つまり体現化された反応やコア感情）の変化は，その環境における対象や体験が，ある文脈において重要で価値があるか（またはないか）の評価を再現する．

消費者の意思決定における身体的状態と感情の過程の役割を考える際に，ソマティックマーカー（somatic marker．"soma"は身体を意味する）仮説（Damasio

1994）が検討に値する．この仮説は，影響力のある神経学者で感情神経科学の研究者でもある Antonio Damasio によって提唱されたものだ．極めて単純に言うと，ソマティックマーカー仮説は，究極的に，意思決定と選択は無意識の感情処理（既述のとおり）の過程と，それとは大きく区別される熟慮による意識的な認知過程という二つの過程の両方に依拠する，という見解に基づく．意思決定の多く（購買意思決定も含む）は，後者の熟慮的・意識的認知過程のみによって行うことは難しい．それゆえ，意思決定は，その助けとして無意識の感情処理に大きく依存している（例えば，Kahneman 2011）．ある個人が感情反応を誘発する刺激に直面したとき，その反応に関する情報が身体に現れて，「ソマティックマーカー」として脳内の前頭前野（およびおそらく他の領野も）に貯蔵される（図7.3）．後に同様の決断が必要な場面に直面したとき，関連する過去のソマティックマーカーが呼び出され，それが無意識にフィードバックされることで，決断の助けになる（Bechara et al. 1994; Damasio 1994; Damasio, Everitt, and Bishop 1996）．

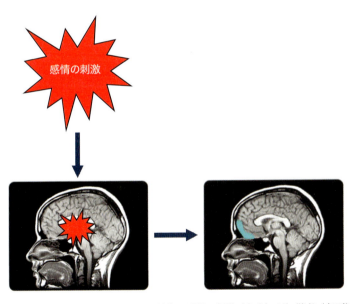

図7.3　ソマティックマーカーの形成の再現．刺激（左上）が知覚者（左下）の感情反応を誘発し，その体験についての情報が「ソマティックマーカー」として脳内に貯蔵される（右下．ここでは前頭前野腹内側部に「貯蔵される」として図示）．

両方のモデルにおいて，感情の根本的な役割は，ある特徴，情報源，出来事，刺激に注意を向け，同時に，その環境の中の他の特徴，情報源，出来事，刺激を無視するように，人（あるいは消費者）を導くことにあり，それらはすべて，動機的に重要な何らかの目標に向けて起こる（Schwarz and Clore 1983; Damasio 1994; Cosmides and Tooby 2000）．この過程はマーケティングにとって根源的に重要である．なぜなら，感情過程によって環境内の刺激を分類することが，そのあとの行動のための推論や判断，そして意味づけのために極めて重要だからだ．マーケティングにおけるコミュニケーションの目標は，「意味」を作り，それを増幅し，消費者の「接近」行動を引き起こすことにある（つまり「無視」や「回避」とは反対の行動である）．結び付けられた感情語，あるいは引き起こされた主観的な気持ちの状態の，どちらであっても結果は同じであり，それらは，ブランド，製品，サービスの推奨や購買に向けた前向きな情緒を作り出すという最終的な目標に繋がる．

7.6　測定方法

マーケットリサーチでは，意識・無意識の感情反応を測定する多様な方法が存在する．意識上の測定には，自己報告による従来型の方法が含まれる．例えば，サーベイ調査やフォーカスグループなどだ．そこでは，感情語や参加者の言葉に基づいて感情が評価される．直接的な質問を通して，前出の二つの感情の次元（感情価と覚醒度）で評価される場合もある．例えば，「今見たCMはエキサイティングだと思いますか？」や，「今見たCMは，1〜5の5段階で，どの程度エキサイティングだと思いますか？（1が最低で，5が最高）」といったような質問だ．この手の質問のあとに，同様の評価尺度で感情価についての質問が続くことがある（「今見たCMについて，どれくらい良いと感じましたか？」や「今見たCMをどの程度好きと感じますか？」）．そのような感情価に関する質問は，体験がよりポジティブかネガティブか，そしてそれがどの程度かという点に，より焦点を当てる．

マーケットリサーチの感情測定で，自己報告や意識上の指標に頼ることには，二つの難題がある．一つは，報告が刺激（マーケットリサーチでは，しばしばブランドに関連したマーケティングコミュニケーション）の体験のあとになされる

ことだ．これによって，よく知られたバイアスが入り込み，調査の正確性に干渉する可能性がある (Mick 1996; Aaker, Kumar, and Day 2007)．二つ目の難題は，先にも述べたとおり，感情処理の大半は無意識のレベルで生じることによる．基本感情モデルと心理的構成モデルの両方が強く示唆しているように，すべての感情反応が感情語で表現されるわけではないし，すべての主観的な気持ちの状態が意識的に体験できるわけでもない．したがって，自己報告や意識上の反応のみに頼った指標は，その定義上，不完全ということになるだろう．

2000年代の半ばから，無意識の過程を現実的な価格で測定できるツール，方法，技術を導入したマーケットリサーチ会社が出現し始めた[1]．これらの会社は，独自のアルゴリズムによる指標を，市場で使えるレベルで導入した．そのアルゴリズムによって，無意識の反応を収集し，解析することができる．それらの多くは，先に概説された感情処理の初期のステップを捉えることに焦点を当てた．使われた技術には，バイオメトリクス（皮膚コンダクタンス反応，心拍，呼吸などの古典的な心理生理学的測度を含む），脳波（EEG），表情分析（facial coding），潜在測定（implicit measure），機能的磁気共鳴画像法（fMRI）などが含まれる．これらのすべての計測法は，無意識の感情反応の何らかの側面の非侵襲的計測を可能にし，通常両方の感情モデルを利用して，マーケターに価値のある洞察を提供した．

バイオメトリクスは，末梢神経系の自律的な種々の反応を計測する．末梢神経系の反応は，脳の反応を間接的に反映するものであるが，体現化された反応やコア感情の構成要素は直接的に測定できる．コア感情は感情発生の極めて初期のステップを再現する．したがって，感情反応の「上流」を捉えられることが，バイオメトリクスの長所の一つと言える．その感情反応が意識上のレベルで体験されない場合でも，その利点は当てはまる．バイオメトリクスは，ソマティックマーカーの形成に関連した情報を捉えるのに最適な方法の一つでもある．ソマティックマーカーは，前述のとおり，感情体験の形成や記憶に極めて重要な役割を果たす（例えば，Bechara et al. 1997）．バイオメトリクスのもう一つの長所は，デー

---

[1] fMRIやEEGの一種を用いた会社は2000年より前にも存在した．しかし，そのほとんどが，意味のあるレベルで市場に入り込むことに失敗し，その多くが，高いコストと当時のコンピュータのパワーの限界の結果として失敗に終わった．

タ収集に使われる装置が相対的に低価格で，携帯も容易であることにある．マーケットリサーチで最もよく使われるバイオメトリクス指標は，皮膚コンダクタンスと心拍である．

　皮膚コンダクタンス（ガルバニック皮膚反応や皮膚電気反応としても知られる）は，感情の覚醒度の測定法として，最も古く，最も効率的で，侵襲性の少ないものの一つである（Damasio, Tranel, and Damasio 1991; Buchel et al. 1998; Damasio 1994）．内的・外的刺激が覚醒を引き起こす体験になると，皮膚が瞬間的に電気をより良く伝える伝導体となる．これらの反応は，自律神経系の交感神経線維を通じて脳から伝達され，扁桃体や前帯状皮質など感情処理に関連する脳部位と関連づけられてきた（Mangina and Beuzeron-Mangina 1996; Buchel et al. 1998; Gentil et al. 2009）．皮膚コンダクタンスは比較的簡便で安価であるが，内的・外的刺激の多くが皮膚コンダクタンス反応を引き起こすため，信号処理の面で困難が生じることがある．発生する信号の強度の点から，測定は一般に，手のひらの表面か指の基部でなされる（Fowles et al. 1981）．信号は比較的高い時間解像度を持つが，反応の遅れがよく知られており，時間の正確さは数秒程度のレベルに留まる（Kotses and Glaus 1977）．

　もう一方の主要なバイオメトリクス指標である心拍数は，心電図（ECG）検査装置やパルス変換器を用いて記録される．ECG測定のほうがパルス変換器よりも有意に精度が高い．また，皮膚コンダクタンスと同様に，心拍数の測定は比較的安価で簡便である．数値の正確性を確保するために，データ収集後にかなりの処理を必要とする．心拍の変動の解釈にも慎重さが求められる．これらの点も，皮膚コンダクタンスと同様である．感情や脳内の感情中枢と心拍数との関連は，すでに十分に説明されてきた（Lang, Bradley, and Cuthbert 1998; Kuniecki et al. 2003）．しかし，皮膚コンダクタンス反応と異なり，心拍の変動は自律神経系の交感神経線維と副交感神経線維の両方の影響を受ける．したがって，心拍を感情反応の指標として用いる際には，より細心の注意が必要である（Marci et al. 2007）．

　EEGも，神経科学やコンシューマーニューロサイエンスで長年かけて実証されてきた一般的な計測法である（ボックス7.1の事例を参照）．脳内では，ニューロンが情報を伝達するために興奮するのに伴って電気活動が生じ，EEGは脳内の皮質の直接的な電気活動を反映する（Niedermeyer and da Silva 2004）．高

品質の EEG は一般にバイオメトリクスよりも侵襲的であるが（ウェットタイプの頭皮電極が最大 64 チャンネル必要），脳活動を直接的に計測することにより，無意識のレベルでの感情関与（接近/回避反応）の最良の指標の一つとなることが示されている．この感情関与の指標には，前頭非対称性（frontal asymmetry）と呼ばれる EEG 信号が使われる（Davidson et al. 1990; Coan and Allen 2004; Harmon-Jones, Gable, and Peterson 2010）．EEG によって得られるアウトプットには誘発電位もある．これまで誘発電位は，ブランドとその特性（アトリビュート）への反応を評価するために使われてきた．EEG には，活性化している脳領域の正確な理解に限界があるという短所があるが，その一方で，時間分解能に優れているため，マーケターが脳反応の開始を数百ミリ秒の正確さで把握できるという長所もある（Niedermeyer and da Silva 2004）．

　他のツールとして，表情表出を符号化するためのソフトウェアプログラムなどがある．これらは，マーケティングコミュニケーション（例えば動画広告やデジタルの体験）に対する視聴者の感情反応を，さらに分類するために用いられる．表情分析は強力な説明力を持つ比較的新しいツールで，インターネットを通じて自宅のウェブカメラからデータを収集できる（McDuff et al. 2014）．表情分析は，他の手法に比べて基本的なモデルにより重きを置く．留意すべき点として，以下のようなことが挙げられる．表情の表出は，社会的文脈の中で気持ちの状態を伝達するために進化してきたものであるが，大半のマーケティングコミュニケーションは受け身的なメディアの文脈でなされる．そのため，マーケティングコミュニケーションに対しては，比較的低いレベルでしか表情が表出されない．また，表出された感情が必ずしも実際の感情状態を正確に反映するわけではないという証拠もある（Fridlund 1994; Russell and Fernandez-Dols 1997）．ソフトウェアベースの方法のほとんどは，顔面動作符号化システム（FACS）（Ekman and Friesen 1978）に基づいている．表情分析は何らかのコンテンツ（例えばテレビ広告）に曝露されている間の個人の顔のビデオを記録する．録画されたビデオの中で，顔の中の目印となるものや特徴（例えば，口角，鼻梁など）が，自動化されたソフトウェアによって同定され，それらの目印の動きに基づいて，表情筋の微細な変化が検出される．このようにして，ある個人がいつ笑顔，しかめっ面，嫌悪の表情，その他さまざまな表情を表出しているかを，ソフトウェアが同

定する．表情分析は，刺激が特定の表情（例えば笑顔）を引き出したかどうかを理解するための，便利な診断ツールとなりうる．広告効果の評価に使われることも増えてきている（Teixeira, Picard, and Kaliouby 2014）．

　潜在テストもまた，消費者が言語化できない，あるいはしたくない情報を理解するために使われる．特に，意味的連想や「気持ちの状態」などが対象となる．ブランドや製品名のような刺激は，意味的単語と繋がりがある．それらの意味的単語は，消費者がその刺激をどう知覚するかに影響すると想定される．これまでに，マーケットリサーチャーによってさまざまな潜在テストが採用されてきた．その多くは，学術的な文献から直接採用されたか，もしくは既存の学術的方法から派生してきたものである．これには，潜在的連合テスト（IAT）(Greenwald, McGhee, and Schwartz 1998)，意味的プライミング（例えば，Meyer and Schvaneveldt 1971），ストループテスト（Stroop 1935），感情誤帰属手続き（AMP）(Payne et al. 2005)，およびその他の独自の方法，新規の方法が含まれる．自動化された表情分析と同様に，データはオンラインで収集することもできる．これらのテストは一般に，反応時間に基づく指標かプライミング課題のいずれかを用いて，個人がブランドについてどれくらいポジティブまたはネガティブに感じているか，あるいはそのブランドについてどのような意味的な連想を持っているかを，ブランドそのものに関する直接的な質問をすることなく間接的に評価する（Dimofte 2010）．これらの方法は，たいてい効果が小さいため，大きなサンプルサイズが必要となる傾向がある．また，慎重な研究デザインと方法なしでは，データの解釈が困難になることがある（Greenwald, Nosek, and Banaji 2003）．

　コンシューマーニューロサイエンスにおける感情測定で議論すべき主要な方法の最後の一つとして，fMRIを挙げる．fMRIによる脳イメージング法は，二つの原則に基づいている．第一に，脳内のニューロンが発火するためには，酸素化された血液を必要とすること，そして第二に，酸素化血液と脱酸素化血液（酸素化ヘモグロビンと脱酸素化ヘモグロビン）の組成が磁気的特性を持っていて，fMRIで使われる磁石に対してコントラストとして働くことである（Ogawa et al. 1990）．タスク中に脳内のある領域が活発になると，その領域の細胞が，酸素化した血液を増やすための信号を送る．この血中酸素濃度依存（BOLD）反応は，fMRIスキャナーによって計測でき，それによって，酸素化した血液が相対的に増加する

脳領野が明らかになる．fMRI は，通常の MRI の計測に課題ベースの要素を導入する．対象者は MRI スキャナーの中で横になり，スキャンが行われている間に，認知課題を遂行したりマーケティングコンテンツ（例えばテレビ広告）を視聴したりする．脳内には常に課題と無関係な活動も存在するので，fMRI は減算のロジックに基づく．すなわち，対象となる課題（例えば広告の視聴）に取り組んでいる間の活動から，何らかの独立したベースライン課題（例えば注視点を見る）に対する活動を差し引き，減算のあとに残る脳活動が，対象となる課題に特に関連していると見なされる．

BOLD 反応は神経活動を直接記録した指標ではなく，間接的な指標である．しかし，Logothetis ら（2001）の重要な研究で，サルの視覚野において，同時に単一ユニット活動を記録しながら BOLD 反応が計測され（単一ユニット活動記録では，脳組織内に電極を直接刺入し，局所的なニューロンの活動を計測する），BOLD 反応が実際に局所神経活動の正確な指標であることが明らかになった．fMRI は極めて高い空間解像度を持ち，1 mm という小さいエリアの活動を記録することができる．したがって，非常に小さくまた深い脳構造でも，活動部位を同定することができる．しかし，BOLD 反応は酸素化された血液の流量に依存するため，fMRI の時間解像度は EEG のような技術と比べて相対的に劣っている（5～8 秒ほどの生物学的な時間のずれ）（Kim, Richter, and Ugurbil 1997）．さらに，fMRI は減算ロジックに依拠しているため，テスト条件とコントロール条件は，極めて厳密に定義され理論的に動機づけられたものでなければならない．タスクと無関係な脳活動が存在するため，fMRI 研究は「証拠を（無理やり）見つけ出そうとする」タイプの研究に極めて敏感である．二つの条件間で差異はほぼ必ず見つかるので，それらの条件は非常に注意深く決定しなければならないし，どの領域に活動の差異が見られるのかに関する仮説も，前もって立てておく必要がある．これまでに，マーケティングコミュニケーションの売上への影響の予測に fMRI を活用できることが示唆されてきた（Venkatraman et al. 2015）．しかし，前述の考察から，（また，fMRI は極端に高額な技術であり，かつ参加者が騒音の激しいスキャナーの中で動かずに横になっている必要があるという事実ともあいまって）マーケットリサーチにおける fMRI 技術の応用には注意が必要であることが示唆される（Weber, Mangus, and Huskey 2015）．

ボックス 7.1：シェルターペットプロジェクト

概説

　これまでと比べて視聴者の選択肢が多くなっている．また，タブレットやスマートフォンなど，スクリーンの数も増えていて，テレビ広告から消費者の注意を奪う要因となっている．そのため，消費者の関与を得るための閾値がこれまでよりも高くなっている．非営利団体は大望があるが予算は少額である．そのような団体にとって，一つ一つのテレビ広告の効果を最大化することは極めて重要である．効果的なテレビ広告は，メインメッセージを伝達し，視聴者に感情反応を引き起こし，記憶に残る印象を形成しなければならない．ニールセン・コンシューマーニューロサイエンスと，米国で最古かつ最大の公共広告の制作者である米国広告協議会（Ad Council）は，「シェルターペットプロジェクト」の効果的な広告を作るために神経科学のツールを用いた．シェルターペットは非営利団体であり，その目標は，潜在的な里親が新しいペットを探すときに，ペットシェルターが最初の検討先になることである．

ビジネス課題と方法

　「シェルターペットプロジェクト」は，すでに比較的パフォーマンスが良い広告を作っていた．ジュールズという名の犬を主役にした公共広告は，EEG の結果で総合効果 10 点満点中 6.8 点を獲得していた．このスコアは，ニールセンが調査した全広告の中で上位 40% に位置していた．しかし，広告への感情関与を高めて広告を改善する余地が残されていた．

　EEG と視線追跡技術を使って，脳がその広告に感情的にどう反応するか，そして視覚的にどのようにそれを見るかをグラフ化した．秒ごとにどのシーンに対象消費者が共鳴するか，またはしないかを，クリエイティブチームが同定できるようにするためだ．EEG は，データベースと比較できる総合的なスコアに加えて，注意，感情関与，記憶の各スコアを含む下位要素も提供した．視線追跡は診断的に使われ，視聴者が広告のどこを見ているのか詳細な評価をもたらした．

結果

　調査によって，ジュールズが画面からいなくなっているときに，注意と感情関与のレベルが下がることもわかった．また，広告の最後にロゴとウェブサイト URL を含めたキーメッセージが表示されるシーンで，ジュールズが一緒に登場すると，メッセージと行動の呼びかけの潜在的な効果を下げてしまうことも明らかになった．ジュールズが，視聴者のメッセージへの視覚的注意と競合し，混乱を引き起こしてしまうのだ．

したがって，チームはその混乱を排除し，メッセージ，ブランディング，そしてウェブサイト訪問への呼びかけに視聴者の焦点を再び向け直す必要があった．

これらの結果に基づいて，チームはジュールズが画面から離れる時間を短くし，メッセージ伝達を高め，エンディングを強化するように，広告を再編集した．再編集して更新されたバージョンの公共広告をチームが調査すると，消費者はより一貫して感情関与を示し，広告のスコアが改善された．更新された広告は，視聴者の視覚的注意もより良く保持し，前のバージョンよりもより明確に想起されうることも示唆した．

EEGと視線追跡計測を組み合わせて，その広告が視聴者に与えるインパクトを測定することで，犬のジュールズの持つ力を効果的に定量化することができた．過去の調査でも，感情的な顔（犬のものも含めて）を見せることで視聴者の感情関与が増すことが示唆されており，ここでもそのことが確認される形となった．

ウィン-ウィンの成果

2月に公共広告が公開されてからの最初の3か月の間に，「シェルターペットプロジェクト」のウェブサイトの訪問数が133%増加し，月間平均訪問数が74,000から174,000となった．この変化は，シェルターペットの実際の生死に影響を持つかもしれない．ジュールズの効果的な存在を維持しながら，メインメッセージと行動の呼びかけを明確にした．これによって「シェルターペットプロジェクト」は，主要なストーリーラインを維持しつつ広告を改善し，広告協議会にとってパワフルな投資対効果（ROI）に繋げた．広告協議会のバイスプレジデントでリサーチディレクターでもあるメンバーが，以下のように述べている．「人は時に本当の反応を話すことができないことがあるし，話したくないときもある．しかし，この方法によってそれらの問題を回避することができる．ニールセンは，われわれのクリエイティブを可能な限り最適な状態にすることで，ビジネスの成長を助けている」．

7.7 感情はマーケティングにどのように影響をもたらすか？

広告における感情の役割の研究は，これまでに数多く存在している．その中で最も大規模で包括的なものの一つが，Binet and Field（2009）による研究報告である．その研究のデータベースの規模は例外的に大きく，複数のカテゴリーにわたり，いくつもの大規模ブランドの広告主が含まれていた．英国広告業協会に提出された880の広告キャンペーンの「事例」を含んでいて，そのすべてが，明確に記述されたビジネス上の目的と「確実な」ビジネス上の結果（例えば，売上，市

場シェア，価格感応性，利益）を備えていた．この研究が検証しようとした問題の一つは，広告の「感情的」フォーカスと「論理的」フォーカスがビジネス上の結果にどのような役割を果たすかという点であった．ここ最近マーケターは，感情面のアピールを進んで取り入れてきた．しかし，一般通念としては，成功のためには両方が必要で，知覚される「バランス」が大事だと考えられていた．

　Binet and Field（2009）の結果は，その通念とは異なっていた．データによると，感情がキャンペーンの中心であればあるほど，ビジネスへのインパクトも大きかった．また，重要なことに，最も効果的な広告キャンペーンでは，論理的なコンテンツがほとんど，あるいはまったく含まれていなかった（唯一の例外はダイレクトレスポンス広告で，その場合，何らかの論理的なアピールが効果に必要であった）．どうしてそのようなことが起こるのだろうか？

　広告を使ってどんな「種類」の感情反応を引き出すべきか，「包括的な解」は存在しない．しかし，以下の点を理解することは極めて重要だ．すなわち，感情反応を引き出すことは，注意と情報保持に重要な意味を持つし，その保持された情報に基づく将来の行動にも重要である，ということの理解が肝要である．感情を引き起こす刺激は，そうでない刺激に比べて，注意を速くかつ強く引き付ける（Öhman, Flykt, and Esteves 2001）．それゆえ，感情を引き起こす情報は，脳内で優先的に処理されるという恩恵を受ける．別の研究では，感情を引き起こす情報は一般に，より円滑かつ速く処理されることが示唆された（Kitayama 1990）．その傾向は，注意が制限されたり分割されたりする場合でも見られる（Kensinger and Corkin 2004; Talmi et al. 2007, 2008）．さらに，感情反応の効果は，同時または近いタイミングで起こる他の非感情的情報に対する注意を犠牲にして生じる（Murray and Kensinger 2012; Mickley-Steinmetz and Kensinger 2013; Murray and Kensinger 2014）．また，注目すべきこととして，感情を伴うような性質の出来事や刺激は，非感情性の刺激に比べて，記憶の処理や保持にも有利であることが示されている（Brown and Kulik 1977; LaBar and Cabeza 2006; Murray and Kensinger 2014．総説として，Hamann（2001）および Kensinger（2009）を参照）．

　注意と記憶における感情反応の効果は，脳に限られるわけではない．先述のとおり，感情の体現化は感情処理の重要なステップであり，いくつかのコンシュー

マーニューロサイエンスの指標（例えばバイオメトリクス）のベースでもある．例えば，ある実験で，心拍数だけを選択的に下げる薬（例えばプロプラノロールなどのアドレナリンβ受容体遮断薬）が，新規の情報を記銘（符号化）する前に与えられた．すると，感情を伴う刺激であっても，長期記憶に保持されやすいという傾向が弱まった（Cahill et al. 1994）．この効果は血液脳関門[2)]を通過する薬に依存しているようだ．したがって，その効果は，単に心拍数の減少（つまり覚醒度の低下）によるわけではなく，脳内の神経受容体の反応にも影響されているかもしれない（van Stegeran et al. 1998）．

まとめると，マーケターにとって重要なのは，製品や広告を作るときに感情を考慮することと，感情を利用して近年のメディアのクラッターやマーケティングの大多数のものよりも「目立つ」ことをしない場合の結果を理解することである．感情発生の二つの理論のどちらが正しいのかにかかわらず（あるいは，正しいのは両方の理論の一部の側面であるかもしれない），文字どおり「心（心臓）」と「心（気持ち）」に感情反応を引き起こすようにデザインされたメッセージ，イメージ，その他のクリエイティブコンテンツを用いることが，ブランドや製品が競合よりも気づかれ，覚えられ，選ばれるために，極めて重要である．

7.8　マーケティングや売上とコンシューマーニューロサイエンスの指標の関係

これまで多くの研究によって，感情反応についての無意識のコンシューマーニューロサイエンスの指標と，マーケターに関連のある行動との間の関係が示されてきた．ここで対象となる行動は，消費者が見ること，言うこと，買うことなど，広い範囲にわたる．これらの行動と，感情のさまざまな神経指標との相関が示されてきたわけだ．感情反応を引き起こすためには，ビデオベースの広告やテレビ広告が重要である（Treutler, Levine, and Marci 2010）．そこで，この節では主にビデオ，テレビ広告に焦点を当てる．

消費者が視聴するテレビ広告の調査の一例として，Innerscope 社[3)]と TiVo 社によって行われたものを挙げる（MediaPost 2009）．この調査では，調査会場に

[2)]【訳注】血液から脳への物質の移動を制限する機構．
[3)] Innerscope 社は現在，ニールセン・コンシューマーニューロサイエンス部門の一部である．

集まった40人の参加者が，55の広告を含む1時間にわたるケーブルテレビ番組のライブ映像を視聴している間に，皮膚コンダクタンスと心拍を組み合わせて，バイオメトリクスが調べられた．結果の解析では，広告への感情反応の程度と，その広告が最後まで見られる可能性の間に，関係があるかどうかに着目し，これを調べるために，広告への感情覚醒度のレベルとTiVo社が持つ10万人の家庭視聴者のデータベースのデータが比較された．この調査により，バイオメトリクス指標で低い感情反応だった広告は，高い感情反応のものに比べて25%スキップされやすい（早送りまたはチャンネルの変更）ことが示された．

テレビ広告を消費者が最後まで見る（スキップされない）ことが重要である一方で，その次の段階で重要なことは，そのマーケティングコミュニケーションを消費者が話題に取り上げることだ．その代わりになる指標として，Twitterの「ツイート」を用いることができる．具体的には，番組エピソード中の1分間当たりのツイート数（視聴者のコメントを含む）などが挙げられる．ニールセンの神経科学者は，最近，EEG活動とツイート数の研究を報告した（Nielsen 2015）．専用の調査会場を設けて，合計300名を超える対象者に対し，九つのテレビ番組を視聴している間のEEG活動が記録された．このようにして記録されたEEGに由来する指標が，実際のTwitterのコメント数と正の相関を示した．EEG由来の指標の主要な構成要素には，脳内の感情反応が含まれていた．この調査は，広告ではなくテレビ番組に焦点を当てたものだが，EEGやfMRIを使ってTwitterのコメント活動を予測した学術的な文献（例えば，Dmochowski et al. 2014）にさらなる証拠を提供した．

消費者が広告を話題にすることの別の指標として，スーパーボウルのあとで，広告についてオンラインの視聴数やコメント数を追跡する方法がある．Innerscope社による2009年の研究では，スーパーボウルのゲーム中に，皮膚コンダクタンスと心拍を含む感情関与度のバイオメトリクス指標を記録し，ゲーム後9か月間にわたる全国広告の視聴数とコメント数を調べたところ，それらの間に有意な正の相関があることがわかった（Seifert et al. 2009）．注目すべきこととして，ダイヤルを回す方法や感情の自己報告（つまりどの程度好きかの申告）による従来型の意識上の指標よりも，バイオメトリクス反応のほうが，視聴数やコメント数との相関が強かった．

7.8 マーケティングや売上とコンシューマーニューロサイエンスの指標の関係

　広告と関連した他の行動も，神経科学のツールを使って学術的に研究されてきた．その中には，禁煙キャンペーンへの反響を予測する研究も含まれる（Falk, Berkman, and Lieberman 2012）．この研究は三つの異なるテレビキャンペーンを対象とした．それらのキャンペーンはすべて，国立癌研究所による禁煙支援の電話ホットラインを宣伝するもので，喫煙者たちがそれらを視聴している間に，fMRIを使って彼らの脳活動を調べた．テレビ広告への行動反応の指標には，ホットライン（1-800-QUIT-NOW）への電話のコール数が使用された．この調査の結果によると，感情反応に重要な役割を持つと考えられている内側前頭前野下部の脳活動が，同じ参加者の自己報告（そのキャンペーンがどれだけ効果的だと思うか）よりも，より正確にコール数を予測した．

　テレビ広告の視聴や，オンラインでの消費者のコメント数，ホットラインのコール数などを予測することも，マーケターにとっては重要だが，マーケティングの究極的な目的は売上を生み出すことにある．この目的に関する最初の実践的な研究は，Innerscope社がMimoco社と提携して実施した研究である．Mimoco社は，擬人化されたUSBフラッシュメモリであるミモボット（Mimobot）の製造業者である．Mimoco社の中心的なマーケティングツールは，数百にも及ぶそのデザインであり，彼らは，その中のどのデザインがオンラインの売上を促進するかを理解することに興味があった．調査は研究室ベースのプロトコルのもとで実施され，Innerscope社が30名の参加者の生理学的反応が解析された．記録指標には，皮膚コンダクタンスと心拍に加えて，最先端の視線追跡技術（視覚的注意の指標）も使われた．参加者は，30以上の異なるデザインをランダムな順序で（順序の効果を統制するため）提示され，同時に無意識の指標が収集された．収集されたデータは，Mimoco社の販売データと組み合わせて分析された．その結果，バイオメトリクスの感情反応と販売数量の間に，有意な正の相関が見出された．また，視線追跡の一つの指標（注視の数）をバイオメトリクス反応と組み合わせると，さらに相関が高まった（Dooley 2012）．

　売上との相関解析に加えて，よく売れたものとそうでないものの間の類似点や相違点を同定するために，ミモボットのデザインについての評価者によるレビューも行われた．このレビューによって，よく売れたデザインにはある特徴があることが明らかになった．ミモボットのデザインは，定型化された人の形を特

徴としている．その中でよく売れたデザインは，より目立つ目とその他の顔の特徴，および明るい色を持つ傾向があった（図 7.4）．この結果は，クリエイティブや販売戦略のガイドラインとして，数年間にわたって使われた．「Innerscope のデザインの推奨を取り入れたおかげで，よく売れるデザインが生み出される割合が高くなった」と Mimoco の役員が述べている．

図 7.4　2009 年の Innerscope 社と Mimoco 社の研究の結果．バイオメトリクスと視線追跡で高い評価を得たデザインは，カラフルで，顔の特徴が顕著に見えていた．これらの特徴を有するデザインがバイオメトリクスと視線追跡の解析で高く評価され，結果的に売上も良かった（#26 のみが例外で，おそらく肌があらわになった女性の描写ゆえに感情的な覚醒度が高かったが，あまり売れなかった）．

この調査に続いて Innerscope 社は，バイオメトリクスを使って売上関連指数を予測するための新たな別の調査を実施した．この事例では，映画の予告編に対する感情反応と，その映画の封切後最初の週末のボックス席の販売の関係が対象となった（Randall 2013）．調査は 2 年以上にわたり，40 以上の異なる映画の予告編が含まれていた．データは 1,000 人以上の参加者から収集された．解析には，バイオメトリクス反応の指数が用いられ，予告編に対する参加者の全般的な感情反応が調べられた．チケットの販売数との全体的な相関が見出されたのに加えて，映画広告に対する感情反応が特定のレベルに到達しなければ，実際のマーケットでのパフォーマンスが非常に低い（最初の週末に 1 千万ドル未満）と予測

できることが示唆された．また，重要な成果として，瞬間ごとの感情反応に基づいて成功への鍵をリスト化したものが，映画のマーケターに提供された（表7.1）．これらの成果は，EEGを用いた別の学術的な研究（Boksem and Smidts 2015）によっても支持されている．その研究では，ビデオベースの映画予告編へのEEG活動の反応を少ないサンプルで調べた結果が，一般の母集団の映画の売上と相関することが示されている．

表7.1 無意識のバイオメトリクス反応に基づくボックス席の売上成功のための五つの鍵

1. 視聴者を早めに捉える．ポップコーンに邪魔をさせない．
（『アベンジャーズ』『アメイジング・スパイダーマン』を参照）
2. 感情の旅にいざなう．伝統的なヒーローの旅物語は予告編でも機能する．
（『カンフーパンダ2』『フライト』を参照）
3. 中心的な重要な瞬間を秘密にする．映画を見てすべてを体験したいと思わせる．そして，その状態のままにする．
（『スーパーエイト』『ダークナイトライジング』を参照）
4. 「注意の搾取者」に気をつける．ストーリーの理解を助けるための特別な効果を使い，邪魔をしない．
（『ハリーポッターと死の秘宝』『ハンガー・ゲーム』を参照）
5. スターの力，アクションの連続，そしてクールな音楽が助けになる．ただし，究極的に感情反応を引き起こすのは，注目せずにいられないような登場人物とすばらしいストーリーの組み合わせである．
（『パイレーツ・オブ・カリビアン/生命の泉』を参照）

最後に，コンシューマーニューロサイエンスの学術およびビジネスへの応用における明確なトレンドとして，単一の指標を超えて，複数の指標を組み合わせて比較すること，そしてそれによって新たな予測力を目指すことが挙げられる．これまでの最も大規模な比較研究の一つに，テンプル大学の研究者たちが米国広告調査財団（ARF）と共同で実施した研究がある（Venkatraman et al. 2015）．この研究は，大規模な消費財ブランドによって支援されていて，幅広いさまざまな神経指標と市場での売上実績との関係を調べることを目的とした．この研究の結果によると，売上弾力性（メディアに投資した金額と実際の売上の関係の指標）の分散の予測では，最も精度が高いのはfMRIであった．この研究では，腹側線

条体（一般に感情反応や行動報酬と結び付けられている）と呼ばれる脳領野が，広告に対する現実世界の市場レベルの反応の最も強い予測因子であった．このテンプル大学のチームは，Innerscope 社ともパートナーを組み，バイオメトリクス反応（やはり皮膚コンダクタンスと心拍）と fMRI を組み合わせてスーパーボウルの広告を研究した（Lausch 2014）．その結果，非常に高いレベルの感情反応を引き出す広告では，その視聴中に，腹側線条体と，扁桃体や海馬を含む他の感情および記憶中枢の活動も増加していることがわかった．

　これまでに簡潔に述べてきた研究は，広範な技術を横断するものである．それらは，コンシューマーニューロサイエンスのツールを使って無意識のレベルで感情反応を捉えられる能力と，関連する消費者行動との関係を示している．先に暗に述べたように，コンシューマーニューロサイエンスのツールの力は，重要な消費者行動との相関を示すだけに留まらない．コンシューマーニューロサイエンスには非常に強い説明力があり，ビジネス応用の大半は，この無意識の尺度の診断力に焦点を当てている．そして，その診断力を通して，マーケティングコミュニケーションが改善できる．それを主目的として，コンシューマーニューロサイエンスは世界の主要な企業のマーケターによってますます使われるようになっている．感情のモデルに関する残された論争は，今後の学術的な研究によって解決する努力がなされるだろう．一方で，ビジネス応用は，生物・脳反応と消費者行動の間の関係を実証し続け，また，マーケットリサーチにおける広告について，感情反応の無意識の処理を計測することの重要性を示し続けるだろう．

重要ポイント

- 感情は，脳，自律神経系，および行動の変化の簡潔なエピソードとして理解される．感情によって，その情報が「自分に関連するもの」としてタグづけされ，将来の行動が導かれる．
- 製品や広告を作る際にマーケターが感情を考慮することは，極めて重要である．なぜなら，感情を喚起するメッセージやイメージが引き起こす脳ベースの反応によって，そのブランドのメッセージに気づき，記憶に留め，態度を形成する優先度が高められるからだ．
- 消費者は，自分の考え，気持ち，信念を表現する能力に限界がある．また，

正直な考えを共有しようとしないかもしれない．コンシューマーニューロサイエンスは，刺激に対する消費者の反応についてより包括的に理解するために，無意識の指標を利用する．
- コンシューマーニューロサイエンスの技術（例えば，EEG，バイオメトリクス，視線追跡）は，組み合わせて使われることが最も望ましい．それぞれの方法は，それぞれ独自の長所と短所を持つため，技術の組み合わせによって最も包括的な洞察を提供できる．
- 市場における事例研究によって，コンシューマーニューロサイエンスが，売上，オンラインのバズ，チャンネルの変更，その他の現実世界の行動を有意に予測できることが証明されてきている．

演習問題

1. 以下のビジネス課題それぞれに対して，最も適切な神経科学の技術は何か？またそれはなぜか？場合によっては，二つ以上の技術を組み合わせるのが適切であることに注意せよ．
    - 最新の広告キャンペーンにおいて，消費者がわれわれのブランドに気づいているかについて，どのように調べればよいか？
    - 当社の広告の最後の 10 秒は，感情のレベルで消費者と繋がっているか？
    - 成功している一連の広告を消費者が視聴しているときには，成功していないものを視聴しているときと比べて，どの脳領域のネットワークがより活発になっているか？
2. 以下のコンシューマーニューロサイエンスの技術それぞれについて，利点と欠点は何か？
    - EEG
    - バイオメトリクス
    - fMRI
    - 表情分析
3. 読者が，プラットフォームをまたいだ統合的なキャンペーンを計画してい

る広告主だとする．テレビ広告を，YouTube や Facebook などのソーシャルメディアの動画広告とともに配信しようとしている．

- コンシューマーニューロサイエンスの技術を用いて，このキャンペーンへの消費者の反応を事前にテストするには：
    - どのツールを使うのがよいか？
    - この種のコンテンツを調べるのに，神経科学のいくつかの技術が適切でない可能性があるのはなぜか？
- もしも，広告の一つが，テレビでは消費者の関与を喚起するが，ソーシャルメディアではそうでないとわかった場合，どのように結論し，あるいはどのようなアクションを起こすか？

参考文献

Aaker, D. A., Kumar, V., & Day, G. S. (2007). *Marketing research*. Hoboken, NJ: Wiley.

Adolphs, R., & Tranel, D. (2000). Emotion recognition and the human amygdala. In J. P. Aggleton (Ed.), *The amygdala* (pp. 587–630). New York: Oxford University Press.

Adolphs, R., Tranel, D., Hamann, S., Young, A. W., Calder, A. J., Phelps, E. A., et al. (1999). Recognition of facial emotion in nine individuals with bilateral amygdala damage. *Neuropsychologia*, 37, 1111–1117.

Aggleton, J. P. (1992). The contribution of the amygdala to normal and abnormal emotional states. *Trends in Neurosciences*, 16, 328–333.

Barrett, L. F. (2009). The future of psychology: Connecting mind to brain. *Perspectives on Psychological Science*, 4, 326–339.

Barrett, L. F., & Bliss-Moreau, E. (2009). Affective as a psychological primitive. *Advances in Experimental Social Psychology*, 41, 167–218.

Bechara, A., Tranel, D., Damasio, H., Adolphs, R., Rockland, C., & Damasio, A. R. (1995). Double dissociation of conditioning and declarative knowledge relative to the amygdala and hippocampus in humans. *Science*, 269, 1115–1118.

Bechara, A., Damasio, A. R., Damasio, H., & Anderson, S. W. (1994). Insensitivity to future consequences following damage to human prefrontal cortex. *Cognition*, 50, 7–15.

Bechara, A., Damasio, H., Tranel, D., & Damasio, A. R. (1997). Deciding advantageously before knowing the advantageous strategy. *Science*, 305, 599.

Binet, L., & Field, P. (2009). Empirical generalizations about advertising campaign success. *Journal of Advertising Research*, 49(2), 113–114.

Boksem, M., & Smidts, A. (2015). Brain responses to movie trailers predict individual preferences for movies and their population-wide commercial success. JMR, *Journal of Marketing Research*, 52, 482–492.

Brown, R., & Kulik, J. (1977). Flashbulb memories. *Cognition*, 5, 73–99.

Buchel, C., Morris, J., Dolan, R., & Friston, K. (1998). Brain systems mediating aversive conditioning: An event-related fMRI study. *Neuron*, 20, 947–957.

Cahill, L., & McGaugh, J. L. (1995). A novel demonstration of enhanced memory associated with emotional arousal. *Consciousness and Cognition*, 4, 410–421.

Cahill, L., Prins, B., Weber, M., & McGaugh, J. L. (1994). ß-Adrenergic activation and memory for emotional events. *Nature*, 371, 702–704.

Camerer, C., Loewenstein, G., & Prelec, D. (2005). Neuroeconomics: How neuroscience can inform economics. *Journal of Economic Literature*, 43, 9–64.

Coan, J. A., & Allen, J. J. B. (2004). Frontal EEG asymmetry as a moderator and mediator of emotion. *Biological Psychology*, 67, 7–49.

Coleman, N. V., & Williams, P. (2013). Feeling like myself: Emotion profiles and social identity. *Journal of Consumer Research*, 40, 203–222.

Cosmides, L., & Tooby, J. (2000). Evolutionary psychology and the emotions. In M. Lewis & J. M. Haviland-Jones (Eds.), *Handbook of emotions* (2nd ed., pp. 91–115). New York: Guilford Press.

Damasio, A. (1994). *Descartes' error: Emotion, reason, and the human brain*. New York: Putnam Berkeley Group.

Damasio, A. (2010). *Self comes to mind: Constructing the conscious brain*. New York: Pantheon Books.

Damasio, A. R., Everitt, B. J., & Bishop, D. (1996). The somatic marker hypothesis and the possible functions of the prefrontal cortex. *Philosophical Transactions of the Royal Society of London. Series B, Biological Sciences*, 351, 1413–1420.

Damasio, A. R., Tranel, D., & Damasio, H. C. (1991). Somatic markers and the guidance of behavior: Theory and preliminary testing. In H. S. Levin, H. M. Eisenberg, & L. B. Benton (Eds.), *Frontal lobe function and dysfunction* (pp. 217–229). New York: Oxford University Press.

Davidson, R. J., Scherer, K. R., & Goldsmith, H. H. (Eds.) (2002). *Handbook of affective sciences*. New York: Oxford University Press.

Davidson, R. J., Ekman, P., Saron, C. D., Senulis, J. A., & Friesen, W. V. (1990). Approach-withdrawal and cerebral asymmetry: Emotional expression and brain physiology. *Journal of Personality and Social Psychology*, 58, 330–341.

Davis, M. (1992). The role of the amygdala in fear and anxiety. *Annual Review of*

Neuroscience, 15, 353–375.

Davis, M., Walker, D. L., Miles, L., & Grillon, C. (2010). Phasic vs sustained fear in rates and humans: Role of the extended amygdala in fear vs anxiety. *Neuropsychopharmacology*, 35, 105–135.

Dimofte, C. V. (2010). Implicit measures of consumer cognition: A review. *Psychology and Marketing*, 27, 921–937.

Dmochowski, J. P., Bezdak, M. A., Abelson, B. P., Johnson, J. S., Schumacher, E. H., & Parra, L. C. (2014). Audience preferences are predicted by temporal reliability of neural processing. *Nature Communications*, 5, 1–9.

Dooley, R. (2012). The neuromarketing challenge: First response [blog post]. Available at www.neurosciencemarketing.com/blog/articles/challenge-innerscope.htm.

Ekman, P. (1972). Universal and cultural differences in facial expressions of emotions. In J. K. Cole (Ed.), *Nebraska symposium on motivation*, 1971 (pp. 207–283). Lincoln: University of Nebraska Press.

Ekman, P., & Friesen, W. (1978). *Facial action coding system: A technique for the measurement of facial movement*. Palo Alto, CA: Consulting Psychologists Press.

Falk, E. B., Berkman, E. T., & Lieberman, M. D. (2012). From neural responses to population behavior: Neural focus group predicts population-level media effects. *Psychological Science*, 23, 439–445.

Feinstein, J. S., Adolphs, R., Damasio, A. R., & Tranel, D. (2010). The human amygdala and the induction and experience of fear. *Current Biology*, 21, 34–38.

Feinstein, J. S., Buzza, C., Hurlemann, R., Follmer, R. L., Dahdaleh, N. S., Coryell, W. H., et al. (2013). Fear and panic in humans with bilateral amygdala damage. *Nature Neuroscience*, 16, 270–272.

Fowles, D. C., Christie, M. J., Edelberg, R., Grings, W. W., Lykken, D. T., & Venables, P. H. (1981). Publication recommendations for electrodermal measurements. *Psychophysiology*, 18, 232–239.

Fridlund, A. (1994). *Human facial expression: An evolutionary view*. San Diego: Academic Press.

Gallagher, M., & Chiba, A. A. (1996). The amygdala and emotion. *Current Opinion in Neurobiology*, 6, 221–227.

Gentil, A. F., Eskandar, E. N., Marci, C. D., Evans, K. C., & Dougherty, D. D. (2009). Physiological responses to brain stimulation during limbic surgery: Further evidence of anterior cingulate modulation of autonomic arousal. *Neuron*, 66, 695–701.

Greenwald, A. G., McGhee, D. E., & Schwartz, J. L. K. (1998). Measuring individual differences in implicit cognition: The implicit association test. *Journal of Personality and Social Psychology*, 74, 1464–1480.

Greenwald, A. G., Nosek, B. A., & Banaji, M. R. (2003). Understanding and using the implicit association test: An improved scoring algorithm. *Journal of Personality and Social Psychology*, 85, 197–216.

Gross, J. J., & Barrett, L. F. (2011). Emotion generation and emotion regulation: One or two depends on your point of view. *Emotion Review*, 3, 8–16.

Hamann, S. (2001). Cognitive and neural mechanisms of emotional memory. *Trends in Cognitive Sciences*, 5, 394–400.

Harmon-Jones, E., Gable, P. A., & Peterson, C. K. (2010). The role of frontal cortical activity in emotion related phenomena: A review and update. *Biological Psychology*, 84, 451–462.

Kahneman, D. (2011). *Thinking, fast and slow*. New York: Farrar, Straus and Giroux.

Kensinger, E. A. (2009). Remembering the details: Effects of emotion. *Emotion Review*, 1, 99–113.

Kensinger, E. A., & Corkin, S. (2004). Two routes to emotional memory: Distinct neural processes for valence and arousal. *Proceedings of the National Academy of Sciences of the United States of America*, 101, 3310–3315.

Kim, S.-G., Richter, W., & Ugurbil, K. (1997). Limitations of temporal resolution in functional MRI. *Magnetic Resonance in Medicine*, 37, 631–636.

Kitayama, S. (1990). Interaction between affect and cognition in word perception. *Journal of Personality and Social Psychology*, 58, 209–217.

Klüver, H., & Bucy, P. C. (1939). Preliminary analysis of functions of the temporal lobes in monkeys. *Archives of Neurology and Psychiatry*, 42, 979–1000.

Kotses, H., & Glaus, K. D. (1977). Latency of multiple skin conductance responses in differential classical conditioning. *Biological Psychology*, 5, 1–6.

Kuniecki, M., Urbanik, A., Sobiecka, B., Kozub, J., & Binder, M. (2003). Central control of heart rate changes during visual affective processing as revealed by fMRI. *Acta Neurobiologiae Experimentalis*, 63, 39–48.

LaBar, K. S., & Cabeza, R. (2006). Cognitive neuroscience of emotional memory. *Nature Neuroscience Reviews*, 7, 54–64.

LaBar, K. S., LeDoux, J. E., Spencer, D. D., & Phelps, E. A. (1995). Impaired fear conditioning following unilateral temporal lobectomy in humans. *Journal of Neuroscience*, 15, 6846–6855.

Lang, P. J., Bradley, M. M., & Cuthbert, B. N. (1998). Emotion, motivation, and anxiety: Brain mechanisms and psychophysiology. *Biological Psychiatry*, 44, 1248–1263.

Lausch, B. (2014). Cutting edge research combines fMRI and biometric results to reveal key elements in Super Bowl ad success [online press release]. Available at www.fox.temple.edu/posts/2014/02/cutting-edge-research-combines-fmri-biometric-results-reveal-key-elements-super-bowl-ad-success/.

LeDoux, J. E. (2000). Emotion circuits in the brain. *Annual Review of Neuroscience*, 23, 155–184.

Lindquist, K. A., & Barrett, L. F. (2012). A functional architecture of the human brain: Emerging insights from the science of emotion. *Trends in Cognitive Sciences*, 16, 533–540.

Lindquist, K. A., Wager, T. D., Kober, H., Bliss-Moreau, E., & Barrett, L. F. (2012). The brain basis of emotion: A meta-analytic review. *Behavioral and Brain Sciences*, 35, 121–202.

Logothetis, N. K., Pauls, J., Augath, M., Trinath, T., & Oeltermann, A. (2001). Neurophysiological investigation of the basis of the fMRI signal. *Nature*, 412, 150–157.

MacDougall, W. (1908/1921). *An introduction to social psychology*. Boston: John W. Luce.

Mangina, C. A., & Beuzeron-Mangina, J. H. (1996). Direct electrical stimulation of specific human brain structures and bilateral electrodermal activity. *International Journal of Psychophysiology*, 22, 1–8.

Marci, C. D., Glick, D. M., Low, R., & Dougherty, D. D. (2007). Autonomic and prefrontal cortex responses to autobiographical recall of emotions. *Cognitive, Affective & Behavioral Neuroscience*, 7, 243–250.

McDuff, D., Kaliouby, R. E., Senechal, T., Demirdjian, D., & Picard, R. (2014). Automatic measurement of ad preferences from facial responses gathered over the internet. *Image and Vision Computing*, 32, 630–640.

MediaPost (2009). TiVo: Viewers don't skip engaging ads. Available at www.mediapost.com/publications/article/103233/tivo-viewers-dont-skip-engaging-ads.html.

Meyer, D. E., & Schvaneveldt, R. W. (1971). Facilitation in recognizing pairs of words: Evidence of a dependence between retrieval operations. *Journal of Experimental Psychology*, 90, 227–234.

Mick, D. G. (1996). Are studies of dark side variables confounded by socially desirable responding? The case of materialism. *Journal of Consumer Research*, 23, 106–119.

Mickley Steinmetz, K. R., & Kensinger, E. A. (2013). The emotion-induced memory trade-off: More than an effect of overt attention? *Memory & Cognition*, 41, 69–81.

Murray, B. D., & Kensinger, E. A. (2012). The effects of emotion and encoding strategy on associative memory. *Memory & Cognition*, 40, 1056–1069.

Murray, B. D., & Kensinger, E. A. (2014). The route to an integrative associative memory is influenced by emotion. *PLoS One*, 9, 1–8.

Niedermeyer, E., & da Silva, F. L. (2004). *Electroencephalography: Basic principles, clinical applications, and related fields*. Philadelphia: Lippincott, Williams & Wilkins.

Nielsen (2015). Brain activity predicts social, T. V. engagement [white paper online]. Available at www.nielsen.com/content/dam/nielsenglobal/co/docs/Reports/2015/Nielsen%20Neuro%20Report%20April%202015.pdf.

Ogawa, S., Lee, T. M., Kay, A. R., & Tank, D. W. (1990). Brain magnetic resonance imaging with contrast dependent on blood oxygenation. *Proceedings of the National Academy of Sciences of the United States of America*, 87, 9868–9872.

Öhman, A., Flykt, A., & Esteves, F. (2001). Emotion drives attention: Detecting the snake in the grass. *Journal of Experimental Psychology: General*, 130, 466–478.

Panksepp, J. (1998). *Affective neuroscience: The foundations of human and animal emotions*. New York: Oxford University Press.

Payne, B. K., Cheng, C. M., Govorun, O., & Stewart, B. D. (2005). An inkblot for attitudes: Affect misattribution as implicit measurement. *Journal of Personality and Social Psychology*, 89, 277–293.

Randall, K. (2013). How your brain can predict blockbusters. Available at https://www.fastcompany.com/3006186/how-your-brain-can-predict-blockbusters.

Russell, J. A. (1980). A circumplex model of affect. *Journal of Personality and Social Psychology*, 39, 1161–1178.

Russell, J. A. (2003). Core affect and the psychological construction of emotion. *Psychological Review*, 110, 145–172.

Russell, J. A., & Fernandez-Dols, J. M. (1997). *The psychology of facial expression*. New York: Cambridge University Press.

Sabatinelli, D., Bradley, M. M., Fitzsimmons, J. R., & Lang, P. J. (2005). Parallel amygdala and inferotemporal activation reflect emotional intensity and fear relevance. *NeuroImage*, 24, 1265–1270.

Schacter, S., & Singer, J. E. (1962). Cognitive, social, and physiological determinants of emotional state. *Psychological Review*, 69, 379–399.

Schwarz, N., & Clore, G. L. (1983). Mood, misattribution, and judgments of well-being: Informative and directive functions of affective states. *Journal of Personality and Social Psychology*, 45, 513–523.

Seifert, C. J., Kothuri, R., Jacobs, D., Levine, B., Plummer, J., & Marci, C. D. (2009). Winning the Super Bowl buzz: How biometrically-based emotional engagement correlates with online views and comments for Super Bowl advertisements. *Journal of Advertising Research*, 49, 293–303.

Stroop, J. R. (1935). Studies of interference in serial verbal reactions. *Journal of Experimental Psychology*, 18, 643–662.

Talmi, D., Luk, B. T. C., McGarry, L. M., & Moscovitch, M. (2007). The contribution of relatedness and distinctiveness to emotionally-enhanced memory. *Journal of Memory and Language*, 56, 555–574.

Talmi, D., Anderson, A. K., Riggs, L., Caplan, J. B., & Moscovitch, M. (2008). Immediate memory consequences of the effect of emotion on attention to pictures. *Learning & Memory* (Cold Spring Harbor, N.Y.), 15, 172–182.

Teixeira, T., Picard, R., & Kaliouby, R. (2014). Why, when and how much to entertain consumers in advertisements? A web based facial tracking field study. *Marketing Science*, 33, 809–827.

Treutler, T., Levine, B., & Marci, C. D. (2010). Biometrics and multi-platform messaging: The medium matters. *Journal of Advertising Research*, 50, 243–249.

van Stegeran, A. H., Everaerd, W., Cahill, L., McGaugh, J. L., & Gooren, L. J. (1998). Memory for emotional events: Differential effects of centrally versus peripherally acting beta-blocking agents. *Psychopharmacology*, 138, 305–310.

Venkatraman, V., Dimoka, A., Pavlou, P., Vo, K., Hampton, W., Bollinger, B., et al. (2015). Predicting advertising success beyond traditional measures: New insights from neurophysiological methods and marketing response modeling. JMR, *Journal of Marketing Research*, 52, 436–452.

Vytal, K., & Hamann, S. (2010). Neuroimaging support for discrete neural correlates of basic emotions: A voxel-based meta-analysis. *Journal of Cognitive Neuroscience*, 22, 2864–2885.

Weber, R., Mangus, M. J., & Huskey, R. (2015). Brain imaging in communication research: A practical guide to understanding and evaluating fMRI studies. *Communication Methods and Measures*, 9, 5–29.

Wundt, W. (1897/1998). *Outlines of psychology* (C. H. Judd, Trans.). Bristol, UK: Thoemmes Press.

CHAPTER 8

意思決定

MORAN CERF

「私はいったい，ここからどちらの道を行けばよいのでしょう？ お願いします，どうか教えてもらえないでしょうか」
「それは君がどこに行きたいかによるね」ネコは答えた．
「私はどこだっていいのですが…」アリスは言った．
「だったらどっちに行ったって構わないさ」とネコ．
「どこかの場所にたどり着きさえすれば，ですけど」と，アリスは説明を添えた．
「ああ，それなら必ずそうなるよ．長く歩き続けさえすればね」
——ルイス・キャロル『不思議の国のアリス』

8.1　はじめに

　意思決定の科学は，研究テーマとして過去10年の間に爆発的に拡大してきた．そして，われわれの意思決定の極めて多くは経済に関係しているため，そこには，行動経済学や認知神経科学の諸分野，不合理な行動の研究などが組み入れられてきた．ではなぜ，マーケティングの分野が意思決定の過程に関心を持つ必要があるのか？ それは，どの製品を買うのか，いつ買うのか，どこで買うのか，いくらで買うのか，というように，非常に多くの消費者行動が，選択することに依存

するためである．どの製品のどんな販売促進キャンペーンが，どんな消費者にアピールできるか？　顧客は本当に，人と関わりを持つかのようにブランドと関わることができるのか？　消費者神経科学（コンシューマーニューロサイエンス）は，これらの問いや，さらに多くの疑問に答えることができる．

　人間の意思決定過程の理解が進めば進むほど，届けたいものを消費者に選択してもらえる可能性が高まるし，消費者がより満足度の高い選択をする助けにもなる．マーケターは，消費者が選択をする際に心の中で何が起こっているのかを理解する必要がある．そして，その理解のために神経科学は必須である．脳イメージング研究によって，調査参加者が報告できないことを可視化することができる．人間は，自分たちの選択をいつも明瞭に表現できるわけではないし，その選択について，本当ではないストーリーを作り上げるかもしれない．例えば，ある女性は次のように推論するかもしれない．「このドレスはサイズが少し小さいけど，買っても大丈夫．すぐにダイエットで痩せて，そのサイズがぴったりになるから」．さらに，自分の選択を説明したがらない人もいるし，特定の質問に答えるのに気詰まりを感じる人もいる．例えば，自身のポルノ視聴に関する世論調査をしたとして，正確な反応が期待できるだろうか？

　そうはいっても，選択は人間の本質的な行動であり，われわれは選択することが大好きだ．バーガーキングでは「お好みどおりに」(Have it your way) というスローガンが長年使われていた．同様に，スターバックスでは，ドリンクを何千通りにもカスタマイズできる．アメリカ合衆国は「機会の地」(land of opportunities) として知られる．アメリカ人は，ポテトチップスの風味からどの大学に通うかまで，すべてにわたって，あらゆる選択肢を探索するよう奨励されている．われわれはまた，選択を通して自分自身を表現していると信じているし，自分の「好み」が自分自身を定義するとも信じている．今どんな本を読んでいる？　朝食は何を食べた？　これらの決定は，読者と他の人をどのように区別するだろう．われわれは，自分の選択が自分だけのものであると信じているし，なぜ，どのようにその選択をしたのかを説明できると信じている．この章では，それが必ずしも真実ではないことを示す．

8.2　本当は誰が決定するのか？

　科学では，AかBか，左か右か，赤い薬か青い薬か，というように，よく単純な選択を扱う．この選択の形式は，二肢強制選択法（2-alternative-forced-choice; 2AFC）と呼ばれる．しかし，生活の中のほとんどの選択は二択ではない．「マトリックスの薬」[1]よりも複雑である．実験室の外では，意思決定のためのすべての選択肢が常に明確であるとは限らない．また，それらの選択肢がいつも同時に現れるとも限らない．購買意思決定の確率は，最初にブランド認知（brand awareness），そして次にブランド考慮（brand consideration）に依存すると考えられている．マーケティングの文脈では，「考慮集合」（consideration set）は，各ブランドの認知率のもとで，購買の際に消費者の評価の対象となるブランドの集合と定義される（Roberts 1989）．考慮集合は選択集合（choice set）と区別される．選択集合は大半の実証研究（実験による研究）で提示される選択肢であり，仮説的な製品や偽装品が含まれることもある．

　消費者の選択は，小売店がどの商品を取り扱うかによっても影響される．例えば，読者がいつも使っているドラッグストアは，市場にあるすべての歯磨き粉を扱うわけではない．在庫しているのは，その中の4種類か5種類だけかもしれない．このようにして，ドラッグストアは読者の選択肢の集合を狭めることで，読者の決定に影響を及ぼしている．

　選択が生じるメカニズムには，たくさんの説明方法があり，意思決定における選択肢の影響から，選択を操作するパラメーターのセットまで，多岐にわたる．その中で，ここでは，脳内での意思決定過程の構成要素に焦点を当てる．意思決定過程は脳内に存在しているが，われわれは決定を導く過程のすべてにアクセスできるわけではない．神経科学や心理学の複数の研究が示してきたところによると，われわれは意思決定のたびに結果に到達はできるが，その決定に至るまでの道筋の説明は，しばしば自分で把握できる範囲を超えている．簡単に言うと，われわれの意思決定はあまりにも複雑で曖昧なので，選択が決定された過程を完全に表現することは不可能である．われわれの脳が決定に至った時点と，そこまで

---

[1] 映画『マトリックス』で，ネオがモーフィアスから問われる．「赤い薬は真実を知る薬．青い薬を飲むと，すべてを忘れ，元の世界に戻る．赤い薬か，青い薬，どちらを選ぶか…」

の道筋を説明するように求められる時点の間には，たくさんのステップが存在する．それらのステップが，意思決定のパラメーターを曖昧にしたり，変更したり，さらには完全にひっくり返したりする．

　そのことを例証するために，Johanssonら（2005）は，意図，選択，自己報告の間の関連を調べた．この実験の参加者は，2枚の顔写真を見せられて，より魅力的と思うほうを選択するように求められた．表面上はとても簡単な選択で，深い思考や入念な処理は要求されない．単に選択肢を見て，深く考えることなく魅力的に思うほうを選択すればよい．その後，参加者は自分が選んだカードを受け取って，なぜ自分がこの顔を好んだのか説明するように求められる．このような試行を何度も繰り返すが，一部の試行では，参加者が気づかないうちに，実験者側が意図的にカードをすり替え，参加者が選んでいないほうのカードを渡す．すると，ほとんどの参加者は，選ばなかったほうを見ていることに気づくことなく，自分の「選択」を説明し始める．このように過去の決定に気づかない現象のことを，研究者たちは選択盲と呼ぶ．われわれは，自分自身の決定の認識や解釈が驚くほどできないのだ．

　神経科学には，誰がどうやって決定するのかを説明するたくさんの余地がある．その手段は主に，被験者の脳の中身を覗き見て，新規の選択をする脳部位と選択を説明する脳部位の両方を明らかにし，情報の流れをたどることによって，決定を下す脳部位と説明する脳部位が独立していることを示すことに集約される．われわれは，自分の決定は不変で確固たるものであり，説明できるものだと考えている．だが，実際のところ，脳の中にある過去からの証拠に基づいて，現在の何かを説明する傾向があることがわかった．しかしながら，選択を行った過去の自分に直接アクセスすることは実際には不可能である．それゆえ，もしも著者が読者の選択を変更して，これは読者自身が決定したものだったと納得させれば，読者は，その選択が自分自身によるものだと自分を納得させるストーリーを自分自身に言い聞かせるだろう．もしも読者が時間 $t=0$ の時点で選択を行って，記憶の中に貯蔵し，あとで知らない間にその選択が変更されたら，変更後の結果を自分自身の決定によるものだと受け入れる可能性が高い．それを疑問に思わないばかりか，それは常に自分の決定によるものだと信じて，自分や他人に間違った選択の説明を始めるだろう．マーケティングにとって，これがどういう意味を持つ

かを考えてみよう．著者は，読者自身が自分で欲しかったと思っていたものを変更することができる．そして，読者は，なぜ最初からそれが欲しかったのか根拠を説明してくれる．そうやって著者を「助けて」くれるのだ．

意思決定のモデルの多くは，直観的な判断が生じる過程と，より慎重な熟慮の過程の二つを明確に区別する．これらの過程は，個別の対照的な特徴を持つ二つの「システム」としてまとめて言及される傾向にある（表 8.1）（最近の出版物，例えば Kahneman の *Thinking, Fast and Slow*[2] などで一般に広まった）．システム 1 の過程は，われわれが通常想定しているよりも選択に大きな影響を及ぼす．われわれは「思考」を特徴づける際には，システム 2 のタイプの思考過程のみを含む傾向がある．論理的で，努力を要する，遅い思考過程だ．それゆえ，われわれはこのシステム 2 の過程が意思決定のすべてに責任を持つはずだと想定している．しかし，実際には，われわれはシステム 2 の重要性をたいてい過大評価している．本当は，システム 1 の「速い思考」がしばしば意思決定に想像以上に影響を及ぼしているのだ．

表 8.1 脳内で「思考」を統括する二つのシステムの特徴

システム 1	システム 2
「直観的な」判断に繋がる自動的過程	慎重に考えた上での判断に繋がる熟考の過程
速い	遅い
自動的	コントロールされる
連想やヒューリスティックスに基づく	ルールベースで分析的
容量が大きい	容量が小さい
文脈依存的	文脈から独立
具体的推論のみ	抽象的推論も可能
並列処理	逐次処理
進化的に古い	進化的に新しい

---

[2] 【訳注】邦訳は，村井章子訳『ファスト&スロー：あなたの意思はどのように決まるか？』早川書房（2014）．

8.2.1 システム 1 の過程は脳が意思決定を導くための直接的な近道を提供する

より遅い熟慮型の思考システムをあまり使う必要がない決定の場合，脳にとってはたいてい自動的な過程からの情報で十分である．もしその容易で自動的な過程による決定で済ませられるなら，われわれはそうするだろう．

Erik du Plessis が著書 *The Advertised Mind* で述べているように，この種の意思決定の恩恵の一つは，遅れが致命的な危険に結び付くような状況で行動することを可能にするスピードである．彼はそこで，潜在的な危険を知らせる刺激に対する脳反応や恐怖に関する Joseph LeDoux（1998）の研究を参照する．そして，ヘビに遭遇することがそれほど珍しいことではないエリアでハイキングをしていて，ヘビのような形をした小枝に出くわしたときのことを，以下のように述べている．

> 即座に，意図とは無関係に恐怖を感じる．これが身体的な反応を引き起こす．つまり，あなたは凍ったように立ちすくみ，心拍数も増すだろう．そして，運が良ければ，その小枝が本当に単なる小枝であると気づくだろう．そのあと，あなたの身体はゆっくりと通常の状態に戻り，楽しくハイキングを続けるだろう．

小枝によって引き起こされる潜在的危険に対する反応は，純粋にシステム 1 に基づく判断の産物である．刺激を完全に処理し，熟慮に基づいて一連の行為を決定する時間はない（逆にもしその時間があったら，それはただの小枝で，特別な反応は必要ないということに気がつくだろう）．しかし，「大ざっぱな」視覚処理によって引き起こされる自動的な反応は，潜在的な危険を脳に警告し，闘争か逃走へ身体を準備させるのに十分である（ボックス 8.1）．

ボックス 8.1：選択にシステム 1 がどう関与するかに関する Millward Brown 社による調査
(Graham Page and Sarah Walker)

ヘビに対する本能的なシステム 1 の反応を調べた Millward Brown 社による最近の調査では，無意識の反応と恐怖の報告の間に強い繋がりがあることが示された．彼らが「感情プライミング法」(emotional priming paradigm) と呼んでいる方法を用い

て，物体，コンセプト，あるいはブランドに対する，内在された正または負の反応が測定された（この方法は，ハーバード大学の Anthony Greenwald らが先駆的に開発してきた潜在的連合テスト（IAT）の原理に基づいている）．

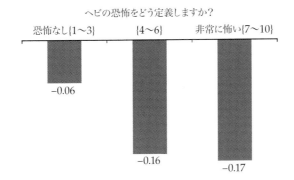

　ヘビに対する恐怖を表明している人のほうが，そうでない人に比べて，ヘビに対して極めて強い自動的な負の反応を示すことがわかった（図を参照）．これは，小枝に対する恐怖を引き起こすのと同じ無意識の過程に起因する可能性が高い．特に注目すべきことに，ヘビについて中程度の恐怖しか認めなかった人たちも，実際には極端な恐怖を表明した人と同じくらい強い反応を示していた．彼らは単に強い恐怖心を認めたくないのか，それとも，自分たちの気分や心理的状態における本能的な反応の影響を弱める対処法を発達させてきたのか，どちらなのかはわからない．しかし，直観的なシステム 1 の反応が強ければ強いほど，そのシステム 1 が示唆する決断を行う可能性が高くなるだろう．

　ブランドにとっても，このようなショートカットは大きな意味を持つ．恐怖や生存ではなく，安全で信頼できる選択という方向へ，最小限の労力で導くことができるからだ．たいていの場合，ブランドに対するシステム 1 の反応は，ヘビに対するものよりも弱いが，それでも十分に影響がある．購買や製品の選択に関係する多くの状況では，慎重に検討して生じる信頼や確実性よりも，迅速に決断する能力のほうがずっと重要である．結果として，ブランド関連の決断の多くは，危険に対する反応を準備するのと同じ種類の心理的ショートカットに依存したシステム 1 の判断に，主に基づいている．それらには，ポジティブな感情反応を最も強く引き起こした選択肢，最も親近感を感じるもの，あるいは前にうまくいった状況を思い起こさせるものなど，さまざまな選択が含まれる．意思決定のためにそれらをヒューリスティックスとして用いることで，網羅的に熟考する場合に比べて，圧倒的に迅速かつ少ない労力で決断に至ることができる．

8.2.2　システム 1 の過程はシステム 2 の思考も形作る

　システム 1 の過程は迅速かつ自動的に賦活されるので，「常にオン」のような状態であり，より遅いシステム 2 の思考が始まる前に，システム 1 のアウトプットは常に脳にとって利用可能な状態にある．このことの一つの帰結として，システム 1 の自動的アウトプットが，その後に生じる分析的な処理に背景情報を提供し，その分析的思考を否応なしに「形作る」ことになる．

　この種の組み立ての記述として最も広く知られているものに，Damasio の成果がある．感情と，それが意思決定に果たす役割に関する研究だ．彼によると，事象や記憶は「ソマティックマーカー」を持っており，それが，事象や記憶の脳内処理に影響する．Damasio は，ソマティックマーカーを，状況，対象，場所などの心的表象に帰する感情の「タグ」として特徴づける．このタグは，脳がそのことに遭遇したりそのことを考えたりするときはいつでも，脳への合図の役割を果たすとともに，そのことに関係して考えたり聞いたりする他のことの解釈や検討のための場を作る．

　脳損傷患者を対象にした Damasio の研究は，その感情のマーカーがわれわれの意思決定の能力に重要であることを示している．前頭葉（特に前頭前野腹内側部）に損傷を持つ患者は，論理的な思考に関連した感情的背景を生成できなくなり，より最適から離れた，良くない決定をしてしまう．Damasio は，その意思決定の機能不全の背後にある理由を，次のように推測した．すなわち，脳損傷が原因で，過去の経験による感情を使って将来の適切な反応を導くことができず，そのため，すべての選択において，遅くて時間と労力を要する費用便益分析（システム 2）に依存することを強いられる，という推測である．

　Damasio は，この感情のタグが意思決定の唯一の基礎で，どんな意識的な思考も必要ない，と示唆しているわけではない（多くの人がよく誤解しているが）．そうではなく，この感情のマーカーが即座に生じる「ソーマ」を作り出し，それがそのあとに起こる認知や熟慮型の「思考」に対する背景を提供することを示唆している．つまり，Damasio は，われわれのすべての意思決定が直接的に感情に駆動されると示唆しているわけではなく，それらの感情のタグが，より簡単で迅速な決定のために，関連のある文脈を整える助けになると指摘している．Damasio

が言っているところによると，感情はアクセルの上の足のようなものであって，ハンドルを握っているのではない．

　以下の状況を考えてみよう．いま，新しい車を購入しようと考えている．ディーラーに行って，大まかな基準と価格の範囲に合うAとBの二つの車種を見てみる．本能的に，Aのほうが好みだと思い（直観的過程），より魅力的な選択肢だと判定する．もしシステム1の反応に依存していたら，Aが明確な勝者である．しかし，とても重要な決断なので，パフォーマンスなど諸々についてもう少し事実を検討し始めようという動機に至る．そして，システム2を動員し，二つのオプションを品定めして，より「合理的な」選択をしようとする．

　しかし，この「合理的な」分析を単独で行うことはできない．当初の車種Aに対する好みを完全に遮断することは不可能だ．たとえ，それに基づかないで決定しようとしても，それに気づかないでいることはできない．そして，その直観的過程が，どれだけ簡単に「合理的な」選択ができるかに影響する．論理的に検討している情報が，この最初の直観的好みを支持するものであるなら，直観的好みを棄却するような分析的な推論をして車種Bを選ぶ場合に比べて，とても容易な決定になるだろう．

8.2.3　システム1は必要であれば覆されうる

　直観的な反応は，重要ではあっても，われわれの行動を支配する唯一のものではない．自分がそうしたいときや，状況が要求するときには，それを覆すことができる．通りにいる人を認識する過程を例に挙げよう．彼を認識し名前を思い出すかどうか，自分ではコントロールできない．しかし，自分がとても急いでいるなら，とても話したかったとしても，彼を止めて話しかけることはしない，というコントロールはできる．

　この直観的反応を覆す能力は，進化的にとても新しく，システム1の反応に主に依存して生存している他の種よりも，もちろんヒトのほうがよく発達している．また，それは一生涯にわたって発達するものでもある．子どものうちは，大部分は物事に対する直観的な反応によって導かれ，そう振る舞いたいという欲望を抑えることはたいてい困難である．成長に伴い，集団や課題での協調性を学習し，それにつれて，直観的なシステムが示唆する反応を抑制する能力も発達して，行

為の選択をより良くコントロールできるようになる．次のようなことも，これで説明できる．おやつが置いてある部屋に一人で残された3歳児は，たとえダメと言われていても食べないではいられない．しかし，9歳児ならそれができる．

人間は，システム1の過程で，ある決定にとって有用かもしれない，潜在的に重要な直観的反応の信号を脳に知らせる．しかし，脳は必ずしもそれに基づいて行動する必要はない．システム2は，もし必要なら，事実上いつでもシステム1の反応を却下することができる――そうするだけの時間，能力，そして動機がありさえすれば．

8.2.4 文脈によって異なるシステムが優位になる

システム2を用いて慎重に熟慮して意思決定すると，時間と労力がかかる．だから，そうするための動機が必要となる．そうでなければ，初期設定である直観的な反応に依存するか，あるいは決定そのものを完全に避けてしまうだろう．とはいえ，われわれが実際に決定しようとするとき，とりわけそれが金銭の支払いを伴うときは，たとえある程度の努力を必要とするとしても，たいてい正しい選択をしたいという動機にかられる．

しかし，それはいつも簡単であるとは限らない．システム2がシステム1にどの程度優先できるか，また，どの程度そうしようとするかは，その決定がなされる文脈，および，その文脈の種々の要因によって脳がどちらのシステムに基づくように仕向けられるかに依存する．

最終的にどんな決定をするにしても，脳がほぼ最初に決める必要があるのは，決定に至るまでの最適なルートの選択，すなわち，主にシステム1の過程に基づく速くて楽なアプローチをとるか，あるいは，スピードと資源を犠牲にして厳密さをもたらすシステム2の過程を主に用いて，遅くて労力を要するアプローチをとるか，である（図8.1）．

意思決定が起こる文脈は，ルートの採用に大きな影響を及ぼす．脳のデフォルト値としては，可能であればいつでもシステム1の過程を使おうとする．なぜなら，迅速で，楽で，必要とされる心的容量が極めて少なくて済むからだ．しかし，より遅く慎重なシステム2の思考を必要とする状況もある．間違った選択をしてしまうリスクか，選択が遅きに失するリスクか，脳はどちらのリスクがより深刻

8.2 本当は誰が決定するのか？　215

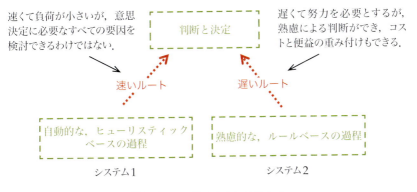

図 8.1　システム 1 とシステム 2

図 8.2　速いルートと遅いルート

かを評価しなければならない（図 8.2）.

　以上のように，文脈は，脳が選択する処理のタイプやルートに影響を与える．それに加えて，文脈はまた，それぞれのルートがどれくらいうまく進展できるかにも影響する．それは，持っている情報（何を知っているか），心的状態や認知的容量（今どう感じているかなど），同時にほかに何をしようとしているか，などに依存する（図 8.3）.

　図 8.3 の二つのリストの長さだけを見ても，システム 1 に依存するようにバイアスをかける文脈要因が，ほかにも多くあることは明らかである．正しい決定をするために労力を費やそうという動機があるときでさえ，そのバイアスは存在する．結果として，とても多くの状況でシステム 1 の影響を目にすることになり，また，人間が現実にどのように意思決定するかを理解するには，システム 1 の影響の理解がその核心となる．

システム1を好む要因	システム2を好む要因
インプットの強さ 選択肢について脳がどれくらい知っているか？ その知識にどれくらい簡単にアクセスできるか？ 選択肢に対する教示的な感情反応はどれくらい強いか？ インプットが強ければ強いほど、システム1の反応も強い.	**決定の複雑さ** その意思決定はどれくらい複雑か？ 抽象的な推論を必要とするか？ 複雑な推論や仮説的推論を要する意思決定は、システム2の関与を必要とする. システム1だけではこれらの問題を解決できない.
システム2の容量 ほかにどれだけ多くのことを同時に検討しようとしているか？ ほかにどれだけ多くのことが注意を引こうと競い合っているか？ それまでにすでにどれくらい一所懸命に検討してきたか？ システム2の資源は限られている. それゆえ、もしそれらがすでに占有されていたり過去の過度の思考によってすでに枯渇していたら、システム1を無効にすることはより難しい.	**重要性** 正しい回答を得ることがどれくらい重要か？ 決断を正当化する必要があるか？ より重要な決断は、システム2を導入しようとする動機を高める.
心理状態 どれくらい疲れているか？ 疲労はシステム1の反応を覆す能力を低下させ、直観への依存度を高める.	
時間的制約 素早く決断することが、どれくらい重要か？ 素早い決断の必要性はシステム1への依存度を高める.	

図8.3 システム1とシステム2を支持する要因

8.3 いつ決定するのか？

　ここ最近，科学者たちは，意思決定を「背後で」駆動する過程を探索してきた．特に「これから何を選ぼうとしているかを，実際に決定する時点のどれくらい前に知ることができるのか？」という問いに答えようとしてきた．研究者たちは，選択が起こる前にその選択を同定する方法を見つけ出した．そして，被験者が自分の選択に気づく前に，彼らの脳のさまざまなメカニズムの間で相互作用が起こる様子（すなわち，脳が選択をする瞬間とそれに意識的に「気づく」瞬間のギャップの間に起こる脳の活動）を観察してきた．この研究で中心的なことは，行動しようという決断を符号化する単一ニューロンが脳内に存在することだ．Fried, Mukamel, and Kreiman (2011) の実験では，回転している時計の針をある時刻に止めるという行動課題（最初に考案したのは Benjamin Libet）を遂行している被験者の前頭葉内側部のニューロンの活動が記録された．時計の針を止めるときに特に指示はなく，被験者が自分で自由なタイミングで針を止めればよい．そして，時計の針を止めた後に，被験者は行動を起こすという衝動を感じた瞬間を指し示すように求められる．すなわち，時計を止めるボタンを押すという意志を感じた瞬間だ．つまり被験者は，ボタンを押す前の「押そう」という意志を持ったタイミングを報告するわけだ．実験の結果によると，運動に関与するニューロンは，ボタンを押すという運動の少し前に，そのボタン押し動作を活発に「プランニング」し，一方，前頭葉内側部の一部のニューロンは，決断よりもさらに前，つまり，被験者が時計を止めようという意志を最初に感じた時点よりも前（ボタンを押すという意志の報告の 1.5 秒前，実際のボタン押しの 2 秒前）に発火した．このことは，ニューロン活動が自由意志の経験よりも先に生じること，そして，その意志がいつ起こるのかを予測できうることを意味する．

　Perez et al. (2015) による同様の研究では，運転ルートや曲がり角の選択のような意思決定に注目し，その背景にある神経過程が調べられた．参加者は，コンピュータベースのドライビングシミュレータの中で，曲がり角の方向の決定（右か左か）をし，その間の脳の電気活動が記録された．実験の結果，自分が「決断した」（と報告した）タイミングに先んじて，運動前野の活動が生じることが観察された．この運動前野の活動を使って，Perez らは被験者の決定の内容を正確に

予測することができた．

　Cerf and Mackay（2011）も実験室での被験者の決断を予想することができた．彼らは電極を被験者の脳に配置し，左右二つのボタンを配したパッドを被験者に渡した（図8.4）．被験者は，自分の意志で選択してボタンを押すこと，ただし，そのボタンが光るまではボタンに触れないことを指示された．まず，CerfとMackayは，ボタンを押すという決断を符号化する細胞をそれぞれの被験者の脳内で見つけた．そして，被験者がボタンを押す機会を得る前に，その細胞の活動の情報を使って，その意図されたボタンを光らせた．自分たちの脳活動がそのボタンが光る引き金になっているということに，被験者たちは決して気づかなかった（Cerf 2015）．

　まとめると，これらの研究が示すのは，われわれの決断は，自分自身がアクセスできるよりも数秒前に脳内ですでに起こっているということだ．自由意志はわれわれが思うよりも前に起こっている．「自分で決めた」という考えは，部分的にだけ正しい．われわれは自分たちの決断に自主的に到達しているわけではない．マーケターとして，これが意味することは，消費者の好みを知ることができ，購買過程の早い段階でその好みに対応して，結果的に消費者の行動をある方向に導くこともできる，ということである．例えば，読者が青色に引かれていることを発見できれば，青が欲しいと読者自身が気づく前に，青色の商品をより多く見せて青を買うように仕向けることが可能である．

8.4　どのような要因が意思決定に影響するのか？

　マーケティングマネージャーが意思決定のパラメーターを理解すれば，消費者の選択をより良く理解し，消費者に働きかけることができる．われわれの意思決定に影響するたくさんの要因には，感情，認知的負荷，物理的環境の諸側面，文化，選択可能なオプション，そして記憶が含まれる．このあと，これらの要因について議論する．

8.4.1　感情

　感情は，われわれの意思決定に影響する主要な要因の一つであり，第六感や直感などとして知覚される．感情によって，心的な努力なしに瞬時の決断や予測をすることができる．Yuval Harari（2015）は，感情を生物化学的なアルゴリズム

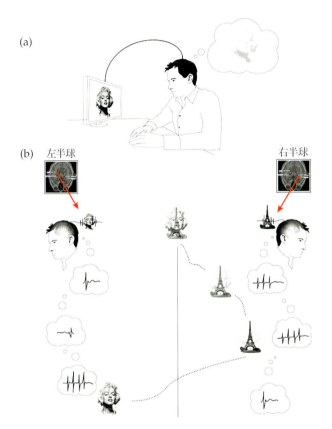

図 8.4 (a) 頭蓋内電極からの記録により，特定のコンセプトに反応するニューロンが同定される．この例では，マリリン・モンローのイメージに応答する細胞が見つかった．この細胞はモンローの画像や思考に対して発火頻度を増加させる．(b) このあと，この細胞はエッフェル塔を再現するとわかった細胞と競合させられる．二つの画像を重ねて示し，被験者にモンローの画像が最もよく見えるように調節させた．画像の見えやすさは，それぞれのニューロン同士の相対的な活動と，個々のニューロンのベースラインからの相対的な活動変化を，リアルタイムで読み出すことによってコントロールされた．この例では，最初に被験者は実験に失敗する．つまり，エッフェル塔ニューロンの発火が増加してタワーの可視性が増し，ネガティブフィードバックが与えられる．しかし，被験者は徐々にコントロールできるようになる．内的なモンローに関する思考に集中することで，感覚入力を上書きする．そして，モンローニューロンの発火頻度を上げてエッフェル塔ニューロンの発火頻度を下げ，モンローの画像を見えるように前景に持ち出す．脳スキャン画像は，脳内の各電極の位置を示す．クレジット：Moran Cerf.

だと定義している．このアルゴリズムは，数百万年の自然選択を経て，脳の認知処理を効率化すべく発達してきた．例えば，ライオンが近づいてくるのを見ると，恐れを感じ，その恐怖がわれわれを逃走へと強く駆り立てる．何をするか考えて時間を無駄にしたり命を危険に晒したりすることはない．ただ逃げるのみだ．これらのアルゴリズムの中には，今日では時代遅れのものや不適応なものもあるだろう．例えば，見た目の魅力で劣る相手の中により良い相手がいるかもしれないのに，純粋に身体的な見た目だけで恋愛の相手を選ぶことがあるかもしれない．その理由は，人間は魅力的なパートナーを恋愛相手として好むように進化してきたから，ということだけだ．

これは，将来的にはわれわれにとって最適なものを機械が知るようになることを示唆する．われわれは，好みや習慣に関する極めて膨大なデータを，サーチエンジンに供給し続けてきた．最終的にこれらのエンジンは，われわれ自身のものよりも正確なアルゴリズムを開発できるだろう．なぜなら，それらは人間の認知的バイアスとは無縁だからだ．

とはいえ，無意識のバイアスは，リスクをうまく回避するのにとても有益になりうる．アイオワギャンブリング課題は，リスク回避，つまりリスクをとることをどの程度回避するかを計測するために開発された（Bechara et al. 1994）．この課題では，参加者は四つに分けられたカードの山を見せられる．各カードの裏には金額が記載されており，プラスの金額が書かれていればそれがもらえ，マイナスならその金額が合計から引かれ損失を受ける．参加者は，最もたくさんの金額が得られることを目指して，四つの山の中から一度に1枚ずつカードを選んでいく．二つの山は，より多くの金額が得られるカードが含まれているが，損失も大きい「良くない山」である．ほとんどの参加者は，ある程度失敗を重ねると，その良くない山を回避することを学習する．しかし，前頭前野腹内側部に損傷を持つ患者は損失に無関心で，良くないほうの山からカードを引き続ける．また，Becharaらは，脳損傷を持たない参加者に興味深い事実を発見した．その二つの山が良くない選択だと報告できるようになる前に，実はすでにそのことを「知っている」という事実だ（Bechara et al. 1997）．健常な参加者の皮膚コンダクタンス（ストレスの指標）は，リスクの高い山からカードを引くのに先立って変化する．その変化は，まだ完全にはそのリスクに気がついていない状態で，すでに生

じており，しかもその時点で，参加者はより良い選択のために戦略を変更していた．より有利な結果をもたらす行動を導くために，感情が無意識のバイアスとして役立っているのだ．

8.4.2 認知的負荷

Shiv and Fedorikhin (1999) によると，意思決定の過程には，感情によるものと認知的なものという二つのタイプがある．感情による過程はかなり自動的で，一方，認知的な過程はもっとコントロールされている．認知的な過程が活性化されると，行為の結果について意識的に考え，その思考が選択に影響を及ぼす．気力や注意力など心理的な資源が使えるときには，より高い確率でこの認知的な過程が使われる．資源が少ないと，意思決定は自動的，衝動的になりがちである．Shiv と Fedorikhin は，参加者に作業をさせることで彼らの心的資源の可用性を操作した．参加者の半分に 7 桁の数字，残りの半分に 2 桁の数字を記憶させた上で，チョコレートケーキとフルーツサラダのうち食べたいものを選ばせた．すると，予想どおり，7 桁の数字を記憶しなければならなかった参加者は，フルーツサラダよりもケーキを選ぶ傾向が顕著であった．記憶課題で必要とされる認知的負荷が，彼らの意志の力を低下させたのだ．ただし，この効果は実際の食べ物を見せた場合にのみ生じ，食べ物の写真では生じなかった．つまり，写真を見たときには，意志の力の欠如は選択に影響しなかったのだ（図 8.5）．

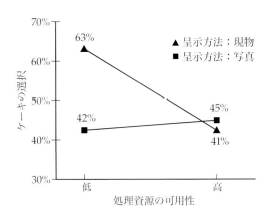

図 8.5 処理資源と呈示方法の関数としての選択と決断のバイアス

この知見に基づくと、衝動的な購買行動を増加させたいマーケターは、店内環境で認知的負荷を増やすことで便益を得られるだろう。例えば、買い物客の集中を邪魔するために音楽をかけたり、クイズを提示したりする。また、レジを高速化することで、消費者がカートの中身をじっくり検討する機会が減少し、衝動買いが増えるだろう。

同じ需要を満たすために同じブランドの間で意思決定をする場合でも、心理的な文脈は大きな違いを生み出しうる。LivePerson 社による 2013 年の世界規模の研究では、同じ商品をオンラインで購入する場合よりも、実際の店舗の環境のほうが「衝動買い」の傾向が極めて高かった。間違いなく、この効果の一部は、実店舗内にずらりと並んだブランドや販促素材から生じる強いシステム 1 反応によって駆動されたものだ。実店舗での意思決定は、商品そのものや、その視覚ディスプレイ、音の手掛かり、さらには香りまで、さまざまな要因との身体的なインタラクションから影響を受ける。オンラインでは、単なる文字やイメージが中心なので、実店舗とは明確な違いがある。また、実店舗環境では、社会的なプレッシャーによって、いったん始めてしまったら購買を止めにくい。一方、オンラインの文脈ではこのプレッシャーがないため、途中でバスケットを放り出して購買をやめてしまう可能性が、e コマースにとって大きな課題となる（図 8.6）。

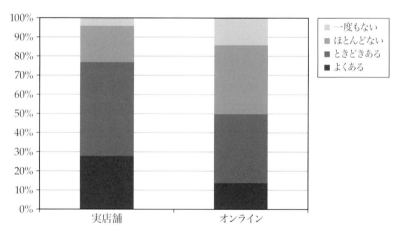

図 8.6　オンラインと実店舗での衝動買いの頻度。出典：The Connecting with Customers Report, LivePerson（2013）．

8.4 どのような要因が意思決定に影響するのか？

店舗内でも，その場所的な文脈は大きな影響を持つ．販売時点情報管理（POS）によるマーケティングの効果はよく知られているが，同じ棚に置かれた競合品の存在でさえ，どのブランドが購入されるかに大きな影響を及ぼしうる．

自分たちの利益のために文脈の影響を利用してきたブランドもある．ネスプレッソは，価値の枠組みを再構成したことで有名である．家で飲む他のコーヒーの代替ではなく，大規模コーヒーチェーンの価格と比較できるものとして，自ブランドを位置づけたのだ．コーヒーチェーンのコーヒーは家のコーヒーより圧倒的に高価格であり，それによって，一杯60セントの価格に割り当てられていた価値を，再構成したわけだ（通常のコーヒー1瓶から得られるのと同じ量のコーヒーを飲もうとすると，ネスプレッソのカプセルでは150ドルにもなる）．

購買の際により深く考えさせると，購買を積極的に思い留まるようになるという証拠もある．意思決定における選択肢が増えると，選択肢が極めて限られている場合よりも選択をする動機は高まる．しかし，Iyengar and Lepper（2000）によると，彼女たちが言うところの「選択肢過多」（choice overload）を経験すると，その効果が反転する．

彼女らの実験では，スーパーマーケットで1ドル引きのクーポンを利用できる商品として試食展示販売されていたジャムを対象にし，試食の選択肢の数を操作してその売れ行きを比較した．選択肢が限られていた（6種類から選択）場合，立ち止まって試食した買い物客のうち約30%が，クーポンを使ってジャムを購入した．一方，ジャムが24種類の場合には，6種類の場合より多くの人が足を止めて試食をしたが，それぞれの人が試食したジャムの数を平均すると6種類のときと同じであり，購入に至った割合は，たったの3%まで落ち込んだ．24種類のジャムの試食に立ち寄った客による報告は，6種類の人たちのものに比べて，選択が難しく，いら立たしく，最終的に満足度が低かったことを指摘していた．選択肢が多すぎると，買い物客はオプションを区別するために注意深く考えなければならない．それは，われわれ人間が避けようとする過程であり，意思決定をする動機に大きな弊害をもたらす過程である．

消費者がどのように意思決定するかを完全に理解するために，ブランドやマーケターは，文脈と枠組みの重要性を認識しなければならない．また，ブランドとそのコミュニケーションが，それらを形作る手掛かりとなることも認識する必要

がある．文脈の影響は購買場面で明らかに重要であり，それゆえ，小売や店頭といったことに明らかに密接な関係がある．しかし，それだけでなく，ブランドを調査する際にも文脈に留意しなければならない．事前テストの反応における広告の影響は，売上に直接的に結び付けられるものではないだろう．なぜなら，実際の意思決定は広告とは異なる文脈によってなされ，その異なる文脈における意思決定は，その文脈固有の異なる要因にも影響されるからだ．このことは，そのようなサーベイの反応が「間違っている」と意味しているわけではない．ただし，単純なカテゴリーの文脈の中で広告を見せたりブランドについて質問したりしても，個々の購買意思決定に大きな役割を果たす文脈の変動は再現できないことに留意しなければならない．

8.4.3　環境

　認知は厳密に心の中だけに閉じているものではない．思考は身体的な感覚によっても影響されうる．身体化認知（embodied cognition）として知られている現象だ．読者がいまビジネスの重要な交渉を行っているとしよう．このとき，読者は部屋の中のすべての人を見下ろす形になる座面の高いイス，もしくは，周りの全員が自分を見下ろす形になる低いイスの，どちらに座ることを望むだろうか？　おそらく，ちょうど王や女王が玉座に座るのを好むように，高いイスを選ぶはずである．イスの高さは，自分がどれだけ堂々と感じられるか，自分の行為にどれだけ自信を持てるか，といったことに影響する．高さを地位と結び付けてしまうからだ．同様に，ノートの重さは，そこに書き込んだ内容の考察の深さに影響しうる．重要なものは重いものだと考えるからだ．Williams and Bargh (2008) は，性格の判断における温度の効果の研究で，身体化認知を支持する実証的な証拠を見つけた．温かいコーヒーのカップを持った参加者は，アイスコーヒーのカップを持った参加者に比べて，対象になる相手のことを「温かい」人だと評定する傾向にあった．この研究者たちは次のように結論づけた．身体的な温かさの体験は，参加者が気づかないまま，対人関係の温かさの気持ちや知覚に影響した．

　空腹や疲労は意思決定過程に非常に大きな効果を持ちうる．仮に読者が，仮釈放の承認を担当する判事だと想像してみよう．1日の中の時間が，裁定に影響すると思うだろうか？　おそらくそうは思わないだろう．しかし，Danziger, Levav, and Avnaim-Pesso（2011）によると，イスラエルの判事は，1日の終わりやランチの直前よりも，1日の始まりや休憩のすぐあとのほうが，仮釈放を認めやすい傾向にあった．おそらく，休憩の前は疲れているし空腹だからだろう（図8.7）．

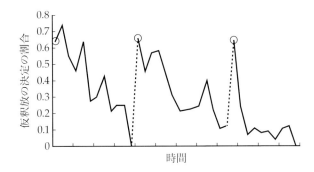

図 8.7　1日の中で囚人の仮釈放を認める決定がなされる割合．1日の早いうち（最も左）には，仮釈放されるチャンスが高く，時間が進むにつれて下がっていく．数時間後のランチ休憩の直前（破線で示されたところ）でゼロに落ち込む．休憩のあとに仮釈放の決定が再び跳ね上がり，午後休憩の前まで，時間が経つにつれて再び下がる．出典：Adapted from Danziger, Levav, and Avnaim-Pesso（2011）．

Gailliot et al.（2007）は，グルコースが意思決定に影響することを見つけた．実験参加者は，グルコースレベルが下がって心的資源が枯渇しているときには，自制心が低くなり，先入観や偏見を持つ傾向を示した．その傾向は，自己制御や社会的行動など複数の調査対象にわたっていた．

また別のさらなる研究では，価値判断における身体的拘束の効果が調べられた．Gross, Woelbert, and Strobel（2015）は，商品を得るのに必要な努力についての予測が，参加者の評価に影響するかどうかを調べた．参加者は二つのグループに分けられ，一方のグループは10ポンドの重さのリストバンドを，もう一方はまったく重りが入っていないリストバンドをつけた．そして，特定の食品に対してお金を払うかどうか質問された．食品に手を伸ばす必要はなかったが，重りありの参加者は，なしの参加者よりも支払おうとする金額が少なかった．言い換えると，手を伸ばすのが困難なとき，参加者はその商品の価値を低く知覚した．この研究により，商品に手を伸ばすのが容易であれば，衝動買いや食べ過ぎに結び付きやすいことが確認された．

8.4.4　文化

意思決定に影響するパラメーターの多くは普遍的であるが，一方で，重要な文化差も選択行動には存在している．例えば，平均的なアメリカ人は自分で自分の決断を下すことを好むが，他の文化では，信頼を寄せる人に意思決定を委ねることを好むかもしれない．このことを示すために，Iyengar (2010) はサンフランシスコで，アングロサクソン系アメリカ人とアジア系アメリカ人の子どもたちを比較した．子どもたちは三つのグループに分けられ，パズル課題に取り組んだ．最初のグループの子どもたちは，パズル課題の素材を自分で選ぶことが許された．他のグループはあらかじめ選択された素材を受け取り，二つ目のグループは母親が選んだ素材だと教えられ，三つ目のグループは実験者が選んだ素材だと教えられた．パズル課題の成績を比較したところ，アングロサクソン系アメリカ人の子どもは，自分で素材を選べたときに最も高い成績を示し，アジア系アメリカ人の子どもは母親が選んだと言われたときに最も成績が良かった．Iyengar の説明によると，アメリカ人は選択を，「自己」を定義し主張するための方法として見ており，一方，集産主義的な文化では，選択を，集団の調和を維持するための方法と見ている．

8.4.5　選択肢

前に示唆したように，多くの西側諸国では，選択肢は多いほど良いと信じられている．Walmart.com では 400 万を超える数の製品が売られ，Amazon.com では 3 億 5 千万という途方もない数の商品が扱われている．しかし，際限のない選択肢は圧倒的すぎて精神的に疲れるもので，だから望ましくないものだ，と考えられている文化もある．例えば，Iyengar が東ヨーロッパの人たちに，彼らの消費者市場での選択肢を紹介してもらった．すると，多くの人が，選択肢が多すぎて類似品との違いがわからないと述べた．選択肢が多いことは必ずしも良いことではないという見解は，Iyengar and Lepper (2000) の研究でも確認されている．

オンラインのお見合いサイトを使った人も，この選択肢過多の気持ちを経験してきた．Match.com や Tinder には数百万人のメンバーがいて，「完璧な相手」が間違いなく見つかりそうだ．しかし，実際には，この膨大な数の選択肢によって，無分別な選択や，決断についての後悔が増えてしまう．デート中に相手の少

し変な行動や欠点を見てしまうと，自分にもっとふさわしい別の人があの選択肢の中にいるはずだと考えてしまうのだ．Schwartz（2005）はこれを「選択のパラドックス」と呼ぶ．選択肢は自由とともに失望ももたらす．それぞれの選択肢に，あまりにも高い期待をかけすぎるためだ．したがって，マーケターは，選択肢を増やしすぎて消費者に負荷をかけすぎないように気をつける必要がある．マーケターは，消費者の体験の総合的な価値を高めることによって，顧客の選択の満足度を高められる．選択だけではそれほど満足できるものではなくても，消費者体験の他の側面は，顧客に満足や楽しみをもたらすように最適化できる．

8.4.5.1 初期設定

選択肢はわれわれの選択に極めて大きな影響を持つ．われわれの実際の選択は，選択可能な選択肢の数や種類によって，ある方向に仕向けられる．それにもかかわらず，われわれは，外部の影響は受けずに選択をしたと考えがちである．死後に臓器を提供するかどうかの意思表示を例に挙げよう．これは個人的かつ深遠な意思決定であり，個人的価値あるいは文化的価値だけが，その決定に影響するように思える．しかし，あるいくつかのヨーロッパの国の住民は，他の国に比べて臓器提供の意思表示をする人が非常に少ない．そして，その違いに影響するのは，文化や宗教ではなく，単に運転免許センターで記入する書式のデザインなのだ．臓器提供プログラムに参加する場合にチェックを入れる形式の書式では，参加しないときにチェックする形式のものに比べて，登録の割合が少ない．すなわち，初期設定が，多くの人の極めて重要な意思決定の結果を決めているのだ．

8.4.5.2 劣位の第三の選択肢の効果

選択肢が思考にそれほどまでに影響しているという事実は，意思決定の合理性にも疑問を投げかける．Aricly（2008）による以下のシナリオを考えてみよう．すべての旅費が無料で，パリかローマのどちらかへ旅行に行けるとしたら，どちらの行き先を選ぶだろうか？ どちらも同じくらい行ってみたい場所であり，大いに悩むことになる．ここで，もう一つ新たな選択肢として，行き先はローマでコーヒーなしという選択肢を加える．すると，突如としてコーヒーつきのローマ旅行が上位の選択肢になり，パリよりも魅力的になる．言い換えると，非常に近いけれど少しだけ劣位の選択肢を加えるだけで，選択肢のセットの中の一つの価

値を吊り上げることができるわけだ．マーケターにとっては，選択肢の組み合わせを調節すれば，特定の対象に消費者の目を向けさせることができるということを意味する．例えば，3種類のワインがあるとき，消費者は真ん中の価格のワインを選ぶ傾向にある．もし小売業者が顧客に10ドルと20ドルのワインのうち20ドルのほうを選択させたければ，単純に40ドルのワインをディスプレイに加えると，20ドルのワインの魅力をアップさせることができるだろう．

8.4.6 記憶

外的な要因とともに内的な力も購買意思決定を形作る．そして，記憶のような潜在的な過程も，どのブランドを好むかに影響を持つ．Deppe et al. (2005) は機能的磁気共鳴画像法 (fMRI) を使って，仮想の購買課題における潜在的過程の影響を調べた．参加者は，コーヒーかビールの二つのブランドを見せられて，そのうちの一つを選ぶように要求された．選択肢となる二つのブランドは，参加者にとって見分けがつかない（二つの違いが区別できない）ものであった．すると，そのブランドが参加者の好みのものであるとき，ワーキングメモリや推論に関わる脳部位（前頭前野背外側部，後部頭頂皮質，後頭皮質，および左の運動前野）の活動が下がり，感情処理や内省に関与する脳部位（楔前部下部，後部帯状回，右上前頭回，右縁上回，そして特に前頭前野腹内側部）の活動が増加した．マーケティングの立場からは，これは，あるブランドが好みのものとして選ばれれば，たとえ他のブランドと区別がつかなくても，ずっと「独り勝ち」(winner-take-all) 状態で選ばれ続けることを意味する．消費者があるブランドを特定してしまうと，その好みを乗り越えることは容易ではないのだ．

研究者たちが示すとおり，ほとんどの選択は脳の中で気づかないうちに起こる．その選択は自分でも完全に説明することはできない．神経心理学者はこれらの過程を無意識 (nonconscious) または前意識 (preconscious) と呼ぶ．Jonah Lehrer (2009) は彼の著書 *How We Decide* の中で，2002年スーパーボウルでクォーターバックの Tom Brady が行った，試合を決定づけるプレーを段階に分けて検証し，前意識の選択を例証した．優れたスキルによって，Brady は並外れた決断と指令を一瞬のうちに連続で行い，フィールド上の混乱の中でチームを指揮した．長年にわたる経験によって，Brady は各プレーヤーの位置や意図を瞬時

に把握して，正確な予測をすることができた．Lehrer はこう説明する．「それぞれのパスは本当に推測に過ぎない．空気中に放たれた仮説である．ただし，最良のクォーターバックは，より良い推測を行うための方法を見つけることができるのだ」．Lehrer はまた，Brady のスキルはロジックや推論ではなく，直観と感情に根ざすものだと主張している．あるプレーが正しくない，つまり危険すぎると感じたら，クォーターバックは別のパスの受け手を検討するだろう．

われわれの意思決定の多くは，そのような直観に導かれる．そして，今では何が選択に先立つかわかっているので，選択が起こる前にその選択を予測することができる．Levy et al.（2011）は，fMRI のスキャナーの中にいる参加者に消費財の画像を見せて，その選択の予測をした．そのあと，スキャナーの外で，同じ商品のペアから一つを選ぶように求めた．線条体と前頭前野内側部の活動から，その参加者があとで行う選択を予測でき，これらの脳部位が，価値を対象に割り当てることに関与することが示唆された．マーケターにとってこの結果が意味することは，消費者は，それを積極的に購買しようとしていないときでさえも，その製品に関する意見を形成するということである．

8.5 意思決定の数理モデル

神経経済学やコンシューマーニューロサイエンスの研究者たちは，たくさんの情報を使って，購買意思決定に関するさまざまなモデルを作り出してきた．そのようなモデルの一つに，注意のドリフト拡散モデル（drift diffusion model; DDM）がある．このモデルは，二つ以上の刺激を比較する過程が，その刺激の間を行ったり来たりする視線の動きによって誘導されるという知見に基づいている．われわれはある商品を見ながら，その商品を選択する方向と選択しない方向の証拠を積み上げていく（図 8.8）．Krajbich et al.（2012）は，注視と価値ベースの選択の間の関係を記述するのに，ドリフト拡散モデルがそれなりに正確であることを見出した．彼らはまた，購買課題における参加者は，値札よりも商品そのものを長く見ることにも気づいた．したがって，ある製品が劣位の選択肢であると顧客が知っている場合には，製品を長く見ることは，その製品の選択に結び付かないだろう．つまり，下位の製品の売り手は，潜在的な購買者がそれを見る時間を制限することで，便益が得られるだろう．

第 8 章　意思決定

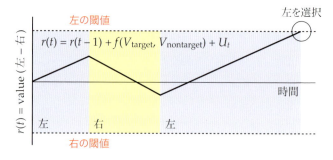

図 8.8　ドリフト拡散モデルの図解．両側に柵のない橋の上を酔っぱらった男が歩いているところを想像してみよう．彼は左へよろめき，右へよろめき，最終的に彼はどちらかの端っこに到達しておそらく転落する．ドリフト拡散モデルは，われわれの意思決定がこの過程によってモデル化されうることを示唆する．つまり，選択のための閾値が橋のへりに相当し，その閾値を超えたときに決断が起こる．例えば，ランチでサラダにするかステーキにするか決めなければならないとする．五分五分の位置から検討を開始するのではなく，最初は好みであるステーキに偏った状態でスタートするかもしれない．心の中で選択肢について考え，ステーキとサラダのどちらを選ぶかについてどんどん情報を加えていく．そこで，脳が選択肢の間のスペースに割って入ってきて，二つの選択肢の特徴を評価し，重みづけし，それぞれの選択肢の望ましさにどう影響するかを調べる．それは，一つの選択肢に十分な証拠が積み重ねられ，境界を超えて，その選択肢を選ぶと脳が決めるまで続く．選択が起こるまでにかかる時間，選択に必要な証拠の数，そしてそれぞれの証拠がわれわれを閾値のどれだけ近くまで動かすかは，すべてドリフト拡散モデルに含まれている．

マーケティングマネージャーは，意思決定に関する前述の情報をどうビジネス戦略に応用するかを検討しなければならない．3C（company/customer/competitor; 自社/顧客/競合）モデルの枠組みでは，顧客がいかに購買意思決定を行うか，彼らが自社をどのように見てどう交流するか，そして競合をどう評価するか，の検討が重要である．Plassmann, Kenning, and Ahlert（2007）は，顧客ロイヤルティと関連する神経活動を調べた．その結果，ロイヤルティの高い顧客は，実際に店舗ブランドへの感情的な結び付きが強いことが，線条体，前頭前野腹内側部，および前帯状皮質の活動の増加から結論された．このことから，Plassmann らはマネージャーに対して，価格戦略による販売促進に注力するよりも，顧客と自社の間のポジティブな感情的結び付きを作り出すことに注力するよ

う勧めている．

　Plassmann らのその前の研究（Plassmann et al. 2006）は，消費者の意思決定における感情と認知の相互作用を調べた．参加者は，同種の製品の二つの異なるブランドから一つを選ぶように求められた．参加者の第 1 選択のブランドは脳内の感情ヒューリスティックを活性化したが，選ばれなかったほうのブランドは，そうした効果はなかった．この結果は，顧客が好みのブランドに接したときには，分析的な推論よりも感情や潜在的情報に基づいて購買意思決定を行うことを示唆している．

8.6　マーケティングミックスモデルを改善するための意思決定の応用

　神経科学の研究と意思決定の知見は，マーケティングの 4P，すなわち価格（price），製品（product），プロモーション（promotion），流通（place）にも応用できる．

8.6.1　価格

　価格戦略に関して，Plassmann et al. (2008) は，製品にどのようなラベルが貼られているかが消費者体験に影響することを見出した．彼らは，「おいしさ」の神経メカニズムに対してマーケティング活動が及ぼす影響を，fMRI によって研究した．参加者は，5 ドル，10 ドル，45 ドル，90 ドルとラベルが貼られた 4 種類のワインのテイスティングを行った．彼らはそれらの価格を信じていたが，実際には，5 ドルと 45 ドルのワインは同じもので，10 ドルと 90 ドルのワインも同一のものであった．予想どおり，参加者たちは，より高い価格が貼られたワインを，よりおいしいと報告した（図 8.9）．また，参加者が「より高価格」だと信じていたワインをテイスティングするときに，前頭眼窩皮質内側部の活動が増加することもわかった．この脳部位は，経験された快の感情に関連する．

　コンシューマーニューロサイエンスを利用した価格戦略は，第 11 章で多く紹介する．

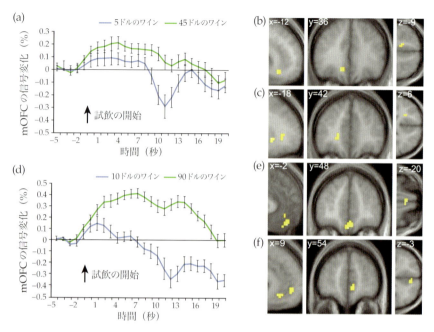

図 8.9 各ワインの価格の効果[3]．mOFC：前頭眼窩皮質内側部．出典：Adapted from Plassmann, O'Doherty, Shiv, and Rangel (2008).

8.6.2 製品

消費者がブランドに感情的な愛着を感じる場合，それは，ブランドを人間と見なしているということだろうか．Yoon et al. (2006) による fMRI 研究は，製品に対する評価と人に対する評価は同様の方法でなされるのかを調べた．調査結果は，製品と人間の評価方法は同様ではないことを示唆した．人に関する評価は前頭前野内側部で処理され，製品に関する評価は左前頭前野下部で処理される．後者の領域は，物体情報の処理で知られている．ブランドを，パーソナリティを持つものとして描写することがよくあるが，脳はそのパーソナリティの特徴を人の性格とは別のものとして処理しているのだ．

---

[3] 【訳注】(a) 5ドルと45ドルのワインの試飲における，前頭眼窩皮質内側部の活動．(b), (c) (a) の実験で5ドルよりも45ドルのワインの試飲時に高い活動を示した脳部位．(d), (e), (f) は10ドルと90ドルのワインの場合．

8.6.2.1　ブランド

　別の研究では，コカ・コーラとペプシコーラという最も有名な競合ブランドが取り上げられた．McClure et al. (2004) は，ブランドのラベルをつけた状態とブランド名を伏せた状態のいずれかで，参加者にこれらのコーラを飲ませて，fMRI で脳活動を観察した．ラベル有りの条件では，少なくともコカ・コーラについては，ブランドに関する知識が，行動上の好みと脳反応の両方に大きな影響を与えた．コカ・コーラを飲んでいると信じていた場合に，その飲み物はより高く評価された．

　別の同様の fMRI 研究では，参加者はまず自動車メーカーのロゴを見て，その後そのメーカーの車を運転しているところを想像した（Schaefer et al. 2006）．よく知っているロゴでは，前頭前野内側部の内省に関わる部位に賦活が誘発されたが，知らないロゴではそうならなかった．ブランドの好みはわれわれのアイデンティティの一部のようであり，その好みは楽しみに影響する．

　Philiastides and Ratcliff (2013) は，顧客の好みに対するブランディングの影響について，さらなる洞察を提供した．参加者は，ブランドの情報が与えられる場合と与えられない場合とで，衣料品の二者択一の意思決定課題を行った．Philiastides らの報告によると，参加者は二つの商品の価値を比較しながら，商品を決定するための証拠を積み重ねていた．さらに，ブランドの情報は，好みのブランドにより大きい価値または比重を割り当てるように参加者を導き，比較の過程にバイアスをかけさせていることもわかった．このことは，脳がブランドの情報と個人的な好みを組み合わせて意思決定の一つの証拠にしていることを示唆する．マーケターにとっての意味は，価格戦略や派手な商品刷新で消費者の気を引くだけでは十分ではなく，企業はブランドとの関係性やアウェアネスも強調しなければならない，ということである．

8.6.3　プロモーション

　扁桃体の関与を通して感情に訴える広告やプロモーションの効果が，研究によって確認されてきた．Grabenhorst et al. (2013) の研究では，ラベル以外はまったく同一の二つの食品をペアにして，実験が行われた．ラベルには，味の良さと健康に関する情報のいずれかが示されていた．参加者は脳活動をイメージングされている状態で，それらの食品を評価し，どちらか一方を選択した．味を強

調したラベルでは，扁桃体の活動がおいしさの主観的な評価に関係していた．健康関連の情報を強調したラベルでは，扁桃体は，その食品の健康への影響の評価に関係した．これらの結果は，以下の二つのことを示唆する．扁桃体が食品選択の評価の鍵となる変数を符号化すること，そして，ラベルが，脳の感情システムを関与させることによって，意思決定に影響するということだ．

また，別の脳イメージング研究が示したところによると，積極的に製品に注意を向けていなくても，脳がその製品を潜在的に符号化して，後の選択に影響することがある．Tusche, Bode, and Haynes (2010) は，二つの別々のグループの参加者を対象にして，車の画像に対する脳の反応を計測した．グループ1の参加者は，車に細かく注目し，その魅力を評定するように指示された．一方，グループ2は，注視課題によって車の画像へ注意を向けられないように妨害された．参加者たちは，その後それぞれの車に対する購買意欲を報告した．Tusche らによると，注意が高かったグループと低かったグループのどちらにおいても，島皮質と前頭前野内側部の活動パターンにより，参加者の選択を十分に予測できた．このことは，製品の評価と意思決定は注意に依存しないことを示唆する．自動的な過程が，消費者の意思決定を導くことがある．マーケティングの観点からは，消費者が広告にわずかに接したときに「購買意欲」が実際の購入意向と結び付くのかを，さらなる研究によって調べる必要がある．

写真やテキストによる記述と比較して，物理的な製品や商品の存在は，消費者の意思決定にどのように影響するだろうか？ レストランで，ワカモレ[4]のサンプルを店員がテーブルまで持ってきて見せてくれる場合と，メニューで説明を読むだけの場合，どちらがそのワカモレをサイドディッシュとして注文したくなるだろうか？ 調査結果によると，実物を見せられたときのほうが注文したい衝動が増す．なぜなら，プログラム済みの消費の過程が活性化されるからだ．Bushong et al. (2010) の実験では，テキスト，画像，実物展示という三つのタイプの模擬的なオークションが実施された．その結果，参加者は実物を見たときに40～61%も高い入札額を提示した．この結果は，食べ物だけでなく小さな装身具でも見られたので，食べ物の匂いだけが要因だったわけではない．Bushong らの結論によると，その商品の存在によって誘因された条件反射的な消費過程が，その効果

---

[4]【訳注】メキシコ料理のサルサの一種．グワカモーレとも表記される．

をもたらした可能性がある．企業はこのことに留意し，自分たちの製品の正しいパッケージングやディスプレイ方法を見つけ，可能な限り実際の製品を見せるようにすべきである．例えば，「新しい車の匂い」のする試乗車は，感覚による相互作用によって，消費者の購買意欲をかなり高めるかもしれない．

8.6.3.1　広告はさまざまな方法で機能する

　広告はたくさんの異なる方法で消費者に影響を及ぼすため，キャンペーンのパフォーマンスについても，多くの異なる側面を測定することが重要である．認知科学による意思決定の理解の進展は，これらの過程への深い洞察をもたらす．そして，リサーチで見てきた効果をより良く理解する助けになる．

　大まかに言って，広告は以下の二つのルートで消費者に影響を与える．

- ブランドの「氷山」を埋める．
- 意思決定のヒューリスティックスを具現化する．

　広告の影響は，意思決定のサイクルの複数のポイントで起こる．このことは，広告に対する単一のインパクトやアプローチだけに焦点を当てると，キャンペーンを過小評価してしまう可能性が高いことを意味する．また，単一のキャンペーンは同時にたくさんのメカニズムを通じて働きうる．そして，実際に効果的なキャンペーンの大半はそうなっている．

ブランドの「氷山」を埋めて，意思決定のヒューリスティックスを具現化する

　ブランドにとって最大の難問は，基本的な特徴を超えた何らかの意味を持たせることである．基本的な特徴とは，それが何のブランドで，何をしてくれて，どのようにそれを認識しうるか，といったことであり，そういった基本的な結び付きも，もちろん極めて重要である．しかし，それらは買い物中やサイト閲覧中に瞬時に認識できてしまう．マーケティングキャンペーン，特に有力な確立したブランドに関するものは，意味を作り出した上で，消費者が意思決定において素早く簡単にそれらを使えるように，それらの結び付きを，顕著でかつ理解しやすいものにしなければならない．

　広告はブランドの連想に影響し，それによって意思決定に影響する．その影響は以下のようなさまざまな方法で生じる．

1. 全体的な顕著性を上げることによる影響

　広告は，ブランドのネットワークを繰り返し活性化させる．それによって，そのブランドがより容易に頭に浮かぶようになる．ある記憶について考えれば考えるほど，より敏速にその記憶が賦活されるようになる．したがって，広告がブランドのネットワークを活性化すればするほど，後にそのネットワークが活性化される可能性が高まる．これによって，ブランドの選択肢が自然に思い浮かばなければならない状況（例えば電話番号案内のような，多くのサービス業）で，その特定のブランドにバイアスをかけることができるが，それだけでなく，利用可能性ヒューリスティック（availability heuristic）に影響を及ぼすことも，一つの要因である．このヒューリスティックでは，想起しやすい事柄や事項が高く評価され，それゆえ，頭に思い浮かびやすいブランドは，人気のあるブランドだと思われやすく，また，そのようなブランドは，需要を満たすために適切な選択肢であるとも見なされやすい．

2. 親近性効果による影響

　親近性ヒューリスティック（familiarity heuristic），そしてその背景にある単純接触効果（mere exposure effect）は，人間の意思決定におけるよく知られた極めて強力な歪みである．よく知っている商品は，たとえそれが単に見たことがあるだけで，それ以外に何の情報も持っていなかったとしても，自動的により安全な選択肢のように感じられ，好まれる傾向にある．全体的なブランドの規模は，このことに大きな効果を持つ．なぜなら，より大きいブランドは単純に店頭や自宅でより頻繁に目に留まる傾向にあるためだ．ただし，広告もまた，より頻繁に幅広い文脈でブランドを見せることによって，親近性に影響を与えうる．より顕著なブランド，つまり頭に思い浮かびやすいブランドもまた，この効果から恩恵を受けやすい．

3. 感情反応を条件づけることによる影響

　ポジティブな感情体験とブランドを結び付けることは，そのブランドに正の効果をもたらす．この効果は，「良い」ものという自動的で素早いポジティブな感情のタグを与えることによって生じ，それによってそのブランドは，消費者が選択について熟考しないときに，即座に有利な立場に立つことができる．これは，視聴者が笑顔になり，楽しくなり，あるいは感銘を受け，そのあとにその結果とし

てそのブランドを好きになろうと「決める」というような，意識的な過程ではない．もっと単純に，ポジティブな体験の文脈の中で同時にブランドを共体験することで，脳内でそのブランドがポジティブな感情と結び付く助けになるという，連合条件づけ（associative conditioning）と呼ばれる過程だ．したがって，感情的にポジティブな広告（およびその他の体験）は，ブランドがその中の顕著な一側面であれば，その効果を生み出すだろう．逆に，もしブランドが明確にはそのポジティブな体験の一部をなしていなければ，そのポジティブな気持ちとブランドの連合は起こりにくいし，起こるためには，膨大な繰り返しが必要だろう．

4. ブランドを特定のアイデアと結び付けることによる影響

特定のアイデアを伝えるブランド，あるいは単純にそのアイデアと結び付いたブランドを，繰り返し表現したり独特の描き方をしたりすることで，ブランドとコンセプトの連合を作り出すことができる．これは，ブランドに関するベネフィットやコンセプトを届ける直接的なメッセージで作り出されるかもしれないし，また，ブランドへの感情反応が生じるのと同じような方法で，単純な連合条件づけを通じて起きるかもしれない（上記3を参照）．ブランドとコンセプトの結び付きは，消費者の選択に以下のような方法で影響する．

a. 特別な機能ベネフィットとの結び付きは，機能的なパフォーマンスが選択の鍵になるときに，人をそのブランドへとなびかせる．また，後にそのブランドを体験する際に，そのブランドのパフォーマンスの知覚にも影響しうる．
b. 機能的な基準が他のブランドと同レベルであったり，そもそもあまり重要ではないとき，個人的に関連のある価値との結び付きが，そのブランドへの関心を高めうる．
c. どんなものであれ，何か（例えば特別なデバイス，イメージ，音，フレーズなど）と結び付いていれば，多くのブランドが他の基準を満たしているとき（あるいは基準を満たすブランドがないとき）に，選択のきっかけになりうる．ブランドの決定はたいていの場合，慎重に考え抜かれたものではないと見なされる．だとすると，ネガティブでさえなければ，どんなものとの結び付きでも力関係を変化させるのに必要な差別化ポイントになりう

るので，何もないよりは良い．広告はこれらの差別化ポイントの豊かな資源となりうる．ただし，もう一度言うが，明確な効果を得るためには，ブランドがそれらのポイントと結び付くことが肝要である．

　これらの結び付きは，キャンペーンの創造的な表現によって作られるかもしれない．それはキャンペーンの成功に大きな影響を持つだろう．一方で，その結び付きは，そのキャンペーンに出くわしたメディアや文脈によって，潜在的にもたらされるかもしれない．例えば，メディアに関して言うと，テレビのようなマスメディアは，ブランドの名声や安全性との関わりを伝達することができる（地ビールのブランドが突然全国放送で宣伝されるところを想像してみよう）．バイラル（口コミ）キャンペーンは，今まさに起こっているブームという印象を確立する助けになる．直接販売は，下手をすると攻撃的と受け取られるかもしれない．経験価値マーケティングは，個人的興味に関する強い印象を伝えるかもしれない．同様に，キャンペーンに出くわした文脈についても，以下のような例が挙げられる．お昼のテレビ番組の多くは，プレミアムなイメージを与えるのには，あまり助けにならないかもしれない．また，オンラインキャンペーンをブランドと無関係なサイトに出しても，メッセージは薄まってしまうだろう．

8.6.4　流通

　最後に，流通について，ショッピングをオンラインでするときと実在の店舗でするときでは，消費者の意思決定は異なるだろうか？　オンラインの店舗では，オフラインの店舗では利用できない意思決定支援，カスタマイズのためのツール，そして検索機能が提供される．Häubl and Trifts (2000) は，推薦エージェントや比較マトリックスが購買意思決定の質や効率にどう影響するかを明らかにするために，オンラインのショッピング体験をシミュレートした．研究報告によると，推薦エージェントは製品の情報を検索するのに必要な労力を軽減し，考慮集合の質を（サイズを減らしつつ）向上させた．比較マトリックスもまた，考慮集合のサイズを小さくしつつ質を上げた．両方のツールが消費者の購買意思決定の質を改善した．これらの事実は，対話型の意思決定支援が，消費者が少ない労力で良い決断をするのを助ける極めて優良なマーケティングツールであることを示唆する．

ブランディングから価格設定にわたる 4P と 3C のビジネスモデルのあらゆる側面において，明らかに，コンシューマーニューロサイエンス研究はマーケターの助けになりうる．消費者の意思決定や価値判断には，感情のような潜在的な過程が極めて重要な役割を果たす．したがって，成功するマーケティング戦略の大半は，その自動的な過程を考慮に入れたものである．

8.7 結論

脳は，ノイズだらけの世界から意味を見出すことに，信じがたい能力を発揮する．何百万ものセンサーからの入力を解析し，カオスの中からまとまりのある意識体験を作り出す．この体験の多くは，選択行動を含む．どう意思決定するのかを理解すればするほど，より適切で合理的な決断ができるだろう．われわれはまた，自分が何が欲しくて，それをどう手に入れたらよいかを，より正確に知ることができる．これは，消費者とマーケティングマネージャーの双方にとって重要であり，脳に関する知見がその過程を導く．

『不思議の国のアリス』の引用に戻ると，もし最終的にどこに行き着いても構わないなら，どんな選択をしても必ずどこかには行き着くだろう．しかし，われわれには実際に特定の目的がある．ソフトドリンクで爽快な気分を味わいたいか，製品の発売で成功を収めたいか，どちらの立場であっても目的は存在する．したがって，われわれは自分たちの選択やそれに関連するさまざまな内的および外的要因に，注意を払わなければならない．

重要ポイント

- 意思決定は，意識と無意識の過程の複雑な相互作用である．われわれは意思決定を駆動するメカニズムの一部にしか気づいておらず，そのメカニズムの大半を占める残りの部分は認知の域を超えるものによって駆動される．生態，環境，そしてコントロールの外側にある物事が，意思決定の結果に，われわれの想像よりも大きな影響をもたらす．
- 意思決定には，脳内で認知的なメカニズムを使って行われるものと，内的な感情のメカニズムに，より大きく依存するものがある．その二つの過程を区別することで，意思決定がどのように形作られるかを理解できるとと

もに，選択の一部の側面を予測できる．
- 決断が起こるタイミングや，さらにはその決断に気づくタイミングより何ミリ秒か（あるいは何秒も）前に，脳からその決断を読み取ることができる．
- 人はたいていたくさんの選択肢を望む．しかし一方で，選択肢が多すぎると，実際に意思決定を行う過程において，最終的にたどり着いた選択にあまり喜びを感じられなくなり，それどころか，選択ができなくなることすらある．
- 報酬系，感情制御，感情の調節，合理的な意思決定の間の相互作用が，脳内で決断を作り出すための鍵である．それらの脳領域の神経活動を計測することで，それぞれの選択肢が持つ確率を理解でき，時には各項目に数値的な価値を割り当てることもできる．
- 意思決定の過程は，しばしば二者択一のセットに分解することができる．したがって，数理的シミュレーションを使って，選択の一部を実際にモデル化することができる．よく知られたモデルの一つに，ドリフト拡散モデルがある．

演習問題

1. ある人がコンビニエンスストアの棚の前で，ある二つの商品（例えばシリアルの箱）から一つを選ぼうとしている．彼の意思決定の過程に影響しそうな環境の要素をいくつか挙げよ．
2. 大型の家電量販店が，新しいカメラの売上を伸ばす方法を考えており，読者はそれを助けようとしている．意思決定の文脈で，マーケティングミックスはどう考えられるか？ そして，ある特定のカメラが選択される確率を上げるために，消費者体験にどのように介入できるか？ それぞれに対する考えを述べよ．
3. スーパーマーケットの棚に三つのワインが並んでいる．左に 5 ドルの安いワイン，中央に 10 ドルのワイン，そして，右に 20 ドルの高いワインである．意思決定の理論によると，消費者は中央のワインを購入する確率が最も高い．それはなぜか説明せよ．もしも四つ目のオプションを加えるとし

て，例えば 50 ドルのワインを右端に追加すると，5 ドルや 20 ドルのワインの売上にはどのようなことが起こると考えられるか．

参考文献

Ariely, D. (2008). Are we in control of our own decisions? [video file]. Available at https://www.ted.com/talks/dan_ariely_asks_are_we_in_control_of_our_own_decisions?language=en#t-497984.

Bechara, A., Damasio, A. R., Damasio, H., & Anderson, S. W. (1994). Insensitivity to future consequences following damage to human prefrontal cortex. *Cognition*, 50(1–3), 7–15.

Bechara, A., Damasio, H., Tranel, D., & Damasio, A. R. (1997). Deciding advantageously before knowing the advantageous strategy. *Science*, 275(5304), 1293–1295.

Bushong, B., King, L. M., Camerer, C. F., & Rangel, A. (2010). Pavlovian processes in consumer choice: The physical presence of a good increases willingness-to-pay. *American Economic Review*, 100, 1–18.

Cerf, M. (2015). Free won't [video file]. Available at https://www.youtube.com/watch?v=6dqNiSGo9yU.

Cerf, M., & Mackay, M. (2011). Studying consciousness using direct recordings from single neurons in the human brain. In S. Dehaene & R. Christen (Eds.), *Characterizing consciousness: From cognition to the clinic? Research and perspectives in neurosciences* (pp. 133–146). Berlin: Springer-Verlag.

Danziger, S., Levav, J., & Avnaim-Pesso, L. (2011). Extraneous factors in judicial decisions. *Proceedings of the National Academy of Sciences of the United States of America*, 108(17), 6889–6892. doi:10.1073/pnas.1018033108.

Deppe, M., Schwindt, W., Kugel, H., Plassmann, H., & Kenning, P. (2005). Nonlinear responses within the medial prefrontal cortex reveal when specific implicit information influences economic decision making. *Journal of Neuroimaging*, 15(2), 171–182.

Fried, I., Mukamel, R., & Kreiman, G. (2011). Internally generated preactivation of single neurons in human medial frontal cortex predicts volition. *Neuron*, 69(3), 548–562.

Gailliot, M. T., Baumeister, R. F., DeWall, C. N., Maner, J. K., Plant, E. A., Tice, D. M., et al. (2007). Selfcontrol relies on glucose as a limited energy source: Willpower is more than a metaphor. *Journal of Personality and Social Psychology*, 92(2), 325–336.

Grabenhorst, F., Schulte, F. P., Maderwald, S., & Brand, M. (2013). Food labels promote healthy choices by a decision bias in the amygdala. *NeuroImage*, 74, 152–163.

Gross, J., Woelbert, E., & Strobel, M. (2015). The fox and the grapes—How physical constraints affect value based decision making. *PLoS One*, 10(6), e0127619.

Harari, Y. (2015). Techno religions and silicon prophets [video file]. Available at https://www.youtube.com/watch?v=g6BK5Q_Dblo.

Häubl, G., & Trifts, V. (2000). Consumer decision making in online shopping environments: The effects of interactive decision aids. *Marketing Science*, 19(1), 4–21.

Iyengar, S. (2010). The art of choosing [video file]. Available at www.ted.com/talks/sheena_iyengar_on_the_art_of_choosing?language=en.

Iyengar, S., & Lepper, M. (2000). When choice is demotivating: Can one desire too much of a good thing? *Journal of Personality and Social Psychology*, 79(6), 995–1006.

Johansson, P., Hall, L., Sikström, S., & Olsson, A. (2005). Failure to detect mismatches between intention and outcome in a simple decision task. *Science*, 310(5745), 116–119.

Krajbich, I., Lu, D., Camerer, C., & Rangel, A. (2012). The attentional drift-diffusion model extends to simple purchasing decisions. *Frontiers in Psychology: Cognitive Science*, 3(193), 1–18.

LeDoux, J. (1998). *The emotional brain: The mysterious underpinnings of emotional life*. Chicago: Simon and Schuster.

Lehrer, J. (2009). *How we decide*. Boston: Houghton Mifflin Harcourt.

Levy, I., Lazzaro, S. C., Rutledge, R. B., & Glimcher, P. W. (2011). Choice from nonchoice: Predicting consumer preferences from blood oxygenation level-dependent signals obtained during passive viewing. *Journal of Neuroscience*, 31(1), 118–125.

LivePerson. (2013). The connecting with customers report: A global study of the drivers of a successful online experience. Available at http://info.liveperson.com/rs/liveperson/images/Online_Engagement_Report_final.pdf.

McClure, S. M., Li, J., Tomlin, D., Cypert, K. S., Montague, L. M., & Montague, P. R. (2004). Neural correlates of behavioral preferences for culturally familiar drinks. *Neuron*, 44, 379–387.

Perez, O., Mukamel, R., Tankus, A., Rosenblatt, J. D., Yeshurun, Y., & Fried, I. (2015). Preconscious prediction of a driver's decision using intracranial recordings. *Journal of Cognitive Neuroscience*, 27(8), 1492–1502.

Philiastides, M. G., & Ratcliff, R. (2013). Influence of branding on preference-based decision making. *Psychological Science*, 24(7), 1208–01215.

Plassmann, H., Kenning, P., & Ahlert, D. (2007). Why companies should make their customers happy: The neural correlates of customer loyalty. In G. Fitzsimons &

V. Morwitz (Eds.), NA—*Advances in Consumer Research* (Vol. 34, pp. 735–739). Duluth, MN: Association for Consumer Research.

Plassmann, H., Kenning, P., Deppe, M., Kugel, H., Schwindt, W., & Ahlert, D. (2006). How brands twist heart and mind: neural correlates of the affect heuristic during brand choice. Unpublished manuscript, University of Muenster, Germany.

Plassmann, H., O'Doherty, J., Shiv, B., & Rangel, A. (2008). Marketing actions can modulate neural representations of experienced pleasantness. *Proceedings of the National Academy of Sciences of the United States of America*, 105(3), 1050–1054. doi:10.1073/pnas.0706929105.

Roberts, J. (1989). A grounded model of consideration set size and composition. In T. K. Srull (Ed.), NA—*Advances in Consumer Research* (Vol. 16, pp. 749–757). Provo, UT: Association for Consumer Research.

Schaefer, M., Berens, H., Heinze, H.-J., & Rotte, M. (2006). Neural correlates of culturally familiar brands of car manufacturers. *NeuroImage*, 31, 861–865.

Schwartz, B. (2005). The paradox of choice [video file]. Available at https://www.ted.com/talks/barry_schwartz_on_the_paradox_of_choice?language=en.

Shiv, B., & Fedorikhin, A. (1999). Heart and mind in conflict: The interplay of affect and cognition in consumer decision making. *Journal of Consumer Research*, 26(3), 278–292.

Tusche, A., Bode, S., & Haynes, J.-D. (2010). Neural responses to unattended products predict later consumer choices. *Journal of Neuroscience*, 30(23), 8024–8031.

Williams, L. E., & Bargh, J. A. (2008). Experiencing physical warmth promotes interpersonal warmth. *Science*, 322(5901), 606–607.

Yoon, C., Gutchess, A. H., Feinberg, F., & Polk, T. A. (2006). A functional magnetic resonance imaging study of neural dissociations between brand and person judgments. *Journal of Consumer Research*, 33(1), 31–40.

CHAPTER 9

報酬系

NEAL J. ROESE, HANS MELO,
THALIA VRANTSIDIS, AND
WILLIAM A. CUNNINGHAM

　若い男が気軽な感じで医学研究センターを訪ね，脳の「快楽中枢」に自分で電気ショックを与えられるように，脳内に電極を埋め込む実験に協力する．男は長髪の若者であると記述されている．彼はある雑誌の記事の内容を医師に告げた．「一発の電気刺激はまるで1ダースのオーガズムみたいに感じるらしい．本当にすごそうだ」(Crichton 1972, p. 87)．このことをあとで知ったさまざまな医師たちは，電気ショック依存の可能性の脅威に直面する．特定の脳領域に対する電気刺激によって誘発される，快楽への中毒である．これは，ジュラシックパークの著者 Michael Crichton による 1972 年の小説 The Terminal Man の1シーンであり，フィクションだが，歴史的な事実に根差していて，人間の脳の報酬ネットワークを利用するという可能性（良い意味での可能性と愚かな考えとしての可能性の両方）を示唆している．歴史的な事実とは，James Olds と Peter Milner による 1954 年の画期的な発見のことだ．これは，電極が特定の脳部位内に配置されると（そして，その部位に電気刺激が加えられると），ラットが自分で刺激を続けるようになるというもので，その部位とは，当時「快楽中枢」であると想定されていた部位だ（Olds and Milner 1954）．その良い意味での可能性としては，快楽の体験そのものをコントロールし最適化できる能力が挙げられる．マーケターにとっては特に，どの製品やサービスが最大の快楽を届けられるかを，脳ベースのデータから直接的に検証できることが含まれる．一方の愚かな考えとしては，人間の

喜びは単一の脳部位にそれほど単純に落とし込められるものではない，という点が挙げられる．チョコレート，仲間との交流，勝利の喜びなどによって生まれる気持ちと同じものが，一つの脳部位の刺激によって生み出されるわけではない．

　この章の目的は，報酬に関する現在の知見を概観することにある．ここでの報酬の定義は，主観的な喜びとして体験された生理学的な事象，そして，そのような喜びが生じた場合に，その前にした行為を再び繰り返す可能性が高まるような事象とする．マーケティングに関して言うと，鍵となる興味は，トライアル購入とリピート購入を予測することである．この章では，まず報酬とは何かを検討することで概念的な基礎を積み，それから報酬の解剖学的および化学的な基盤を明らかにする．そして，欲しいと思うこと（wanting）と気に入っていること（liking）の区別を明確にする．その後，報酬反応の計測に関連する消費者神経科学（コンシューマーニューロサイエンス）について，現時点の可能性と将来の展望を検討する．

9.1　報酬とは何か？

　チョコレートをひとかけら口にする．即座に起こる体験は喜びである．力強い体験であるが，ほんの束の間のことだ．一瞬の後にはもうどこかへ消え去っている．この主観的な気持ちが報酬の概念の中核をなす．ただし，現代的な報酬の定義では，経済学的な効用の概念も包含している．それにより，個人にとっての価値の内的な計算を意味している．

　行動における影響の点では，報酬は「飴」であり，罰は「鞭」である．チョコレートが喜びをもたらすなら，それはまた繰り返しの消費ももたらす．これは「効果の法則」（law of effect）（Thorndike 1898）と呼ばれるものだ．学習におけるその法則は，快や不快に関わる最も基本的な行動パターンであり，特に動物において，快をもたらすものなら何でもそれをやり続け，不快をもたらすものはやめてしまう傾向を指す．古典的な動物実験（特にマウス，ラット，ハトによるもの）では，単純な行動，例えば迷路走行や標的のつつき行動に着目する．その行動のすぐそのあとに強化子（快や不快など心理的な反応を引き起こす外的事象）が与えられると，その行動の頻度が増加する（負の強化子は，ときどき罰と混同されるが，不快状態が解消されたあとの行動変容に影響する）．このいわゆる「道

具的学習」(instrumental learning) は，動物のトレーニングの基礎となっている．ヒトでは，映画，音楽，料理，ファッションなどで，楽しいと感じる気持ちが，その消費を持続したり，関連する製品を探索したりする動機となる．食物，水，性的刺激は，1 次的な報酬である．なぜなら，根源的な生物学的必要性と関係があるからだ．消費財や金銭そのものは 2 次的な報酬である．とはいえ，1 次的報酬と 2 次的報酬のどちらも，脳によって，効用という共通の通貨に変換される．したがって，簡単に比較できるし，優先度を決めることもできる．

経験効用（experienced utility）の初期の概念は，喜びや苦痛への言及も伴っていた．それに対して，より現代的な経済学上の概念では，観察された行動選択から推論される選好を中心に据えており，期待効用理論（expected utility theory）や期待効用最大化原理として定式化されている．この後者の概念は「決定効用」（decision utility）と呼ばれることもあり，その概念は決断を行う瞬間に用いられる効用のシグナルを表象する，と提唱されている．これらの概念を神経科学に結び付けると，予期と体験の比較に関する重要な側面が，中心的な舞台になり，その舞台で，中脳辺縁系ドーパミン系（mesolimbic dopaminergic system）という脳内ネットワークが中心的な役割を演じることが想定される（Haber and Knutson 2010; Ikemoto 2010; Berridge and Kringelbach 2015）．この概念については，後ほど述べる．

9.2　神経科学による報酬の評価はマーケターにどう役立つのか？

結局のところ，マーケターは売上を伸ばしたいのであり，神経科学による報酬の評価は，そのためのツールを提供することができる．それは少なくとも三つの方法による．

1. 新製品のデザインの調査（製品のどの要素を残し，どこを省くか）
2. 製品調査（いくつかのプロトタイプの中からどれを発売し販促するか）
3. コンセプト調査（言葉や画像を含むメッセージのいくつかの案のうち，どれを使って製品をサポートするか）

これらすべての方法の目的は，報酬に対する「直観レベル」の反応を捉えることにある．なぜなら，それが将来の市場の需要を予測するからだ（Ariely and Berns

2010; Reimann et al. 2010).

　第 8 章で述べられているように，マーケターは，即座の報酬反応と，製品をじっくり検討して得られる考えとを区別してきた．便宜上，ここでもシステム 1 とシステム 2 という標準的な用語を用いる（Kahneman 2011）．システム 1 のような反応は，より瞬時の「直観的な」評価である．友人からサプライズでカップケーキをもらうと，すぐに，「甘くておいしい食べ物」，「驚きと親しみの瞬間に関する過去の記憶」，「砂糖でできたおいしいものの予期による唾液の分泌」といったように，自動的にカップケーキの認識がなされる．しかし，この最初の印象は，最終的な印象とは異なる．時間の経過とともにさらなる情報を検討することで，この最初の衝動は，システム 2 の評価へと変遷する．これらの評価では，たくさんの関係する事項が検討され，反応が形作られる．遺伝子組み換え食品はそんなに問題があるのか？ テスラのような電気自動車は環境を守る良い方法か？ このような疑問に対する見解は，より慎重な検討に依拠する．システム 1 とシステム 2 の区別は広く使われているが，この区分は便宜的なものであり，完全に独立したシステムというよりは，むしろ極めて動的で相互に関連し合う過程をグループ化しているにすぎないという点に注意すべきである（Cunningham and Zelazo (2007) を参照）．したがって，マーケターにとっては，システム 1 の直観はしばしば，あたかも小石ほどの大きさの雪玉が大きな丸い岩のように成長するかのように，システム 2 の態度へと時間をかけて進化することを覚えておくことが重要である．雪玉はまったく別のものに見えるかもしれないが，初期の条件（最初の雪玉）は，少なくとも部分的には，最終的な雪玉の大きさや形状を直接決定しているのだ（Van Bavel, Xiao, and Cunningham 2012）．

　とはいえ，マーケターはよくシステム 1 とシステム 2 という区分をよりどころにする．この概念化によって，異なる種類の購買行動が予測できるからだ．システム 1 は衝動買いに関連する．スーパーマーケットのレジの直前に置かれた雑誌，キャンディ，電池，ライターは，衝動買いに最適な選択集合の明らかな例である．消費者がこれらの品物を購入しようという意図を事前に持っている可能性は低いが，購買の瞬間にそれを見ることで，即座に「キャンディが好き」という直観レベルの報酬反応が生じ，続いてスニッカーズのバーを購入するという行動が起こってしまうのだ．これに対して，システム 2 は慎重な検討による購買に結

び付く．例えば，口コミサイトのレビューをチェックしたり，Amazon で複数の商品を比較検討したりして，購買意思決定を事実によって強固なものにしようと努力するような状況だ．要約すると，システム 1 は衝動買い，システム 2 は慎重な検討による購買にそれぞれ結び付く．

　一つの根本的な問題として，システム 1 の反応は言語化するのが難しいということが挙げられる．従来型の質問紙やフォーカスグループは，システム 2 の反応を捉える．システム 1 の反応は，システム 2 の反応に進化するかもしれない（雪玉のように）．例えば，新型のフォード・マスタングへの「一目惚れ」は，詳細な比較検討に基づいて，熟慮した上でのフォード製品への選好に変化するかもしれない．この場合，質問紙は神経科学の評価スコアと同じ結果をもたらすだろう．しかし，時には，システム 1 の好みが質問紙によっては測りづらいものであることもある．例えば，最初に好きだと感じても，社会的に敏感な性質のものであるため，他人には共有しないということもある（例えば，薬物やポルノなど）．その場合，消費者は一方で何かを回答しつつ，それとは別のものを購入する．別の事例として，自分の潜在的なシステム 1 の好みに消費者自身が気づいていなかったり，それを言語化できなかったりすることもある．このような質問紙やフォーカスグループで捉えきれないシステム 1 の衝動的反応を捉えられることが，神経科学に対する一つの期待である．それによって，マーケティングの決断を導く市場情報を得ることが期待される．

　ここで根本的な課題を要約すると，神経科学の方法は，従来型の質問紙法よりも優れた価値を持つ市場情報を提供できるのか，という問題に落とし込まれる．統計学的に言うと，この問題は，マーケット（購買行動）における分散の値は，質問紙の反応を用いる方法よりも神経科学の方法により高い精度で説明されるのか，ということである．ここで，この問題に取り組んできた三つの研究を，簡潔に紹介する．そして，そのような研究は数が限られており，さらなる研究が求められることを指摘し，特に以下の 2 点への取り組みの必要性を述べる．

1. 最適な市場情報を提供できるように，方法と統計ツールを改良すること．
2. 神経科学が質問紙法よりも有益であることを示せる最適な製品やサービスのカテゴリーを特定すること．

初期の重要な研究として，購買行動を予測するために機能的磁気共鳴画像法（fMRI）を用いたものがある（Knutson et al. 2007）．実験参加者がコンピュータベースのショッピング課題（仮想のカタログから商品を選択する）を遂行し，その間に脳活動がスキャンされた．その結果，三つの脳領域の活動から購買が予測された．そして，その予測精度は自己報告に基づく予測より正確であった．側坐核（nucleus accumbens）の活動が，前頭前野内側部（medial prefrontal cortex）と島（insula）の活動とともに，一連の選択過程の中の特定の過程に関連することがわかった．参加者が好ましい商品（例えばゴディバのチョコレート）に最初に出くわしたとき，側坐核の賦活が見られた．これは，その製品への欲求と結び付くかもしれない．価格が提示されると，島の賦活が見られた．これは，金銭の支払いに伴う精神的苦痛と関連するかもしれない．そして，購入するかしないかという最終的な決断の際に，前頭前野内側部が賦活した．これはおそらく効用の要約的計算を反映している（同様の結果として，McClure et al.（2004）も参照）．これらの初期の研究は，興味深く刺激的である．しかし，妥当性がどれくらい増したか（あるいは自己報告に比べてどれくらい選択の予測力が増加したか）という点では，それほど顕著な成果は残さなかった．

Berns and Moore（2012）は，ポップミュージックの売上を予測する目的でfMRIを用いた．この研究は，他の大半のニューロイメージング研究と異なり，脳計測と行動を同じ参加者で追跡しようとせず，小さいサンプルから市場の結果を予測しようとした点で画期的であった．10代の小さいサンプルの参加者が音楽の一部を聴取し，その間に脳活動が記録されるとともに，その曲について質問紙による採点も行った（評価に使った音楽は，ソーシャルメディアに曲をアップロードしていた新しいバンドのものであった）．一方で，市場での実績の指標として，ニールセン・サウンドスキャンのデータが用いられた．その結果，曲を聴いている際の側坐核の活動が，その後約4年間にわたって追跡された販売実績を有意に予測することがわかった．対照的に，質問紙による評価では販売実績を予測できなかった．ここで魅力的なのは，言葉にできないような美学的な反応，つまり，芸術作品，ファッション，デザイン，文化などへの漠然とした好みなどを予測できるという点である．脳に直接的にアクセスすることで，マーケターは，候補の中からより成功できる選択肢を選んだり，どの製品にどれくらいマーケティ

ングの予算を投じるかの裏づけを得たりすることができるのだ．美的判断が絡む製品カテゴリーは，より深くシステム 1 に根差していて，言語化が難しいため，質問紙による評価よりも高い精度の予測因子として，fMRI に明確な優位性がありそうだ（質問紙よりも fMRI が正確な予測ができるという同様の結果は，Falk, Berkman, and Lieberman（2012）でも示されている）．

　Venkatraman et al.（2015）による最近の研究は，fMRI，脳波（EEG），視線追跡，バイオメトリクス（心拍やガルバニック皮膚反応），さらに従来型の質問紙を含む，複数の神経科学指標の総合的な対抗戦のようなものだった．すべての評価は，同じ一連の 30 秒のテレビ広告に対して実施され，それらの指標が，市場での実績に対する予測因子として比較された．市場実績の指標には，関連する企業の広告弾力性（売上変化と広告予算変化の比）の推定値が用いられた．結果は，神経科学指標のみに注目した場合，fMRI が勝者となった．fMRI における側坐核の賦活が，市場実績の分散を質問紙よりも良く説明できる唯一の神経科学指標だった．しかし，注目すべきこととして，総合的に最も優れた予測力を提供したのは，質問紙だった．EEG も確かに信頼できるレベルで市場実績を予測したが，質問紙に加えた何か，あるいは質問紙を超えた何かを提供するわけではなかった．これらの研究事例で強調されるのは，以下の二つの結論と一つの未解決の疑問だ．第一に，単純な質問紙は，最初の信頼できる方法としていまだに最良の選択肢であり，神経科学の方法よりも安価で，それでいてしっかりと役割を果たす．第二に，質問紙を超える新しい市場情報を得るための最も効果的なツールとしては，fMRI が王座にある．未解決の問題としては，どのような製品やサービスのカテゴリーにおいて神経科学の利点が最も発揮できるか，という点が挙げられる．生物学的な報酬の期待を具現化するデザートや飲料のような快楽的な商品なのか，便益をイメージするのが難しい新しいテクノロジーなのか，性的産業や新興の合法ドラッグなどのような社会的に敏感な商品なのか．これらの重要な問いには，基礎研究からの明確な回答が必要である．それが得られて，ようやく，市場情報のサービスにおいて，どの神経科学の方法を展開すればよいか（あるいはどれも望ましくないか）を，マネージャーが十分な情報に基づいて選択できるようになるだろう．

9.3　「欲しいと思う」と「気に入っている」

　大半の人にとって，欲すること（wanting）と気に入っていること（liking）は区別できないものに思える．例えば，そのポロシャツが欲しいのは，それが気に入っているからであると考えがちだ．しかし，報酬に関する現在の理解によると，これらの二つの過程は別々の神経システムに担われていて，時には切り分けられることもあることが示唆されている（Dai, Brendl, and Ariely 2010; Kringlebach and Berridge 2012）．このことは，マーケターにとって以下のような意味を持つ．欲しているものを捉えられる神経科学の方法は，新商品の体験に関する消費者の期待（トライアルに関連）を評価するのに適している．一方，気に入っていることを評価できる方法は，純粋な喜び，したがって繰り返し購入（ロイヤルティ）に有用である．

　脳構造としては，「欲する」システムは二つの重要な脳領域（一般的な用語で，前頭前野と辺縁系）を橋渡しするネットワークを含んでいる．腹側被蓋野（ventral tegmental area）は最も多くのドーパミンニューロンを有していて，中脳皮質路と呼ばれる経路によって前頭前野に投射するとともに，中脳辺縁系路と呼ばれる別の経路によって辺縁系（特に側坐核）に投射している（Smith and Berridge 2007; Smith et al. 2010）．この「欲する」システムは，地下鉄の路線にどこか似ており，脳の最も「人間らしい」部位（思考やプランニングに特化した部位）を，最も「動物らしい」部位（生の感情に特化）に繋げるような形になっている．ドーパミンはこの「欲する」システムで重要な役割を持つ化学物質であり，次節で，ドーパミンとはいったい何なのかを説明する．喜びの体験は，腹側淡蒼球から側坐核（「欲する」システムに関与する側坐核の部位とは異なる部分）への経路を持つ「気に入っている」システムと関連する．

9.4　ドーパミンの役割

　欲しいと思うことと気に入っていることに関して，報酬経路に関与する化学物質についての知識は，マーケターにとってさほど重要ではないだろう．これは，カーボンファイバーに関する材料科学の深い知識が自動車を売るのに必須ではな

いのと同じである．しかし，ドーパミンという用語は世間一般によく用いられるので，ここで少しその背景について考察したい．

ドーパミンは神経伝達物質（neurotransmitter）である．神経伝達物質は，二つのニューロンの連結部分の間を通過する化学的メッセンジャーだ．脳内には，およそ1千億のニューロンがネットワーク状に存在しており，そのネットワークを通過するシグナルの絶え間ない相互作用が，「心」の根本的な基盤を構成する．シグナルには電気的側面と化学的側面がある．電気的側面は，それぞれ個々のニューロン内でシグナルを伝える．一方，化学メッセンジャー（神経伝達物質）は，ニューロンとニューロンの間でシグナルを伝達する．ほとんどの場合，それぞれのニューロンは，特定の1種類の神経伝達物質の放出に特化している．それぞれ化学構造が異なる神経伝達物質が少なくとも100種類同定されており，中でも，ドーパミン，セロトニン，エピネフリン（アドレナリン）がよく知られている．幅広い薬物が，特定の神経伝達物質の働きを促進あるいは遮断することによって作用する．例えばプロザックは，セロトニンの働きを促進することで，全般的な気分向上効果を与える．同様に，報酬ネットワークを活性化し，至福の感情，幸福感を生み出す薬物（例えば，コカイン，ニコチン，大麻）は，ドーパミンの効果を促進することによって働く．逆に，ソラジンやバリウムのような薬はドーパミンを阻害し，それぞれ抗精神病薬や抗不安薬の作用をもたらす．脳内ではいくつかのドーパミンネットワークが機能しているが，それらは報酬だけに独占的に関わっているわけではない．また，ドーパミンだけが報酬に関与する唯一の化学メッセンジャーというわけではなく，報酬に関わる別の物質として，オピオイドが挙げられる．

ドーパミンニューロンとオピオイドニューロンの両方が側坐核を構成しており，オピオイド系薬物（モルヒネやヘロインなど）が，体内で生理学的に放出されるオピオイド（エンケファリンなど）の作用機序と同じようにして快楽体験をもたらすことは明らかである．ナロキソンやナルトレキソンは，オピオイド依存症（およびアルコール依存症）の治療薬であり，オピオイドニューロンの役割を阻害すること（および，オピオイドやアルコールの快楽的側面を除外するという主観的効果）により作用する．現在のところ，fMRIのようなイメージング法では，ドーパミン経路とオピオイド経路の賦活を区別することはできないが，将来

的にこれが可能になれば，マーケターにとってとりわけ有益であろう．なぜなら，ドーパミンネットワークは報酬の期待により強く結び付き，一方，オピオイドネットワークは報酬体験そのものにより強く関連するからだ．したがって，未来のマーケターは，マーケティングコミュニケーションに基づいて消費者がその新商品をどの程度ほしいと思うか（トライアルの指標を提供）を，その商品をどれくらい楽しんでいるか（繰り返し購入，つまりロイヤルティの指標を提供）と区別することができるだろう．

　概括すれば，ドーパミン報酬ネットワークやオピオイドネットワークの背後にある解剖や化学の詳細は，現代のマーケターにとってさほど重要ではない．経営上の決定プロセスから安全に排除しうるもので，必要なときにのみ深入りする程度のものにすぎない．

9.5　報酬予測と報酬体験：顧客ロイヤルティにとっての意味

　報酬に関与する神経システムによって，人は決断を導くための予測ができる．その予測は正確なほうが望ましいため，その神経システムは，経験によって表象が更新されるようにデザインされている．現在受け入れられている枠組みによると，環境における強化子と行動の関係を最適化するために，三つの過程が働いていることが示唆されている（Sutton and Barto 1990, 1998. ただし，Rescorla and Wagner（1972）による初期のアイデアから構築）．一つ目の過程は，ある特定の刺激に関する報酬あるいは罰の特性について，最良の推測を提供する評価機能である．二つ目の過程として，この情報は，行為の方針を生成するために用いられ，それに基づいてその行為が実施される（「実施者」（actor）として概念化される）．そして，予測とそれに続く強化のあとに，三つ目の過程として，「批評家」（critic）関数が予測誤差を計算し，行動を繰り返す場合に向けて，価値表象を更新する．言い換えると，実際に受けた報酬を予測した報酬と比較し，その差を将来の報酬の予測に用い，そしてその情報を次の選択に利用する．マーケターにとっては，これらの見解は顧客満足度に関する標準的な見方と同様であり，商品やサービスが予測を超えていたら，満足度もより高い（Churchill and Surprenant 1982; Oliver 2010）．ドーパミンが予測誤差信号を符号化するという有力な仮説は，注目すべきである．つまり，予測誤差が大きいほど，中脳と腹側線条体で強

いドーパミン信号が生じるわけだ（総説として，O'Doherty 2004）．

　このように，報酬処理のダイナミクスを検討する際には，三つの段階を考えるとよい．それぞれの段階は，互いに区別できる．まず，予測段階で，ある選択をしたら得られるであろう報酬を推測する（「このチョコレートバーはどんな味がするだろうか？」）．次に，完了段階で選択の結果を直接体験する（「このチョコレートバーはとてもおいしい」）．そして，更新段階で予測と実際に得られた報酬との誤差を将来の予測に利用する（「このチョコレートバーは予測したほどおいしくなかった．だから同じブランドの同様の商品は，同じ程度の味に留まるだろう」）．ドーパミンはより強い報酬期待と結び付くが，ドーパミンニューロンの発火頻度の増加は，想定外に得られた報酬のあとや，報酬が予測よりも大きかったときにのみ起こる（Schultz, Dayan, and Montague 1997; Wickens 1997; Schultz 2002; Bayer and Glimcher 2005）．言い換えると，報酬の瞬間には，ドーパミンニューロンは予測よりも大きな報酬のみを表象できる．報酬の予測はどんな場面でも行動を駆動するだろう．しかし，ここで重要なのは，繰り返し行動（例えば，ブランドロイヤルティ）は，学習を通して時間をかけて築かれる更新された報酬信号によってのみ駆動されること，そして，その信号の更新は，予測と体験の間に誤差があるときにのみ起こることである．

　予測された結果に関する情報は，辺縁系の領野（例えば側坐核）から前頭眼窩皮質（orbitofrontal cortex）へと送られ，そこで現在の状態，例えば現在の目標達成の度合いなどを考慮して評価される．側坐核のような皮質下の構造は，刺激の知覚の後に予測された結果に関する情報を提供する．一方，前頭眼窩皮質はそれらの結果によってもたらされるものについて，現在の（あるいは予期される）感情体験を再現する．具体的に，前頭眼窩皮質は，予測された結果が得られた場合の主観的な喜び（またはそれらを受けられなかったときの不満），あるいは結果の期待に伴う主観的な喜びの体験に関与する．前頭眼窩皮質は，複数の感覚モダリティ（目，耳，舌など）から入力を受けるため，自己の内的表象などの評価情報に含まれる異なる側面を再現し比較するための共通の通貨の実現に向けた，鍵となるプラットフォームとなりそうだ（Peters and Büchel 2010）．実際に，1次的報酬（例えば，食物）と2次的報酬（例えば，金銭）に対する反応について，同じ力学に従った前頭眼窩皮質活動が観察されている．

刺激の知覚の後に，側坐核が予測される結果の推測をし，前頭眼窩皮質が生体の現在の（報酬の）状態を再現する．情報の解像度は決して高くないが，これらの脳領域の間の強い相互結合によって，その解像度の範囲内で，予測された報酬や罰と現在の体験とを比較することができる．

　これらの考えは，マーケターにとっていくつかの鍵になる結論に収斂する．第一に，現在利用可能な技術のうち，陽電子放射断層撮影法（PET）と fMRI のみが側坐核の活動を区別することができる．側坐核は，EEG ではほぼ見ることのできない深い脳構造である．第二に，側坐核を報酬体験によって「興奮」する「快楽中枢」と見なすのは，単純化しすぎである．商品，サービス，あるいはマーケティングコミュニケーションが，予測よりもどれだけ良い報酬体験を提供できるかという指標は，側坐核と前頭眼窩皮質の活動の相互作用によって提供される．第三に，期待（欲しいと思うこと）と報酬（気に入っていること）の測定は，現在の技術ではできず，したがって，マーケターは神経科学の技術からは両者が混合したメッセージしか得られない．第四に，現在のニューロマーケティングを駆動する考えでは，報酬信号は市場行動の予測因子として計測されうるが，それは方程式の極めて重要な部分を無視している．もし fMRI や EEG がシステム 1 の反応を追跡しているのだとしたら，それらは間違いなく最終的な購買意思決定への唯一の入力ではない．スーパーマーケットで無料のチョコレート試食コーナーを通り過ぎるとき，最初の衝動はそれを試食しようとすることであっても，カロリーを控えることを目標にしている人は，より慎重に検討し，最初の衝動に反対するかもしれない．このような目標ベースのトレードオフは大半の人が行っている．それを考慮しないで，純粋にシステム 1 だけに的を絞った指標を用いて市場活動を予測すると，失敗するだろう．

9.6　未来

　Alena Graedon（2014）の小説 *The Word Exchange* に描かれている近未来では，革新的なウェアラブル技術によって，消費者インサイトを，そのインサイトが最も重要になるその瞬間に捉えることができる．オフィスで仕事をしていて，ラテが欲しいと感じたとしよう．その欲求が購買意図として認識される前に，湯気の立った入れたてのカップがデスクに届く．要するに，そのウェアラブルデバ

イスがわれわれの欲求を「読み」，販売業者にコンタクトし，われわれの口座を使って商品を購入し，われわれのもとに届けるのだ．それが欲しいということに，われわれ自身が意識的に気づく前に …．この技術展望を，スティーブン・スピルバーグの 2002 年の映画『マイノリティ・リポート』に出てくる限定的な技術と対比してみよう．トム・クルーズが扮する登場人物が GAP の店舗に入ると，網膜スキャンによって個人が同定される．そして，過去の購入履歴を含む「ビッグデータ」のデータベースに紐づけされ，特定の好みに適したプロモーションを提示される．二つの展望は類似している（パーソナライズの進展）が，前者は，システム 1 の報酬反応を捉えるために神経科学を使うことの落とし穴を例証している．手短に言うと，もし未来の神経科学が報酬反応をそこまで正確に読むことができるとしたら，極めて小さな気まぐれまで簡単に実現されてしまう．すると，いったいどんなことが起こるだろうか？　耽溺しすぎるのだろうか？　選択するという行為そのものが技術のかけらに奪われてしまったら，いったいどうなるのか？　現代生活は極めて複雑で，たくさんのトレードオフがあるため，自分が気に入っているものは必ずしも自分が欲しいものではない（Wilson, Gaines, and Hill 2008）．さらなるイマジネーションを働かせて，いつの日か，技術が賢い選択をしてそのトレードオフのバランスをとってくれるような状況が来ると仮定してみよう．その場合，その技術は，本質的に第二の脳を構成できるほどに途方もない進歩を遂げている必要があるだろう．

　そうは言っても，われわれ著者は，神経科学の方法による正確かつ高度にパーソナライズされたマーケティングについて，以下の二つのブレークスルーが達成されれば刺激的な未来が実現すると信じている．第一に，個々の脳領域の活動の動的な相互作用を説明する計算論的モデルが，今使われているものよりも飛躍的に複雑になる必要がある（Breiter et al. 2015）．本質的に，これは生の神経信号が使用可能な市場情報になるまでに通るフィルターである．そのような計算論的モデルを確立して確認するためには，極めて膨大な基礎研究が必要である．第二に，神経科学の方法の空間解像度は，大幅な改善を必要とする．fMRI は空間解像度で EEG より優れているが，それでも，報酬価値の予測と体験に関する重要な信号を伝達する微細な脳構造を区別することはできない．

重要ポイント

- 神経科学は，製品のデザインについてマーケターに情報や指針を提供することができるし，将来の市場の需要を予測することもできる．
- 「欲しいと思うこと」と「気に入っていること」を区別することは，消費者の新製品への期待と製品への愛着（繰り返し購入に繋がる）の二つの側面を評価する助けになる．
- ドーパミンは動機や報酬期待との関連がより強く，オピオイドは快楽体験そのものとの関連がより強い．
- 側坐核と前頭眼窩皮質の相互作用によって，商品が報酬体験をどれくらい提供できるかの指標が得られる．

演習問題

1. 「気に入っていること」と「欲しいと思うこと」はどう異なるか？ そして，その区別はマーケティングにどのように利用されうるか？
2. 報酬予測と報酬体験の区別に，ニューロイメージングの方法はどのように助けになるか？ そして，その限界（現時点での問題点）とはどのようなものか？
3. 神経科学の技術が進歩し続けると，その技術は選択行動にとってどのような意味を持つか？ その進歩はより良い選択の助けとなるのか，それとも，それによって悪習の奴隷にされてしまうのか？

参考文献

Ariely, D., & Berns, G. S. (2010). Neuromarketing: The hope and hype of neuroimaging in business. *Nature*, 11, 284–292.

Bayer, H. M., & Glimcher, P. W. (2005). Midbrain dopamine neurons encode a quantitative reward prediction error signal. *Neuron*, 47, 129–141.

Berns, G. S., & Moore, S. E. (2012). A neural predictor of cultural popularity. *Journal of Consumer Psychology*, 22, 154–160.

Berridge, K. C., & Kringelbach, M. L. (2015). Pleasure systems in the brain. *Neuron*, 86(6), 646–664.

Breiter, H., Block, M., Blood, A., Calder, B., Chamberlain, L., Lee, N., et al. (2015). Redefining neuromarketing as an integrated science of influence. *Frontiers in Human Neuroscience*, 8, 1–7. doi:10.3389/fnhum.2014.01073.

Churchill, G. A., Jr., & Surprenant, C. (1982). An investigation into the determinants of customer satisfaction. *JMR, Journal of Marketing Research*, 19(4), 491–504.

Crichton, M. (1972). *The terminal man*. New York: Knopf.

Cunningham, W. A., & Zelazo, P. D. (2007). Attitudes and evaluations: A social cognitive neuroscience perspective. *Trends in Cognitive Sciences*, 11, 97–104.

Dai, X., Brendl, C. M., & Ariely, D. (2010). Wanting, liking, and preference construction. *Emotion (Washington, D.C.)*, 20 (June), 324–334.

Falk, E. B., Berkman, E. T., & Lieberman, M. D. (2012). From neural responses to population behavior: Neural focus group predicts population-level media effects. *Psychological Science*, 23(5), 439–445. doi:10.1177/0956797611434964.

Graedon, A. (2014). *The word exchange*. New York: Doubleday.

Haber, S., & Knutson, B. (2010). The reward circuit: Linking primate anatomy and human imaging. *Neuropsychopharmacology Reviews*, 35, 4–26.

Ikemoto, S. (2010). Brain reward circuitry beyond the mesolimbic dopamine system: A neurobiological theory. *Neuroscience and Biobehavioral Reviews*, 35, 129–150. doi:10.1016/j.neubiorev.2010.02.001.

Kahneman, D. (2011). *Thinking, Fast and Slow*. New York: Macmillan.

Knutson, B., Rick, S., Wimmer, G. E., Prelec, D., & Loewenstein, G. (2007). Neural predictors of purchase. *Neuron*, 53, 147–156.

Kringelbach, M. L., & Berridge, K. C. (2012). The joyful mind. *Scientific American*, 307, 40–45.

McClure, S. M., Li, J., Tomlin, D., Cypert, K. S., Montague, L. M., & Montague, P. R. (2004). Neural correlates of behavioral preference for culturally familiar drinks. *Neuron*, 44, 379–387.

O'Doherty, J. P. (2004). Reward representations and reward-related learning in the human brain: Insights from neuroimaging. *Current Opinion in Neurobiology*, 14, 769–776.

Olds, J., & Milner, P. (1954). Positive reinforcement produced by electrical stimulation of septal area and other regions of rat brain. *Journal of Comparative and Physiological Psychology*, 47(6), 419–427.

Oliver, R. L. (2010). *Satisfaction: A behavioral perspective on the consumer*. New York: M. E. Sharpe.

Peters, J., & Büchel, C. (2010). Neural representations of subjective reward value.

Behavioural Brain Research, 213, 135–141. doi:10.1016/j.bbr.2010.04.031.

Reimann, M., Zaichkowsky, J., Neuhaus, C., Bender, T., & Weber, B. (2010). Aesthetic package design: A behavioral, neural, and psychological investigation. *Journal of Consumer Psychology*, 20, 431–441. doi:10.1016/j.jcps.2010.06.009.

Rescorla, R. A., & Wagner, A. R. (1972). A theory of Pavlovian conditioning: Variations in the effectiveness of reinforcement and nonreinforcement. In A. H. Black & W. F. Prokasy (Eds.), *Classical Conditioning II: Current research and theory* (pp. 64–99). New York: Appleton-Century-Crofts.

Schultz, W. (2002). Getting formal with dopamine and reward. *Neuron*, 36, 241–263.

Schultz, W., Dayan, P., & Montague, P. R. (1997). A neural substrate of prediction and reward. *Science*, 275, 1593–1599.

Smith, K. S., & Berridge, K. C. (2007). Opioid limbic circuit for reward: Interaction between hedonic hotspots of nucleus accumbens and ventral pallidum. *Journal of Neuroscience*, 27, 1594–1605.

Smith, K. S., Mahler, S. V., Pecina, S., & Berridge, K. C. (2010). Hedonic hotspots: Generating sensory pleasure in the brain. In M. L. Kringelbach & K. C. Berridge (Eds.), *Pleasures of the Brain* (pp. 27–49). New York: Oxford University Press.

Sutton, R. S., & Barto, A. G. (1990). Time-derivative models of Pavlovian reinforcement. In M. Gabriel & J. Moore (Eds.), *Learning and computational neuroscience: Foundations of adaptive networks* (pp. 497–537). Cambridge: MIT press.

Sutton, R. S., & Barto, A. G. (1998). *Reinforcement Learning: An Introduction*. Cambridge: MIT Press.

Thorndike, E. L. (1898). Animal intelligence: An experimental study of the associative processes in animals. *Psychological Review Monograph*, (Suppl. 2), 1–109.

Van Bavel, J. J., Xiao, Y. J., & Cunningham, W. A. (2012). Evaluation is a dynamic process: Moving beyond dual system models. *Social and Personality Psychology Compass*, 6, 438–454.

Venkatraman, V., Dimoka, A., Pavlou, P. A., Vo, K., Hampton, W., Bollinger, B., et al. (2015). Predicting advertising success beyond traditional measures: New insights from neurophysiological methods and market response modeling. *JMR, Journal of Marketing Research*, 52(4), 436–452.

Wickens, J. (1997). Basal ganglia: Structure and computations. *Network (Bristol, England)*, 8, R77–R109.

Wilson, R., Gaines, J., & Hill, R. (2008). Neuromarketing and consumer free will. *Journal of Consumer Affairs*, 42, 389–410.

9.7　[付録]神経美学:美学的に魅力のあるパッケージデザインの処理におけるドーパミン報酬の役割[1]

　なぜ消費者は美を追求したパッケージデザインにしばしば心を引かれるのだろうか？　ある研究の主張によると，美は「美しいなら，良いものに違いない」という観念を誘発する（Dion, Berscheid, and Walster 1972）．美しいものは良いものだというステレオタイプ的な考えに従って，より美的なパッケージデザインからより高い品質が推測されると考えられる．別の研究では，美は良い気分も作り出すと主張している（Norman 2004）．単純に，美しいパッケージデザインを見ることで，消費者がポジティブな感情状態になるという意味だ．

　これらの心理的な過程や状態は，美学的に魅力のあるパッケージを目にしたときに確かに生じそうである．それに加えて，最近になって第三の過程も注目されるようになってきた．ドーパミン報酬である．著者は，Judy Zaichkowsky, Carolin Neuhaus, Thomas Bender, Bernd Weber とともに行った研究で，美学的に魅力のあるパッケージは，脳のある領野（「報酬」と「欲すること」に関与しドーパミンが投射される部位）を自動的に賦活させるということを，初めて証拠に基づいて主張した（Reimann et al. 2010）．具体的に，fMRIによる実験の一つによると，（標準的なパッケージと比べて）美学的魅力のあるパッケージを提示すると，線条体（側坐核）および前頭前野腹内側部に活動の増加が見られた（図9.1）．この活動増加はドーパミンが放出されたことを示しており（D'Ardenne et al. 2008; Schott et al. 2008），報酬反応（「欲する」反応）が，好み，判断，選択を引き起こしたことを暗示する（Reimann et al. 2010）．

　fMRIはドーパミンの放出を間接的にしか計測できない（Schott et al. 2008）．また，fMRIデータから推論した心的機能は，時として不確かである（Poldrack 2006）．それでもなお，人々が美しい物を記述するときに「情熱的」「妖艶」「魅惑的」といった用語を使うこと（Norman 2004）からも，報酬や「欲する」反応が美学に関与するという主張は支持されうる．非常に美的な刺激はまた，生命に関わる，生まれながらの人間の欲求を満たす可能性があり，それゆえ本質的に魅力がある

---

[1] Martin Reimann.

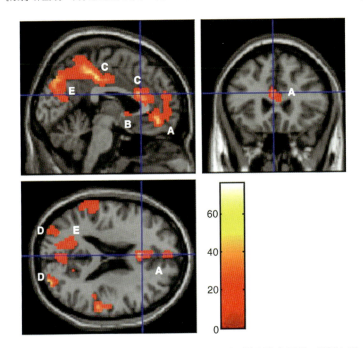

図 9.1　美的パッケージデザインは，線条体と前頭前野腹内側部の賦活を引き起こす．(A) 前頭前野腹内側部，(B) 側坐核，(C) 帯状皮質，(D) 視覚皮質，(E) 楔前部の各領域において，美的パッケージデザインの提示中に賦活が見られた．クレジット：Reprinted with permission from the Journal of Consumer Psychology.

のかもしれない（Maslow 1967, 1971）．美しいものに囲まれていたいという欲求は，自分の周りの環境において美しいものに積極的な憧れを持ち，醜いものに囲まれると病にも似た状態になるような消費者や，美しい物への曝露を通してのみ「癒される」という経験をした消費者において観察することができる．報酬反応が美的パッケージと結び付いているという著者らの主張は，食品，セックス，アルコールを切望するような「駆動」状態の知見とも一致している（Loewenstein 1996）．美的パッケージによって引き起こされた駆動状態によって，消費者は以前に設定されたすべての目標を一時的に停止状態にし，美的な欲求の対象を獲得するという目標のみに集中する．これらのことを総合すると，パッケージデザインの美学的側面は，消費者の判断や選択の強力な推進薬となりうるものであり，したがって，どんな競合市場でも商品のさらなる差別化要素として検討されるべきである．

参考文献

Berridge, K. C., & Robinson, T. E. (2003). Parsing reward. *Trends in Neurosciences*, 26(9), 507–513.

D'Ardenne, K., McClure, S. M., Nystrom, L. E., & Cohen, J. D. (2008). BOLD responses reflecting dopaminergic signals in the human ventral tegmental area. *Science*, 319(5867), 1264–1267.

Dion, K., Berscheid, E., & Walster, E. (1972). What is beautiful is good. *Journal of Personality and Social Psychology*, 24(3), 285–290.

Loewenstein, G. (1996). Out of control: Visceral influences on behavior. *Organizational Behavior and Human Decision Processes*, 65(3), 272–292.

Maslow, A. (1967). A theory of metamotivation: The biological rooting of the value-life. *Journal of Humanistic Psychology*, 7(93), 93–127.

Maslow, A. (1971). *The farther reaches of human nature*. New York: Viking Press.

Norman, D. A. (2004). *Emotional design: Why we love (or hate) everyday things*. New York: Basic Books.

Poldrack, R. A. (2006). Can cognitive processes be inferred from neuroimaging data? *Trends in Cognitive Sciences*, 10(2), 59–63.

Reimann, M., Zaichkowsky, J., Neuhaus, C., Bender, T., & Weber, B. (2010). Aesthetic package design: A behavioral, neural, and psychological investigation. *Journal of Consumer Psychology*, 20(4), 431–441.

Schott, B. H., Minuzzi, L., Krebs, R. M., Elmenhorst, D., Lang, M., Winz, O. H., et al. (2008). Mesolimbic functional magnetic resonance imaging activations during reward anticipation correlate with rewardrelated ventral striatal dopamine release. *Journal of Neuroscience*, 28(52), 14311–14319.

CHAPTER 10

ブランドエクイティ

MING HSU

10.1 はじめに

　マーケターは長きにわたって，経営上の意思決定におけるブランディングの役割を高く評価してきた（Gardner and Levy 1955; Keller 1993; Aaker 2009）。例えば，消費者がブランドについてどう感じ，どう考えるかを理解することは，広告，価格，販売チャンネルなどのマーケティング戦略の展開を導く助けになる（Rust, Zeithaml, and Lemon 2004; Aaker 2009）。しかし同時に，実践者側は，ブランド構築活動の効果に関する既存の測定法に不満も感じており，そして，その実践者側の不満が増してきていることに，マーケットリサーチャーも気がついている（Feldwick 1996; Ambler and Barwise 1998; Berthon et al. 2001）。例えば，リサーチャーはすでに1990年代に，マーケティング予算に占める広告の割合が60％以上から3分の1以下にまで下がっていることに言及していた（Shocker, Srivastava, and Ruekert 1994）。

　特に大きな不満の原因は，収入や利益のような主要な指標について，ブランド投資に対する投資効果を測定する能力にある。より直接的で即効性のあるマーケティング行為と比べて，ブランド投資の効果の測定は，後れをとってきたのだ（Kamakura and Russell 1993; Knox and Walker 2001; Rust, Lemon, and Zeithaml 2004）。それゆえ，ブランドは会社にとって最も貴重な資産の一つだと

見られているにもかかわらず，ブランドマネージャーは投資効果を正当化することに非常に苦労している．さらに，ブランドエクイティに関する既存の理論は，イメージ，ロイヤルティ，価値といった素朴心理学的な概念に主として基づく傾向があった．一方で，ある一部の理論だけが，神経生物学的知識に基づいた，科学的により厳密なモデルの上に構築されている（図 10.1）．

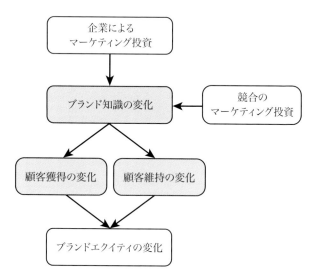

図 10.1　顧客生涯価値（CLV）の枠組みを通したブランド知識とブランドエクイティ．出典：Adapted from Rust, Lemon, and Zeithaml（2004）．

これらの課題は，近年，ブランディングがより抽象的で実体のない事柄に焦点を当てるようになるのにつれて増加してきており，それに合わせてマネージャーの努力も，実際の商品そのものやサービスの仕様と関連の薄いブランドの側面の理解へと向けられてきた（Aaker 2009; Keller 2012）．ブランドエクイティの概念そのものの妥当性や経営上の有用性にさえ疑問を投げかける学者がいることも，おそらく驚くことではないだろう（Berthon et al. 2001）．

この章では，消費者意思決定に関する認知・行動神経科学の最近の進展が，これらの問題をどう解決するかを説明するとともに，ブランドエクイティに関する断片化した文献を再構成する．注目すべきこととして，神経科学的な見方は，ブランドエクイティがどう生成され，マーケティング行為にどう影響されうる

かという，ブランドエクイティの中心的な要素の理解に向けて，厳密な科学的根拠を提供できる可能性を持つ（Yoon et al. 2006; Plassmann, Ramsøy, and Milosavljevic 2012）．最新の遺伝学的手法を用いた生物学的な種の分類は，長い年月をかけて実施されてきた，より質的な方法による分類としばしば一致する（Archibald 2009）．同様に，神経科学は，ブランドエクイティに関して苦労して手に入れたたくさんのインサイトを，別の視点から確認してきた．さらにそれと同時に，神経科学は，それらをより厳密に組織化し，マーケティング行為のインプットが，最終的に消費者の反応のアウトプットにどのように変換されるかを明らかにする．

最初に，ブランドエクイティを概念化する枠組みを，次の2点から生み出されるものとして提唱する．

1. その特定のブランドに関して顧客が持っている知識
2. その知識に基づいてなされるアクション

これらは，収入や利益のような主要な指標に影響するものである．次に，ブランドの知識が脳内に記銘（符号化）された複数の形式の記憶で構成されている，という神経科学の証拠を示す．それらの記憶の形式は，すでに確立された，意味記憶（事実や概念），エピソード記憶（経験や気持ち），そして道具的記憶（報酬や習慣）という分類と対応している．第三に，その知識が，目的志向的システムや習慣システムなどのさまざまな形式の行動システムと結び付けられる．目的志向的システムは，態度の特性やブランドの好みを捉える．習慣システムは，過去に学習した価値を捉えるが，現在の選好はもはや反映しない．最後に，ブランドエクイティに関する新しい脳ベースの枠組みを提供する．そして，未解決の問題や将来の方向性について議論することで，章を締めくくる．

10.2　ブランドエクイティを定義する

その直観的な性質にもかかわらず，「ブランドエクイティ」の定義には驚くほど異論がある．特に，企業ベースと顧客ベースというブランドエクイティに関する二つの見方を区別しなければならない（Feldwick 1996; Baker, Nancarrow, and Tinson 2005; Christodoulides and de Chernatony 2010）．前者のもとでは，ブ

ランドエクイティは，ブランドが企業にもたらす財務上の便益に従って定義される（Kamakura and Russell 1993; Reynolds and Phillips 2005）．これには，価格プレミアム，正味の割引キャッシュフロー，市場シェア，そしてブランドに帰属できるその他のものが含まれるだろう．

　ブランドエクイティの顧客ベースの定義は，最近のマーケティング理論や実践の顧客中心的視点（Keller 1993; Keller and Lehmann 2006）に沿って用いられる．ここでは，ブランドエクイティは，ブランドから製品へ賦与された付加価値として，顧客の視点から定義される（Keller 1993; Rust, Lemon, and Zeithaml 2004; Christodoulides and de Chernatony 2010）．この概念に注目する理由は二つある．第一に，企業ベースのブランドエクイティは概してよく定義されているが，それに比べて，顧客ベースのものは概念的にも方法論的にもかなり議論の余地が残されている．この点について，消費者神経科学（コンシューマーニューロサイエンス）からの最近のインサイトから特に恩恵を受けられるかもれない（Keller 1993; Rust, Zeithaml, and Lemon 2004）．

　第二の理由はもっと重要だ．顧客志向によって，顧客生涯価値（customer lifetime valuation; CLV）のモデルを用いて，企業ベースと顧客ベースの二つの概念を自然に結び付けることができる（Rust, Lemon, and Zeithaml 2004; Reynolds and Phillips 2005; Aaker 2009）．これらのモデルは，企業のマーケティング努力を，顧客の知覚を形作り，顧客の獲得や維持，ひいては CLV の増加を実現するための競争的な投資と見なす（Srivastava, Shervani, and Fahey 1998; Rust, Lemon, and Zeithaml 2004）．マーケティング投資に対する利益は，単純にマーケティング投資のコストを減算することで計算される．

　ブランドエクイティをこのように概念化することで，マーケターがブランド投資に対する利益率を測るための強力な枠組みが提供される．特に，顧客の獲得と維持がますます観察可能になっていく時代では，その恩恵がある．しかしながら，マーケティング行為と観察される消費者の反応の間の中間部分に関しては，一致した意見はほぼない．この部分は基本的に，直接的に観察できないものや企業がコントロールできないものすべてを含んでいる．特に次の 2 点について合意がない．

1. 消費者のブランド知識の背景にある構成要素は何か．
2. この知識は最終的にどのように消費者の反応に変換されるのか．

合意が得られていない状況は，顧客ベースのブランドエクイティについて提唱されてきた枠組みが極めて少ないことにも表れている（表10.1）．それらはすべて「知識」や「価値」の何らかの直観的な概念に対応しているが，それぞれ互いに重要な違いがあり，もしかしたらブランドマネージャーは相矛盾する提案を提示されるかもしれない．これらの問題に対して神経科学的アプローチは，ブランドエクイティの概念に関連して，脳が情報をどう貯蔵し，どう意思決定に用いるかに関する科学的根拠を提供する形で，単純に貢献できるかもしれない．

表10.1 学術文献における顧客ベースのブランドエクイティのさまざまな概念化．出典：Christodoulides and de Chernatony（2010）．

文献	顧客ベースのブランドエクイティの次元
Aaker（1991, 1996）	ブランド認知 ブランド連想 知覚品質 ブランドロイヤルティ
Blackston（1992）	ブランドとの関係 （信頼，ブランドへの顧客満足度）
Keller（1993）	ブランド知識 （ブランド認知，ブランド連想）
Sharp（1995）	企業認知・ブランド認知 ブランドイメージ 顧客との関係あるいは現在の顧客の持つ権利
Berry（2000）	ブランド認知 ブランド意味
Burmann et al.（2009）	ブランド便益の明確さ 知覚ブランド品質 ブランド便益の独自性 ブランド共感度 ブランド信頼度

10.3　ブランド知識

　ブランド知識の概念化とその構成要素の大部分は，認知心理学のアイデアに基づいてきた．Aaker（2009）と Keller（1993）による影響力のある仕事が，その始まりであった．彼らは 1970 年代と 1980 年代に発展した人間の記憶のモデルを使って，ブランド知識を「消費者がブランドと結び付けて連合記憶（associative memory）に貯蔵する考え，イメージ，気持ち，経験の集積」として概念化した．

10.3.1　連合記憶ネットワークとしてのブランド知識

　連合ネットワークモデルでは，情報は「ノード」と呼ばれ，「リンク」によって結び付けられている．その結合の強さは，変化しうる．そして，情報の呼び出しは，あるノードの活性化が，記憶内で結合した別のノードへと広がる形で，「活性化の拡散」（spreading activation）の過程によって行われる．あるノードの活性化のレベルが閾値を超えると，そのノードに含まれる情報が想起される（Collins and Loftus 1975; Keller 1993）．

　そのようなモデルは，心的過程に関する新しく洗練された理論を生み出すのに非常に有益であるとともに，ブランド連想についてのたくさんの重要な事実や，ブランド拡張のような重要な経営上の関連事項を説明できる．Hutchinson, Raman, and Mantrala（1994）は，「飲料」のブランド名や商品名に関する消費者の想起が，連合記憶モデルと極めて一致していることを示した．図 10.2 に示す例では，消費者はまずコカ・コーラを想起し，それに続いて他の炭酸飲料，そのあとに，ビールなどの関連する製品カテゴリーへと移行している．また，大半のケースでは，より頻繁に飲まれたブランドや製品は，そうでないものに比べて，より速く想起されていることにも注意したい．

　しかしながら，連合モデルでは記憶における非認知的な現象，例えば感情や動機の効果を説明することは難しい．例えば，記憶における気分の効果は，消費者調査のリサーチャーにとって重要な研究領域である（Bettman 1970; Bettman, Johnson, and Payne 1991）．この領域の研究は，広告の媒体（例えばテレビ）が広告そのものの記憶に及ぼす影響を理解する上で，重要な示唆を与えるかもしれない．さらに，いわゆる潜在記憶の研究で，意識的な想起なしでも記憶を辿ること

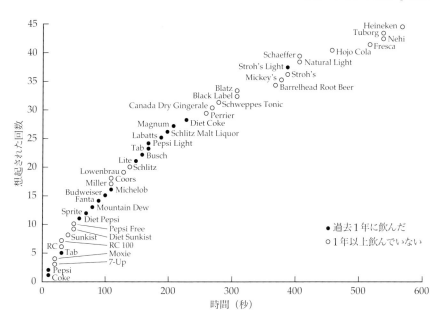

図 10.2 典型的な参加者のブランド名想起のクラスター．ブランド名はカテゴリーのクラスターで想起される傾向にある．つまり，記憶のカテゴリー構造は，特定のブランドの想起に影響するのに加えて，どのブランドが考慮中の集合内に一緒に生じるかに影響するようだ．出典：Adapted from Hutchinson, Raman, and Mantrala（1994）．

が可能であることも示されている．例えば広告では，気が散って集中できず，広告の主張を顕在的に記憶できない場合に，潜在記憶が重要であると示されてきた．認知神経科学の研究成果によると，記憶は画一的に統制された能力ではなく，むしろ学習，忘却，バイアスの異なるパターンによって特徴づけられる相対的に独立したシステムの集積であるが（図 10.3）(Milner, Squire, and Kandel 1998; Squire and Wixted 2011)，消費者の記憶の単一的なモデル（例えば連合記憶モデル）は，その事実を無視している．このことに，最大限の注意を払わなければならない．

10.3.2 ブランド知識：多重記憶システムの見方

記憶システムに関する近年の研究は，健忘症の患者の神経学的研究によって刺激を受けてきた（Milner, Squire, and Kandel 1998; Schacter 1999）．中でも特に患者 H.M. が有名だ．H.M. は，てんかんの治療のために側頭葉を外科的に切

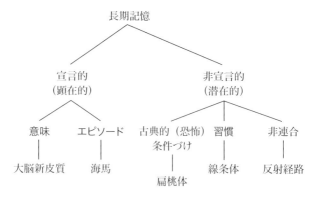

図10.3 人間の長期記憶の多重記憶システム．出典：Adapted from Milner, Squire, and Kandel（1998）．

除した．すると，その手術の後，新しいエピソード記憶を形成する能力を失った．一方，すでに持っていた，事実的知識や運動スキルなど，他の形式の記憶は維持していた．その後，数十年にわたる研究で，脳イメージング，損傷研究，動物モデルなどさまざまな神経科学の技術を使って，それらのさまざまな形式の記憶の脳内基盤が確認され，確立されてきた（表10.2）．

表10.2 消費者意思決定にとって特に重要な記憶システム

記憶システム	記憶タイプ	学習の速さ	神経基盤
意味	知識と事実	遅い	大脳新皮質，極めて広く分布
エピソード	出来事と体験	速い	海馬，一部の限定的な部位
道具的	報酬，習慣	報酬との連合は速い，習慣は遅い	大脳基底核，前頭眼窩皮質，一部の限定的な部位

より広く言うと，ブランド知識の背後に多重記憶システムがあるということは，三つの理由で重要である．第一に，かなりの数の神経科学的証拠が示唆するところによると，これらの多重システムは，それぞれ異なるパターンの学習と忘却に結び付いている．それは行動発現にとって重要な意味を持つ．例えば，エピソード記憶は素早く形成され，文脈依存的である．一方，パブロフ型システムは強化のメカニズムによって支えられていて，エピソード記憶や意味記憶とは違い，獲

得や消去に時間がかかる（Milner, Squire, and Kandel 1998）.

　第二に，異なる記憶システムは，それぞれ異なる形のバイアスや歪みから影響を受ける（Schacter and Slotnick 2004）．例えば，過去の記憶に関するシステムであるエピソード記憶は，進化的に新しく，生後発達は遅いが，加齢に伴って早い段階で衰え，ニューロンの機能不全に対して他の記憶システムよりも脆弱で，また，おそらくヒトに特有である（Tulving 2002; Schacter and Slotnick 2004）．対照的に，意味記憶は脳内に広く分散していて，脳損傷に対して頑強である．最後に，習慣や手続き的記憶は，アルツハイマー病の後期の段階ですら，頑健であるようだ（Wood and Neal 2007）．エピソード記憶の場合は特に，「過誤記憶」(false memory) の形成に焦点が当てられてきた（Schacter 1999; Schacter and Slotnick 2004）．エピソードの想起のたびに，何らかの重要な記憶の変容が起こり，とりわけ記憶負荷が高いエピソードの場合は変容しやすい，という証拠が数多く集まっている（Nader, Schafe, and LeDoux 2000）．そのような記憶変容のメカニズムは，現在では恐怖の連想（PTSDなどの障害の中心要素）を「消去」するために利用されている（Schiller et al. 2010）．

　最後に，これらの記憶システムは相互作用することが知られている．異なる条件下で補い合ったり競合したりするのだ．また，それらは，感情の過程や文脈の要因によって，異なる修飾を受ける（Milner, Squire, and Kandel 1998）．例えば，補完的な効果として，健忘症の患者が服薬することを「覚えておく」ために習慣のシステムを使うことなどが知られている（Squire and Zola 1996; Squire and Wixted 2011）．

10.3.3　ブランド知識に関する多重記憶システム

　消費者のブランド知識も，多重記憶システムを用いている．このことは，二つの方向からの証拠によって示唆されている．一つは，ブランド知識をその構成要素に分解しようと試みた理論的および実験的研究に基づく，間接的な証拠だ．例えばAaker（1997）は，消費者がブランドに結び付ける擬人化した特徴を測定するための，心理測定として妥当性のある尺度を提供し調査を行った．例えば，Appleはしばしばクールで創造的であると表現され，一方グッチは魅惑的で女性らしいなどと表現される．

消費者とブランドとの関わりについて，より経験的な側面を捉えようとした研究もある．例えば，Brakus, Schmitt, and Zarantonello (2009) によるブランド経験尺度 (brand experience scale) は，感覚，感情，知的，および行動的次元で，ブランドが消費者をどの程度魅了するかを捉えようとしている．また，Keller (1993) も，彼自身のブランドエクイティの枠組みにおいて，ユーザーの経験によるベネフィットと具体的な製品特性とを区別している．ただし，Keller は単一の連合記憶システムに依拠しているため，ブランド知識が消費者の心理にどう反映されているかよりも，マーケターが経営上の目的のためにブランド知識をどう構成するかに重きが置かれている．この違いは注目に値するだろう．

消費者のブランド知識が多重記憶システムを用いていることの証拠について，二つ目の方向性は，消費者のブランド処理に関する最近の神経科学的研究から来ている．これは重要である．なぜなら，過去の証拠は，関連する概念の間の表層的な類似性を反映しているに過ぎない可能性があるためだ．例えば，ブランド経験とエピソード記憶，ブランド連想と意味記憶といった概念同士は，表層的に類似しているに過ぎないという可能性だ．したがって，神経科学の証拠を加えることは，記憶の基礎研究で起こったのと同じように，ブランド知識に関する消費者心理学的モデルに便益をもたらすと期待される．

ペプシチャレンジ[1]をモデルにした初期の研究である McClure et al. (2004) は，消費者が自分はコカ・コーラを飲んでいると知った上でコカ・コーラを飲んでいるときには，知らなかった場合に比べて，海馬と前頭前野背外側部を含む脳領域の活動が高くなることを発見した．二つの条件間で異なっていたのはブランドについての知識だけで，実際の消費体験（飲んでいる製品や飲み方）はどちらも同一であり，したがって，この実験では，コカ・コーラが引き起こした一連の連想を，消費体験から分離することができた．注目すべきこととして，ペプシはこれらの脳領域に有意な反応をもたらさず，好みの評価でコカ・コーラよりも有意に低いスコアに留まった．続く研究では，自動車や高級な商品を含んだ刺激でも，同様の効果が見つかった (Erk et al. 2002; Schaefer and Rotte 2007)．Esch et al. (2012) が行った広範囲のブランドを比較する実験では，強いブランドとあまり知られていないブランドを比較したときに，海馬に先行研究と同様の賦活が

---

[1] 【訳注】比較広告を軸とした米国ペプシの広告企画．

観察された．さらに，前頭前野外側部と島皮質を含む他の多くの皮質領野も，ブランドの強さや知名度によって賦活した．

しかしながら，これらの研究には深刻な潜在的問題がある．それは，脳の局在性のアプローチに依存していることだ．このアプローチでは，単一の脳領域セットのどこにも含まれず，脳領野のネットワークにわたる相関した活動から生じるような表象や過程を捉え損ねるかもしれない (Kriegeskorte, Goebel, and Bandettini 2006; Mitchell et al. 2008)．概念的知識のような複雑な概念は，分散型のシステムから生じると考えられてきた．この考えには，少なくとも Lashley による記憶痕跡（エングラム）の追求 (Lashley 1950) や，学習システムのコネクショニストモデル (Hinton, McClelland, and Rumelhart 1986; McClelland and Rogers 2003) まで遡る，長きにわたる優れた歴史がある．

最近，Chen, Nelson, and Hsu (2015) は，この問題に対して重要な一歩を踏み出した．ブランド知識が実際に脳内に広く分散しているという可能性を調べたのだ．具体的には，この研究では，基礎的な知覚および認知過程の研究で普及が進んでいる，新しい機械学習のアプローチを使い (Formisano et al. 2008; Kay et al. 2008)，交差検証 (cross-validation) を用いて，脳活動の分散した組み合わせあるいは（ひょっとしたら多くの領域にわたって分散しているかもしれない）「パターン」に，どんな種類の知識が含まれているかが検討された．それによると，意味的知識の分散的な説明と一致し，Aaker (1997) のブランドパーソナリティの枠組みの仮説のとおり，ブランド連想に関する情報は幅広く分散した脳領域に含まれているようである（図 10.4）．対照的に，ブランド経験は相対的に極めて限られた脳部位（海馬領域）に含まれているらしい（未公刊データ）．これはエピソード記憶のモデルと一致している．

10.4　顧客の反応：知識を行動に移す

すべてのマーケティングプログラムの最終的な目的は，売上を伸ばすことである．それゆえ，ブランドエクイティの説明は，消費者の知覚の影響が最終的にどのように消費者の反応に変換されるかの理解なしには完結しない (Kamakura and Russell 1993; Aaker 2009)．従来のマーケティング理論では，消費者の記憶により好ましいものとして貯蔵されたブランド関連情報は，顧客の獲得と維持の

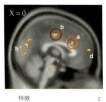 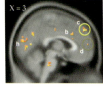 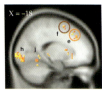

特徴	z	確率	特徴	z	確率	特徴	z	確率
ⓐ 前部帯状回	7.78	0.74	ⓒ 前頭前野背内側部	6.92	0.87	ⓔ 抽象的	4.56	0.81
体験する	5.81	0.85	性格特性	4.42	0.85	模倣	4.12	0.86
共感的	3.25	0.79	社会的	4.57	0.72	イメージ	3.56	0.77
ⓑ 中部帯状回	5.29	0.87	ⓓ 前頭前野内側部	7.60	0.80	ⓕ 親近性	4.61	0.83
自伝的記憶	5.29	0.87	人	4.83	0.79	思考	4.48	0.86
展望	4.83	0.81	自伝的記憶	4.74	0.87	回顧	4.03	0.82

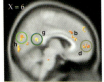  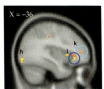

特徴	z	確率	特徴	z	確率	特徴	z	確率
ⓖ 後部帯状回	8.85	0.81	ⓘ 島	10.91	0.79	ⓚ 前頭前野外側部	4.06	0.74
自伝的	8.69	0.89	感覚	4.32	0.80	記憶	4.27	0.65
記憶	4.55	0.79	感情の	3.28	0.64	ⓛ 下部前頭皮質	5.55	0.67
ⓗ 第1次視覚野	4.85	0.84	ⓙ 海馬	11.04	0.85	意味的	6.30	0.72
心的イメージ	4.00	0.86	見解	4.17	0.86	単語	4.74	0.68
視覚皮質	3.93	0.72	記憶	5.53	0.71	感情	3.94	0.66

図 10.4 Aaker（1997）のブランドパーソナリティの枠組みで，ブランド連想の情報を有する脳領野[2]．各図は，少なくとも 10 以上の隣接した有意なボクセルのクラスターを示す．これらの領野が担う認知過程を推論するために，メタ分析ツールである Neurosynth（Yarkoni et al. 2011）が用いられた．このツールによって，それぞれの脳領域の活動について特定の認知過程が機能している確率が算出された．例えば，前頭前野背内側部（クラスター c）で観察された賦活について，特定のボクセルの位置から，「性格特性」という用語が使われた確率は 0.85 である．出典：Adapted from Chen, Nelson, and Hsu（2015）．

増加に繋がると，当然のように考えられていた（Keller 1993）．しかし，意思決定の神経科学，コンシューマーニューロサイエンスの進展によって，記憶が意思決定に影響する条件について，より詳細な理解がもたらされた．

　ここで重要なのは，第 8 章で言及された，相互作用する二つの意思決定システム，すなわちより評価的で熟慮型の目的志向的システム（システム 2）と，より

---

[2]【訳注】原図では左上の写真（X = 0）の a と b，および右上の写真（X = −18）の e と f がそれぞれ逆に表示されていたが，訳者の判断により修正した．

自動的で反射的な習慣システム（システム1）の存在である（Yin and Knowlton 2006; Kahneman 2011）．これらのシステムも，消費者の記憶と同様に，進化の歴史の中で異なる適応的要求に対応するために進化したらしい．この二つのシステムは独立して働くこともできるが，相互作用したり干渉し合ったりすることもあり，時には重大な結果をもたらす可能性もある．このことは，車を運転しながら会話をしたことがある人なら，誰もが証言できるだろう．

10.4.1 目的志向的意思決定 vs. 習慣的意思決定

最初に，目的志向的システムは，行為に対して価値を割り当てる．この割り当ては，行為と結果の結び付きを計算して，異なる結果と結び付く報酬を評価することによってなされる（Hsu et al. 2005; Rangel, Camerer, and Montague 2008）．つまり，目的志向的システムは，意味記憶およびエピソード記憶のシステムに貯蔵された情報を使って，熟慮型の戦略を通じて意思決定を行う．このシステムは，マーケティングで広く用いられている標準的な消費者意思決定モデルと密に対応する（図10.5）．

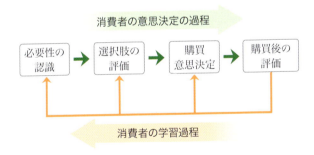

図10.5 消費者意思決定の典型的な過程．出典：Adapted from Kotler and Armstrong（2010）．

ヒトの機能イメージング研究によって，前頭線条体回路（frontostriatal circuit），特に前頭眼窩回路（orbital frontal circuit; OFC）が目的に関する行動指標と結び付くことが示されてきた（Rangel et al. 2008; Sugrue et al. 2005; Schultz et al. 2007）．さらに，内側OFCに損傷を持つ患者は，欲求に関して一貫した選択をすることに多くの問題を持つことも知られている．ブランディングの文脈では，

Koenigs and Tranel（2008）が，この領野の損傷によって，好みの評価におけるブランドの影響が消失することを示した．具体的には，コカ・コーラというブランドの影響が消失した．この結果は，この脳部位が選択行動を駆動する価値関連情報を受け取り統合する，という見方と一致している．

　目的志向的システムと対照的に，習慣は，記憶の中で他の選択肢よりも素早く活性化し，記憶痕跡の修正には時間を要する優位な反応である（Yin and Knowlton 2006; Rangel, Camerer, and Montague 2008）．例えば，ある研究によると，映画館で習慣的にポップコーンを食べている映画ファンは，もう十分に満足し，ポップコーンがすっかり古くなったあとでも，それを食べようとするが，それは過去の行動と結び付いた文脈でのみ起こる（Neal et al. 2011）．そのような意思決定は認知的負荷が低いので，習慣のシステムは進化的に非常に古そうである．実際，げっ歯類やヒト以外の霊長類のさまざまな種を用いた研究で，大脳基底核が習慣の制御に極めて重要な役割を果たすことが示唆されている．特に，げっ歯類を用いた研究で，この脳部位の損傷によって，習慣を確立し展開する能力が損なわれることが示されている（Yin, Knowlton, and Balleine 2004; Faure et al. 2005）．

　このように，習慣システムは，意味記憶やエピソード記憶とは違って，周囲の文脈への直接的な反応によって行為を決める．つまり，行為の決定を習慣の記憶と分離できない．習慣は試行錯誤学習を通して獲得されるため，習慣システムは相対的にゆっくりと学習が進むと信じられている（表10.2 参照）．結果として，そのシステムは行為の価値を間違って予想するかもしれない．このことは，自宅のリフォームやソフトウェアのユーザーインターフェイスの更新のあとなら，誰もが証言できるだろう．さらに，そのような行為は，パスワードをタイプするときの運動指令プログラムのように極めて特異的であるかもしれないし，一方で，接近/回避の反応のように極めて一般的であるかもしれない．習慣は人が日常生活で目標を追求することで学習され，いったん学習されると，それを打ち消すには，努力を伴う自己制御の戦略的展開が必要となる（Yin and Knowlton 2006; Wood and Neal 2007）．これは意思決定科学とコンシューマーニューロサイエンスの重要な成長領域であり，いまだに完全には理解されていない．

　ブランディングとマーケティングにおいて，これらの二つのシステムの区別はほとんど行われていないが，その区別はたくさんの重要な示唆を与える．第一に，

消費者の習慣を作り出すことは，顧客の維持に極めて重要である．特定のブランドや商品の購買，あるいは特定の販売チャンネルからの購買が習慣化した消費者は，別の選択肢の情報をサーチしたり，競合製品について熟考したり，購入を先延ばしにしたりする可能性が相対的に低いだろう．第二に，顧客ロイヤルティのような顕在的行動は，複数の要因によって引き起こされるということが明確になる．例えば，消費者が繰り返し購入をする理由は，提供されるものが魅力的だからか，あるいは単に習慣によるものか，少なくとも二つの可能性がある．同様に，マーケティング戦略は，二つのシステムにそれぞれ異なる効果を持つかもしれない．このことは，異なる目標やセグメントに対して，マーケターが戦略を最適化できる可能性を高める．

最後に，これらの二つのシステムの存在によって，顧客の習慣の構築と打ち消しに関する情報を統合し，CLVの計算を改善できる可能性がある．例えば，効果の低いブランディングやマーケティング戦略を例に挙げよう．その低い効果の理由は，過去の顧客の習慣を打ち消すのに十分な時間がなかったからかもしれないし，あるいは，ただ単に本当に効果が低いのかもしれない．同様に，現在のリテンション（顧客維持）の統計を奨励することで，将来の維持率の弱さが間違って示されるかもしれない．

10.5 結論

この章では，認知・行動神経科学の洞察によって，顧客ベースのブランドエクイティに関する経営上の意思決定を改善したりガイドしたりするのに役立つ，二つの事柄に焦点を当てた．一つ目は，顧客ベースのブランドエクイティの概念化を，強固な科学的基盤に基づいて行うことである．これは，ブランドエクイティ尺度の開発と妥当性検証に特に重要である．脳に基づいたブランドエクイティは，過去の学術的文献で提唱された多くのシステム（表10.1に要約されている）と考え方が大きく異なり，最初に記憶と行動のシステムを区別することによって構成される．それぞれのシステムは下位要素を含んでいて，その下位要素は異なるタイプの記憶や行動と対応している（表10.3）．例えば，エピソード記憶は素早く形成されるが簡単に歪められ，意味記憶はゆっくり形成されるが頑健である．これらの事実は，ブランド知識に関するそれらの下位要素をいつどれくらいの頻度で

表 10.3 コンシューマーニューロサイエンスに従った顧客ベースのブランドエクイティ

次元	要素	過去の文献との対応
ブランド知識	意味	ブランド連想
	エピソード	ブランド体験，ブランドとの関係
消費者の反応	目的志向的	知覚品質，ブランド便益，ブランド信頼
	習慣	ブランドロイヤルティ

計測すべきなのか，また，記憶を固定化するためには，どのようなブランド構築活動をすればよいのか，といった重要な情報をブランドマネージャーに提供してくれる．

第二の焦点は，自己報告指標を補うことの必要性と，機能的磁気共鳴画像法（fMRI），脳波（EEG），潜在的連合テスト（IAT）といった，それに関する神経科学的・潜在的指標の可能性であり，この背景には，記憶は意識的な想起にほとんどアクセスできないという事実がある．この点は，消費者がリサーチャーに情報を明らかにできなかったり，したくなかったりする場合に，特に重要である．消費者が明らかにできない情報には，例えば習慣などがある．一方，明らかにしたくない情報の例としては，個人的に敏感な情報などが挙げられる．

最後に，この枠組みによって，ブランドエクイティの計測に関するブランドマネージャーの二つの異なる考え方を互いに結び付ける必要性が明らかになる．一方は，ブランド知識に関連する認識，想起，アウェアネスを主として扱う立場であり，もう一方は，新規獲得や維持など消費者の反応に注目する立場である．ブランドエクイティを脳ベースで考えると，それぞれが一方だけでは不完全であることは明確である．行動は知識に依存するが，知識は最終的に行為に変換されなければ企業に利益をもたらさないからだ．この関係を実用に必要なレベルでどう証明し，どう計測すればよいだろう．それらが明らかになるまでの道のりはとても長いが，企業やその出資者にとってのブランドエクイティの重要性を考えれば，小さな一歩でも重要な進展であろう．

重要ポイント

- 顧客ベースのブランドエクイティは，ブランドマーケティングに対する消費者の反応に基づいたブランド知識からの多様な影響に由来する．
- ブランド知識は，異なる時間スケールで働き，変容のしやすさも異なる複数の記憶で構成される．
- ブランド知識に対する消費者の行為は，自動化の程度と認知処理の負荷が異なる少なくとも二つの行動システムによって導かれる．
- 顧客ベースのブランドエクイティの測定のためには，ブランド知識とその知識への消費者の反応の両方を捉える必要がある．

演習問題

1. ブランド知識に関する初期のモデルの科学的基盤は何か？ ブランド知識の背後にある基礎科学は，その後どのように変化したか？
2. CEO が，マーケティング予算の要求に対して次のように懸念を示した．「われわれの CLV 分析は，ブランドエクイティの健全性を知るために必要なすべてのことを教えてくれる．すでに知っていることを測るためにどうして予算を割り当てなければならないのか」．習慣的行動における神経科学的リサーチをどのように使うと，CEO の懸念を払拭できるか？

参考文献

Aaker, D. A. (1991). *Managing brand equity*. New York: Free Press.

Aaker, D. A. (1996). *Building strong brands*. New York: Free Press.

Aaker, J. (1997). Dimensions of brand personality. *JMR, Journal of Marketing Research*, 34(3), 347–356.

Aaker, D. A. (2009). *Managing brand equity*. New York: Simon & Schuster.

Ambler, T., & Barwise, P. (1998). The trouble with brand valuation. *Journal of Brand Management*, 5(5), 367–377.

Archibald, J. D. (2009). Edward Hitchcock's pre-Darwinian (1840) "tree of life". *Journal of the History of Biology*, 42(3), 561–592.

Baker, C., Nancarrow, C., & Tinson, J. (2005). The mind versus market share guide to brand equity. *International Journal of Market Research*, 47, 525–542.

Berry, L. (2000). Cultivating service brand equity. *Journal of the Academy of Marketing Science*, 28(1), 128–137.

Berthon, J. P., et al. (2001). Organizational and customer perspectives on brand equity: Issues for managers and researchers. *Proceedings of the ANZMAC Conference*. Citeseer.

Bettman, J. R. (1970). Information processing models of consumer behavior. *JMR, Journal of Marketing Research*, 7(3), 370–376.

Bettman, J. R., Johnson, E. J., & Payne, J. W. (1991). Consumer decision making. In T. S. Robertson & H.H. Kassarjian (Eds.), *Handbook of Consumer Behavior* (pp. 50–84). Englewood Cliffs, NJ: Prentice-Hall.

Blackston, M. (1992). Building brand equity by managing the brand's relationships. *Journal of Advertising Research*, 32(3), 79–83.

Brakus, J. J., Schmitt, B. H., & Zarantonello, L. (2009). Brand experience: What is it? How is it measured? Does it affect loyalty? *Journal of Marketing*, 73(3), 52–68.

Burmann, C., Jost-Benz, M., & Riley, N. (2009). Towards an identity-based brand equity model. *Journal of Business Research*, 62, 390–397.

Chen, Y., Nelson, L., & Hsu, M. (2015). From "where" to "what": Distributed representations of brand associations in the human brain. *JMR, Journal of Marketing Research*, 52, 453–466.

Christodoulides, G., & de Chernatony, L. (2010). Consumer-based brand equity conceptualisation and measurement: A literature review. *International Journal of Market Research*, 52(1), 43.

Collins, A. M., & Loftus, E. F. (1975). A spreading-activation theory of semantic processing. *Psychological Review*, 82(6), 407.

Erk, S., et al. (2002). Cultural objects modulate reward circuitry. *Neuroreport*, 13(18), 2499–2503.

Esch, F. R., et al. (2012). Brands on the brain: Do consumers use declarative information or experienced emotions to evaluate brands? *Journal of Consumer Psychology*, 22, 75–85.

Faure, A., et al. (2005). Lesion to the nigrostriatal dopamine system disrupts stimulus-response habit formation. *Journal of Neuroscience*, 25(11), 2771–2780.

Feldwick, P. (1996). What is brand equity anyway, and how do you measure it? *Journal of the Market Research Society*, 38(2), 85–104.

Formisano, E., et al. (2008). "Who" is saying "what"? Brain-based decoding of human voice and speech. *Science*, 322, 970–973.

Gardner, B. B., & Levy, S. J. (1955). The product and the brand. *Harvard Business Review*,

33, 33–39.

Glimcher, P. W., et al. (2009). *Neuroeconomics: Decision making and the brain*. Cambridge, MA: Academic Press.

Hinton, G. E., McClelland, J. L., & Rumelhart, D. E. (1986). Distributed representations. In *Parallel distributed processing*, 77–109. Cambridge, MA: MIT Press.

Hsu, M., et al. (2005). Neural systems responding to degrees of uncertainty in human decision-making. *Science*, 310(5754), 1680–1683.

Hutchinson, J. W., Raman, K., & Mantrala, M. K. (1994). Finding choice alternatives in memory: Probability models of brand name recall. *JMR, Journal of Marketing Research*, 31(4), 441–461.

Kahneman, D. (2011). *Thinking, fast and slow*. New York: Macmillan.

Kamakura, W. A., & Russell, G. J. (1993). Measuring brand value with scanner data. *International Journal of Research in Marketing*, 10(1), 9–22.

Kay, K. N., et al. (2008). Identifying natural images from human brain activity. *Nature*, 452(7185), 352–355.

Keller, K. L. (1993). Conceptualizing, measuring, and managing customer-based brand equity. *Journal of Marketing*, 57, 1–22.

Keller, K. L. (2012). Understanding the richness of brand relationships: Research dialogue on brands as intentional agents. *Journal of Consumer Psychology*, 22(2), 186–190.

Keller, K. L., & Lehmann, D. R. (2006). Brands and branding: Research findings and future priorities. *Marketing Science*, 25(6), 740.

Knox, S., & Walker, D. (2001). Measuring and managing brand loyalty. *Journal of Strategic Marketing*, 9(2), 111–128.

Koenigs, M., & Tranel, D. (2008). Prefrontal cortex damage abolishes brand-cued changes in cola preference. *Social Cognitive and Affective Neuroscience*, 3(1), 6.

Kotler, P., & Armstrong, G. (2010). *Principles of marketing*. Upper Saddle River, NJ: Pearson Education.

Kriegeskorte, N., Goebel, R., & Bandettini, P. (2006). Information-based functional brain mapping. *Proceedings of the National Academy of Sciences of the United States of America*, 103(10), 3863–3868.

Lashley, K. S. (1950). In search of the engram. In *Physiological mechanisms in animal behaviour*, Society for Experimental Biology (Great Britain), 454–482. New York: Academic Press.

McClelland, J. L., & Rogers, T. T. (2003). The parallel distributed processing approach to semantic cognition. *Nature Reviews Neuroscience*, 4, 310–322.

McClure, S. M., et al. (2004). Neural correlates of behavioral preference for culturally familiar drinks. *Neuron*, 44(2), 379–387.

Milner, B., Squire, L. R., & Kandel, E. R. (1998). Cognitive neuroscience and the study of memory. *Neuron*, 20(3), 445–468.

Mitchell, T. M., et al. (2008). Predicting human brain activity associated with the meanings of nouns. *Science*, 320(5880), 1191–1195.

Nader, K., Schafe, G. E., & LeDoux, J. E. (2000). The labile nature of consolidation theory. *Nature Reviews Neuroscience*, 1(3), 216–219.

Neal, D. T., et al. (2011). The pull of the past: When do habits persist despite conflict with motives? *Personality and Social Psychology Bulletin*, 37(11), 1428–1437.

Plassmann, H., Ramsøy, T. Z., & Milosavljevic, M. (2012). Branding the brain: A critical review and outlook. *Journal of Consumer Psychology*, 22(1), 18–36.

Rangel, A., Camerer, C., & Montague, P. R. (2008). A framework for studying the neurobiology of valuebased decision making. *Nature Reviews Neuroscience*, 9(7), 545–556.

Reynolds, T. J., & Phillips, C. B. (2005). In search of true brand equity metrics: All market share ain't created equal. *Journal of Advertising Research*, 45(02), 171–186.

Rust, R. T., Lemon, K. N., & Zeithaml, V. A. (2004). Return on marketing: Using customer equity to focus marketing strategy. *Journal of Marketing*, 68(1), 109–127.

Rust, R. T., Zeithaml, V. A., & Lemon, K. N. (2004). Customer-centered brand management. *Harvard Business Review*, 82(9), 110–120.

Schacter, D. L. (1999). The seven sins of memory. Insights from psychology and cognitive neuroscience. *American Psychologist*, 54, 182–203.

Schacter, D. L., & Slotnick, S. D. (2004). The cognitive neuroscience of memory distortion. *Neuron*, 44(1), 149–160.

Schaefer, M., & Rotte, M. (2007). Favorite brands as cultural objects modulate reward circuit. *Neuroreport*, 18(2), 141–145.

Schiller, D., et al. (2010). Preventing the return of fear in humans using reconsolidation update mechanisms. *Nature*, 463(7277), 49–53.

Schultz, W., Dayan, P., & Montague, P. R. (1997). A neural substrate of prediction and reward. *Science*, 275(5306), 1593–1599.

Sharp, B. (1995). Brand equity and market-based assets of professional service firms. *Journal of Professional Services Marketing*, 13(1), 3–13.

Shocker, A. D., Srivastava, R. K., & Ruekert, R. W. (1994). Challenges and opportunities facing brand management: An introduction to the special issue. *JMR, Journal of Marketing Research*, 31(2), 149–158.

Squire, L. R., & Wixted, J. T. (2011). The cognitive neuroscience of human memory since H.M. *Annual Review of Neuroscience*, 34, 259–288.

Squire, L. R., & Zola, S. M. (1996). Structure and function of declarative and nondeclarative memory systems. *Proceedings of the National Academy of Sciences of the United States of America*, 93(24), 13515–13522.

Srivastava, R. K., Shervani, T. A., & Fahey, L. (1998). Market-based assets and shareholder value: A framework for analysis. *Journal of Marketing*, 62, 2–18.

Sugrue, L. P., Corrado, G. S., & Newsome, W. T. (2005). Choosing the greater of two goods: Neural currencies for valuation and decision making. *Nature Reviews Neuroscience*, 6(5), 363–375.

Tulving, E. (2002). Episodic memory: From mind to brain. *Annual Review of Psychology*, 53, 1–25.

Wood, W., & Neal, D. T. (2007). A new look at habits and the habit-goal interface. *Psychological Review*, 114(4), 843–863.

Yarkoni, T., Poldrack, R. A., Nichols, T. E., Van Essen, D. C., & Wager, T. D. (2011). Large-scale automated synthesis of human functional neuroimaging data. *Nature Methods*, 8(8), 665–760.

Yin, H. H., & Knowlton, B. (2006). The role of the basal ganglia in habit formation. *Nature Reviews Neuroscience*, 7(6), 464–476.

Yin, H. H., Knowlton, B. J., & Balleine, B. W. (2004). Lesions of dorsolateral striatum preserve outcome expectancy but disrupt habit formation in instrumental learning. *European Journal of Neuroscience*, 19(1), 181–189.

Yoon, C., et al. (2006). A functional magnetic resonance imaging study of neural dissociations between brand and person judgments. *Journal of Consumer Research*, 33(1), 31–40.

CHAPTER 11

価格

HIRAK PARIKH,
DAVIDE BALDO, AND
KAI-MARKUS MÜLLER

　レイズのパリっとした塩辛いポテトチップスを一口食べたら，「1枚ではやめられない」というタグラインの否定しがたい真実に同意せざるを得ない．ペプシコのレイズは，製品だけでなくタグラインも完璧だ．この章の著者らは，塩辛い指が袋の底に触れるまで，どうしてもやめられないことを告白する．

　タグラインが優れた製品体験を作り出すことを目指す一方で，生産者の関心は収益にある．マーケティング，広告，PRなどの間接的要因以外に，価格は収益に直接影響を与える重要な要素である（Monroe and Cox 2001）．

　では，一口目で顧客を虜にする製品の価格はどうあるべきか？　ペプシコトルコは，著者らと一緒にこの重要な問題を究明したいと考えた．彼らの主な質問は，「二つの異なるサイズのレイズポテトチップスそれぞれの支払意志額はいくらか？」だった．本章では，この実際の事例を使って，市場で価格がどのように設定されているのか，脳で価格がどのように認識されているのか，そして価格を決定するより良い方法に神経科学がどう繋がるのかを説明する．価格管理と価格心理を扱う際には，さまざまな状況で多くの疑問が出てくる．顧客は既存の製品の価格変更にどう反応するか？　どのようにして異なるパッケージを値づけするか？　どのような価格で異なるサイズを投入すべきか？

　とはいえ，顧客は同じ金額でよりたくさん食べたい．言い換えれば，パリッとしたおいしいポテトチップスの袋にありつく前の支払いはできるだけ少ない額で

済ませたい．そして，どんなに空腹でもどんなにおいしくても，ポテトチップスに払える価格には上限がある．価格がその上限を下回ると，人は得をした，すなわち，支払った金額よりも多くの価値を得たと思う．中間あたりに，価格がちょうどよい（高すぎでも安すぎでもない）と感じるスイートスポットがある．

　価格を設定するという課題は，企業にとって非常に複雑である．トルコのような大市場では，ごまんといる消費者が山のようなポテトチップスを食べるが，どのポテトチップスも同じ価格だ．だから，顧客のスイートスポットを理解することに加えて，顧客全体の統計を理解することが必須である．価格を上げたら何人の顧客を失うだろうか？　この価格の変更は利益を増やすだろうか？

　ポテトチップスを食べる人は皆，ポテトチップスを食べ始めようという意思決定は必ずしも合理的ではないことを知っている．それが合理的なものであれば，著者らは時折つまむものをポテトチップスではなく，ブロッコリーのようなより健康なものにするはずだ．われわれ人間には合理的な部分と感情的な部分がある．すなわち，われわれは理性とともに衝動によって動かされる．多くの実験が，意思決定の非合理的かつ感情的な性質を示している（Tversky and Kahneman 1974; Ariely 2008）．われわれが納得して製品を購入するためには，製品の価格は，感情的なレベルと合理的なレベルの両方でわれわれと共鳴する必要がある．

11.1　伝統的かつ非脳的アプローチ

　価格を設定する必要性は，間違いなくお金の発明と同じくらい古い．お金は紀元前3000年頃のメソポタミアで最初に現れたと考えられており，それ以来，売り手は顧客の最大許容価格を把握しようとしてきた．それから何千年も経ち，価格を決定する方法はより洗練されてきたが，問題自体は実際のところあまり変わっていない．顧客はどれくらい支払う意志があるか？　価格の変化に対する顧客の反応をどうやって予測するか？

　紀元前3000年のメソポタミアでパピルスを売ろうとするにしても，今日，国際的巨大食品関連企業がポテトチップス1袋の最適価格を推定しようとするにしても，いくつかの可能な方法がある．

1. 観察アプローチ：実際の購買環境または模擬的環境において顧客の購買行動を直接観察する方法．
2. 調査アプローチ：製品を購入する場合どれだけ支払うかを潜在的顧客に直接的あるいは間接的に質問する方法．
3. ニューロプライシング：脳活動を観察し，脳から直接支払意志額を導き出す，近年可能になった第三の方法．

11.1.1 観察アプローチ

このアプローチは，観察期間にわたってテストされる製品の価格を時間の経過とともに系統的に変化させ，顧客の反応を観察し測定する（Breidert, Hahsler, and Reutterer 2006）．実際の購買行動を測定するので，この方法の結果は信頼できる．しかし，欠点は，この種の実験はデータの収集にかなりの時間を要し，費用がかかることである．また，実際の購買環境において，顧客の信頼性を失うことなく価格を繰り返し変更できる企業はほとんどないため，比較的小さなテスト市場に限定される．

もう一つの関連するアプローチは，顧客に問うのではなく，過去の販売データから購入パターンを分析することで，これを把握することだ．今日，コンピュータがより高速で安価になり，膨大な量の情報を分析してパターンやトレンドを探すこと（一般に「ビッグデータ」と呼ばれる）が可能になった．このような方法は実際の購入取引に基づいているため，信頼性高く支払意志額を決めたり，将来の需要を予測したりすることができると見なされている．モデルに基づいて需要を特定するには，製品が市場で異なる価格帯で販売されている必要があるが，実際には，企業は同じ製品の頻繁な価格変更を避けるため，この要件に当てはまらないことが多い．

11.1.2 調査アプローチ

過去の売上データが入手できず，結果がすぐ必要な場合は，観察アプローチを使うことはできない．そのため，支払意志額を見積もるための調査ベースのアプローチが開発された．調査ベースのアプローチは，選ばれた潜在顧客グループに，特定の製品に対してどれだけ支払いたいと思うかを直接的または間接的に

問う．このようなテストは比較的少数の参加者で実施されるため，テストを受ける顧客グループがターゲットの母集団を正確に反映することが重要である．これらの手法の代表的な例は，Gabor-Granger 法，Van Westendorp 価格感度指標，コンジョイントサーベイ法，離散選択実験法などである．これらの方法は実装が比較的容易であり，結果を迅速に得ることができる．しかし，結果はテストを受けた人の明示的な回答に大きく依存し，その回答は必ずしも信頼できるものではない．

11.1.3　なぜニューロプライシングか？

　標準的な方法はメリットもあるが，「商品と価格を見たときに，実際に顧客の心では何が起こっているのか」という基本的な質問をしばしば避けて通る．

　問題は，人間は自分自身の行動を（それが意図的な行動であろうがなかろうが）予測するのが苦手だということである．おそらくあまり意識せず，われわれはしばしば言っていることと違うことをする．われわれは「答えはこれだ」と信じようとしつつも，一方で，「正しく」聞こえるようなことや，「調査者が期待しそうな」ことを答えたいと思っている．また，われわれは皆「本心は言えない」「本心を言いたくない」という気持ちがよくわかる．価格は単なる数字ではない．価格は，製品とその価値に対する評価や認識に影響を及ぼす事柄をたくさん連想させる．

　ここでも第 8 章で詳しく説明されているシステム 1 とシステム 2 を中心に据えて考えることで，消費者の心の中で実際に起こっていることをニューロプライシングと関連づけることができる．ニューロプライシングの目標は，脳の測定指標を通じて顧客の心に直接触れて，支払意志額を解読することだ．この価格は，製品とお金を交換するときに顧客が製品に求める「価値」を示す．ニューロプライシングは，顧客の脳においていつ，どこで計算が行われるかを可能な限り直接測定することによって，価値の問題にアプローチする．ポテトチップスの価格の設定について議論する前に，少し寄り道して，価格の神経メカニズムについて現在理解されているところを議論する．

11.2 価格認識の神経メカニズム

ポテトチップスの価格は数字で示される．この数字は，「レイズのポテトチップス1袋」の抽象的な特徴である．したがって，脳には (1) 製品認知，(2) 価格認知，(3) 製品の特徴としての価格の統合，(4) 評価および購入決定，という四つの重要なステップが関係する．レイズのポテトチップスを例として，脳が「買う」か「買わない」かの決定を下す方法を見てみよう．

11.2.1 製品認知

われわれはどのように物体を知覚するのだろうか？ 現在の理解によると，以下のような順序になる．光子が網膜に到達し，その後，多数の初期過程を通って，視覚情報が視床の一部である外側膝状体に送られる．外側膝状体は，視覚情報を部分的に結合し，計算し，処理してから，脳の後ろの後頭葉にある1次視覚野に中継する．

視覚情報の処理は，後頭葉から二つの並列する経路に分かれる．すなわち，背側経路（頭頂葉の "Where?" 経路）と腹側経路（側頭葉の "What?" 経路）である (Mishkin et al. 1983)．頭頂葉に向かう背側の経路は，外界のどこにポテトチップスの袋があるのか（棚の一番上にあるのか，一番下にあるのか？ 左か右か？）をコードする．おいしいスナックを見つけるためには，頭頂葉が必要である．頭頂葉に怪我や脳卒中を負った患者は，物を見つけたりスーパーマーケットで行きたい方向に行くことが難しくなる．頭頂葉が "Where?" を処理するのに役立つ一方，側頭葉に向かう腹側経路は "What?" を処理する．先ほどの患者は，正しい棚に向けば，それがレイズのポテトチップスの袋であるということを完璧に認識することができる．

物体がどのように「意識にのぼった物体」になるかについては，いくつかの仮説があるが，その中の一つの考え方は，腹側経路には，特定の物体や人をエンコードする，非常に特化したニューロンが存在するというものである．この「おばあさんニューロン」は，特定の物体，もしくは人（例えば「私のおばあさん」）を知覚すると必ず活動する (Cerf et al. 2010)．物体がポテトチップスによく似ていれば，ポテトチップスをエンコードするニューロンは他のニューロンより活動が上

がり，最終的にポテトチップスの袋という知覚が生じる．一方で，色，形，またはテクスチャなどの物体のさまざまな特徴が脳の別々の領域で処理され，それを統合することで初めて知覚が生じると考える研究者たちもいる．これは，知覚が下から上へ，小さなピースから段階的に生成されることを意味する．例えば，1次視覚野は点や線をエンコードし，角度や形などのより大きなピースは腹側視覚野のより先の領域でエンコードされ，さらに進んで下側頭皮質で物体の知覚に到達する．しかし，イスラエルの神経科学者である Shaul Hochstein と Merav Ahissar は，高次視覚野のみならず，前頭皮質でさえ，非常に初期の知覚に関与していて，1次視覚野が詳細な処理をする前に，物体のおおざっぱな感じを伝えている，という考え方を提案している (Shaul Hochstein and Merav Ahissar 2002)．多くの実験結果が，脳は「詳細をすべて見る」前に「見て感じている」というこの考え方を支持している．

ヒトの視覚の詳細についてはまだ研究途上だが，ポテトチップスの袋を知覚するためには，脳は "Where?" と "What?" を知る必要があることはわかっている．そのあと，前頭前野が，ポテトチップスの袋をどうすればよいかを決める．しかし，その前に，（ポテトチップスを盗む悪党でなければ）脳は価格を処理しなければならない．

11.2.2 価格認知

ヒトは，計算と三角法ができる唯一の動物だが，すべての動物は餌を獲得したり選択したりするために「種はいくつある？」や「ライオンは1匹か2匹か？」といった基本的な数の概念を持っている．価格になると，ヒトはこのざっくりした数の感覚だけに頼るわけにはいかない．（モルモットよりも進化した）われわれの脳は，数字の抽象的な表現を理解し，数字を意味のあるものに変換する必要がある．

Lionel Naccache and Stanislas Dehaene (2001) は，機能的磁気共鳴画像法 (fMRI) で，頭頂間皮質が数の処理の大部分に関与していることを示す実験を行った．右半球の頭頂間皮質がおおざっぱな量を扱う一方で，左半球の頭頂間皮質は，計算のような高レベルな数学的処理を行う．

11.2.3 製品の特徴としての価格の統合

　視覚的注意の古典的な考え方は，視覚対象の特徴が統合されてコヒーレントな知覚を作り出すと主張した知覚心理学者 Anne Treisman と Garry Gelade の影響を強く受けている．例えば，買い物客がレイズのポテトチップスの袋を見ると，光沢のある包装，長方形の形，全体的に黄色い色彩，見慣れたレイズのらせんのロゴなど，さまざまな特徴が目に入る．Treisman and Gelade (1980) によると，脳はこれらのすべての特徴を一つの対象物に統合する．買い物客は，製品の特徴の一つとして価格を統合する必要がある．価格が製品の一つの特徴として統合されると，脳では購入の意思決定をする準備が整う．

11.2.4 購入決定

　脳はどのようにして買うのか？　マーケティング担当者も神経経済学者も，脳がさまざまなインプットをどのように受け取り，製品を「購入する」か「購入しない」かの決定をどのように下しているかを知りたいと考えている．巧みな実験を設計することにより，研究者は実験室でリアルな購買決定の状況を模倣し，最新のイメージング技術を駆使して活動している脳を観察できるようになった．

　2007 年に Brian Knutson らは，製品の好みと価格を結び付けているときの脳の活動を観察する実験を行った (Knutson et al. 2007)．巧みにデザインされたゲームで，参加者は 20 ドルを与えられ，順に提示される 2 ドルから 20 ドルまでの 80 種類の製品に使うことができる．それぞれの回（試行と呼ぶ）で，参加者は，提示された製品を「購入する」か「購入しない」かを選ぶことができる．終了時に，くじでランダムに一つの試行が選択され，その試行での選択結果が実現される．例えば，3 製品を順に提示するゲームで，参加者 A は試行 1 でチョコレート（12 ドル）を，試行 2 でクッキー（6 ドル）を購入することを選択し，試行 3 では CD（15 ドル）を購入しないことを選択したとする．試行の終わりに，くじにより試行 1 が選ばれると，参加者 A はチョコレートの箱を買って，残りの 8 ドルを持って帰る．もし，くじで試行 3 が選択されると，参加者 A は 20 ドルを持って帰る．参加者は実際のお金を使い，実際の商品を選んでいるので，このデザインでは，参加者は本当に購買決定をし，正直に反応することになる．20 ドルを持って帰ることができるのなら，本当は欲しくないものを無理に選ぼうと悩

む必要はない．

　Knutsonらは，fMRIスキャナーの中でこのゲームをしている参加者の脳活動を観察し，参加者が製品と価格の組み合わせを好んだ場合，側坐核が活動することを発見した．側坐核は，しばしば，気分が良いときに活性化される．特に，薬物およびニコチン中毒者では，側坐核を横切る経路が変化している．

　第9章で述べたように，楽しい経験と側坐核の活動との関係は，もっと以前の1950年代に，カナダの神経生理学者James OldsとPeter Milnerによって示された．彼らは，ラットの側坐核に投射する脳領域に電極を埋め込んだ．レバーを電気回路に接続し，ラットがレバーを押して自分の脳を刺激できるようにした．ラットは，完全に疲弊してしまうまで，この報酬回路を刺激するレバーを押し続けた．この課題の間，ラットはもはや食物，水，性行為さえにも関心を示さなくなった！

　Knutsonらの研究の参加者が製品の価格を気に入らなかった場合はどうだろう？ 参加者は最初に製品を見て，次に価格を見た．Knutsonらは，価格が高かったときに島皮質が活動することを見出した．島皮質は，さまざまな感情に加え，痛みを経験するときに活動する領域である．もちろん，支払いには物理的な痛みはない．しかし，Knutsonらは，高い価格に関連する否定的な感情は，ある程度島皮質の活動と対応することを示唆している．さらに，彼らは，支払意志額と表示される価格との差が，内側前頭前野の活動によってエンコードされることを発見した．内側前頭前野は，好まない価格に遭遇したときにその活動を減少させた．最も興味深いのは，Knutsonらが，脳の活動だけに基づいて，顧客が製品と価格を気に入っているかどうか，製品を購入するかどうかを予測できたことである．

11.3　ニューロプライシングを使用してゴルディロックス価格を見出す

　ポテトチップスの支払意志額を知るためには，脳の意思決定プロセスをどのように利用したらよいだろうか？ 「ゴルディロックスと3匹のくま」の話のように，われわれは「高すぎず」，「安すぎず」，「ちょうどよい」価格（ゴルディロックス価格）を見つけることに興味がある．そのために，示されている価格に対する，脳の「一致」「不一致」信号の大きさを測定する（類似の研究としては，Garrido et al.（2009）を参照）．製品の価格が高すぎると，脳は製品価値と価格の差異を検出し，不一致（ミスマッチ）信号を生成する．また，認識されるその製品の価値に比べて低価格である場合にも，ミスマッチ信号を生成する．ミスマッチの価格をベンチマークとしてスタートし，脳が最も良い価格−製品適合を示唆する反応を示した価格を，ゴルディロックス価格と見なす．

11.4 ケーススタディ：ポテトチップスのパッケージの価格設定

課題は，ペプシコのレイズポテトチップスをトルコで価格設定し，価格を変更したときに何が起こるかを明らかにすることである．著者らは，レイズポテトチップスのパッケージの写真を見せたあと，何種類かの価格のうちの一つを見せるという，単純なパラダイムを選んだ（図 11.1）．64 チャンネルの脳波計を使用して，テスト価格を提示したときの脳波（EEG）を記録した．提示された各価格について，コンピュータのキーを押すことによって価格が「安い」と思ったか「高

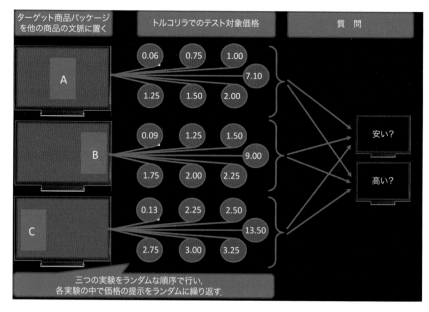

図 11.1　ポテトチップスのパッケージの価格テスト

い」と思ったかを報告してもらった（図11.2）．ニューロプライシングのためには，価格が提示されたあとの瞬間的な脳反応のみが重要である．脳は，価格に非常に迅速に反応し，それは選択を伝える行動より前に起こる．行動で反応させるのは，参加者が課題にきちんと取り組んでいることを確認するためである．参加者が実験の中で積極的な役割を果たす場合には，より良い結果が得られ，そうでなければ，彼らは退屈したり眠ったりしてしまう（ボックス11.1 参照）．

図11.2　ニューロプライシングのデータ収集

ボックス11.1：アンカリング

アンカリング効果は，1970年代にKahnemanとTverskyによって最初に理論化された概念であり，人間が，使える情報と既存のメンタルフレームワークに依存して意思決定を行う傾向にあることを示す．価格は商品に紐づけられた単なる数字であり，相対的なものであるため，製品が本当に高いのか低いのかを脳が判別するには，他の物の価格と比較する必要がある．顧客に価格を提示する前に，高い数値や低い数値を示すことによって，支払意志額に影響を及ぼすことができることが示されている．

著者らは，WhatsAppという年間0.89ユーロの有名なモバイルアプリで支払意志額の調査をした．アンカリング効果を定量化するために，二つの異なる条件で支払意志額を測定した．条件A（低アンカリング）においては，参加者はTelegram（WhatsAppの競合アプリ）が無料で入手可能であることを事前に伝えられた．条件B（高アンカリング）では，参加者は，SMS（ショートメッセージサービス）の維持には年間平均35ユーロのコストがかかっていると伝えられた．数種類の価格に対する脳の反応をEEGで測定し，両方の条件で参加者の支払意志額を調査した（図参照）．参加者が低くアンカリングされた場合，支払意志額は0.49ユーロであった．一方，SMSの年間費用が伝えられた場合の支払意志額は1.49ユーロに増加した．35ユーロの高いアンカーは，見かけの価値を3倍に増加させたのである！

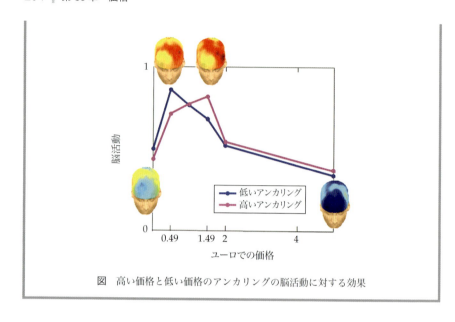

図　高い価格と低い価格のアンカリングの脳活動に対する効果

11.4.1　脳の信号をどのように計測するか？

著者らのグループや他の研究チームが行った実験（Bourgeois-Gironde, Tallon-Baudry, and Florent 2011）によると，価格に対する反応はほぼ瞬間的で，価格が表示されてから 1 秒以内に現れる．EEG はミリ秒単位の分解能があるため，このケーススタディでは，EEG を利用して価格調査を行う．

まず，価格と製品が合致したことを示す信号が最も高い「良い感じの価格」を示すニューロプライシングのグラフを描く．続いて，顧客が価格の増減にどのように反応するかを知るため，上で得られたグラフから，製品の需要を予測するグラフを描く（中型のパッケージの例を図 11.3 に示す）．このモデル需要曲線の x 軸と y 軸を単純に掛け合わせることで，各価格でのモデル予測収入を計算する．最後に，利益を見積もるために，変動費を収入から差し引く．各価格でのこれらの予測値は，価格変動に応じて利益が増えるのか減るのかを判断する上で重要である．

11.4.2　妥当性と検証

ニューロプライシングの予測を検証し，評価するために，ペプシコトルコは，最も大きい二つの市場で 2 か月間パッケージの価格を変更した．彼らの目標は，

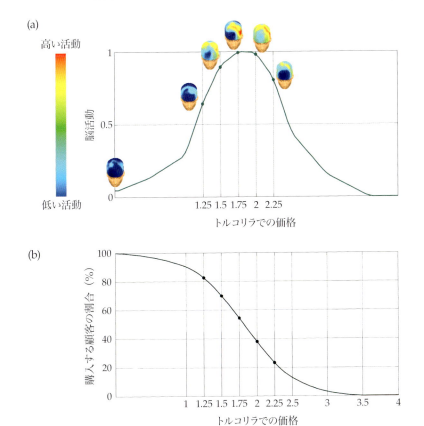

図11.3 ポテトチップスの中型パッケージについてのニューロプライシング曲線，およびそれから導出された顧客需要曲線．(a) ニューロプライシング曲線．提示された価格に対する脳の反応を示す．ピークは，参加した顧客全体で最も共感度が高い価格に対応する．(b) ニューロプライシング曲線から得られた顧客需要曲線．特定の価格で製品を購入する顧客の割合（％）を示す．

単に支払意志額を見出すことだけではなく，収益指数（現在からの変化）が，価格の上昇や下降に対してどのように変化するかを知ることであった（すなわち，現在の顧客数と比べてどれぐらい顧客数が増加もしくは減少するか）．

　ニューロプライシングの結果によると，中型パッケージの価格が現在の1.5ポンドの価格から1.75ポンドに引き上げられた場合，収益は9.3％減少すると予測された．Gabor-Granger法による減少の予測は33.1％であった．そして，ペプ

シコが現場で測定した実際の減少は7%であった．ニューロプライシングによる予測は，2.3%の誤差で正しかった．同様に，大型パッケージの価格は，既存の2.5ポンドの価格から2.75ポンドに引き上げられた．ニューロプライシングは，収入の減少が11%になると予測し，現場で測定した実際の減少は7%であった．ニューロプライシングによる予測は，4%の誤差で正しかった．

　一般に，消費者神経科学（コンシューマーニューロサイエンス）に対する懐疑論があり，その主な批判の一つは，アルゴリズムや技術が公開されていないため，もしくは，ピアレビューされていないため，方法の妥当性に疑問があるというものだ．商業上の理由から，アルゴリズムおよび特定の技術は知財化・特許化されており，結果はブラックボックスを介して提示されることは理解できる．著者らは，おそらく科学と知財の問題の両方を回避できると考える．解決策は，製薬業界での薬効試験と同様に，現実の市場で実際の顧客を対象にして提案事項を独自に検証することだ．コンシューマーニューロサイエンス，特にプライシングにおける課題の多くは現実世界での問題を解決する必要から生じるため，結果と提案事項を市場に即座に適用し，検証することができる．

　価格の変更はリスクが高すぎる場合，推奨事項を一部の顧客グループに適用したり，あるいは短期間のABテストでどちらが良いかを調べたりすることができる．こうすることで，不適切なアプローチを除外するだけでなく，有用な結果を顧客に提供し，また，この方法による予測が実際に有効であることを懐疑的な人に納得させることができる．

重要ポイント

- 価格は，収支（すなわち，会社の利益）を決定する重要な要素である．
- 製品を購入させるには，感情的なレベルと合理的なレベルの両方で価格が共鳴しなければならない．
- 観察アプローチ，調査アプローチ，またはニューロプライシングアプローチを使用して，適切な価格を設定することができる．
- 基準となる価格を事前に知らせたり変更したりすることで，価格の認識が変わる．これをアンカリングという．
- 右半球の頭頂間皮質は大雑把な数量を把握するのに対し，左半球の頭頂間

皮質は計算のような高いレベルの数学的過程を行う．
- 製品と価格の両方が好ましいとき，側坐核が活動する．
- 高い価格が連想させる否定的な感情は，島皮質の活動に，ある程度対応する．
- 顧客の支払意志額と価格の不一致の程度は，内側前頭前野における活動の低下によってエンコードされ，高い価格が気に入らないと活動が低下する．
- ニューロプライシングは，サンプルサイズ約40人の結果から母集団の需要を正確にモデリングすることができる．
- ニューロマーケティングアルゴリズムは知財化されているが，その結果を別の独立した組織やデータでベンチマークテストし，検証する必要がある．

演習問題

1. 過去に読者が，感情的もしくは理性的にこの価格だからこの商品を買おうという気持ちになったときのことと，そのとき最終的にどうしたかについて議論せよ．
2. 実際の社会でアンカリングを利用している例や，利用できそうな例を考えよ．
3. WhatsAppの調査は，ニューロプライシングが価値の知覚を明らかにするという仮説を裏づけるか，否定するか？ それはなぜか？
4. 市場で直接行われる調査よりも，実験室での調査のほうが現実世界の行動をより良く予測することが多いのはなぜか？
5. コンシューマーニューロサイエンスを検証したりベンチマークテストしたりするために，どのようなアプローチが考えられるか？
6. ニューロプライシングがおそらく最善のアプローチとなるのはどのような場合か？

参考文献

Ariely, D. (2008). *Predictably irrational*. New York: HarperCollins.

Bourgeois-Gironde, S., Tallon-Baudry, C., & Florent, M. (2011). Fast and automatic activation of an abstract representation of money in the human ventral visual

pathway. *PLoS One*, 6(11), 1–7.
Breidert, C., Hahsler, M., & Reutterer, T. (2006). A review of methods for measuring willingness-to-pay. *Innovative Marketing*, 2(4).
Cerf, M., Thiruvengadam, N., Mormann, F., Kraskov, A., Quiroga, R. Q., Koch, C., & Fried, I. (2010). On-line, voluntary control of human temporal lobe neurons. *Nature*, 467(7319), 1104–1108. doi:10.1038/nature09510.
Garrido, M. I., Kilner, J. M., Stephan, K. E., & Friston, K. J. (2009). The mismatch negativity: A review of underlying mechanisms. *Clinical Neurophysiology*, 120(3), 453–463. doi:10.1016/j.clinph.2008.11.029.
Hochstein, S., & Ahissar, M. (2002). View from the top: Hierarchies and reverse hierarchies in the visual system. *Neuron*, 36(5), 791–804.
Kahneman, D. (2011). *Thinking, fast and slow*. New York: Farrar, Straus and Giroux.
Knutson, B., Rick, S., Wimmer, G. E., Prelec, D., & Loewenstein, G. (2007). Neural predictors of purchases. *Neuron*, 53(1), 147–156. doi:10.1016/j.neuron.2006.11.010.
Mishkin, M., Ungerleider, L. G., & Macko, K. A. (1983). Object vision and spatial vision: Two cortical pathways. *Trends in Neurosciences*, 6, 414–417.
Monroe, K. B., & Cox, J. L. (2001). Pricing practices that endanger profits. *Marketing Management*, 10(3), 42.
Naccache, L., & Dehaene, S. (2001). The priming method: Imaging unconscious repetition priming reveals an abstract representation of number in the parietal lobes. *Cerebral Cortex*, 11(10), 966–974.
Treisman, A. M., & Gelade, G. (1980). A feature-integration theory of attention. *Cognitive Psychology*, 12(1), 97–136.
Tversky, A., & Kahneman, D. (1974). Judgment under uncertainty: Heuristics and biases. *Science*, 185(1974), 1124–1131.

CHAPTER 12

ソーシャルマーケティング

DANTE M. PIROUZ

　消費者神経科学（コンシューマーニューロサイエンス）の現在の研究の多くは，多数の企業の利益になるように，消費者に対するマーケティングの刺激の効率とパフォーマンスを向上させることに重点を置く．一方，多くの研究者は，神経科学のツールと理論を使用して，消費者の福利の向上を目指してきた．このような特定の研究の視点においては，消費者の賢明な消費決定能力を伸ばして，望ましくない不健全で無弁別な結果をもたらす「悪い」決定を回避する方法を検討することに注力されてきた．この章では，ソーシャルマーケティングへの関心の高まりに焦点を当て，コンシューマーニューロサイエンス研究によって，消費者のより良い生活を支援することを目的としたマーケティングキャンペーンの結果を改善するために役立つかもしれない，いくつかの方法を概観する．

12.1　ソーシャルマーケティングとコンシューマーニューロサイエンスによる，より良いマーケティングと社会の構築

　消費者にとって，マーケティングの刺激とメッセージは，どこにでもある，日常生活のありふれた一部となっている．多くの場合，消費者はマーケティングの刺激を洗練された方法でフィルタリングして処理することに十分習熟していると，マーケターは考えている．実際，新古典派経済学の解釈によると，マーケティン

グとは，消費者に情報を提供し，消費者がその情報に基づき綿密に計画された選択を実行できるようにすることである（Nelson 1974）．かくして，広告，売り場のディスプレイ，パッケージの情報などのマーケティングの刺激は，より賢く，より豊富に情報を持った，より幸せな消費者を生み出せるはずだ．

広告などのこれらの刺激の多くは，大半の消費者にとっては単なる気晴らしとなる音，ビジュアル，色彩を提供するが，一方で，大きな負担や過度な刺激となったり，誤解を招いたり，日常的な意思決定を困難にしたりするものもある．これによって，われわれの多くが，食べ過ぎたり，間違ったものを食べたり，買いすぎてしまったり，定年後の年金計画をやめてしまったり，すべきでない借金をしてしまったり，テレビ鑑賞やインターネットサーフィンに時間を使いすぎたり，間違った株式を売買したりしている．慎重に自己を制御する個人の能力が不足している場合，それに対して社会が支払うことになる代償は大きい．一方，短期的で衝動的な選択肢や行動を制限し，節制と長期的な福利を目指すことができるなら，社会に対するその恩恵は非常に大きい．これこそが，ソーシャルマーケティングが重要となる所以である．

12.2　ソーシャルマーケティングとは何か？

ソーシャルマーケティングは 1970 年代から使用されてきた用語であり，ポジティブな社会行動を促すためのマーケティングの利用を意味する．ソーシャルマーケティングは，公共広告（PSA），ソーシャルメディアによる意識啓発キャンペーン，学校を通じた介入，情報 PR 戦略，国際指針，さらには行動の「ナッジ」など，さまざまな形で利用できる．戦略的な観点から言えば，ソーシャルマーケティングは，薬物・アルコール・たばこの使用，過食，責任ある借金，健康的な食事，健康診断，家族計画，ポイ捨て，ギャンブルなど，多くの行動領域において用いられてきた．非営利団体，慈善団体，政府機関に加えて，営利企業を含むさまざまな機関が，さまざまな目的でソーシャルマーケティングのキャンペーンを実施してきた．

ソーシャルマーケティングの最も重要なポイントは，企業の売上や利益を増やすのではなく，重要な社会問題を解決に導くためにマーケティングの原理を利用することだ．マーケティングメッセージは，より健康的な果物や野菜の摂取や社

会的寛容の支持など，望ましい社会的行動や態度を促すことができる．また，それだけでなく，薬物の使用や運転中にスマホを使用してテキストメッセージを送信するような，有害で望ましくない，または潜在的に危険な行動や態度を修正・拒否するように促すこともできる（Lee and Kotler 2011）．

ソーシャルマーケティングの初期の例は，Drug-free America（現在のDrug-Free Kids）との非営利パートナーシップによって開始された，1987年の "This is Your Brain on Drugs"（これが薬物漬けのあなたの脳だ）薬物反対キャンペーンの公共広告である．当時，このキャンペーンは，薬物使用が一時的なものであっても危険であることを訴える，ドラマティックで創造的な描写と評価された．このキャンペーンの目的は，特に若者を対象にして，視聴者に衝撃を与え，薬物の経験の有無にかかわらず，薬物に近づかないように促すことだった．

それ以来，このキャンペーンの別のバージョンがいくつか現れ，YouTubeでパロディが作られるほど，よく知られたものとなっている（例：アニメ専門チャンネルCartoon NetworkのAdult Swim（大人向け放送時間帯）の番組 *Robot Chicken*．例えば https://www.youtube.com/watch?v=k4H517oi7pU）．

最近のもう一つの例は，肥満が炭酸飲料の消費と関連している可能性があることを消費者に知らせるために，ニューヨーク市保健局が2009年から2015年にかけて実施した広告とソーシャルメディアキャンペーンである．このキャンペーンでは，大半の消費者にとって驚くべきメッセージを伝えることも目的とされていた．説得効果という点でこの広告に望まれたのは，炭酸飲料は消費者の健康に悪影響を与えるというメッセージに消費者がより注意を払い，この広告を通じて消費者が自らの消費習慣を変えることである．

このキャンペーンや同種の他のソーシャルマーケティングキャンペーンは批判もされている．なぜなら，広告の中の注意を引く要素が実際に意図されたとおりに機能するとは限らないことを示す証拠があるからだ（Werb et al. 2011）．ソーシャルマーケティングを行うことによって，人々が危険な行動や不健全な行動をとるのをやめたり，自分や他人のためになる行動をとったりするようになる，という考え方に懐疑的な意見もある（例えば，"This is Your Brain on Drugs" に対する批判は，Blistein（2014）を参照）．こうした懐疑的意見が妥当であれば，これらのソーシャルマーケティングキャンペーンに費やされた資金は単に無駄で

あり，他の用途で使うべきである．このため，人々のより良い行動を促すためにソーシャルマーケティングキャンペーンを最適化する方法を理解することがますます重要になっている．ここがコンシューマーニューロサイエンスを役立てられるところである．

次に，ソーシャルマーケティングと，健康や消費に関するメッセージ（禁煙，アンチドラッグ，健康 PSA 検査キャンペーンなど）を消費者に伝える最善の方法のブレークスルーに繋がる，コンシューマーニューロサイエンスにおける重要な発見を見ていくことにする．

12.3　習慣性消費者行動の理解

消費者は，常に健康的で賢いことばかりをするわけではない．政府機関，病院，消費者擁護団体などの公共機関は，より良い健康・家族・社会的成果に結び付くように人々に行動させる最も効果的な方法を求めている．個人とその家族にとっての利益は，関係するすべての人の，より長く，より幸せで，より健康的な人生とも繋がる可能性がある．その上，社会全体としてもメリットがある．喫煙やアルコールの摂取などの危険でリスクのある行動を抑えることで，社会のすべての人々が負う経済的・社会的コストを下げることができる．米国公衆衛生局の報告によると，米国における薬物，アルコール，たばこの使用による経済的損失は，毎年 5 兆米ドルずつ増加している（National Institute on Drug Abuse 2008a）．さらに，ソーシャルマーケティングキャンペーンは，運動習慣や老後資金の貯蓄の促進を目指している．

12.3.1　中毒的消費

危険な中毒的消費行動の個人的・社会的コストは膨大である．例えば，米国では 4500 万人以上がたばこを吸う．喫煙は 44 万人の早期死亡を引き起こし，直接的な年間医療費は 750 億米ドルにものぼる（総説としては，National Institute on Drug Abuse（2008b）を参照）．中毒性のある製品のマーケティングは制限される場合もあるが，中毒性のある製品を宣伝するマーケティング刺激との接触は，多くの消費者にとって依然として一般的である．驚くべきことに，規制にもかかわらず，従来型の印刷広告の 5000 万米ドルを含む，毎年 130 億米ドル以上が

たばこのマーケティングと宣伝に費やされている（Federal Trade Commission 2007）．また，アルコール製品の宣伝では，伝統的なメディアベースの広告だけで毎年 20 億米ドル以上が費やされている（Johns Hopkins Bloomberg School of Public Health 2007）．

伝統的に，中毒という言葉は，薬物やたばこなどのように，身体の生化学と相互作用して身体的依存を引き起こす物質に対して用いられている．しかし，多くの消費行動は潜在的に中毒性があり有害であるという証拠が，研究者によって次々と見出されている（Grover et al. 2011; Martin et al. 2012）．これに含まれるのは強迫性を持つ，買い物，テクノロジーの利用，ホーディング（ため込み症），過食，整形手術，ポルノの利用，窃盗症，栄養補助食品の使用，宗教的信念，運動などである．マーケティング刺激によって，このような問題ある消費行動が助長されてしまう可能性がある．例えば，過度のクレジットカード使用（Feinberg 1986），ギャンブル（Binde 2009），不健康な食料の消費（Harris, Bargh, and Brownell 2009）などである．

中毒性のある製品の使用の拡大は重大であるにもかかわらず，驚くべきことに，その種の製品のマーケティング刺激にも，また，そうしたマーケティング刺激との接触によって，宣伝された製品に必ずしも関連しない，意図しない一般化された行動が引き起こされてしまう効果にも，ほとんど注意が払われてこなかった（Litt, Pirouz, and Shiv 2011; Martin et al. 2012）．したがって，これらのマーケティング刺激への反応を引き起こす基礎的な心理学的・生理学的メカニズムについてのより深い理解が必要である．

さまざまな嗜癖行動が，神経経済学と行動決定理論に関連した神経科学的手法に基づく理論を用いて研究されている．例えば，ギャンブル依存症，ニコチン・ヘロイン・コカイン・アルコールなどの薬物乱用，買い物・クレジットカード使用・インターネット利用などの依存症が挙げられる（Margolin and Kelly 1992; Robinson and Berridge 1993; Carter and Tiffany 1999; Warren and McDonough 1999; Due et al. 2002; Chambers, Taylor, and Potenza 2003; Potenza et al. 2003a, 2003b; Spinella, Yang, and Lester 2004; Wilson, Sayette, and Fiez 2004）．

対象者が中毒性物質の摂取を止める努力をしており，実際摂取していなくて

も，中毒のレベルが高いままである場合，その理由を説明するのに，刺激に対する反応の理論が役立つかもしれない（Carter and Tiffany 1999; Laibson 2001）．機能的磁気共鳴画像法（fMRI）を使ったある研究において，アルコール関連の画像に対する青年期の対象者の神経応答が分析された．飲酒期間が短い青年であっても，報酬，欲求，肯定的な情動，エピソード想起に関係する脳の領域において，高い血中酸素濃度依存（BOLD）反応が引き起こされた（Tapert et al. 2003）．

伝統的に研究者や臨床医は物質への中毒に注目してきたが，多くの消費者行動において生じる神経活動パターンが，物質への中毒におけるそれと一部共通するという認識が高まっている（ボックス12.1）．

> **ボックス 12.1：消費者行動の理解を目的とした神経科学ツールの利用についての懸念**
>
> マーケターの利益のために神経科学を利用することを批判している人々もいる．市場において消費者が利用されてしまい，個人，家族，あるいは社会全体に害を及ぼす消費習慣が生じてしまうという懸念があるのだ．消費者団体は，マーケティング調査においてコンシューマーニューロサイエンスを利用する企業に対し，それは「購入ボタン」を見つけようとする策略であると批判している（Blakeslee 2004）．
>
> さらに，好ましくない消費をするように人々を導く認知的かつ感情的な意思決定プロセスを規制することに関する継続的な議論がある．消費者行動を分析するために神経科学ツールを使用することには，さらに敏感である．コンシューマーニューロサイエンスによって，マーケターが消費者の同意や自覚なしに消費者に影響を及ぼす具体的な手段を獲得できるか否かについては疑問がある（Wilson, Gaines, and Hill 2008）．これには，アルコール，食品，医薬品など，消費者によっては中毒になったり，致命的影響を受けたりするおそれがある，ごく一般的な市販品のカテゴリーが含まれる（神経倫理の詳細については第15章を参照）．

12.4 機能するソーシャルマーケティングキャンペーンの創出

多くの公共広告は，行動の変化を生み出すことを目的としている．機能する公共広告をいかにして創り出すかは重要な問題である．脳があらゆるタイプのマーケティング刺激にどのように反応するかを理解できれば，人々がより生産的で，幸せで，協力的になりうるかについて，より良く理解することができる．神経科

学の手法によって，これが実現する可能性がある．ソーシャルマーケティングを効果的にするものが何であるかについては，いくつかの知見が得られている．

　一部の研究者は，視聴者にショックを与える広告要素により，最重要のメッセージへの関心を引き寄せる方法に注目している．例えば，ある研究グループはfMRIを使用し，禁煙のための公共広告CMの「センセーション値」が違いを生み出したかどうかを調査した（Langleben et al. 2009）．センセーション値は，広告内の広告要素の強度，すなわち注意を引く力として定義される．驚くべきことに，メッセージのセンセーション値が高い禁煙広告よりも，低い禁煙広告のほうが記憶されやすいことがわかった．また，低いセンセーション値の広告に対する，脳の前頭前野および側頭葉領域の活動は，高い広告に対するものよりも大きかった．Langlebenらによると，これによって示唆されるのは，目立たない禁煙広告は，広告コンテンツのより良い認知処理を可能にし，視聴者の処理能力を超えてしまわない点で効果的であるということだ．つまり，より衝撃的なソーシャルマーケティングキャンペーンがより効果的であるとは言えない．このような発見は，健康に関する別の研究においても確認されている．センセーション値が高いメッセージよりも，センセーション値の低いメッセージのほうが，よく記憶されていることがわかったのだ（Seelig et al. 2014）．

　しかし，これらの禁煙広告は人々に喫煙を止めさせているのだろうか？　Wang et al. (2013)はfMRIを使用して，禁煙の公共広告によって，喫煙量を減らすように喫煙者を説得できるかどうかをテストした．広告が喫煙を否定する強力な議論を提示し，大きなショックや大きなセンセーション値によって，その議論から視聴者の注意をそらさなかった場合，その広告はより良く機能することが発見された．認知処理を示唆する背内側前頭前野の活動も認められた．さらに重要なことに，広告を見てから1か月後には，喫煙量が減ったことが，喫煙の指標である尿のコチニンレベルからわかった．これは，ソーシャルマーケティングを利用して消費者を支援し，ソーシャルマーケティングのメッセージをより適切なものとしたいと考えている組織にとって，良いニュースとなった．

　さらに，コンシューマーニューロサイエンスの研究は，ソーシャルマーケティング担当者に，特定の消費者と話すためのより良い方法を提供するかもしれない．伝統的に，キャンペーンはメッセージを的確に伝えるために，年齢層などの単純

なデモグラフィックカテゴリーに焦点を合わせて行われている．しかし，より最近のコンシューマーニューロサイエンスの研究によって明らかにされてきたのは，メッセージは他のサイコグラフィック（psychographic）特性に基づいて調整される必要があるかもしれないということだ．例えば，認知欲求などの性格特性は，特定の神経基盤と関連づけることができるという根拠がある（Plassmann and Weber 2015）．Plassmann と Weber によると，このような理解を深めることで，消費者団体や公共政策機関は，消費者行動をポジティブな方向に誘導する，より強力で効果的な公共広告やマーケティングキャンペーンを作成できる可能性がある（Kessler 2015）．

　しかし，ネガティブな影響は，ポジティブな影響よりも行動を変化させる上でより効果的である．結論としては，感情に訴える広告のコンテンツは，通常最も機能するということだ．これは，いくつかの広告を競わせた調査で検証された．強い説得力を持つと評価された一連のアンチドラッグの公共広告を，説得力が弱いと評価されたアンチドラッグの公共広告や，ドラッグとは関係しない統制群の広告と比較したのである（Ramsay et al. 2013）．この研究の目的は，情動と実行処理のいずれかだけで行動を変化させるのに十分なのか，あるいは，情動と実行処理のそれぞれに関連する脳領域がともに活性化し，両者に相互作用があったかどうかを調べることであった．結果は，対象者が強いアンチドラッグ公共広告を見たときに，弱いアンチドラッグ公共広告に比べ，左脳の下前頭回と扁桃体がともに活性化されていた．これらの知見は，ソーシャルマーケティングの説得メッセージに接したときに，実行制御を司る前頭葉と社会心理的な脳領域の両方が活性化されることが重要であることを示している．

　また，別の fMRI の研究では，健康コミュニケーションの分野において，実際の消費者行動の変化（広告に対する態度だけでなく）が，脳活動パターンから予測できるかどうかが検討された．この研究では，皮膚がんを予防する手段として日焼け止め剤の使用を推奨するメッセージを参加者に提示した（Falk et al. 2010）．このメッセージを見たときの内側前頭前葉の神経活動が，それから 2 週間後の行動変化に関連していることを Falk らは見出した．驚くべきことに，参加者がメッセージを見た後に日焼け止めを使用したかどうかを，研究で得られた脳画像データは，自己報告された意図や態度よりも，正確に予測することができた．尿中コ

チニンの代わりに呼気中の一酸化炭素を測定した後の研究でも，この知見が支持された（Falk et al. 2010）．このような発見は，ソーシャルマーケティングの刺激が消費者の行動を変える仕方や理由をより良く理解するために，コンシューマーニューロサイエンスの脳画像手法が役立つことを実証している．

説得理論は，サリエンシー（顕著性）もソーシャルマーケティングの有効性において重要な要素であることを示している（Hale, Householder, and Greene 2002）．これは，喫煙者を対象とした禁煙メッセージの文脈においてテストされている（Chua et al. 2009）．試験参加者が実際に行っている喫煙行動のタイプ（電話で話しながら喫煙する人と，他のことをしながら喫煙する人を比較した）に合わせて禁煙メッセージを調整した場合，内側前頭前皮質および楔前部・後帯状皮質が喫煙タイプを反映するように活性化されることが見出された．Chua らによれば，これは自己と関連する認知処理の増加に起因するとされている．これが意味するのは，ソーシャルマーケティングが消費者の個人的な経験と関連した形でコミュニケーションを行えば，この増加されたサリエンシーのレベルによって，自己に関連するプロセスを引き出せるということだ．それによって，今度は行動を変化させることに対するメッセージの効果が増加するはずである．

コンシューマーニューロサイエンス技術からの洞察がソーシャルマーケティングキャンペーンに影響を及ぼした重要な例は，ペットシェルターに保護されている，捨てられたペットの里親探しを目指した，シェルターペットプロジェクトである．非営利団体であるシェルターペットはニールセンと米国広告協議会（Ad Council）と協力し，ジュールズという名前の犬を出演させて既存の広告のパフォーマンスを向上させた．このプロジェクトでは，脳波（EEG）および視線追跡を用いて，参加者の広告に対する反応を追跡した．顔の処理に関する学術研究に基づいて，ジュールズのような動物であっても，顔が広告に対する視聴者の感情的関与を引き起こすだろうと考えられた．実際，調査の結果は，犬のジュールズが画面に表示されていないときに，注意と感情的関与が低くなることを示した．さらに，URL，ロゴ，ジュールズが同時に画面に表示された広告の最後の場面では，各要素に注意が分散してしまい，広告の有効性が低下する傾向が見られた．これらの発見の結果を用いて，ジュールズのシーンを拡大し，最後の場面のグラフィックスを簡略化するように，広告が再編集された．この結果，キャンペーン

の開始から3か月以内にShelterPetProject.orgウェブサイトへのトラフィックが133%増加した（Smith 2014）.

12.5　ソーシャルマーケティングの今後の方向性

　否定的なものではなく肯定的な社会的，個人的な態度を促進するマーケティングキャンペーン，ひいてはそのような環境を作り出すために探求されるべきことは，非常に多数存在するが，消費者の薬物や行動への依存を改善できるかは依然として明確ではない（Litt et al. 2011; Martin et al. 2012）．喫煙や過食をやめたいと考えている消費者は，そのための最善の決断を妨げるマーケティングメッセージから，どのようにして自身を守ることができるだろうか？　マーケターは，目的外の消費者グループを混乱させたり巻き込んだりすることを回避しつつ，目的の消費者グループと効果的にコミュニケーションをとるためには，どうするとよいだろうか（ボックス12.2）？　神経活動プロファイルに基づいて，消費者グループを最適にターゲットし，コミュニケーションするために，コンシューマーニューロサイエンスはわれわれにより多くの手掛かりを与えてくれるだろうか？

　違った側面からの見方としては，消費者の賢い行動をいかに最適に「ナッジ」(nudge) するかである（Thaler and Sunstein 2008）．行動のナッジは，生活の改善に役立つことを，あまり負担をかけずに人々にさせる方法であるとされてきた．ナッジは，消費者が保険に加入し，より健康的な食べ物を食べ，個人退職金積立プランに加入し，健康診断を受け，他の有益な選択肢を選択するために使われてきた．しかし，デフォルトの選択が行動変化を長期にわたって方向づけるメカニズムを理解するために，コンシューマーニューロサイエンスと行動ナッジを組み合わせる試みはほとんどなされていない．このようなことは，コンシューマーニューロサイエンスのツールと理論を使用し，健全で賢明な意思決定の神経の基盤を継続的に調べることを目的とする，あらゆる研究分野について言えることである．ソーシャルマーケティング活動による動機づけ，説得，行動変化を深く理解した先にあるものは，より幸せで，健康的で，賢い消費者であろう．

> **ボックス 12.2：特定の消費者グループの保護**
>
> とりわけマーケティングから保護する必要があると公共機関が指摘している消費者グループがある．例えば，伝統的に過度または不適切な影響から保護すべき消費者グループとして，特定の年齢層をターゲットにすることがある．一例として，子供たちは，マーケティングメッセージの真偽を識別し，製品に対する欲求を喚起するアピールに抵抗するには，認知的に未熟であると考えられている．さらに，青少年は，神経発達による著しい変化の過程にあり，リスクのある行動を求めてしまう可能性が高く，また，マーケターを含む外部からの影響を受けやすいという神経生物学的根拠もある（Pechmann et al. 2005）．高齢者も潜在的に被害を受けやすい年齢層である（Pechmann et al. 2011）．

重要ポイント

- ソーシャルマーケティングは，積極的な社会行動を促進するマーケティングである．例えば，健康的な食習慣，責任あるクレジットカードの使用，喫煙や違法な薬物使用の拒否などのトピックについて告知するために，公共広告で使われてきた．
- コンシューマーニューロサイエンスのツールと技術によって，ソーシャルマーケティングキャンペーンの効果を改善できるかもしれない．

演習問題

1. コンシューマーニューロサイエンスにおける発見によって，ソーシャルマーケティングキャンペーンの効果について，何がわかるか？
2. 神経科学ツールを使用して消費者行動やソーシャルマーケティングを調査することについて，倫理的に暗示されることは何か？
3. 企業や機関は，マーケティングリサーチの結果が他人に誤解・誤用されるのをいかに防ぐことができるか？
4. 効果的なソーシャルマーケティングのメッセージやキャンペーンの作成に関して，未解決の問題は何か？

5. これまでのコンシューマーニューロサイエンスの研究結果によると，効果的なソーシャルマーケティングキャンペーンはどのようなものか？

参考文献

Binde, P. (2009). Exploring the impact of gambling advertising: An interview study of problem gamblers. *International Journal of Mental Health and Addiction*, 7(4), 541–554. doi:10.1007/s11469-008-9186-9.

Blakeslee, S. (2004). If you have a "buy button" in your brain, what pushes it? *New York Times*, October 19. Available at http://www.nytimes.com/2004/10/19/science/if-your-brain-has-a-buybutton-what-pushes-it.html?_r=0/.

Blistein, D. (2014). This is your brain on drugs. *Huffpost Health News*. Available at www.huffingtonpost.com/david-blistein/this-is-your-brain-on-dru_1_b_4832929.html.

Carter, B. L., & Tiffany, S. T. (1999). Meta-analysis of cue-reactivity in addiction research. *Addiction (Abingdon, England)*, 94(3), 327–340.

Chambers, R. A., Taylor, J. R., & Potenza, M. N. (2003). Developmental neurocircuitry of motivation in adolescence: A critical period of addiction vulnerability. *American Journal of Psychiatry*, 160(6), 1041–1052.

Chua, H. F., Liberzon, I., Welsh, R. C., & Strecher, V. J. (2009). Neural correlates of message tailoring and self-relatedness in smoking cessation programming. *Biological Psychiatry*, 65(2), 165–168.

Due, D. L., Huettel, S. A., Hall, W. G., & Rubin, D. C. (2002). Activation in mesolimbic and visuospatial neural circuits elicited by smoking cues: Evidence from functional magnetic resonance imaging. *American Journal of Psychiatry*, 159(6), 954–960.

Falk, E. B. (2010). Communication neuroscience as a tool for health psychologists. *Health Psychology*, 29(4), 355–357.

Federal Trade Commission (2007). *Federal Trade Commission cigarette report for 2004 and 2005*. Washington, DC: Federal Trade Commission.

Feinberg, R. A. (1986). Credit cards as spending facilitating stimuli: A conditioning interpretation. *Journal of Consumer Research*, 13(3), 348–356.

Grover, A., Kamins, M. A., Martins, I. M., Davis, S., Haws, K., Mirabito, A. M., et al. (2011). From use to abuse: When everyday consumption behaviours morph into addictive consumptive behaviours. *Journal of Research for Consumers*, 19, 1–6.

Hale, J. L., Householder, B. J., & Greene, K. L. (2002). The theory of reasoned action. In J. P. Dillard & M. Pfau (Eds.), *The persuasion handbook: Developments in theory and *practice* (pp. 259–286). Thousand Oaks, CA: Sage.

Harris, J. L., Bargh, J. A., & Brownell, K. D. (2009). Priming effects of television food advertising on eating behavior. *Health Psychology*, 28(4), 404–413.

Johns Hopkins Bloomberg School of Public Health (2007). *Fact sheet: Alcohol advertising and youth*. Baltimore, MD: Johns Hopkins.

Kessler, B. (Producer) (2015). Brain scans show what's wrong with conventional marketing. *Knowledge*, May 6. Available at http://knowledge.insead.edu/marketing-advertising/brain-scans-show-whats-wrong-with-conventional-marketing-3934.

Laibson, D. I. (2001). A cue theory of consumption. *Quarterly Journal of Economics*, 116(1), 81–120.

Langleben, D. D., Loughead, J. W., Ruparel, K., Hakun, J. G., Busch-Winokur, S., Holloway, M. B., et al. (2009). Reduced prefrontal and temporal processing and recall of high "sensation value" ads. *NeuroImage*, 46(1), 219–225.

Lee, N. R., & Kotler, P. A. (2011). *Social marketing: Influencing behaviors for good* (4th ed.). Thousand Oaks, CA: Sage Publications.

Litt, A., Pirouz, D. M., & Shiv, B. (2011). Neuroscience and addictive consumption. In D. G. Mick, S. Pettigrew, C. Pechmann, & J. L. Ozanne (Eds.), *Transformative consumer research for personal and collective well-being*. New York: Routledge.

Margolin, A., & Kelly, A. S. (1992). Cue reactivity and cocaine addiction. In T. Kosten & H. D. Kleber (Eds.), *Clinician's guide to cocaine addiction: Theory, research and treatment*. New York: Guilford.

Martin, I. M., Kamens, M., Pirouz, D. M., Grover, A., Davis, S. W., Haws, K. T., et al. (2012). On the road to addiction: The facilitative and preventative role of marketing cues. *Journal of Business Research*, 66(8), 1219–1226.

National Institute on Drug Abuse (Producer) (2008a). Drug abuse costs the United States economy hundreds of billions of dollars in increased health care costs, crime, and lost productivity. Available at https://www.drugabuse.gov/publications/addiction-science-molecules-to-managed-care/introduction/drug-abuse-costs-united-states-economy-hundreds-billions-dollars-in-increased-health.

National Institute on Drug Abuse (2008b). NIDA InfoFacts: Cigarettes and other nicotine products. Available at https://www.drugabuse.gov/infofacts/tobacco.html.

Nelson, P. (1974). Advertising as information. *Journal of Political Economy*, 82(4), 729–754.

Pechmann, C., Levine, L. J., Loughlin, S., & Leslie, F. (2005). Impulsive and self-conscious: Adolescents' vulnerability to advertising and promotions. *Journal of Public Policy & Marketing*, 24, 202–221.

Pechmann, C. C., Moore, E., Andreasen, A., Connell, P. M., Freeman, D., Gardner, M., et al. (2011). Navigating the central tensions in research on consumers who are at risk: Challenges and opportunities. *Journal of Public Policy & Marketing*, 30(1), 23–30.

Plassmann, H., & Weber, B. (2015). Individual differences in marketing placebo effects: Evidence from brain imaging and behavioral experiments. *JMR, Journal of Marketing Research*, 52(4), 493–510.

Potenza, M. N., Leung, H.-C., Blumberg, H. P., Peterson, B. S., Fulbright, R. K., Lacadie, C. M., et al. (2003a). An fMRI Stroop task study of ventromedial prefrontal cortical function in pathological gamblers. *American Journal of Psychiatry*, 160(11), 1990–1994. doi:10.1176/appi.ajp.160.11.1990.

Potenza, M. N., Steinberg, M. A., Skudlarski, P., Fulbright, R. K., Lacadie, C. M., Wilber, M. K., et al. (2003b). Gambling urges in pathological gambling: A functional magnetic resonance imaging study. *Archives of General Psychiatry*, 60(8), 828–836.

Ramsay, I. S., Yzer, M. C., Luciana, M., Vohs, K. D., & MacDonald, A. W., III. (2013). Affective and executive network processing associated with persuasive antidrug messages. *Journal of Cognitive Neuroscience*, 25(7), 1136–1147.

Robinson, T. E., & Berridge, K. C. (1993). The neural basis of drug craving: An incentive-sensitization theory of addiction. *Brain Research. Brain Research Reviews*, 18, 247–291.

Seelig, D., Wang, A.-L., Jaganathan, K., Loughead, J. W., Blady, S. J., Childress, A. R., et al. (2014). Low message sensation health promotion videos are better remembered and activate areas of the brain associated with memory encoding. *PLoS One*, 9(11), e113256.

Smith, M. E. (2014). The brains behind better ads: Optimizing the cute and cuddly. *Nielsen Newswire*. Available at www.nielsen.com/us/en/insights/news/2014/the-brains-behind-better-ads-optimizing-the-cute-and-cuddly.html.

Spinella, M., Yang, B., & Lester, D. (2004). Prefrontal system dysfunction and credit card debt. *International Journal of Neuroscience*, 114(10), 1323–1332.

Tapert, S. F., Cheung, E. H., Brown, G. C., Lawrence, F. R., Paulus, M. P., Schweinsburg, A. D., et al. (2003). Neural response to alcohol stimuli in adolescents with alcohol use disorder. *Archives of General Psychiatry*, 60(7), 727–735.

Thaler, R. H., & Sunstein, C. R. (2008). *Nudge: Improving decisions about health, wealth, and happiness*. New Haven, CT: Yale University Press.

Wang, A.-L., Ruparel, K., Loughead, J. W., Strasser, A. A., Blady, S. J., Lynch, K. G., et al. (2013). Content matters: Neuroimaging investigation of brain and behavioral impact of televised anti-tobacco public service announcements. *Journal of Neuroscience*, 33(17), 7420–7427.

Warren, C. A., & McDonough, B. E. (1999). Event-related brain potentials as indicators of smoking cuereactivity. *Clinical Neurophysiology*, 110(9), 1570–1584.

Werb, D., Mills, E. J., DeBeck, K., Kerr, T., Montaner, J. S., & Wood, E. (2011). The effectiveness of anti-illicit-drug public-service announcements: A systematic review and meta-analysis. *Journal of Epidemiology and Community Health*, 65(10), 834–840.

Wilson, R., Gaines, J., & Hill, R. P. (2008). Neuromarketing and consumer free will. *Journal of Consumer Affairs*, 42(3), 389–410.

Wilson, S. J., Sayette, M. A., & Fiez, J. A. (2004). Prefrontal responses to drug cues: A neurocognitive analysis. *Nature Neuroscience*, 7, 211–214.

CHAPTER **13**

神経科学の知見を
ビジネス予測に使う
MORAN CERF

> 予測は非常に難しい，特に将来については．
> ――ニールス・ボーア（ノーベル物理学賞受賞者）

　予測とは，過去の出来事や現在の新しい情報に基づいて未来を推定することである．それぞれの分野で誰もが予測するが，その当たり具合はまちまちである．予測は，外国為替，地震，エネルギー消費，天候，ビジネスなど，多くの分野で使用される．予測が非常に困難な場合がある．特に，十分なデータがない場合である．スタートアップ企業や新規事業などの場合，予測は当たる場合も外れる場合もある．

　技術的には，予測は方程式と数学的評価に基づいてなされる．既存のデータを基本的な方程式にフィットさせて比較的簡単に予測できる場合もあれば，外部要因の影響を受けるため，既存のデータから将来を外挿する複雑な方程式と，それを得るための複雑な学習手法が必要になる場合もある．

　新しいビジネスやスタートアップを考える場合，経営者や起業家はしばしば予測を使って正確に目標を達成しようとする．投資家，ベンチャーキャピタリスト，従業員は，成功への道筋をつけたいと考える．そのため，彼らには予測が必要だ．特に，マーケティングマネージャーは，製品がどのように一般の人に受け入れられるかを知りたい．人々はこの製品を購入するだろうか？　人々はこの製品の

ことを友達に伝えるだろうか？この製品ははやるだろうか？これらは，マーケティング戦略を成功させるための重要なポイントである．

結局のところ，マーケティングにおいて，マーケターや経営者が実際に欲しいものは予測である．彼らは神経メカニズムには興味はない．次のような質問を入力したら予測が出てくるブラックボックスが欲しい．この製品はどのぐらいうまくいくだろうか？どのくらいの人がこの製品を買ったり，気に入ったり，おいしいと思ったり，広告を楽しんだり，この製品について友だちに話したりするだろうか？

ほとんどの予測会社は，「あなたのブランドを見たところ，感情についてのスコアは X，記憶のスコアは Y，注意のスコアは Z と思われます」というような結果を報告する．しかし，これはマーケティングマネージャーにとってほとんど役に立たない．彼らは「データ」や「結果」が欲しいのではなく，その「意味」，つまり何が起こりうるかの予測が欲しい．

13.1 予測と不確実性

不確実性にはさまざまな定義がある．意思決定者が情報不足のために決定を下せない状態を不確実性と見なすこともできる．これは，結果がどうなるかがはっきりわからないので，何が起こるかが曖昧な状態である．予測が不確実な状態は，リスクがある状態と見なされる．神経科学者と経済学者は，この独特の状況を研究し，曖昧な情報と確率を分析する．経済学者，心理学者，神経科学者は，さらに，予測における不確実性のさまざまな側面と，そのさまざまな側面が決定にどのように影響するかを研究する．不確実性に対する一般的な心理的反応は，不安が上昇する傾向にあるネガティブな状態である．簡単に言えば，われわれのほとんどはリスクのない状態を好み，それが無理ならば，少なくとも自分で選んだ結果として今の状態にあると思うことを好む．具体的には，これらの分野の多くの研究は，意思決定と利益と損失に重点を置いている．

われわれが意思決定したり，将来の意思決定を見積もるのに確率を使ったりする際に重要な前提は，われわれは結果を支配できるという想定である．すなわち，未来を支配するルールは決定論的ではなく確率論的に決まるという想定であり，また，特に，人間は実際，自由意志を持っているという想定である．科学者たち

はこの想定に繰り返し疑問を呈し，自由意志は単なる錯覚であり，単に生化学的現象でしかないかもしれないことを示唆している．この点はまだはっきりしていないが，確実にわかっていることは，意思決定をしたと意識する瞬間は錯覚であるということだ．われわれが自由に意思決定できるにしてもそうでないにしても，意思決定は意思決定をしたという経験より確実に前に起こっており，そのあとに，われわれは今その決定をしたと主張するのである．簡単に言えば，われわれが選択結果を示し，決めたと感じるずいぶん前に，もうその意思決定はなされているのである．このように，カントやデカルトのような巨人によって生み出された古代の哲学的概念は，最終的に神経科学者によって検証され，企業や組織が利用できる実用的で実行可能な行動に変換できるようになる．ここ数年で，神経科学者と哲学者は議論がかみ合わないという以前の状況は変化して，いまや神経科学者と哲学者は共同研究するようになっている．同様に，より良いマーケティング戦略に役立つ予測をするために，神経科学者とマーケティングマネージャーは共同で脳というツールを利用し始めている．

13.2　予測処理と脳

　非常に広範な意味では，予測処理は，過去または現在について，データだけでなく，起こりうる環境条件をも連合または生成する．実際のところ，これはわれわれの脳が常に行っていることである．つまり，情報を取得し，それを使用してどう後に行動するかを決定する．われわれは，例えば夢を見ている状態のように，生活の中で特定の状態にあるとき，特にこの作業に集中しているらしい．夢についての一つの有力な仮説は，われわれは夢を見ているとき抑制が低下しており，脳は究極のバーチャルリアリティをシミュレートしていて，われわれはその状況に没頭し，それが本当であると信じ込むようにできている，というものである．われわれはその状況を利用して，例えば以下のように，未来についての予測を実際にテストする．バーモント州に住む気持ちはどうか？　彼と結婚したいか？　夢の中で実際に経験し（究極の予測テスト），どう感じるかを確認し，起きたときには将来の可能性を理解している．このような未来への志向性は，かなりの期間，適切で有利であると認識されてきた．

　脳は究極の「ビッグデータ」分析ツールであり，脳がどうやって予測するのか

を学ぶことは，マーケティングの予測にとって重要である．

　予測の重要性については，脳研究と神経科学の初期の段階から指摘されていたが，最近まで，神経科学コミュニティ一般において広く認められてはいなかった．実際のところ，研究業界よりもビジネス界のほうが，この予測の重要さを支持する傾向がある．神経の予測的側面の重要性を受け入れることができない理由の一つは，触覚で始まり，認知的な「高次」処理を進め，行動で閉める，かなり逐次的な情報処理を仮定して，主観的な手順を並べたありふれたアプローチをしてきたことである．そのような考え方は，触覚刺激から行動へ直結する流れを強調した初期の行動主義の概念から生じ，初期の情報処理的認知推論にも同様に存在していたものである．これは，マーケティングやビジネスでの考え方ではない．身体主導的な予測にフォーカスした考え方では，脳による情報の統合が確率論的になるのは，単に取り扱うにはデータ量が多すぎるからであると仮定する．しかし，これは，データとそれをコンピュータで処理するためのツールが限られていた世界での考え方である．いまや，ビッグデータは生物界だけでなく，ビジネス界にも存在する．そのため，分析は脳の高速処理だけでなく，コンピュータや企業・組織によっても使用されている．そこで，マーケティングマネージャーも，神経科学者，神経生物学者，物理学者を含む本質的にすべての分析者が大規模なデータセットから意味を見出そうとして用いるツールを使用する．マーケティングにおけるビッグデータと分析の時代には，脳が使用するのと同じアプローチをビジネス界で使用して，大規模なデータセットから迅速かつ正確な予測を行う必要がある．

　そこで，脳が予測に使う二つの古典的方法に焦点を当てる．予測誤差の修正と，予測精度向上のための「学習」（マーケティング分析の文脈では「機械学習」）である．

13.2.1　予測誤差

　人間の意思決定スキルは，将来の出来事に関する予測と，実際に起きた出来事を比較することで向上する．この比較は多数の学習モデルで使われており，これにより，学習されるべきものは何か，学習を加速する必要があるものは何かを見つける．

第9章の報酬系で議論したように，予測誤差は神経系が報酬と応答の差異を認識したときに発生する．将来の予測を修正するために誤差を理解することは，脳の基本的な概念である．脳は以前の経験に基づいた反応を期待する．脳の予測と実際の応答との間に差がある場合，「予測誤差」が生じる．

簡単に言えば，脳は，環境に対応し，感覚入力から構築されたモデルを持っている．これらのモデルに基づいて，脳は次に何が起こるかについての予測を生成する（すなわち，読者がテーブルに触れると，ある音が聞こえ，手の触覚応答が生じるはずである）．感覚システムは，これらの事象が起こると期待する．つまり，予測が行われる．これらの予測は同時発生的に起こり，皮質を通じてレベルアップする．このようにして，脳は，すぐに起こりそうなことの予想と，あとで起こりそうなことの予想に基づいて感覚入力を予測する．

実際の感覚入力に基づいて脳が予想を生成するにつれて，知覚が構築される．予測誤差は，結果と推定値に差がある場合に発生する．これは，予想された結果と実際の結果の違いに基づいて増幅される神経活動によってはっきりする．そのような予測誤差が多数生じると，小さい誤差を示すパターンは学習機構に送られ，その後，感覚システムにフィードバックされ，将来同様のことが起こったとき，今経験したものと類似の結果を予測するように神経接続を調整する．本質的には，間違いが何であったかを知り，次に間違いが起こる可能性が低くなるように確率を更新する．重要なことは，脳はすぐに完全に変化して最新の事象に適応するのではなく，むしろその方向に少しだけ確率を微調整するという点である．このように，すべての誤差が新しい学習に繋がるのではなく，むしろ誤差は仮説に異議を唱えるのである．この方法では，時間の経過とともに予測を改善し，より多くの情報を取得し，変化させながら，最近のものだけではなく，複数の経験が将来を形作ることを可能にする．

13.2.2　機械学習と予測

ニューラルネットワークや機械学習は，計算学習とパターン認識を組み合わせた，コンピュータサイエンスの一分野である．機械学習を通じて，利用可能なデータに基づいて予測を実行できるアルゴリズムを構築することができる．アルゴリズムは，単純にプログラムで命令するのではなく，例となる入力とその結果

に基づいてモデルを構築する．購入者と関連づけることは，ビジネスを達成するための基本要素である．

　機械学習の最も簡単な例として，家禽業界で実際に人間が行っている学習の例を示す．ちょっと生々しい話であるが，生まれた鶏の雛は性別で分類される．雌の雛は卵を産む鶏になるよう飼育されて，食品事業に組み込まれ，雄の雛は出産時に処分される．しかし，雄の雛と雌の雛を特定するのは難しい．生殖器はかなり小さく，素早く特定することはほとんど不可能である．しかし，顕微鏡で生殖器を細かく観察することなく雄と雌を区別する方法がある．雛を握ったときの鳴き声である．小さな雛を押すと悲鳴を上げる．雄が出す鳴き声と雌が出す鳴き声は，訓練を受けて専門家になると区別できる程度に異なる．しかし，どのようにして専門家になるのか？　ルールを教える方法のほかに，別のアプローチがある．それが機械学習である．雌雄判別の訓練生を椅子に座らせて，雛を1羽つかみ，鳴き声を聞いたあと，雄か雌かを推測させる．訓練生は，推測に基づきその雛を雄のバケツか雌のバケツに入れる．訓練生の後ろに立っている専門家は正しい答えを知っている．訓練生が間違った場合，専門家が訓練生の肩を叩いて間違いを指摘し，訓練生に修正を促す．説明はしない．ルールを教えるようなトレーニングはやらない．間違うたびに肩を叩くだけ．このような例示により，訓練生はだいたい7時間以内で専門家になり，99%の精度で雌雄を判別できるようになる．注目すべきは，新しく専門家になった訓練生が，自分が何を学んだかを説明することがほとんどできない点である．訓練生は，専門家によりラベルづけされた例を十分に体験することで，答えを知ったのである．

　これはまさに機械学習の仕組みである．コンピュータにはラベルがついた多くの例が与えられ，クラスターに分類するアルゴリズムを生成することで，あるタイプのデータと別のタイプのデータを識別する方法を「学習」する．これを使用して，雛の雌雄を区別したり，特定の表現型に一致する遺伝子を識別したり，顧客がある製品に興味を持っているかどうかを特定したり，製品が「成功」と「失敗」のどちらのバケツに分類されるかを判定したりすることができる．さらに，機械学習は，人々がコンテンツにどのように反応するかを学習した上で，将来の行動について予測することで，コンテンツに対する顧客の反応を特定し，コンテンツへの関心や行動してみようという気持ちについての示唆を与えうる．

機械学習は，継続的に顧客の行動を分析し，予測的に分類して対応する経験を調整するために使用される．

予測的分類と継続的な調査においては，メッセージをパーソナライズすることを考慮している．購入者の関連情報（年齢，性別，地域，購買の傾向など）は，携帯電話，コンピュータ，テレビなどから収集される．

最終的には，個人の特定のニーズや好みに応じて，最適にカスタマイズされたマーケティングメッセージを生成することができる．例えば，都市部に住んでいて車の購入を検討している 20 代に，新車関連のクーポンを送るというようなことができる．機械学習を利用することで，広告主およびスポンサーは，顧客関与信号の継続的な状況の変化に対して迅速に対応するチャンスが得られる．

さまざまな変数が，買い物客の関与に影響を与える可能性がある．通常，顧客の関与は，現在の出来事や当座の状況から影響を受ける．情報はより速く学習され分析されるほど良い．機械学習は，ビッグデータの迅速な処理を実現することで，購入者と交流して，カスタマイズされたプロモーションを最適な方法で伝える力を広告主に与える．こうして，広告の実用性の幅が広がり，オンラインおよび実店舗での購買取引が促進される．

機械学習は，計算統計や数学的最適化と密接に関連する．結果の予測モデルを生成する方法はいくつかある．機械学習には，主に教師ありモデル，教師なしモデル，強化学習モデルという三つのモデルがある．教師ありモデルには，入力データと，予測を修正する教師アルゴリズムが含まれる．簡単に言うと，モデルが準備されていて，その上で予測を行う手法である．システムが正しい予測をするならば，モデルは完璧に働き，誤った予測をすると，教師アルゴリズムによりモデルが修正・再定義される．教師なし学習モデルには，ラベルのない入力データと予測できない結果が含まれる．この種の学習では，予測が間違った際に数学的プロセスをデータに適用することで，冗長性を減らしていく．

ここで重要なことは，機械学習のアイデアは，実際に脳が学習する方法を模倣したものであるということだ．ヒトは，生誕とともに神経回路やコネクションをガイドする教師や専門家を持っているわけではなく，予測誤差を用いて重みを調整し，最終的にラベルつきの例を使用して，誤差を最小限に抑えた将来の予測を導き出す．われわれは明示的にルールを「知っている」ということはない．とは

いえ，パフォーマンスを正確に再現できることは，ルールが内在することを意味する．つまり，機械学習では，コンピュータが複雑な関数をデータにフィットし，データに含まれる意味を見つけることができるが，そのアルゴリズムがどのようなルールを適用して問題（例えば，YouTube の多くのクリップの中から猫を探し出したり，以前の買い物行動に基づいて特定の洗濯用洗剤を購入する可能性が高い顧客を判別する，といった問題）を解決したのかを，われわれは明示的に知ることはできない．

13.3 神経科学とマーケティングリサーチ

過去10年間で，脳が予測をする方法の研究が進んだ．この進捗は，より深い神経メカニズムの理解とマーケティングリサーチとの間の相互関係に希望をもたらした．詳細な神経科学的研究は，既存の製品に加え，存在しない製品に対する洞察を提供するのに役立つ．これは，消費者の嗜好に関して，従来の方法では得られない情報を提供しうる．

マーケティング戦略は，消費者の実際の購買行動や態度や好みを反映したキャンペーンを含むため，消費者の選択肢や好みを予測する能力が必要不可欠である．したがって，将来の消費者の行動を予測できる費用対効果の高いツールは，長期的には非常に有益だ．すべての神経科学学術論文は予測に有用である．なぜならば，統計的現象はどれも，われわれが理解できれば，行動をその予兆から予測するという目的に使用できるからである．

神経科学的手法をマーケティングリサーチに組み込む手段として，機能的磁気共鳴画像法（fMRI）と脳波（EEG）の二つの方法がある．

13.3.1 fMRI と行動予測

これまでの章で述べたように，fMRI を神経科学の実験で使用することにより，関連する脳の活動を理解し，予測の裏にある身体的プロセスを特定することができる．神経科学者が脳活動と予測を結び付けると，自由意志という考え方自体が脅かされる．例えば，研究者が自由意志，そして自分の行動がどれほど決定論的であるかを知る能力や，ひいては自分の行動を予測する能力に異議を唱えたのは，それほど昔ではない．Bernstein Center for Computational Neuroscience の神

経科学者 John-Dylan Haynes は，fMRI を使用してリアルタイムでボタン押しを予測した．研究チームが発見したのは，参加者が決定を下す 7 秒前に，脳はすでに決定していたということである（Soon et al. 2008）．自由意志のアイデアに最初に挑戦した科学者は Haynes ではない．カリフォルニア大学の Benjamin Libet は，1980 年代に無意識の意思決定を研究した（Libet et al. 1983）．Libet の研究には議論の余地があり，実験の欠陥を指摘する批判もあるのに対し，Haynes はより現代的なアプローチを採用している（Smith 2011）．しかし，Haynes の実験でも，その精度は良くても 60% であるという批判もある．そこで，著者らが単一電極を用いて同様の実験を行ったところ，700 ミリ秒前に 80% 以上の精度で判断を予測することができた（Fried, Mukamel, and Kreiman 2011）．Dmochowski らによる最近の研究（2014）では，参加者がテレビのコンテンツを視聴している間の脳活動を計測した結果，コンテンツが魅力的であるほど，同じコンテンツを見ている参加者の脳活動の類似性が高くなることが見出された．他のグループの科学者は，質問するだけの調査に比べ，fMRI 測定を加えることで少し予測精度が良くなることを示しており，このことは，理論，研究，および実践において重要である（Venkatraman et al. 2015）．

　広告キャンペーンにおける損失と好みを神経科学で予測できるかを測定した研究もある（Paulus and Stein 2006）．好みの文脈において，島皮質の活動が，覚醒度の自己申告と負の相関を持ち，損失予測と正の相関を持つことが示された．この研究に続いて，Brian Knutson らは，第 11 章で詳述した研究で，期待利得に関連する領域（側坐核）の活動が製品の好みと相関し，損失に関連する領域（島皮質）の活動が過度な高価格と相関していることを示した（Knutson et al. 2001）．神経科学の予測を価格設定に使用する方法を示すこの研究は，（第 11 章の Hirak Parikh らの研究によって示されているように）神経科学が将来の購買予測にも使えることを示した．具体的には，島皮質が活動すると，そのとき提示されたアイテムの将来の購買可能性が減少することが示された．

　類似して，ある研究チームは，「製品を初めて見たあと，消費者の心の中でそれはどのように評価されるのか」という問いに答えるべく，参加者が fMRI スキャナー内で 20 種類の製品を見ている間に脳の活動を計測した．計測後，参加者は製品を選択しなければならなかったが，それは計測時には知らされなかった．そ

の結果，価値表現に関連する領域である内側前頭前野と線条体の活動が，計測後の各参加者の製品選択を予測するのに使えることが示された（Levy et al. 2011）．

　もちろんこれらはほんの一例にすぎないが，神経科学者のコミュニティで生まれた概念をよく表したものであり，このような神経科学の研究により，何を選ぶか，何を買うか，何をするか，何が好きか，といった行動を，しばしば自分自身に質問するよりも正確に予測でき，マーケティング分析サービスの新しい方法論として神経科学を使用できることを，ビジネス界にも伝える必要がある．

13.3.2　EEG を使用して消費者行動を予測する

　本書の前半で述べたように，多くの企業が EEG で観察された脳活動を消費者の嗜好に結び付けている．ヒトの脳には数百億のニューロンとシナプス結合が存在し，ニューロンは結合して神経回路を形成する．脳が刺激を受けると，ニューロンに電流が流れるため，それを増幅して記録することができる．これが EEG である．消費者行動，広告応答，メディア戦略に関して，EEG を使用した多くの研究がすでに存在している．最近，マーケティングリサーチャーは，実際に神経データが利用できることを示し始めている．最近の研究では，例えば，6 人の患者の頭蓋内 EEG を計測し，自動車運転時の意思決定との関連が調べられている（Perez et al. 2015）．研究の目的は，患者らの行動予測を検出することであった．運転している間，脳はどのルートをとるか，どの車線に切り替えるか，どちらに曲がるかといった意識的な意思決定を行う．Perez らは，参加者（患者）が決定を下す 5.5 秒前にその決定を予測することができた．精度は 82.4% であり，意思決定の早期の段階で，運動前野が意識にはのぼらない役割を果たしていることを示す．この初期段階では，実際の選択を変更させたり，選択が意識にのぼる前に予測したりすることができる．

13.4　脳とプロアクティビティ

　人間は世界を解釈するとき，単に情報を分析するだけではない．入ってくる情報を過去の情報に積極的に（プロアクティブに）結び付けて理解しようとする．例えば，新しい物体を見たとき，「それは何か？」ではなく「それは何に似ているか？」と問う．脳はこの問いに基づいて類推し，過去の関連した考えに結び付け，

予測を伴う処理を開始する．脳は，この類推（アナロジー）を，機能的，意味的，概念的，知覚的などさまざまなレベルで感じ取る．この類推は，脳が将来のシナリオを決定し予測するのに役立つ．例えば，シドニーで休暇を過ごすための準備をしなければならないが，まだシドニーに行ったことがない場合，脳は，これまでの認識とインターネットで得た情報に基づいてシドニーの天候を予測する．

脳の積極性（プロアクティビティ）のもう一つの重要な要素は，連想，すなわち，脳が新しい情報を古い類推と結び付けようとすることである．すべての記憶は連想となって保持されている．脳はアナロジーとの結び付きを作り，そのアナロジーに出会うたびに，特定の記憶を思い出す．

ヒトの脳はプロアクティブであり，過去の統計や現在の情報を常に使用して将来の確率的推定を行う．例えば，読者が目的地に行く電車に座っていて，木の前を通り過ぎるとする．そのとき，読者は嵐が到来して木を倒したらどうなるかと考え始める．読者の心は想像の中をさまよう．想像の過程で，脳は，もしこの出来事が起こった場合にとるべき行動をすべて予測する．予測の中で脳は同時に，この出来事の発生確率と，とるべき行動がどれほど効果的かを計算する．言い換えれば，心をさまよわせるのは，脳がその予測能力を鍛えるためである．

面白いことに，脳の時間の流れを狂わせると，原因と結果が誤って認識される場合がある．実験では，キーを押すと必ずわずかに（100ミリ秒）遅れて反応するキーボードを使う．この遅れるキーボードを使った参加者は，この遅延を取り除かれると，実際にキーを押した時間より前にキーを押したと感じるようになった．脳内で時間を絶えず計算する「時計」には，世界を構築するロジックである「原因と結果」の物理が組み入れられている．われわれはだいたいの場合，世界は物理に従っていて，行動はリアルタイムの反応を引き起こすことを期待する．反応が意図的に遅延される（しかしわれわれには知られていない）と，われわれは時間の見方をシフトしてしまい，リアルタイムに行動・反応を調整することが困難になるかもしれない．その結果，時間の知覚が速くなったり遅くなったりする可能性がある．これはすべて，われわれの現実（リアリティ）についての認識は，予測と，われわれが目で見て現実だと信じている結果に縛られていることを示す．このように，脳が作り上げた現実と呼ぶ物語は，予測が成果と合致するという仮説に基づいている．このメカニズムを狂わせてしまうと，心の

中で一貫した物語を作り上げる能力が壊れてしまう（Eagleman and Sejnowski 2009）．

13.5　コンシューマーニューロサイエンスを提供する会社は助けになるのか？

　消費者神経科学（コンシューマーニューロサイエンス）の会社は，実際の予測を提供すること，また，予測できない場合はそのことを顧客に伝えることに優れている必要がある．予測できないのに予測することは，詐欺と搾取だ．「広告が非常に記憶に残る」という事実は，記憶には残ったが買わない，ということと矛盾しない．コンシューマーニューロサイエンスの会社は，記憶，注意，感情，報酬，関心，関与などを，将来の行動の予測に翻訳する方法を見つける必要がある．それができない場合は，顧客にできないことを伝える必要がある．しかし，現在の煮え切らない状況は，コンシューマーニューロサイエンスの分野に悪影響を及ぼしている．一方，神経科学に頼らない場合でも，ほとんどのマーケティングリサーチ会社は同じ問題を抱えている．アンケートやフォーカスグループなどで広告やコンテンツを評価し，最終的に「広告は好まれている」とか「コンテンツは魅力的だ」などと伝えるが，具体的に「広告を見た人の82.5％が電話をかけると予測された」と言うことには躊躇する．これは，実際に実験したわけではなく，ただ考えているだけの，ある意味不正確な情報だからである．このため，物事がうまくいかなくても，彼らに責任を課すことができない．そのため，古いマーケティングは失敗しており，企業（特にGoogle，Amazon，Facebook，他のIT系企業）は，マーケティングリサーチ会社から「データ」はもらっても，それには検証可能な予測がついてこないこと，つまり，検証できないマーケティングリサーチにお金を費やしていることをだんだん理解し始めている．彼らは単なる「データ」だけでなく実際の予測を求めている．つまり，もし予測が外れたら補償することを求めている．これは世論調査会社にも当てはまる．世論調査ではまったく間違った選挙結果が予測されることが多いが，それについて誰も何もしない——世論調査会社は同じ方法を使い続け，背後にある間違った統計を無視し，調査結果は正しいかのようにテレビで放映される．ここで，この状況を改めることを求める！　全体として，マーケティング企業は予測力の欠如に向き合う必要がある．

また，コンシューマーニューロサイエンスは，本質的には質問して答えを得る従来の方法（例えばフォーカスグループ）と変わらないものであり，消費者の最終的な行動を予測することはできない（今，コンシューマーニューロサイエンスができると約束しているのは誤りである）ことを認める必要がある．結局，コンシューマーニューロサイエンスの仕事は，期待を管理し，予測できる場合とできない場合をきちんと顧客に説明することである．

重要ポイント

- 予測とは，過去の出来事や現在の新しい情報に基づいて未来を推定することである．
- 脳は，究極の「ビッグデータ」分析ツールである．したがって，脳がどのように予測するかを学習することは，マーケティングの予測にとって重要である．
- 脳が予測する際，二つの古典的な方法が使われる．予測誤差の修正と，将来の予測精度を向上させるための「学習」（マーケティング分析の文脈では「機械学習」）である．
- 予測誤差は，神経系が報酬とその応答の差を認識した場合に発生する．将来の予測を修正するために誤差を理解することは脳の基本概念である．脳は過去の経験に基づいた反応を期待する．脳の予測と実際の応答との間に差がある場合，予測誤差が引き起こされる．
- ニューラルネットワーク，すなわち機械学習は，計算学習とパターン認識の技術を組み合わせたコンピュータサイエンスの一分野である．機械学習により，利用可能なデータに基づいて予測を行うアルゴリズムを構築することができる．
- 過去10年間で，脳が予測する方法の研究が進んだ．この進捗は，より深い神経メカニズムの理解とマーケティングリサーチとの間の相互関係に希望をもたらした．詳細な神経科学的研究は，既存の製品に加え，存在しない製品に対する洞察を提供するのに役立つ．
- 神経科学的手法をマーケティングリサーチに組み込む手段として，fMRIとEEGの二つの方法がある．

- 調査で質問するだけの場合に比べ，fMRI 測定を加えることで少し予測精度が良くなることが示されており，このことは，理論，研究，および実践において重要である．
- 脳はプロアクティブに意思決定をする．われわれの脳は，類推と連想を用いることで，予測するだけでなく，想像し，夢を見て，そして，学習を通じて意思決定プロセスを維持する能力を持っている．
- 多くの企業が，EEG で観察された脳活動を消費者の嗜好に結び付けている．研究者は EEG を使用して，消費者の選択を事前に正確に予測することができた．
- コンシューマーニューロサイエンスを提供する会社は，実際の予測を提供すること，また，予測できない場合はそのことを顧客に伝えることに優れている必要がある．

演習問題

1. 機械学習の理論によれば，実際にそれをどのように解決するか（解決のルール）を教えずに，多数の例を与えることで，問題を解決する方法を学習することができる．これまでの人生で，方法を教えてもらうのではなく単に例示されるだけで，解決方法を学習した例を二つ挙げよ．
2. 気候変動の分野では，過去数十年間の気象に関するデータがあり，それが将来の気温の予測に使用されている．過去数十年のデータを使用して今後の行動を予測できるマーケティング分野の例を挙げよ．
3. われわれが予測について考えるとき，多くの場合，単純な線形の傾向を想定する．例えば，毎年 50% ずつ，等しく成長し続けると想定する．しかし，実際の予測は，多くの場合，より複雑な関数（指数関数的な増加，対数的減衰，さらには非線形関数）を使う．成長が非線形である例をいくつか挙げよ．

参考文献

Dmochowski, J. P., Bezdek, M. A., Abelson, B. P., Johnson, J. S., Schumacher, E. H., & Parra, L. C. (2014). Audience preferences are predicted by temporal reliability of neural processing. *Nature Communications*, 5.

Eagleman, D. M., & Sejnowski, T. J. (2000). Motion integration and postdiction in visual awareness. *Science*, 287, 2036–2038.

Fried, I., Mukamel, R., & Kreiman, G. (2011). Internally generated preactivation of single neurons in human medial frontal cortex predicts volition. *Neuron*, 69(3), 548–562.

Knutson, B., Fong, G. W., Adams, C. M., Varner, J. L., & Hommer, D. (2001). Dissociation of reward anticipation and outcome with event related FMRI. *Neuroreport*, 12, 3683–3687.

Levy, I., Lazzaro, S. C., Rutledge, R. B., & Glimcher, P. W. (2011). Choice from non-choice: Predicting consumer preferences from blood oxygenation level-dependent signals obtained during passive viewing. *Journal of Neuroscience*, 31(1), 118–125.

Libet, B., Gleason, C. A., Wright, E. W., & Pearl, D. K. (1983). Time of conscious intention to act in relation to onset of cerebral activity (readiness-potential): The unconscious initiation of a freely voluntary act. *Brain*, 106, 623–642.

Paulus, M. P., & Stein, M. B. (2006). An insular view of anxiety. *Biological Psychiatry*, 60, 383–387.

Perez, O., Mukamel, R., Tankus, A., Rosenblatt, J. D., Yeshurun, Y., & Fried, I. (2015). Preconscious prediction of a driver's decision using intracranial recordings. *Journal of Cognitive Neuroscience*, 27(8), 1492–1502.

Smith, K. (2011). Neuroscience vs philosophy: Taking aim at free will. *Nature*, 477, 23–25.

Soon, C. S., Brass, M., Heinze, H.-J., & Haynes, J.-D. (2008). Unconscious determinants of free decisions in the human brain. Nature Neuroscience. *Brief Communications*, 11(5), 543–545.

Telpaz, A., Webb, R., & Levy, D. J. (2015). Using EEG to predict consumers' future choices. *JMR, Journal of Marketing Research*, 52, 511–529.

Venkatraman, V., Dimoka, A., Pavlou, P. A., Vo, K., Hampton, W., Bollinger, B., et al. (2015). Predicting advertising success beyond traditional measures: New insights from neurophysiological methods and market response modeling. *JMR, Journal of Marketing Research*, 52, 436–452.

CHAPTER 14

マーケティング調査への応用

DAVID BRANDT

マーケティングの目的は，顧客を知って理解し，適切なサービスを提供し，「売る」ことである．

———ピーター・ドラッカー

マーケティングは，ターゲットのマーケットのニーズを満たす価値を探求し，創造し，提供することにより利益を作り出す科学であり，技術である．マーケティングは，潜在的なニーズと欲求を特定する．マーケティングは，その特定されたマーケットのサイズと，どれぐらいの利益を生む可能性があるかを明確にし，測定し，定量化する．マーケティングは，その企業が最もその強みを発揮できるセグメントを特定し，適切な製品とサービスを特定する．

———フィリップ・コトラー

14.1 マーケティング調査の歴史

マーケティングの本質は，消費者のニーズとウォンツを確認することと，それらのニーズを満足させる製品を作ること，その製品の広告を含む販売促進活動を行うこと，適切なチャンネルに流通させること，価格を決定することである．これは洗剤のマーケティングでも，ジェット機のマーケティングでも同じである．

マーケティング調査の科学と技術は，ニーズと，ニーズを満たす最善の方法を特定するためには必要不可欠である．

マーケティング調査には長い歴史があり，N. W. Ayer が新規ビジネスを獲得するために調査を行った 19 世紀の終わりまで遡る．1920 年代には，Daniel Starch が広告の認知率を調べるサービスを開始した．これは系統立てて広告効果を評価する最初の試みである．1930 年代に，George Gallup が選挙予想を始めた．

プロクター＆ギャンブル社は，マーケティング調査をビジネスに広く適用した先駆者である．1931 年にブランドマネージメントの概念を紹介した Neil McElroy は，成功の基本鉄則をこう述べた．「消費者が欲しいものを確認し，それを消費者に提供せよ」（McCraw 2000）．プロクター＆ギャンブル社は，"Doc" Smelser（ジョンズ・ホプキンス大学で経済学博士号を取得）のもとで市場調査部門を設立し，その教えを実践した．プロクター＆ギャンブル社はデイ・アフター・リコール（day after recall; DAR）（TV コマーシャル視聴翌日にそのコマーシャルをどの程度覚えているかの指標）を広く導入し，テレビ広告の評価を行った．

1900 年代には，マーケティング調査は B2C, B2B のマーケティングの世界では一般的なものとなり，専門的なマーケティング調査会社が主導して調査を行うことのほうが多くなった（Doc Smelser が率いる，消費者の自宅を訪問する女性スタッフのチームは，1960 年代まで活動していた（McCraw 2000））．

20 世紀の終わりには，毎年 300 億ドルがマーケティング調査に費やされるようになった（ESOMAR Global Market Research 2016）．

14.1.1 「潜在意識」のマーケティングへの応用（初期）：否定的な姿勢

この時代のマーケティング調査は，消費者に「聞く」か，消費者を「観察する」かの二つの方法しかなかった．その時代は，それらが正しい方法であると誰もが疑わなかったし，それ以外の方法があるとは考えなかった．一方，多くのマーケティング担当者は，潜在意識についての研究を知っていたにもかかわらず，マーケティングにおいては潜在意識は「悪い」ものと見なされていた．1957 年に，Vance Packard は広告に関する著書 *The Hidden Persuaders* を出版した（Packard 1957）．その論点は，広告は製品のベネフィットと価格にフォーカスすべきであ

り，最近，心理的なテクニックを使って消費者の心の弱みにつけ込み，消費者が求めてないものを買わせる広告が見かけられるのはゆゆしきことであると述べている．ただ，Packard は科学者ではなくジャーナリストであり，感情的な広告に対する考察は，科学的なものではなく，主に彼の観察によるものである．

それよりも，この著作の中で最もセンセーショナルな点は，James Vicary によって行われた「サブリミナル広告」の実験に関する記述である．Vicary は，*The Picnic* という映画の中に，「お腹すいた？ ポップコーンを食べよう」というサブリミナルな命令を挿入したという．命令は一瞬で消えるので（説明によると，0.33 ミリ秒だけ提示），消費者は文字を見たことに気づいていないが，無意識下で操作されたと記載されている．同じ実験が「コカ・コーラを飲もう」というメッセージでも行われたという．Vicary はこれにより，ポップコーンとコカ・コーラの売上がその映画館では劇的に増えた，と主張した．しかし，数年後 Vicary はこの研究結果が正しい方法で得られたものではないことを認め，撤回している[1]．しかし，それによるダメージは大きく，まだ今日でもこの結果が本当のことだと思っている人も多い．

1973 年には，*Subliminal Seduction*（Key 1974）が出版され，大いに売れた[2]．著者の Wilson Bryan Key は，広告主は性的なモチーフを，それとはわからないように広告に潜ませ，消費者を「誘惑」しており，消費者はそもそもその性的なモチーフを意識上で認識していないので，そのメッセージを受け入れるか拒否するのかの選択ができないとの主張を行った．これも Vicary の主張と同様，多くの疑問が残る．つまり，Key の議論の問題点は，それらのメッセージを意図的に広告に潜ませたという証拠がないことである．

とはいえ，サブリミナルなメッセージングが持つ力は深刻に受け止められ，イギリスではそうした広告が禁止されたが，実際には違反行為はなかったようである．アメリカでは，連邦通信委員会（FCC）がサブリミナルなメッセージングに関してヒアリングを行い，サブリミナルなメッセージングは「公益に反する」とした（Federal Communications Commission 1974）．FCC は広告を規制しないため，法的には規制が行われていない．しかし，全米放送事業者協会（NAB）

---

[1] Vicary は，雑誌 *Advertising Age*（広告時代）のための 1962 年の Fred Danzig とのテレビインタビューで，本件について述べている（Danzig 1962）．
[2] 【訳注】邦訳は，管啓次郎 訳『潜在意識の誘惑』リブロポート（1992）．

は「視聴者が視聴者自身で認知できないレベルのメッセージを伝える試み」を禁じている（Federal Communications Commission 1974）．

いまだに心理学的なテクニックを使って消費者に何か行動を起こさせることは正しくないこととされ，それにより，一部の広告主は神経科学の活用に否定的である．

14.1.2　神経科学活用の障壁

正しいかどうかは別にして，神経科学活用の障壁は倫理上の懸念だけではない．2005年頃までは倫理面以外に，二つの大きな問題点があった．まず，コストと規模の問題である．装置は高価であり，ある程度の規模で稼働させないと，コストの回収が難しかった．また，グローバルな調査会社の顧客は当然グローバルで，世界中の拠点で同じ技術を準備する必要があった．これはコストに大きく影響した．

しかし，それ以上の問題点は，マーケティング計画を考えるのに必要な情報はすべて調査から得られる，という先入観であった．この先入観には，二つの根拠があった．

1. 消費者は論理的に考え，行動している．古典的なマーケティング理論では，古典的な経済理論と同様，人間は入手可能な情報を用い，一定の意思決定ルールに基づいて行動していると考える．消費者にブランドに関する考えをさまざまな角度から表現してもらえば，ブランドの価値，強み，弱みを知ることができる．長年行われてきた，いわゆるアンケート調査では，このようなことが可能である．
2. 上記から考えると，感情はしばしば「高次なベネフィット」と見なされてきた．例えば，有名なラダリングという質的なテクニックは，「消費者が製品の属性を自分自身と意味のある形で結び付けるように翻訳する方法を理解するために使われる．……問題を解決するための情報の処理にこの高次の知識情報を使うのである」（Reynolds and Gutman 1988）．感情（マーケティング担当者が価値と呼ぶもの）は製品メリットから生まれる．一般的には，感情も，消費者にどう感じたかを聞くことによって知ることができると考えられてきた．つまり，長い年月にわたって製品を好んできたかどうかを消費者に尋ね，また，広告を見てイライラするとか，幸せになる

とか,悲しくなるとか,ユーモラスに感じるとか,気持ちを表現してもらい,それをマーケティング担当者は「感情」と理解してきた.感情は簡単に理解できるものだと信じられてきた.そのことは,広告で感情が果たす役割に関する,しばしば引用される論文(Bagozzi, Gopinath, and Nyer 1999)[3]によって裏づけられていると言われてきた.この 15 ページの論文と 5 ページの参考文献からなる,感情とマーケティングの研究に関する評論において,神経科学に関する言及はまったくなかった.

14.1.3　ディスカッション

　ここまで,マーケティングとマーケティング調査が神経科学の知見と技術を広く導入するにあたっての障壁について述べてきた.これらの問題点には共通点がある.

- 消費者は,自分が下した判断に影響を与えたすべての情報や要因にアクセスできる,と考えられている.
- 感情が消費者の判断に与えるプロセスの,明確で統一された理解がない.

　神経科学が,現状のマーケティング調査のアプローチを改革できるところ,また,すべきところは多くある.そして,上記の二つの共通点のうち,二つ目のほうがより重要である.神経科学はより精緻なデータやインサイトを得るのに有効だが,マーケティング業界が,得られたインサイトをマーケティングにどう活用していったらよいのかをよく理解できるようにならなければ,役に立たない.例えば,ある広告の感情関与が非常に高かったとして,それが,その広告の成功にどのように寄与したのかという分析に,結び付いていなかったりする.

　広告の効果測定はこの良い事例だ.感情がビジネスの結果に影響を与えることに気づいた広告主は,「感情」を広告の効果測定の指標に加える.例えば,さまざまな感情ごとの表情を描いた「絵」の中から消費者の気持ちに近いものを選んでもらったり,言語による評価スケールを用いたりして,その感情を理解しようとする.フェイシャルコーディング(自動的に表情を読み取る,神経科学に基づく手法)を導入し始めた企業もある.

---

[3] Google Scholar によると,本章の執筆時点で 1,791 回引用されている.

しかし，多くの場合，これらのデータは，記憶の再生（広告をどの程度覚えているか）や説得性（どの程度消費者がその商品を買おうという気持ちになったか）といった他の重要な指標を診断するツールとして使われ，広告の成否を判断するための直接的な指標としてはあまり使われていない．これは，神経科学や心理学に基づく行動・意思決定モデル（これについては，本書の他の部分で述べられている）とまったく対照的である．神経科学や心理学に基づくと，感情は，消費者の意識上の論理的な判断を助けるものではなく，直接的に行動に影響する要因である（図14.1）（例えばDamasioのソマティックマーカー仮説では，「感情的な体験」と行動の間には直接的な繋がりがあるとされる（Damasio 2003））．これらのモデルが採用され，一般的になり，理解されるまでは，神経科学の手法は革命的にはなり得ない．

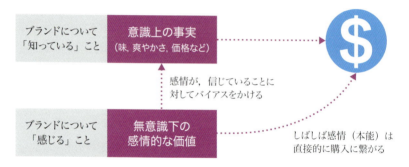

図14.1　ニールセンの意思決定モデルは，広告において感情が果たす役割を理解するのに用いられる．このモデルは，Damasioのソマティックマーカー仮説を含むいくつかの研究に基づく．

もう一つ，今日の調査のやり方と，神経科学や心理学から学ぶことの間で，いまだ隔たりがあるのは，「記憶」についての考え方である．前述のように，マーケティング調査の多くは，質問に答える消費者の能力に頼っており，質問には消費者が広告について覚えていることについての質問も含まれる．広告の事前テストの際や，広告効果を時間とともに追跡するときに使われる「記憶の再生」の測定は，もっぱら消費者の記憶に頼っている．例えば，より正確に広告の内容が想起されれば，広告の印象がより残っていると判断する．さらに，もし広告，もしくは広告の要素の記憶が再生されなかった場合，それは，広告，もしくは広告の「忘れられた」要素は，消費者に影響を及ぼさなかったと見なされる．このアプロー

チの根底には，人間の記憶はコンピュータ記憶のようなものであるという前提がある．つまり，何かが記憶されると，それはもともとの形式で保持され，購入意思決定をするときなどに，必要に応じて取り出すことができるという前提である．現在の記憶の研究によると，記憶は明示的（意識上にあり，想起できる）なものと非明示的（意識上にはなく，思い出すよう指示されても想起できない）なものの組み合わせであり，また，明示的な記憶にも従来考えられてきたものとは異なるタイプのものがある．したがって，質問されたときに広告を覚えていないことは広告が影響を与えなかったことを示すという仮定は，真ではないかもしれない．

14.2　初期の神経科学に基づく研究の影響

破綻はいつも賑やかにやってくるわけではない．初期のマーケティング調査のやり方が本当に正しいのかということは，当時あまり議論されてこなかった．1970年代後半，VOPAN Market Research は，消費者が実際に製品に関心を持っているかどうかをより正確に知るために，音声ピッチ分析（voice pitch analysis；VOPAN）が使えると主張して，市場に参入した．例えば，コンセプトテストで同じような購入意向のコンセプト案が，VOPAN では違うレベルのポテンシャルがあると報告された．クライアントにあまり受け入れられなかったため，この会社はすでに撤退しているが，音声ピッチ分析はいまだに行われている．1990年代の，ガルバニック皮膚反応（Galvanic skin response）を導入しようとする同様の試みは，あまりうまくいかなかった．その理由は，マーケティング担当者にこれらのアプローチがもたらす付加価値を説明できなかったからである．前述のとおり，消費者行動の動機づけについての新しいモデルが受け入れられなかったら，これらの技術の必要性はない．

消費者はマーケティング担当者の思うとおりには行動しないことを明らかにした最初の信頼できる研究は，広告調査財団（ARF）の 1990 年の調査である広告調査の妥当性のプロジェクト（Copy Research Validity Project）であった．この調査では，スプリットケーブル広告調査[4]の結果と最も合致するテスト手法が何かを確認するために，広告調査で従来使用されていた複数の手法の妥当性が検討

---

[4] スプリットケーブルテストは，二つの消費者パネルがそれぞれ異なる広告に接し，それぞれのパネルの購買行動を追跡して，どちらの広告が購買により影響を与えるかを調べる．

された．この調査のレポートにおいて，Russell Haley は，「今回の調査で最も驚くべき結論は，広告への「好意度」と売上との間に強い相関があることが判明したことである」と述べている（Haley 2000）．これまでは，「好意度」のような，数値で直接計測できない感情の指標（soft measure）は，売上を予測するのにあまり意味がないと思われていた．このことは広告調査業界で長く議論されていたが，結局のところ，このような指標は，これまでの標準的な広告調査に追加的に含められるぐらいであった．とはいえ，調査結果の理由を導き出すため，すなわち，直接的な予測ではなく，他の指標を説明するための指標としてしばしば使われた（前述のように，今日においても，神経科学に基づく指標はしばしばこの役割に甘んじている）．好意度という概念は従来の広告効果の理論にうまくはまらなかったため，調査結果の理由を知る以外に，消費者の意思決定プロセスに組み入れることができなかった．神経科学の知見は，このような理論の欠如により，活用されることは少なかった．

2001 年，Robert Heath は *Hidden Power of Advertising*（広告の隠された力）と題したモノグラフを出版した（Heath 2001）．これは，Antonio Damasio の研究に端を発する，心理学者や神経科学者の研究に基づいた，広告と広告調査に新しいモデルを導入する最初の重要な試みであった．

Heath が本書を執筆したとき，彼はバース大学に所属しつつ，広告代理店のプランナーとして長年過ごしていた．彼は当時の広告効果の測定手法が，ある種類の広告を測定するのには有効ではなかったと考えていた．特に，彼は「感情的」な性質を持つ広告の場合，消費者は広告にほとんど注意を払わずに処理できると述べた．したがって，通常の記憶の「再生」の指標が低い（つまり，記憶されていると見なされない）広告でも，消費者に影響を与えたのである．彼は，「低アテンション処理」（low attention processing）モデルを開発した．彼は，「再認」を指標として使って，広告が印象を残したかどうかを判断することを主張した．当時のほとんどの広告調査は「再生」をもっぱら測定していたため，彼の見解は論争を招いた．時が経つにつれ，このモデルはかなり受け入れられた．これは広告がどのように機能するかの新しいモデルであり，神経科学と心理学が，マーケティングやマーケティング調査をどのように改革させるかについて議論する始まりとなった．Heath はその後，広告がどう機能するかに関するより進んだ著作，

Seducing the Subconscious: The Psychology of Emotional Influence in Advertising (無意識に働きかける：心理学の見地から見た，広告における感情の果たす役割) を執筆した．感情的な広告が効果的にブランドを作り上げるという彼の論理を，ボックス 14.1 に示す．

> **ボックス 14.1：感情的な広告のブランドへの作用を示すモデル（Heath 2012）**
> 1. 広告がより感情に訴えるものであれば，
> 2. より好きになる．好きになれば，
> 3. より信頼するようになる．信頼するようになれば，
> 4. より注意を払う必要がなくなる．注意を払う必要がなければ，
> 5. より感情的に心に響く．心に響けば，
> 6. よりブランドの価値を上げ，消費者との関係性ができる．ブランド価値が上がり関係性ができれば，
> 7. より記憶の再生や説得性に重きを置いた調査で良い結果が出ない．

14.3 神経科学の現状

これまでの解説から，マーケティング調査に神経科学が強い影響を与えるためには，以下の二つを実現する必要があることがわかっただろう．

1. 神経科学と心理学に裏づけられた消費者行動の新しいモデルの採用．
2. これらのモデルのパラメーターを扱うことができる神経科学のツールの採用．

ESOMAR（European Society for Opinion and Marketing Research），NMSBA（Neuromarketing Science and Business Association），世界広告調査センター（World Advertising Research Center），広告調査財団（ARF）などの協会がリーダーシップをとり，先陣を切ってさまざまな会議で神経科学に関する研究やツールに焦点を当ててきた．システム 1 とシステム 2 の概念を産業界に広く植え付けた Daniel Kahneman の著書 *Thinking, Fast and Slow*[5] をはじめとし

---

[5]【訳注】邦訳は，村井章子 訳『ファスト&スロー：あなたの意思はどのように決まるか？』早川書房（2014）.

た書籍の出版などが，神経科学の理解への大きな助けとなっている．Brainjuicerという会社は，システム1のスペシャリストを自称し，System 1 を名称に含めたサービスを展開した（System 1 ブランドトラッキング，System 1 パッケージテストなど）．

Roger Dooley の *Brainfluence: 100 Ways to Persuade and Convince Consumers with Neuromarketing*（Brainfluence：ニューロマーケティングで消費者を説得して説得する 100 の方法）や，Steve Genco の *Neuromarketing for Dummies*（サルでもわかるニューロマーケティング）などの，マーケティング業界の実務家による著作は，神経科学の概念を実用的なマーケティングに応用するのに役立っている．

2012 年，世界最大のマーケティング調査会社であるニールセンは，ニューロフォーカスを買収した．ニューロフォーカスは，ニューロマーケティング業界のパイオニアとして評判が高かった企業であり，その買収は業界が成熟していることを示すものであった（Nielsen 2011）．ニールセンは 2015 年に業界のもう一つのパイオニアだった Innerscope を買収することで，より大きな賭けに出ている．Ipsos と Millward Brown は社内に神経科学にフォーカスする部署を作った．

しかし，本章の執筆時点（2015 年）では，神経科学がマーケティング業界を改革したと言うのは時期尚早である．GreenBook の調査によると，最近の四半期にニューロマーケティングやバイオメトリクスを使用した企業は 5% に過ぎない（Greenbook 2014）．具体的な金額は示されていないが，定量調査費用の中で神経科学やバイオメトリクスに費やされた金額として，5% というのは妥当な推定値だろう．また，最近の半年ごとのレポートによると，わずかずつしか増加していない（図 14.2）．まだ，成長の余地がある．また，このレポートからこれらの技術が浸透するほどには，前述の二つのポイントがまだ十分に実現していないことがわかる．

この章の残りでは，この成長の可能性と，それによりマーケティング調査がどのように変わっていくのかに焦点を当てる．

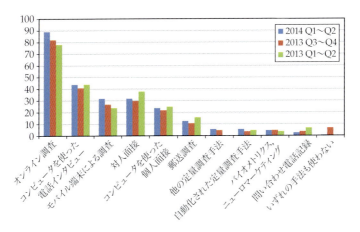

図 14.2 定量調査の手法の，2013 年第 1 四半期から 2014 年第 2 四半期のトレンド．サンプル数は 2014 Q1〜Q2：817, 2013 Q3〜Q4：2,229, 2013 Q1〜Q2：1,372.

14.4　今日の市場調査と今後

　直接質問する方法は，市場調査で最も広く使われているアプローチである．あらゆる形の定性調査，コンセプトテスト，広告テスト，セグメンテーション，製品テスト，エクイティ調査に使用される．質問項目はテストされ，スケールが考案され，検証されて，今日ほとんどのマーケティング調査者は，このような質問項目とその結果から得られることに満足している．さらに，データ収集がオンラインに移行し，データ処理がより自動化されるにつれて，調査データを収集するためのコストが削減された．この親しみやすさと効率の高さが，マーケティング調査者が質問による調査を強く好むもう一つの理由である．以下の項では，質問による調査の一般的なアプローチを説明する．そして，神経科学的アプローチがこれらの方法をいかにして圧倒できるかを見ていく．

14.4.1　コンセプトテスト

14.4.1.1　現在

　新製品を開発する際には，消費者に「コンセプト」を評価させることが最も重要である．コンセプトは，製品の基本的な前提で，いくつかの形がある．

- コンセプトステートメント：一般的に消費者に提示する，製品の簡単な説明，機能，ベネフィットを含む短いステートメント（画像なし）である．これらのステートメントは，一般的には1,2文で構成され，消費者は一度にいくつかのステートメントの評価，すなわちステートメントを読んで，どれぐらい購入したいと思うか，それはなぜか，製品がどれぐらいユニークと感じるかを質問される．また，いくつかの異なる次元からブランドを評価したり，競合商品のコンセプトと比較したりするよう求められる．その後，マーケティング担当者はこれらのデータを過去のコンセプトテストの結果と比較し，ビジネスの成功との相関を示すデータベースがある製品の場合はそれに基づき，製品開発を進めるかどうかを判断する．

- コンセプトボード：ステートメントを少し前進させたものであり，ステートメントに加え，製品の画像や製品を使用している画像，パッケージ画像，ベネフィットに関するより詳しい記述，製品ラインナップ，価格などが含まれる．したがって，コンセプトボードは，コンセプトステートメントよりも広告に近くなるが，コンセプト開発のルールでは，コンセプトは「売ろうとする意志」を含んではならない．ここでの目的は，消費者により多くの情報と視覚的手掛かりを与えて，このコンセプトが消費者にとってどのように魅力的であるかについて，より正確な情報を得ることである．消費者は，購入意向，ユニークさ，価格の妥当性，評価，競合商品との比較について質問される．特に，評価と，競合との比較は，購入意向の理由を理解するためによく使われる．つまり，商品のどの特徴が，商品への関心を高めるために重要であったかを表す情報であり，これらは，商品を市場に出す際のマーケティング活動を立案するために，非常に重要である．

コンセプトボードのテスト結果を過去の結果やデータベースと比較することで，製品のポテンシャルを予測できる．多くの企業では，この情報を独自のアルゴリズムや，ドラフトのマーケティング計画（チャンネル戦略，価格設定，広告投資，トレードプロモーションなど）と組み合わせて，販売予測を行っている．このように，コンセプトテストは商品の未来を決定する重要な要素であり，したがって，この段階のテストを正しく行うことは，ビジネス結果を達成するために極めて重要である．

- ビデオコンセプトボード：コンセプトを 30 秒から数分の長さのビデオにしたものであり，コンセプトが静止画ではうまく伝わらないとマーケティング担当者が感じたときによく使用される．消費者に対する質問と，その結果の活用の仕方は，コンセプトボードとほぼ同様である．

14.4.1.2 今後

コンセプトテストは，消費者に意識上でかなり論理的に考えてもらう必要がある一方で，実際の消費者はほとんどの場合，習慣的・自動的に購買行動をしているため，両者には乖離があり，コンセプトテストは購入意向を含む消費者の関心レベルを正しく判断するのに役立つのかと批判されてきた．ただ，新しい商品やアイデアのコンセプトは，まさにこの，習慣的・自動的購買行動に割って入りたいという目的を持つため，この点では，このような批判は的を射ていないかもしれない．つまり，「あなたはこの製品をどれくらい購入する可能性があるか」といった回りくどい質問は，習慣的に購入している製品を扱った場合と比べたら，それほど行動科学と矛盾しないかもしれない．しかし，神経科学は，次のようないくつかの点でコンセプトテストを改革させる可能性がある．

1. コンセプトボードの作り方：消費者は意思決定をするのに，文章化された製品の機能ベネフィットよりも，はるかに多くの情報を必要とする．最終的に購買行動が決定されるときに感情が果たす役割をマーケティング担当者が理解すると，彼らは，製品アイデアをどう見せるかが，製品アイデアそのものと同じぐらい重要だと気がつく．コンセプトテストの初期段階のスクリーニングでは，それぞれのコンセプト間の違いはそれほど大きくないが，スクリーニングプロセスが進んでコンセプトが作り込まれていくと，コンセプト間の違いは大きくなっていく．コンセプトには，製品の感情的なベネフィットを効果的に伝えるために，視覚的もしくは音声要素を含めることができる．コンセプトを異なる感情的なアプローチでテストすることもできるだろう．この点が，複数の機能ベネフィットをどのように組み合わせるとよいのかを知るためにバリエーションをテストする，今日のやり方（この手法は今後続くと思われる）と大きく異なる．ビデオは感情的なアプローチを伝えるのに効果的であるため，今後より多く使われていく

だろう．それらは，テレビ広告のように（一般的な 30 秒コマーシャルよりおそらく長くなるが）見えるようになるだろう．

2. 測定はいずれ調査を超える：1970 年代に，VOPAN が消費者の反応に消費者の「言葉」以外のものがあることを確認したように，マーケティング担当者は，消費者がコンセプトやコンセプトの要素にどの程度感情的に引かれたかを測定できる技術を採用するようになる．こうした測定にどのような神経科学の技術を使うとよいかを推測することはできるが（脳波（EEG），潜在的連合テスト（IAT），バイオメトリクス），神経科学の進歩は非常に速く，これらの手法が時代遅れになる可能性すらある．現状では，どのように測定するかではなく，何を測定すべきかに焦点を絞ったほうがよい．顕在的な関心レベルと非言語的な感情の尺度を組み合わせることで，アイデアのポテンシャルをより深く理解することができる．

3. 分析技術の進歩：分析技術が進歩することで，神経科学に根ざした測定により，アイデアのポテンシャルと，そのポテンシャルを引き出しているものに対する理解が深まっていく．非言語的な手法（IAT など）は，顕在的，言語的な手法で学んだことを超え，消費者がどうコンセプトに反応したかを知るために非常に効果的である．高度な分析技術と，ビデオによる高いレベルのコンセプトの提示により，マーケティング担当者は，どうやったらコンセプトが実際のマーケティングコミュニケーションに落とし込めるかを理解するようになる．

14.4.2　広告テスト

14.4.2.1　現在

広告費，特にテレビ広告のコストは，マーケティング担当者が管理するマーケティング費用の非常に多くの割合を占める．テレビ広告の質がブランドの成功の明暗を分ける，と言っても過言ではないだろう．先述のように，テレビ広告テストは，プロクター&ギャンブル社が DAR（day after recall）を使用して，放映された翌日に，広告とそのスポンサーを覚えているかどうかを聞くことから始まった．テレビ広告を覚えている人が多ければ多いほど，効果的な広告と考えられた．この方法が 1950 年代に始まって以来，広告のテストは大きく変わっていったと

も言えるが，同時にあまり変わっていないとも言える．

広告の評価は，開発プロセス全体を通じて行われる．プロセスの早い段階で，定性的な調査（詳細なインタビューやフォーカスグループなど）を使用して，広告表現の微調整を行う．広告の制作過程が終盤になると，その広告を世に出してよいかどうかの判断をするために，定量調査がしばしば行われる．つまり，広告が最低限の質を満たしているかどうかを判定し，もし基準に達していなければそれはお蔵入りにするか，基準を満たすまで修正を行って，効果が弱い広告をオンエアしないようにする．

今日では，オンエアの可否を決めるテスト（一般的に「コピーテスト」または「プレテスト」と呼ばれている）の多くは，二つの成功の指標に基づいている．

1. 消費者が広告を覚えているかどうかの指標：単純な記憶の再生から，より再認をベースとしたものへと進化している．通常「何の広告だったか？」という，ブランドについて自力（非助成）で答えさせる質問と組み合わされる．
2. モチベーションに関する指標：通常「好きかどうか」や購買意向の指標である．結果はコントロールセル（比較対象群），もしくはデータベースと比較し，広告が製品の購入意向に影響を与えたのかを判断する．

ほとんどのプレテストでは，これらの二つの指標を組み合わせて，成功の指標としている．これらに加えて，次のようなデータも集める．

- コミュニケーション：消費者はどのようなメッセージを広告から受け取ったのか？ これにより，クライアントのコミュニケーションの目的を，広告が戦略的に達成しているかどうか確認することができる．
- ブランド属性の評価：消費者は，カテゴリーやブランドに特有な，品質や味をはじめとしたさまざまな次元でブランドを評価するよう求められる．これらへの回答を他の広告，データベース，または広告を見ていないコントロールグループの結果と比較すると，広告がブランドに対する態度に良い影響を与えるかどうかを広告主が理解するのに役立つ．
- 好意度：消費者が広告を好きかどうか？ これは，広告の説得力，コミュニケーション，態度変容に与える効果がなぜ強い，もしくは弱いのかを理

解するためによく使われる．好意度は，「非常に好き」から「非常に嫌い」の5段階で評価するのが最も一般的である．広告調査財団（ARF）が「広告調査の妥当性のプロジェクト」の結果を発表し，広告の好意度とセールスの間に強い相関関係が存在することを示してから，好意度はより産業界で注目されるようになった（Haley 2000）．このレポートが発表されたとき，いくつかの会社，特に広告代理店から良い反応があったが（例えば Biel 1990），広告のパフォーマンスの指標として好意度が使われることはほとんどなかった．好意度はよく使われる指標になってきたが，広告の効果の理由を知るために主に使われている．

- 広告の「雰囲気」に関する質問：これは，感情も含むいろいろな次元について消費者に評価させるという点で，好意度を測る質問に似ている．これらの質問には，「わかりにくい」「イライラする」「もう一度見たい」などの用語が含まれる．
- 感情の扱い方：広告における感情の概念の扱い方は，さまざまである．初めに行われるのは，好意度を消費者の感情的反応として解釈することである．次に行われるのは，アンケートで特定の気持ち（例：幸せ，悲しみ，苛立ちなど）に焦点を当て，広告に対し消費者がどれくらい強く同意（または否定）したかを評価することである．これらのデータを，他の広告やデータベースと比較することにより，広告に対する消費者の反応を判断することができる．

実際に広告が市場に導入されると，広告の効果はトラッキング調査により確認されることが多い．通常，データは毎日収集され，4週間の移動平均で報告される．これにより，分析担当者は，ブランドメトリクスの変化に応じてメディアプランやその他の環境要因を修正することができる．

一般的にトラッキングされるデータには，ブランドに関する指標と，広告に関する指標の両方が含まれる．

- 広告：広告の助成想起・純粋想起，広告の再認，認知の経路（テレビ，オンライン，平面広告，屋外広告など）．
- ブランド：ブランドの助成想起・純粋想起，最近のブランド使用，次に買

うと思うブランド，カテゴリー内のすべてのブランドの購入意向，およびカテゴリー内の各ブランドのブランド属性の多次元的評価．さらに，ブランドエクイティを測定するために設計された測定指標も追跡対象に含まれている場合が多い（ブランドエクイティについては，14.4.4 項を参照）．

トラッキング調査のデータを見て，広告が予定どおりのパフォーマンスを示しているのかを確認するとともに，競合のパフォーマンスも同時に確認し，消費者のブランド理解とポジショニングに関し，有意な変化が起きているかを理解する（ボックス 14.2）．

ボックス 14.2：広告認知とブランド認知のトラッキング

- 純粋想起：消費者にはカテゴリー名のみが示される．例：「何かの歯磨き粉の広告を最近見ましたか？」
- 助成想起：カテゴリーに加え，ブランド名も示される．例：「最近コルゲートの歯磨き粉の広告を見たことがありますか？」

14.4.2.2 今後

産業界は，広告テスト，特に事前テスト段階での広告テストが，最も変貌する可能性が高いことをすでに認識している．従来の方法は，広告が消費者と感情的にどのように関わっているかをほとんど考慮せず，非常に合理的かつ熟慮された回答に基づいていた．多くの企業が神経科学を取り入れ，調査自体を自動化し，オンラインの表情認識，前述の潜在的連合テストや，消費者が反応する速さを評価する手法などを使い始めている．ニールセン，ニューロインサイト，Innerscope[6] などの調査会社は，神経科学の指標を調査手法の主要な手段としている．

測定自体はすでにかなり現実的なものになっている．しかし，重要なのは，その測定結果を消費者の意思決定のフレームワークにどう組み込むかである．マーケティング業界には，意識上の記憶と言葉で表現された行動意向（より一般的に

---

[6] Innerscope リサーチは 2015 年にニールセンに買収され，現在ニールセン・コンシューマーニューロサイエンスの一部である．

は説得性）が広告の成功の主たる指標であるという考えがいまだに残っている．これには以下のような多くの問題がある．

- 広告が視聴者に印象を残しているかどうかの絶対的な指標として，意識上の記憶を使っていること．これは，「覚えている」は広告の成功を意味し，「覚えていない」は不成功を意味するという考え方である．しかし，記憶に関する研究は，記憶には多くの側面があることを示している．使用される質問は，意識的なエピソード記憶を引き出すように設計されているが，広告はしばしば無意識的に記憶され，さらに，広告が「広告」として記憶されない場合も多い．それらはブランド体験の一部として無意識的に格納される．Robert Heath は，古典的な記憶の再生の指標は，ある種類の広告，特に低アテンション処理のもの（彼によると，それは感情的な広告である可能性が高い）の評価を下げる方向に偏っていることを指摘している[7]．これは，広告が印象を残しているかどうかを判断するために，この方法が不完全であるという証拠である．
- 「感情」の指標が調査結果の理由を知るためにしか使われないこと．つまり，「説得性」の指標が高ければ，感情の指標が低かったとしても，広告は効果的と見なされる．これは，消費者との感情的な繋がりを構築することは広告の主な役割ではないことを意味する．一方，神経科学ベースの消費者行動のモデルから得られる結果は，まったく逆を示唆する．

これは，広告のオンエア前に行うプレテストが，神経科学によって将来最も改革できる分野であることを示す．すなわち，記憶の役割とその測定，感情の役割の部分である．

無意識の記憶は，一般的な調査によって測定できないため，プレテストで記憶システムが活性化されているかどうかを判定する唯一の方法は，神経科学ベースの手法である．この測定にはいくつかの形が考えられる．機能的磁気共鳴画像法（fMRI）もしくは EEG を使うと，記憶が活性化されているかどうかを評価でき，また，潜在記憶のテクニックを使えば，何が無意識的にエンコードされているか

---

[7] 低アテンション処理についてもっと知りたい場合は，Heath（2001, 2012）を参照されたい．

を推測できる．一般的な調査の指標は，もちろん意識的な記憶を理解する上で重要な役割を果たすが，アナリストはこれが広告が残した印象のすべてではないことを理解する必要がある．

　広告の効果を評価する現在のモデルは，根本的に見直される必要がある．なぜならば，感情が意識上の意思決定プロセスを介さず，直接行動に繋がるという事実があるからだ．つまり，広告の目的は，感情的な価値を繰り返し伝えることにより，広告・ブランドの感情的な価値を構築することである．

　したがって，将来のプレテストは以下のようになるだろう．

- 調査するもの（例えばテレビ広告）を見せ，同時に神経科学の技術を使用し，感情関与の指標と記憶の指標を測定する．
- 通常の調査により，コミュニケーション，行動意向，主要ブランド指標（ブランドエクイティの指標など）などの指標を測定し，また，記憶に残っているものを調べる潜在テストを行う．

　これはかなり大掛かりな調査であり，技術とコスト効率が十分に検証されるまで，実現することは難しい．現在，プレテストはコスト効率が良いオンライン調査で行われている．しかし，現在，オンラインで使用できる神経科学を用いた技術は限られている（例えば，自動化された表情認識）．これらだけでは，必要とされるすべてを測定することはできないだろう．このように，ここで紹介した理想的な世界とコストを考慮した現実世界の間には隔たりがある．

　上記の議論は，神経科学が，広告が何を達成しているかをより完全に解き明かすことによって，いかに広告の選別やスクリーニングなどのプロセスを改善できるかに焦点を当てている．また，この方法は，もう一つの重要なエリアでも効果的に使うことができる．すなわち，オンエア前に，どうやって「改善」し最適化すればよいかを示唆してくれるのである．アンケートに基づく手法は，消費者にその瞬間の反応をダイヤルを回して答えてもらう方法や，広告を細分化して質問する方法，消費者に広告が好きかどうかを聞く方法などを使い，広告のどの要素が機能しているかを把握するために長年用いられてきた．これらのアプローチの問題点は，消費者は自分のその瞬間瞬間の反応を正確に再現することはできない，ということである．そもそも消費者は自分のすべての反応（特に感情の反応）を

意識的に把握できておらず，また，それらの反応を単純化・合理化して説明する傾向がある．一方，神経科学を用いた手法は，高い時間分解能を持ち，極めて精緻に消費者のその瞬間瞬間の反応を，消費者がその瞬間に見ていたものに紐づけることができるため，広告の効果について，より完全に近い洞察を得ることができる．この点では，高い周波数で脳活動を読み取ることができる EEG は，特に効果的な方法である（図 14.3）．バイオメトリクスや表情認識も，EEG ほどではないが，ある程度の時間分解能があるため，この目的のために使用できる．

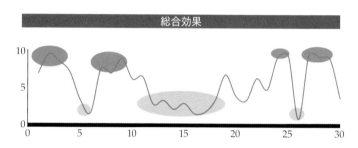

図 14.3　EEG の秒ごとのスコアは広告の効果を最適化するのに役立つ（x 軸：時間，y 軸：広告効果）．

　神経科学を使用することで，最終的には，広告のプレテストが広告を最適化し，広告の効果と投資対効果（ROI）を高めるという，長年にわたって追い求めてきた目的を実現することが可能になる．

　広告のモニタリング（トラッキング）も同じように改革できる可能性がある．広告のモニタリングは，基本的には，次のような記憶テストである．どのブランドを覚えているか？　何を使っているか？　最近どの広告を見たか？　どこで見たか？　これらの質問はすべて，記憶が絶対確実であることを前提としている．覚えている（純粋想起でも，助成想起でも）ことは広告の成功の兆候である．覚えていないことは失敗の兆候である．記憶のメカニズムの理解が進めば，トラッキングにおけるこのような既成概念は変わるかもしれない．以下の二つの面から変化が起こりうる．

1. 記憶を引き出す手掛かりを向上させることで，消費者が何を記憶をしていたのかをより深く理解する．単純な想起の促しや純粋想起に重きを置く傾向は消え去り，どのような形で想起されるにしても，すべての記憶に意味

があるという広い考え方に変わるだろう．より良く記憶を引き出す手掛かりとしては，例えば，再認を促すタイプの手掛かり（実際の広告ビデオなど）や，いつどこで見たかを思い出しやすくする文脈情報などが挙げられる．

2. 記憶はすべて直接的な質問によって引き出せる，というわけではない．広告がどう無意識の連想的な記憶に影響したかを測定するために，潜在意識を調べる IAT などのテクニックは，トラッキング調査の標準的な手法となるだろう．

14.4.3 パッケージテスト

14.4.3.1 現在

マーケティング担当者がパッケージに費やすコストは，広告に費やすコストよりも少ない場合が多いが，日用品メーカーの多くのマーケティングの担当者は，パッケージングはマーケティングプログラムの最も重要な部分の一つであると考えている．なぜなら，日用品のパッケージは，消費者が商品の陳列棚でどの製品を購入するかを決定しているまさにその瞬間，いわゆる「第一の瞬間」(first moment of truth; FMOT) に存在するからだ．それゆえ，多くの広告主はパッケージテストに多大な投資をしている．一般的にこれらの調査は，以下の二つの課題を解決する．

1. そのパッケージは棚でどれぐらい目立っているか？ 消費者が棚を眺めながら購入する商品を選んでいるとき，そのパッケージは目に入っているか？
2. そのパッケージのデザインは，その製品について消費者に何を伝えているのか？ 消費者はどんなメッセージを受け取るのか？ ブランドは正しく伝えられているのか？

広告テストと同様に，パッケージテストの手法も，マーケティング会社間で大きくは違わない．だいたい以下の二つの方法でテストをする．まず，競合も含んだ並び（例えば棚）の中で，どれぐらい目立つかを調べるテストである．これは，「見つけるテスト」(find test) と呼ばれることも多く，パッケージが棚の中でき

ちんと認識されるかどうかを調べる．そして二つ目は，「見つけるテスト」のあとや，それとは別途行われる，パッケージそのものに対する消費者の反応を調べるテストである．

- 「見つけるテスト」では，消費者はテスト対象のパッケージを提示され，次にテスト対象の周りに競合の商品を置き，対象カテゴリーの隣によく陳列される他のカテゴリーの商品も同じように並べて，実際の店舗のようにした棚を提示される．消費者はテスト対象のパッケージを見つけて実際にそれを手にしたり（ライブテスト），それをクリックしたり（オンラインテスト）して，見つけたことを知らせる（図14.4）．見つけるまでの時間が記録され，より速く見つかればより良いパッケージであると判断される．このテストでは，パッケージをいろいろな場所に提示して繰り返してテストをすることにより，より正確性を高めていくことが多い．
- パッケージ単体での評価は，消費者にパッケージ単体が提示される．これは，モックアップだったり，実際のパッケージであったりする．オンラインのテストの場合，画面上で任意に回転できる3D画像が表示される場合もある．調査員が対面する場合は，実物の製品を見せる場合が多い．消費者はパッケージを見たり触ったりした後に，購入意向や，パッケージの好

図14.4　オンラインの「見つけるテスト」では，消費者は仮想の棚から特定の製品を探すように求められる．この例では，ハインツのケチャップを探すように求められ，クリックするまでの時間が記録される．

き嫌い，パッケージから伝わったメッセージ，ブランドやパッケージに書かれた説明についての評価などを聞かれる．結果は，既存のパッケージや，競合のパッケージ，もしくはデータベースと比較して評価される．

14.4.3.2 今後

パッケージテストのこれまでのアプローチは，パッケージを，「合理的な」マーケティングコミュニケーションの一形態として見なし，パッケージがどのくらい速く見つかるかに重きを置く．これは，決して間違いではなく，これにより消費者はパッケージを手に取り，成分，栄養，使用方法，そして最も重要な価格などの情報を探すことができる．しかし，パッケージのコミュニケーションとは，そのような合理的・理性的なコミュニケーションだけではない．パッケージは，消費者の記憶を引き出すトリガーでもあったりする．優れたパッケージは消費者の意識的な記憶を刺激し，過去の経験から消費者がすでに知っているその商品についての情報を引き出す（つまり，それは意味記憶のシステムを刺激する）が，それ以上に，意識にのぼらない感情的な経験の記憶をも引き出す．後者の感情的な経験の記憶が消費者の行動に大きく影響を与えるというこれまでの議論から，パッケージの重要性がわかるだろう．神経科学の指標は，パッケージが無意識的な記憶を引き出したかどうかを判断するために効果的であり，また，パッケージのどの要素が最もそれを引き起こしたかを知ることもできる．後者の情報は，調査担当者がどのパッケージが最も効果的なのかを理解する上で重要な情報であるのに加え，パッケージデザイナーも，パッケージをどう改善したらよいかを知ることができる．潜在意識のテストからパッケージが引き起こした連想を理解することで，消費者の反応情報を補うことができる．

まだ解決していない疑問は，消費者がパッケージを速く見つけるということがどれほど重要なのか？である．従来の知見では，素早く見つかるほど購入される可能性が高いと考えられてきた．しかし，見ることと，反応することは別物である．あるパッケージは，「見つけるテスト」課題で素早く消費者に見つけられクリックされたとする．しかし，消費者がパッケージに気づいたときに感情的な反応がなかったらどうだろう？消費者がそのパッケージを見たときに，記憶がほとんど活性化しなかったらどうだろう？この場合，意味があるのだろうか？パッ

ケージが素早く見つけられたからといって,それだけでは効果的なパッケージと言えないことがわかるだろう.しかし,消費者の感情や記憶の指標と,パッケージを見つけるスピードを組み合わせれば,マーケターにとって意味のある情報になる.

14.4.4 ブランドエクイティ調査

14.4.4.1 現在

エクイティ調査は,消費者がどのようにブランドを評価するのかを理解するために実施される.評価には多くの定義があるが,より強いブランドロイヤルティ,競合のマーケティングに対する抵抗力,価格感度の低さといった,高いエクイティが引き起こす行動によって定義される場合が多い.いずれにせよ,マーケティング担当者にとってブランドエクイティは極めて重要である.

コンセプト,広告,パッケージのテストとは違い,ブランドエクイティの調査はリサーチ会社によって測定方法が大きく異なる.一般的な形態の一つはDREKモデルと呼ばれ,Young & RubicamのBrand Asset Valuator(BAV)の基礎となるものである.DREKはDifferentiation(差別化),Relevance(関連性),Esteem(憧れ),Knowledge(ブランドに関する知識)の頭文字をとったものである.それらは以下のように定義される[8].

- 差別化:ブランドが提供するものは,競合とどこが異なるか?
- 関連性:消費者はブランドとどれくらい関わっているか? これは,ブランドが浸透していく上での重要な要素である.
- 憧れ:ブランドを消費者がどう感じているか? そのブランドに人気があるかどうかや,ブランドは約束したものを提供しているかといった,あらゆる側面がブランドへの憧れを形成する.
- 知識:消費者の心にあるブランドについての認識はどの程度か? これは,ブランドを構築するため,また,ブランドの本質と,言葉によらないメッセージを消費者に伝えるために,非常に重要である.

---

[8] 出典:MBASkool, Brand Asset Valuator (BAV), http://www.mbaskool.com/business-concepts/marketing-and-strategy-terms/1859-brand-asset-valuator-bav.html.

BAVモデルは，ブランドが上記の順，つまり差別化，関連性，憧れ，知識の順に消費者の心の中で成長していくこと，および，消費者が最も強いコミットメントを持つブランドには，これらの要素がすべてあることを前提にしている．また，ブランドが消費者の心の中で衰退していくのも同じ順番，つまり，知識は維持されていても，差別化，関連性，憧れの順であるとする．

これらの高レベルの構造に加え，消費者はブランドの機能ベネフィットから高次元の感情的なベネフィットまで，かなり多くの次元で（BAVでは48の次元を用いる）ブランドを評価することを求められる．マーケティング担当者は，これらのデータを分析することで，消費者がブランドをどのように評価しているか，どのような点でそのブランドがユニークだと思っているか，そして，どのような点で競合ブランドより優れている，または劣っているのかを把握する．

14.4.4.2 今後

これまで触れられてきたブランドエクイティの分析は非常に洗練されたものだが，無意識の指標をまったく考慮していない．この章で取り上げた，今日の他の調査ツールと同様，消費者がブランドと関連づけるすべての要素に意識上でアクセス可能であり，調査を通じて測定できるという前提に基づいている．しかし，上で論じた広告やパッケージなどの他のマーケティング要素よりも，ブランドははるかに複雑である．ブランドは，機能ベネフィットをたくさん積み上げた総合点で形成されるわけではない．ブランドは，使用経験，広告，価格設定，パッケージング，口コミなど，消費者がブランドに関して経験したすべての要素によって構成されている．そして，これらの経験が，ブランドを定義するさまざまな要素，つまり，ブランドの名前，ロゴ，パッケージ，ブランドのシンボルとなるアイコンなどと，いろいろな面で繋がる．例えば，ナイキとスウッシュ（Swoosh）を考えると，スウッシュはブランド名を明示的に示さないのに，ナイキというブランド名だけではなく，ブランドが長年蓄積してきたさまざまな連想を呼び起こすはずである．

そして，これらの連想がすべて意識にのぼるわけではない．購買行動の多くは「自動的」あるいは習慣的に行われている状況を鑑みると，購買行動を引き起こすのはブランドとそのシンボルである．潜在的な価値と連想が，消費者の心に植え付けられており，それが購買行動を引き起こす．これからのブランドエクイティ

調査は，第 10 章でより詳細に述べた，価値と連想についての洞察をマーケティング担当者に提供する．これには，以下のいずれか，またはすべてが含まれる．

- ブランドの記憶を呼び起こすブランド名，ロゴ，アイコンを消費者が見たときの直感的・無意識的反応の理解．
- ブランドのどの要素が，ブランドにとってユニークなものであり，かつブランドと強く結び付いていて，ブランドを想起するトリガーになるのかの理解．オーストラリアの Ehrenberg-Bass Institute のマーケティング科学者は，これらを「独特なブランド資産」(distinctive brand asset) と呼び，以下のように定義している（Ehrenberg-Bass Institute 2015）．

    ブランドの要素は，以下を満たす場合にのみ資産と言える．
    - ユニーク：そのブランドを喚起するが，競合ブランドは喚起しない．
    - 著名：すべてあるいはほとんどの消費者が，その要素がブランド名を意味することを知っている．

そのブランドの他と違って独特である要素，そして「独特なブランド資産」によって想起される無意識のブランド価値を理解することは，マーケティング担当者が消費者のブランドとの繋がりをどのように維持し強めていけばよいのかを理解することを助ける．

ブランドと接触したときの無意識的反応を理解するためには，fMRI や EEG など，さまざまな手法がある．さらに，IAT などの潜在意識を評価するテストによって，何が実際にブランドに関連づけられているかについての詳細な洞察を得ることができる．これらから得られる洞察は，これまでのブランドエクイティモデルを用いた調査データと組み合わせて使われるだろう．

行動経済学は，「文脈」が消費者の意思決定に影響を与えるもう一つの要因であることを示唆している．例えば，コカ・コーラはファーストフード店で食事をするときにはとても価値があるが，高級レストランではほとんど価値がない．文脈を勘案していないブランドエクイティの指標は，消費者がブランドをどのように認識し，評価しているかを正しく表すものではない．

14.5 今後の調査者

　これまでの節での議論では，神経科学が新しい指標と新しいモデルでどのようにマーケティング調査を改革しているのかに焦点を当ててきた．しかし，マーケティングとマーケティング調査は，最終的には人によって行われるものであり，人が自身を変化させなければ，何も変わらない．改革を進めるためには，将来の調査担当者はこれまでのマーケティングで必要だったスキルとまったく異なるスキルセットを必要とする．そして，この必要性の背景にあるのは神経科学だけではない．調査業界には，神経科学の導入とビッグデータの活用という二つの大きな流れがある．後者は，莫大なデータから学びを得るために，複雑化が進む統計的手法を理解することを調査担当者に要求する．一方，前者は脳がどのように働くのか，それがどのように行動に影響を与えるのかを深く理解することを求める．調査担当者は，財務，経営学，経済学，基礎統計分析，心理学，社会学，コミュニケーション，実験デザイン，プロジェクトマネージメントなどの知識も必要であり，これに上記のスキルが加わるとなると，もはや一人では手に負えない．これは，この先，調査担当者の専門化がさらに進むことを示唆している．

　神経科学が最も変革を迫る分野（例えば，広告テスト）を専門とする組織やグループのスタッフに神経科学者が含まれるべきであろうことは，容易に想像できる．調査データや複数の神経科学技術を使ったさまざまなデータから，マーケティングに意味のある洞察を導き出す責任がある調査担当者は，脳の働きに関する基礎知識を理解する必要がある．これについての教育の必要性が大学教育においても発生すると思われ，すでに，ビジネススクールでは，神経科学の授業が一般的になりつつある．例えば，テンプル大学のフォックススクールオブビジネスには，人間の行動，好みの形成と意思決定の神経生物学的基盤を研究する「神経意思決定センター」（Center for Neural Decision Making）がある[9]．また，バーク・インスティテュート（Burke Institute）のセミナーなどでは，継続的に神経科学の教育プログラムが実施されている．

---

[9] 出典：Temple University, Fox School of Business, www.fox.temple.edu/cms_research/institutes-and-centers/cente-for-neural-decision-making/.

重要ポイント

- 人々が意思決定に使うすべての要素に，直接的な質問を通じてアクセスできるという考えが，長年にわたってマーケティング調査を支配してきた．
- 潜在意識が行動に影響を与えうるという考えは，科学では一般的だったが，マーケターは最初，倫理上の懸念から否定的であった．これらの懸念は，マーケティング担当者がマーケティングや調査を目的として神経科学を導入する障壁となった．
- しかし，今も存在する最大の障壁は，人はどう行動するのかというメンタルモデルが，まだ十分に構築できていないことだ．いまだに人は合理的に判断することを前提にしたモデルに固執する傾向がある．無意識が行動にどのように影響するかについての理解が（Daniel Kahneman の *Thinking, Fast and Slow*（ファスト＆スロー）などの書籍のおかげで）あっても，これらの理解を行動モデルにいかに統合したらよいかを示す理論がないため，ニューロマーケティングの採用は遅れてきた．
- マーケティング調査のプロジェクトへの投資額に占める調査費の割合は，わずか5％に過ぎないとする文献もある．
- 神経科学によって改革される可能性が最も高い調査は，コンセプトテスト，広告テスト，パッケージテスト，ブランドエクイティの評価である．

演習問題

Apple "1984"

1984年のスーパーボウルで，Apple は "1984" というタイトルの広告をオンエアした（広告は YouTube にある）．この広告は，これまでに制作されたスーパーボウルの広告の中で（そしておそらく当時のすべての広告の中で），最も優れたものの一つだと現在は考えられている．この広告は初代マッキントッシュの発売に向けたものであり，放映されたのはスーパーボウルのときのみであるにもかかわらず，今日でもマッキントッシュの成功の要因の一つと考えられている．

スティーブ・ジョブズは広告の目的を以下のように説明した．

> 1984年，IBM はすべてを手中に収めようとしている．Apple だけが IBM と互角に戦っている．IBM を当初歓迎していた販売店は，いまや

IBM が支配・統制する将来を恐れている．彼らは，将来の自由を約束する唯一の力として，Apple のもとへ戻ってきつつある．IBM はすべてを欲しており，市場を独占するため，最後の邪魔者である Apple に銃口を向けている．ビッグブルーはコンピュータ産業全体を支配するのだろうか？ 情報化時代をすべて支配するのだろうか？ ジョージ・オーウェルが描いた 1984 年は正しかったのだろうか？[10]

もっとも，この広告はほとんどオンエアされなかったようである (Taube 2014)．調査を中心とした広告テスト会社である ASI Market Research がこの広告を調査によりテストしたところ，いわゆる「説得性」のスコアは，43 点満点中たったの 5 点であった．テストを依頼した広告代理店は，Apple にこのスコアを伝えないことにした．

問題

この広告は成功したと一般的には思われているが，なぜ成功したかを知るために，神経科学をどのように活用できるか？ 通常の調査ベースの広告テストは何を見逃していたのか？ この種の広告にはどのようなアプローチを勧めるのがよいか？

参考文献

Bagozzi, R. P., Gopinath, M., & Nyer, P. U. (1999). The role of emotions in marketing. *Academy of Marketing Science Journal*, Spring, 184–202.

Biel, A. (1990). Love the ad. Buy the product? Why liking the advertising and preferring the brand aren't such strange bedfellows after all. *Admap*, 26, 21–25.

Damasio, A. (2003). *Looking for Spinoza: Joy, sorrow and the feeling brain*. Harcourt.

Danzig, F. (1962). Subliminal advertising—today it's just historic flashback for researcher Vicary. *Advertising Age*, September 17, 72–73.

Ehrenberg-Bass Institute (2015). Available at *Measure your distinctive assets*. https://www.marketingscience.info/wp-content/uploads/2015/08/Measure-Your-Distinctive-Assets.pdf.

---

[10] この広告と商品発売の詳細については，スティーブ・ジョブスの 1983 年のセールスミーティングにおけるコマーシャルの紹介を参照されたい．https://www.youtube.com/watch?v=lSiQA6KKyJo/.

Federal Communications Commission (1974). *Public Notice FCC 74–78 08055, "Broadcast of information by means of 'subliminal perception' techniques"*.

Greenbook (2014). *Greenbook Research Industry Trends Report, Fall 2014*. New York: AMA Communication Services.

Haley, R. I. (2000). The ARF Copy Research Validity Project. *Journal of Advertising Research*, 40(6), 114–135.

Heath, R. (2001). *The hidden power of advertising*. Admap Publications.

Heath, R. (2012). *Seducing the subconscious: The psychology of emotional influence in advertising*. Wiley-Blackwell.

Key, W. B. (1974). *Subliminal seduction: Ad media's manipulation of a not so innocent America*. Signet.

McCraw, T. K. (2000). *American Business, 1920–2000: How It Worked*. Harlan Davidson.

Nielsen (2011). Nielsen Acquires Neurofocus. Available at http://www.nielsen.com/us/en/press-room/2011/nielsen-acquires-neurofocus.html. Nielsen Press Release, May 26, 2011.

Packard, V. (1957). *The hidden persuaders*. Random House.

Reynolds, T. J., & Gutman, J. (1988). Laddering theory, method, analysis and interpretation. *Journal of Advertising Research*, February/March, 11–31.

Taube, A. (2014). How the greatest Super Bowl ad ever —Apple's '1984'— almost didn't make it that far. *Business Insider*, January 22. Available at www.businessinsider.com/apple-super-bowl-retrospective-2014-1/.

CHAPTER 15

コンシューマーニューロサイエンスにおける倫理

JULIA F. TRABULSI,
MARIA CORDERO-MERECUANA,
DANIELA SOMARRIBA, AND
MANUEL GARCIA-GARCIA

15.1 はじめに

　技術が進化してできることが増えてくると，研究における倫理がどのようなものであるべきかが，アカデミアやメディアで重要な論点になってくる．過去数十年の間に，神経科学は新進の学術的分野から，科学者やマーケターから広く利用される資源へと成長した．消費者神経科学（コンシューマーニューロサイエンス）の調査手法を設計する際，神経科学の倫理的アプローチ「脳神経倫理学」（neuroethics）を考慮することが重要になってくる．

15.2 脳神経倫理学の歴史

　「脳神経倫理学」という用語は，2002年に，当時ダナ財団の会長でありニューヨークタイムズ紙の執筆者でもあったWilliam Safireが，生物学倫理から派生し，神経科学，医学生物倫理，哲学，法学，認識学，および公共政策にわたる学際的分野を説明するために提唱した．脳神経倫理学は神経科学における倫理を説明し，神経科学研究における倫理，およびその結果が社会で使用される際の倫理を検討する（図15.1）．

　コンシューマーニューロサイエンスと市場調査や生物医学的臨床研究との間で，倫理的に考慮すべき点にさほど差異はない．20世紀中頃，規制がなかったこ

第15章 コンシューマーニューロサイエンスにおける倫理

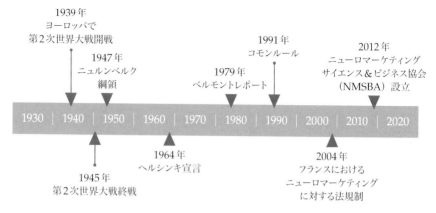

図 15.1 脳神経倫理に関する歴史的な出来事

とでヒト対象者になされた非人道的医療行為が多数報告された際，生物医学的研究における倫理が注目された．例えばタスキギーの梅毒研究では，科学のためという名目のもと，劣位的環境にある地方の黒人男性に対して梅毒の治療が行われなかった（Brandt 1978）．また，第2次世界大戦中，捕虜に対して生物医学的研究が行われた結果，ニュルンベルク綱領が確立され，ヒト対象者に対する生物医学的研究に対して倫理的原則が適用された（Nuremberg Code 1949）．

15.2.1 臨床研究における倫理ガイドライン規制

第2次世界大戦後に制定されたニュルンベルク綱領は，臨床研究における倫理ガイドラインを提示するものとして初めて広く認められたものであった．ヒト対象者を守るための10の原則を掲げており，特にインフォームドコンセントに重点を置いている（ボックス 15.1）．

ヘルシンキ宣言（1964）はニュルンベルク綱領の原則から派生したもので，倫理委員会の設置を提唱した．これは世界的な潮流となり，米国の制度審査委員会（IRB）や世界医師協会の「対象者に対する生物医学的研究についての国際的倫理基準」の作成に繋がった（World Medical Association 2001）．これらの規制当局はプライバシー，インフォームドコンセント，強制，辞退，善行に関わる人権を守るものである．

1979年，研究における対象者の人権を守るために，ベルモントレポートが作成された．このレポートは，ヒトを対象とする研究における三つの重大な倫理

的問題を定義し，それを防ぐための規制ガイドラインを制定した．すなわち，インフォームドコンセントを得ること，研究は最小限のリスクで最大限の利益をもたらさなければならないこと，そして対象者の選出において弱者を搾取と危害から守ることを掲げたガイドラインである（National Commission for the Protection of Human Subjects of Biomedical and Behavioral Research 1978）．ベルモントレポートは，米国の生物医学的研究，ヒトの行動研究に関する連邦規制に大きな影響を与え，「ヒト対象者保護のための米国連邦規則」（別名「コモンルール」）のもとで公的資金で行われる人的研究にも影響を及ぼした（HHS 1991）．

> **ボックス 15.1：ニュルンベルク綱領**（出典：Nuremberg Code（1949））
>
> 1. 対象者の自発的な同意が不可欠である．これは，その対象者が
>   - 同意を形成できる法的能力を保持すること
>   - いかなる権力，搾取，隠匿，脅迫，逸脱，隠蔽された圧迫や威圧の要素による介入もない状態で，自由な選択権を行使できる状態にあること
>   - 理解と見識を持った判断が行えるように，当該の事案の要素についての十分な知識と理解を保持すること
>
>   を意味する．上記の三つ目の項目については，対象者が同意の決定を合意する前に，以下の事項が対象者に知らされなくてはならない．
>   - 行われる実験の性質，期間，目的
>   - 実験の手法と手段
>   - 当然予期されるべき不便と危険要素
>
>   同意の質を確かなものとする義務と責任は，実験を発案，指示，実行する個人に課される．
> 2. その実験は，社会のためになる実り多い結果をもたらし，他の研究手法や手段によって得ることができないもので，本質的に無計画で不必要なものであってはならない．
> 3. その実験は，動物実験の結果，および，疾患の自然歴やその他の研究対象となる問題の知識に基づき，そこから予想される結果によって，実験を行うことが正当化されなくてはならない．
> 4. その実験は，不必要な物理的および精神的な苦痛や損傷をすべて避けるように行われなくてはならない．

5. 死や障害を引き起こす損傷が発生すると事前に信じるに足る理由が存在する実験を行ってはならない．ただし，実験を行う医師たち自身がその対象者となる場合は例外となりうる．
6. 生じるリスクの度合いは，その実験によって解決を目指す人道上の重要性を上回ってはならない．
7. 対象者の損傷，障害，死を引き起こすわずかな可能性をも避けるように，適切な準備と十分な設備が提供されなくてはならない．
8. その実験は科学的に資格ある人物によって行われなくてはならない．実験に関与する者および実行する者には，最も高いレベルの技術と配慮が実験のすべての段階において必要とされる．
9. 実験中においては，対象者が物理的あるいは精神的に実験を継続するのが困難だと感じられた場合，対象者はいつでも実験を自由に中止させることができなくてはならない．
10. 実験中においては，実験を担当する科学者は，彼らに期待される良心，優れた技術，慎重な判断に基づいて，実験の継続が損傷，障害，死を引き起こすと考えられた際に，それが実験のどの段階であっても即座に中止できるように準備しなければならない．

15.3 コンシューマーニューロサイエンスの現実：現場において倫理的に考慮すべき事項

　コンシューマーニューロサイエンス研究を取り巻く倫理的考慮事項を論ずるとき，疑念を持つ人や批評家は，(1) データをどのように取得しているか，(2) データがどのように使われているか，という二つの主題に焦点を合わせる．

　1点目はデータ取得，調査計画，実査に関する科学的プロセスに関連する．懸念点としては，インフォームドコンセント，弱者の保護，プライバシー，募集方法および報酬，学術的研究ガイドラインが適用されない要員へのトレーニングおよび資格認定，そして学術的基準が求められない科学的研究に対する科学的厳格性が挙げられる．脳機能イメージングの使用に関して広く論じられる二つの大きな懸念点は，プライバシーとインフォームドコンセントである．McCabeによると，プライバシーは，自分の肉体，行動，知力を共有する範囲，タイミング，機会

をコントロールできる能力,と定義される(Olteanu 2014).神経科学の手法においては,対象者の無意識領域である直接的反応を測定するため,参加者は自分に関する情報をどこまで提供しているのかを知る方法がなく,プライバシーとインフォームドコンセントを維持することが不可能かは議論されるべき点である.

15.3.1 インフォームドコンセント

インフォームドコンセントは,ヒトの研究,特にコンシューマーニューロサイエンスの研究において極めて重要である.ヒトを対象とした研究を規制する政府当局によると,参加者は手法,リスク,得られた情報の使用方法,そして調査の結果について,十分に事前告知されなければならない.さらに,調査・研究の範囲,譲渡したデータがどのように使われるか,そして結果を入手できる可能性についても,参加者に対して広くフィードバックされなければならない.この範囲内において,対象者は参加する調査・研究の意味を理解する能力,また,合意の署名をする能力を有しなければならない.

未成年者や知的障害者のように,真に合意ができない弱者に対しては,特に注意が必要である.参加者の募集・選定や,参加者への見返りにおいて強制は避け,また,参加者が人口統計的に偏ることも避けるべきである.

コンシューマーニューロサイエンスの手法では無意識における反応が得られ,その際,調査の参加者はどのような情報を自分が提供したかを知る方法がない.これは非倫理的だろうか? これは受動的に対象者の行動を観察したり,対象者のオンラインでの行動を取得したりするのと何が違うだろうか? ソーシャルメディアデータを使用した人の行動分析と比較してみよう.FacebookとOkCupidは,それぞれのサイトで取得したデータを使用した研究結果を公表したことで批判を浴びた(Albergotti and Dowskin 2014).2014年に,Facebookはユーザーの合意を得ることなく,またデータ提供の選択権を与えることなく,テキストの感情表現を細工し,これが70万人の目に触れたことを指摘した論文が発表された(Kramer, Guillory, and Hancock 2014).

その論文自体の潜在的倫理違反も指摘され,雑誌の編集者も論文発表後に倫理上のベストプラクティスについての懸念点を公表したが,内部監査局および雑誌から,倫理ガイドラインの範囲内であったと結論づけられた.インフォームドコ

ンセントはユーザーが利用規約に同意した時点で取得済みであり，政府の研究資金を受けていない私企業である Facebook は，コモンルールに準拠する義務を負っていなかった．同様に，OkCupid などのウェブサイトでは，サイト内での行動データは定期的に分析されている（Rudder 2014）．コンシューマーニューロサイエンスの研究のように，対象者はそのデータが分析されていることを知ってはいても，どのような情報を提供しているかを正確に理解できない可能性がある．このため，同意を得る際に倫理的なプロトコルを設計し，対象者に可能な限り通知することが重要である（ボックス 15.2）．

ボックス 15.2：インフォームドコンセントについての練習問題

2012 年，ソーシャルメディア大手の Facebook は，そのサイトの中にある感情的な手掛かりを操作することで，大規模な調査を行った．ユーザーは調査をオプトイン/オプトアウトすることはできなかった．インフォームドコンセントは，製品テスト条項のもとでのユーザー契約により取得されていた．

1. このインフォームドコンセントは，コンシューマーニューロサイエンス研究に参加している対象者のものとはどのような点で違うだろうか？
2. 対象者は研究に参加することに同意し，彼らのデータの分析をしてもらった．以下のような場合をインフォームドコンセントと見なしてよいだろうか？
   (a) 対象者がどのような情報を研究者に提供しているかを完全に認識している場合．
   (b) 対象者は行動の情報を提供していることを認識しているが，それらの行動データによって何が明らかになるかが正確にはわからない場合．
   (c) 対象者は情報を提供していることを認識しているが，脳活動の性質は複雑であるために，それらの活動が何を示すかが正確にはわからない場合．
3. このような事例の場合，対象者に可能な限り情報が提供され，対象者の完全な同意が得られることを確実にするために，どのような保護の手段を提供したらよいだろうか？

（Kramer, Guillory, and Hancock（2014）を参照）

15.3.2　プライバシー

　懸念されているのは，個人のプライバシーがどのように維持されるか，誰が脳画像の最終的な所有者となるか，脳画像を他人や機関に売却することができるかどうか，脳画像から明らかにされた偶発的所見をどう取り扱うべきか，といったことである（Wolf et al. 2008）．偶発的所見とは，他の目的のために行われた研究において明らかにされた，研究参加者に関する医療上の潜在的に重要な発見である．このような問題は，マーケティングと神経科学の境にある可能性とジレンマの両方を示すものだ（Wilson, Gaines, and Hill 2008）．とりわけ，明示的な自覚，同意，および理解なしに操作が行われたときの違反は言語道断である．

　コンシューマーニューロサイエンスの調査によって収集された情報の使用は，ヒト対象者の権利の保護，有効な成果の収集と普及，無害な研究成果の利用に関する倫理的考慮事項を提起する．McCabe は，機密性を個人のプライバシーを保護するプロセスと定義している．これが関係するのは，許可なく他者に漏洩されることがないという信頼関係に基づいて開示された個人情報の取り扱いである（Olteanu 2014）．コンシューマーニューロサイエンスに関してこれが意味するのは，対象者のデータを外部の人に配布できるのは対象者からの明示的な同意がある場合のみであることと，対象者はその情報が使用されうるすべての可能性が知らされなくてはならない．対象者のデータを保護するために，多くの研究者は個々のデータの開示を避けるとともに，調査結果から個人を特定できる情報が取得できないようにする．

　脳神経倫理学における次に重要な問題は，収集したデータの利用と，未来の社会全体に向けた脳イメージング調査の道徳的，社会的，法的影響に関するものである（Roskies 2002）．コンシューマーニューロサイエンスの道徳的・社会的影響に関する考慮事項には，思考の機密性，消費者行動を記述する研究の妥当性，金銭的利益のための研究成果の利用，人間の行動に関する知識の非好意的な手段による利用などが含まれる．より未来的な意味では，コンシューマーニューロサイエンスは，弱い立場の人々を搾取から守り，自主的な決断を下す権利を保護することについて倫理的な責任がある．どちらも，規制ガイドラインや適切な監視が欠けていないかどうかが問われる可能性があるものだ．このような研究の結果

が顧客に有意義で一般性のある知見を提供できるかどうかは，別に考慮されるべき事項である．

15.3.3　不適切な操作

　コンシューマーニューロサイエンスの倫理が確立しなければ，マーケターがその成果を利用してとても魅力的な「超広告」をデザインし，良きにせよ悪しきにせよ消費者の行動を操ってしまう懸念がある．このような超広告によって，消費者の自主性と，購入する製品を選ぶ能力が奪われてしまうことは，憂慮されるべきことである．さらに，消費者が，たばこやアルコールのキャンペーンのような，人々を傷つける製品やライフスタイルの広告の犠牲にならないことを望む批評家がいる．概して，これらの懸念は，この分野についての一般的な誤解に根ざしているが，規制当局が目標として取り組んできたものである．

　「超広告」を作ることは可能だろうか？　コンシューマーニューロサイエンスは，マーケターがメッセージをより効果的に消費者に伝えることを，基礎的なレベルで援助できる．それによって収集された洞察によって，将来のマーケティングキャンペーンのベストプラクティスとなるものを形作るのに役立つだろう．しかし，ある広告から得られた洞察が別の広告に当てはまるとは限らず，刺激の変数が多すぎるため，すべてに通用する一律な主張はできない．さらに，広告がユーザーの自由意志を超えて，彼らの行動を操ることはできそうにない．

15.4　倫理的研究のための規制ガイドライン

　上記の倫理的考慮事項に対処し，プライバシーとインフォームドコンセントの倫理を維持するための組織とガイドラインが設立および制定されている．

15.4.1　医療保険の携行と責任に関する法律（HIPAA）

　米国公民権局は，個別に識別可能な健康情報のプライバシーを保護するために，「医療保険の携行と責任に関する法律」（Health Insurance Portability and Accountability Act; HIPAA）を施行している．さらに，HIPAA セキュリティルールは，電子的に保護された健康情報のセキュリティのための米国内基準を定めている．HIPAA の侵害通知ルールは，保証外の保護された医療情報が侵害さ

れた場合に，対象となる企業および従業員に通知することを要求している．患者安全規則の機密保持条項は，患者を特定できる情報が利用されることを防ぎ，患者の安全性が問題となった事件を分析し，患者の安全性を向上させている．

15.4.2　制度審査委員会

2009年のベルモントレポートの更新によって，どのような種類の行動研究を行う企業であっても，制度審査委員会に登録することが要求されている．研究対象者保護局（Office for Human Research Protections; OHRP）は，米国保健福祉省（Health and Human Services; HHS）が実施または支援する研究に関与する対象者の権利，福祉，健康の保護において，リーダーシップを発揮している．これを確実なものとするため，OHRPは，生物医学的および社会的行動研究における倫理的問題および規制上の問題に関するアドバイスの提供，教育プログラムと教材の開発，規制監督の維持，これらに必要とされる説明と指導を行う．

15.4.3　ベルモントレポート

いくつか不正行為が広く公開された結果，米国の保健福祉省と保健教育福祉省が国家研究法を1974年に制定した．その結果，生物医学・行動研究における対象者保護のための国家委員会が創設された．その委員会によって提出されたレポートは，現在五つの部分に分割されている．

- サブパートA：HHSによって実施または支援された研究における，すべてのヒト対象者に対する保護の基礎となるパートであり，1981年および1991年に改訂され，2005年に技術的修正が行われた．

他の四つのサブパートのうちの三つは，特定の立場の弱い対象者グループに対する追加的な保護を提供する．

- サブパートB：1975年に発行され，2001年に改訂された．研究に関わる妊婦，胎児，および新生児に対する追加の保護を提供する．
- サブパートC：1978年に発行された．生物医学および行動研究に関わる囚人の対象者に対して，追加の保護を提供する．
- サブパートD：1983年に発行された．研究の対象者となった子供たちに対する追加の保護を提供する．

- サブパート E: 2009 年に発行された．HHS によって実施または支援されているヒト研究のレビューを行う制度審査委員会（IRB）の設置を義務づけた．

ベルモントレポートでは，以下が考慮され定義されている．

1. 生物医学・行動研究と，医学で受け入れられている日常的な実践との間の境界．
2. ヒト対象者が関与する研究の適切さを判断するための，リスク-ベネフィット基準査定の役割．
3. 研究に参加するヒト対象者を適切に選択するためのガイドライン．
4. さまざまな研究環境におけるインフォームドコンセントの性質および定義．

15.4.4　ニューロマーケティングサイエンス&ビジネス協会（NMSBA）

ヒト対象者研究に関する倫理規制ガイドラインの多くは，ビジネスやマーケティングではなく臨床や学術研究との関連が強いため，ニューロマーケティングサイエンス&ビジネス協会（Neuromarketing Science and Business Association; NMSBA）が設立され，そのメンバーのための倫理規定が作成された．NMSBA の倫理規定によれば，対象者の研究への参加は完全に自主的でなければならず，参加者はいつでも辞退することができ，インフォームドコンセントが得られなければならず，手続き，リスク，情報の用途は，参加者が確実に理解できるように説明されなければならない．市場・社会調査に関する国際商業会議所とヨーロッパ世論・市場調査協会（ICC/ESOMAR）の国際綱領においても提案されているのは，自主規制の枠組みである．その枠組みにおいては，コンシューマーニューロサイエンス調査を行う企業は，調査者側の完全性と調査参加者の保護の両方を保証するように調整を行い，すべての調査を行う．

15.5　科学的妥当性についての懸念

15.5.1　予測の正当性と限界

コンシューマーニューロサイエンスについての主張をする際に，脳機能イメージング技術の限界を認識しておくことは重要である．最も一般的な問題として，コンシューマーニューロサイエンスの方法論は，メッセージやコミュニケーショ

15.5 科学的妥当性についての懸念

ンの有効性に関連する注意，情動，記憶，好ましさを評価するために神経生理学的マーカーを調査するが，この仕組みは消費者の思考を明示的に解釈する能力は有していない．

これらの神経生理学的マーカーは，市場での行動をどの程度正確に予測しているのだろうか？　さまざまな広告調査手法と市場での購買行動との関連性を評価するための調査が，テンプル大学の研究者とニューヨーク大学のスターンスクールオブビジネスの共同研究として実施された．この調査では，神経生理学的手法により，広告に対する，現実の市場レベルでの応答を予測できることが明らかになった（Venkatraman 2015）．さらに，市場研究者は，コンシューマーニューロサイエンス手法を実際の購買行動や Twitter への関与にも結び付けている（Smith and Brandt 2015）．

これらの方法によって，注意，感情，記憶，好ましさを計測できることが示されており，また，これらの値が市場での行動の予測因子となることも検証されている．しかし，これらの技術には，時折信じられているような，消費者の心を読む能力はない．これらの技術の能力についての誤解を防ぎ，この種の調査の限界を理解するためには，メディアにおける誤った主張は避けなければならない．

15.5.2　世界規模での科学的厳密性

複数の国にわたり，さまざまな文化をまたいでコンシューマーニューロサイエンスの調査を行う場合，科学的厳密性はどのように世界規模で確保されているだろうか？　研究の再現性は，大規模な多国籍企業で調査を行う際に問題となるおそれがある．企業は利益を上げることに関心があるので，サイクルタイムの短縮やコスト削減などがビジネスの優先事項である．これらの優先事項は，方法論の厳密性という科学的重要性をどの程度上回るであろうか？　あるコンシューマーニューロサイエンス企業が標準的な手法を用いて結果の再現性を調査したところ，広告や地域の違いによる有意な差は見つからなかった．これは，神経科学は広告調査の信頼できる測定手段であるというだけでなく，手法は厳密であり，各実験室（ラボ）にわたって標準化されることを示唆する（Gurumoorthy et al. 2017）．大規模で信頼性が高く，再現可能な研究を行うには，科学的方法における厳格な基準を守ることが不可欠である．アカデミアで行われるように，コン

シューマーニューロサイエンスの研究者は，技術者を継続的に訓練・認定し，同じプロセスを一貫してデータ分析に適用することにより，すべてのデータ収集と分析に厳密な方法論を適用できる．

2014年に開始され，世界中の研究者が集まったNWB（Neurodata Without Borders）プロジェクトにおいて，神経生理学的データ収集の基準が国際的に確立されている（https://crcns.org/NWB）．コンシューマーニューロサイエンスは，これらの標準プロトコルを利用し，世界各地のラボ間での変動性と信頼性のリスクに対処することも可能だろう．

15.5.3　逆推論のリスク

あらゆる脳機能イメージング研究においては，研究者は逆推論の誤りを避ける必要がある．逆推論とは，ある観察から，そこでは直接テストされていない，他の研究を介して関連づけられた特定のプロセスへ推論を誘導する過程を指す．Murphy et al.（2008）が言及したように，人間の行動を研究し説明することは複雑であるので，研究結果を正確に解釈することが困難になってきている．研究調査の結果を簡単に説明できないと，結果を解釈する科学者および技術者が，テスト対象の素材と直接関連することが証明できない指標に結果を結び付けてしまう可能性がある．

逆推論の有名な例は，神経科学者James Fallonのケースである．彼は自分の脳のMRI画像を用いて，自分自身を精神病質者（サイコパス）であると診断した（Thorpe 2014）．Fallonは，彼の脳画像がいくつかの前頭葉領域で異常に低い活性を示したことに気づき，他の研究によって，このような結果はサイコパスにおいて典型的であると示されていることを知った．脳のこれらの領域は，共感と道徳的理解に関連づけられている．そこで，Fallonは彼自身の脳が精神病の脳の機能的プロファイルと一致していたことから，彼に攻撃的行動もなく，直接的な証拠がなかったにもかかわらず，サイコパスであるはずだと結論づけたのだ．

15.5.4　集団除外

神経科学研究において，不確定要因を最小にする必要があることを考えると，特定の集団によって正当性が歪められる可能性があることは留意するに値する．神経科学研究において，不確定要因を最小にする必要性から特定の集団を除外す

ることを「集団除外」という．

　多くの場合，神経科学的研究では，生理的または心理的障害，および外傷性脳損傷を持つ対象者は除外され，右利きの健常者が使用される．脳機能イメージングデータの解析においては一貫性が重要であるため，研究者は類似した脳のサンプルを得るために，薬の使用，脳損傷，神経疾患，視力障害などの項目を考慮して，対象者を選定する．例えば，左利きの人においては，言語処理が右脳で行われる人もいるし，左脳で行われる人もいる．一方，右利きの人においては，言語処理は左脳で行われる割合がより高い（Day 1977）．データ解析で言語処理を司る場所の一貫性を確保するために，多くの脳機能イメージングの研究では，参加者の利き腕を調べて，左利きの人を除外する．このようなスクリーニングによって，独立変数や従属変数における不確定要因を限定することが可能になり，研究目的である要因を直接反映した調査結果が確実に得られることを目指すのである．しかし，特定の集団が結果から一貫して除外されるので，これはまさに「集団除外」である．ここで次の疑問が生じる．特定の集団からの結果は，人口全体に適応可能だろうか？　これは，コンシューマーニューロサイエンスだけでなく，脳機能イメージング研究全体にも関係することだ．集団除外に関する懸念は，このタイプの研究に内在するものであり，アカデミアの科学的厳密性の中にすでに存在するものと変わらない．しかし，このような除外は，通常の市場調査の方法論に一般的に内在するものではなく，コンシューマーニューロサイエンスのツールを使用する際に市場研究者が考慮すべき興味深い限界を提起することになるだろう．

15.6　コンシューマーニューロサイエンスへの批判

　研究成果は，マーケティングやメッセージングにポジティブな影響を与える力を持っているため，害を煽るのではなく，社会に利益をもたらす意図を持って発表されるべきである．コンシューマーニューロサイエンスについての批判では，データの悪用により消費者から販売者への権力移譲が生じ，それによって社会にマイナスの影響を及ぼす可能性があると主張されている（Carr 2008）．その一方で，コンシューマーニューロサイエンス研究は，一般的な意思決定について非常に重要な洞察を得るためにも使用できる．

15.6.1 コマーシャルアラート

多数の組織がコンシューマーニューロサイエンスに関する規制を実施したり，懸念を表明して，立法府議員に対処を促している．ニューロマーケティングの悪影響から人々を保護することを目指す組織であるコマーシャルアラート（Commercial Alert）の Gary Ruskin は，ニューロマーケティングの有害性が拡大する潜在的な可能性があるという懸念を表明した．Ruskin はコンシューマーニューロサイエンスの悪用の三つのシナリオとして，消費者に有害な製品の販売や消費の拡大，誤った政治的プロパガンダの拡大，価値の低下の拡大を挙げている．ここで，コンシューマーニューロサイエンスがより効果的なメッセージング（善意のものであれ，迷惑なものであれ）を生み出せることは認められた一方で，ニューロマーケティングが洗脳の手段であると誤解されてしまった．

コンシューマーニューロサイエンスの有害性に関する誤解に対処するために，企業のリサーチャーは公共広告や非政府組織（NGO）の広告キャンペーンの無償活動を通して，地域社会に利益をもたらすことに注力している．しかし，NMSBA の倫理綱領を遵守している企業でさえ，たばこやアルコールなど，害を及ぼすことが知られている製品に関する調査を依然として行っている可能性がある．

15.6.2 フランスにおける脳機能イメージング法規則

2004 年，フランスは「脳機能イメージングは，医療目的，科学的研究目的，または裁判で必要とされる専門知識の文脈に限って使用可能である」とする法律を通過させることにより，商業利用または金銭的利益のためのニューロイメージングの利用に対して反対の立場を示した（Oullier 2012）．公共分野におけるコンシューマーニューロサイエンスの誤ったネガティブな認識のために，市場調査目的でこの技術を利用している複数の企業が，批判から自身の企業イメージを守るために，その利用の事実を開示しないことを選択している．しかし，複数の研究者たちは，コンシューマーニューロサイエンスの使用に関して顕著な倫理的懸念は存在しないことを表明している．

15.7　市場調査のための神経科学に対する支援に関する議論

　Lee, Broderick, and Chamberlain（2007）は，マーケティング分野では神経科学を使用すべきでないという倫理的な理由はないし，むしろ消費者がどのように刺激に反応して意思決定をするのかについて知識が増えることは，社会にとって有益であると主張している．コンシューマーニューロサイエンスの倫理において提起された問題の多くは，極端な解釈がなされたり誇張されてしまうことが多い．科学者たちは，「購入強制ボタン」のような意思決定を強いる唯一の因子などは存在せず，人を操るような能力はほとんどないだろうと考えている．したがって，脳神経倫理学を活用してプライバシー，機密性，消費者の権利を維持し，手法の利用に対する業界基準の確立と周知を促進するべきである．新しい技術がマーケティングと学術研究の両方で絶えず開発され利用されており，倫理ガイドラインは技術の先進性が招きうる搾取と悪影響から人々を守るための枠組みを提供している．

　Fugate（2007）は「知識は力である」というアプローチによって，コンシューマーニューロサイエンスに対する批判に反論している．Fugate が主張するのは，コンシューマーニューロサイエンスは消費者の利益と矛盾しないものであり，消費者が気づかずにとっている自分の有害な行動パターン（衝動的な購買や過度の消費など）を知るために利用できるということだ．脳神経倫理学ガイドラインの策定は，個人や集団全体の損害に繋がる研究ではなく，社会を保護し社会に利益をもたらす研究の枠組みを作り出すものである．

15.8　コンシューマーニューロサイエンス研究の未来への展望

　倫理的課題を予期することは，プライバシーや秘密保持，あるいは消費者の権利を侵害する倫理的問題の解決に重点を置いた，効果的な調査方法を設計する上で，極めて重要である．コンシューマーニューロサイエンスによって，社会は消費者行動や購買における意思決定についての知識を蓄積することができる．この

知識は，悪影響を伴う商品の購入や消費行動パターンを消費者にもたらすことで金銭的利益をあげようとする企業に悪用される可能性がある，と主張されるかもしれない．一方で，この知識は過食や過度ギャンブルなどのネガティブな行動パターンを特定し，防ぐために使用することもできる．社会利益のためにこれらの技術や研究成果を使用することは，マーケター，広告主，研究者の倫理的責任である．

現時点においては，コンシューマーニューロサイエンスに関する公の場において，その能力と意図された目標についてすら，依然として誤解が存在する．将来を見据えて，コンシューマーニューロサイエンティストは，知識，透明性，認知をより高めるために，学術研究や出版を継続することが重要である．同様に重要なのは，この研究を調査プロトコルの形成と改善の継続のために使用し，プライバシー，正当性，科学的厳密さ，消費者と対象者の権利の尊重を確かなものとすることである．

重要ポイント

- タスキギーの梅毒研究のような緩い規則に従っていた研究が明るみに出て，議論を呼ぶ複数の研究実践が明らかになった後，研究の倫理的検討が重要な課題となった．
- ニュルンベルク綱領，ヘルシンキ宣言，ベルモントレポート，HIPAA，IRBはすべて，研究に参加する対象者の権利を保護するために作成されたものである．
- 多くの規制ガイドラインは臨床および学術研究との関連が強いため，ニューロマーケティングサイエンス&ビジネス協会（NMSBA）の倫理規定は，ビジネスおよび市場調査に関連するコンシューマーニューロサイエンス研究の倫理面を確立するために起草された．
- コンシューマーニューロサイエンスにおける主な倫理上の考慮事項は，以下の2点である．(1) 研究の参加者が，どのような情報が収集されているかをすべては認識していないにしても，使用される情報を完全に理解し，同意しているかどうか．(2) 同意しなかったり参加しなかった人々のプライバシーや自律した意思決定に対する権利が，外挿によって失われていな

いかどうか．
- 望ましいメッセージを消費者に伝達しやすくするために広告を改善することは可能であるが，これらの改善された広告が消費者に到達しても，消費者にその自由意志を超えて強要することはあり得ない．このことで，多くの批評家の懸念は取り除かれるだろう．

演習問題

1. 倫理上の責任の観点において，コンシューマーニューロサイエンスを臨床研究と区分するものは何か？
2. コンシューマーニューロサイエンスにおける主要な倫理的懸念事項は何か？また，それらの事項はいかにして対処されてきたか？どの事項が特に問題になるか？
3. どのような規制ガイドラインによって，対象者の権利は保護されてきたか？
4. コンシューマーニューロサイエンス研究を設計する場合，以下の点において，倫理面で何に留意すべきか？
   a. 対象者募集とインセンティブ
   b. 対象者の年齢
   c. 対象者のデモグラフィック属性
   d. 結果の解釈
5. 次のケーススタディの結果を，逆推論に注意して解釈せよ．

   ある企業はコンシューマーニューロサイエンス研究のために，脳波（EEG）と視線追跡のデータを収集している．21〜55歳の50人の女性に新製品の広告を提示し，それを競合ブランドと比較してもらう．データを解析したところ，参加者は競合ブランドにより強く共鳴していたことがわかった．このブランドのコマーシャル広告では，製品を使用している主人公は顔を見せなかったが，競合ブランドのコマーシャル広告では，製品と交流する家族が登場していた．

参考文献

Albergotti, R., & Dowskin, E. (2014). Facebook study sparks soul-searching and ethical questions. *Wall Street Journal*. Available at www.wsj.com/articles/facebook-study-sparks-ethical-questions-1404172292.

Brandt, A. M. (1978). Racism & research: The case of the Tuskegee syphilis study. *Hastings Center Report*, 8(6), 21–29.

Carr, N. (2008). Neuromarketing could make mind reading the ad-man's ultimate tool. *Guardian*, April 3, 2008. Available at www.theguardian.com/technology/2008/apr/03/news.advertising/.

Day, J. (1977). Right-hemisphere language processing in normal right-handers. *Journal of Experimental Psychology: Human Perception and Performance*, 3(3), 518.

Fugate, D. L. (2007). Neuromarketing: A layman's look at neuroscience and its potential application to marketing practice. *Journal of Consumer Marketing*, 24(7), 385–394.

Gurumoorthy, R., Kasinathan, K., Karapoondinott, V., & Smith, M. E. (2017). Reproducibility in consumer neuroscience: Focus on advertising research [Under review]. *JMR, Journal of Marketing Research*.

HHS (Department of Health and Human Services) (1991). Common Rule. Available at www.hhs.gov/ohrp/regulations-and-policy/regulations/common-rule/index.html.

Kramer, A. D. I., Guillory, J. E., & Hancock, J. T. (2014). Experimental evidence of massive-scale emotional contagion through social networks. *Proceedings of the National Academy of Sciences of the United States of America*, 111(24), 8788–8790.

Lee, N., Broderick, A. J., & Chamberlain, L. (2007). What is "neuromarketing"? A discussion and agenda for future research. *International Journal of Psychophysiology*, 63(2), 199–204.

Marcus, S. J. (2002). Neuroethics: Mapping the field. Proceedings of the Dana Foundation Conference. Chicago: University of Chicago Press.

Murphy, E. R., Illes, J., & Reiner, P. B. (2008). Neuroethics of neuromarketing. *Journal of Consumer Behaviour*, 7(4–5), 293–302.

National Commission for the Protection of Human Subjects of Biomedical and Behavioral Research (1978). *The Belmont report: Ethical principles and guidelines for the protection of human subjects of research*. Bethesda, MD: ERIC Clearinghouse.

Nuremberg Code (1949). *Trials of war criminals before the Nuremberg military tribunals under Control Council Law no. 10*. vol. 2, 181–182. Washington, D.C.: U.S. Government Printing Office.

Olteanu, M. (2014). Neuroethics and responsibility in conducting neuromarketing research. *Neuroethics*, 8, 191–202.

Oullier, O. (2012). Clear up this fuzzy thinking on brain scans: France has banned commercial applications of brain imaging. *Nature, Worldview*, 483(7387), 7.

Roskies, A. (2002). Neuroethics for the new millennium. *Neuron*, 35(1), 21–23.

Rudder, C. (2014). We experiment on human beings! [blog] Available at https://blog.okcupid.com/index/php/we-experiment-on-human-beings/.

Smith, M. E., & Brandt, D. (2015). Reliability and predictive validity in consumer neuroscience: Examples from advertising, packaging, and programming research. Paper presented at the 5th Interdisciplinary Symposium on Decision Neuroscience, May 16, 2015, Massachusetts Institute of Technology, Cambridge, MA.

Stromberg, J. (2013). The neuroscientist who discovered he was a psychopath. *Smithsonian*, 22 (November). Available at www.smithsonianmag.com/science-nature/the-neuroscientist-who-discovered-he-was-a-psychopath-180947814/.

Thorpe, L. (2014). Reverse inference: Neuroscience's greatest fallacy? *Knowing Neurons.com*. Available at http://knowingneurons.com/2014/02/12/reverse-inference-neurosciences-greatest-fallacy/.

Venkatraman, V., Dimoka, A., Pavlou, P. A., Vo, K., Hampton, W., Bollinger, B. K., et al. (2015). Predicting advertising success beyond traditional measures: New insights from neurophysiological methods and market response modeling. *JMR, Journal of Marketing Research*, 52(4), 436–452.

Wilson, R., Gaines, J., & Hill, R. P. (2008). Neuromarketing and consumer free will. *Journal of Consumer Affairs*, 42(3), 389–410.

Wolf, S. M., Lawrenz, F. P., Nelson, C. A., Kahn, J. P., Cho, M. K., Clayton, E. W., et al. (2008). Managing incidental findings in human subjects research: Analysis and recommendations. *Journal of Law, Medicine & Ethics*, 36(2), 219–248.

World Medical Association (2001). World Medical Association Declaration of Helsinki. Ethical principles for medical research involving human subjects. *Bulletin of the World Health Organization*, 79(4), 373.

CHAPTER 16

コンシューマーニューロサイエンスの将来

KIMBERLY ROSE CLARK

16.1 はじめに

1990 年,「認知神経科学の父」である Michael Gazzaniga は,90 年代を「脳の 10 年」と宣言した.実際,この時代はその前の 40 年に比べて,技術と「神経」の洞察が急速かつ包括的に進展した.その後,ミレニアムに入ると,初期の基礎研究が急激に広まり,研究ツールだけでなく,神経科学のサブフィールドや応用にも進歩をもたらした.認知,社会,感情神経科学,そしてサイコノミクスからの総合的な学びは,消費者神経科学(コンシューマーニューロサイエンス)とその姉妹領域であるニューロマーケティングの分野において最高レベルに達した.

学界と民間セクターの多くは,脳と身体の計測から得られた研究成果の有用性について明るい未来を期待している.応用神経科学の方法論と消費者心理学を統合するレビューで,Plassmann, Ramsøy, and Milosavljevic (2012) は,ミレニアム以降,コンシューマーニューロサイエンスに焦点を当てた学術文献およびニューロマーケティング会社の数,さらに Google でのこれらの用語の検索ヒット数が指数関数的に増加していることを示している(図 16.1).

この章の執筆時点では,"neuromarketing" の Google 検索は 738,000 ヒット,"consumer neuroscience" は 28,400 ヒットであった.ほぼ 2 年後の校了時に

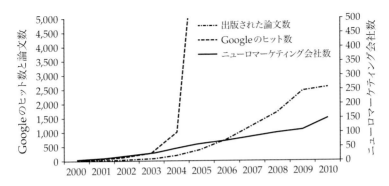

図 16.1 神経科学をマーケティングに応用した研究の拡大．出典：Adapted from Plassmann, Ramsøy, and Milosavljevic（2012）．

は，それぞれ 2,770,000 と 54,500 に増加した[1]．

　ニューロマーケティングへの関心の高まりは，学術分野において神経科学的ツールの有効性が実証されたことに起因する．陽電子放射断層撮影法（PET）および機能的磁気共鳴画像法（fMRI）が開発される以前は，神経プロセスを反映した代謝変化を観察することは不可能であった．このような活動は，意思決定過程の基盤となる神経変化のプロセスに関連づけられてきた（Sanfey et al. 2003; Hsu et al. 2005; Fehr and Camerer 2007; Tom et al. 2007）．神経レベルでの意思決定の動的性質を理解することを目的とした学術研究は，消費者を理解しようとする研究に応用できる．広告，ブランドおよび価格情報，感情的な影響因子，製品の入手可能性，空間配置などのマーケティングの刺激を消費者に提示したときに生じる変化のプロセスは，マーケティングおよび広告部門に有用な情報となる（Kenning and Plassmann 2008; Karmarkar, Shiv, and Knutson 2015）．Ariely and Berns（2010）は，学者やブランド担当者の多くが，ニューロイメージングは従来のマーケティング手法では得られない情報をマーケティング担当者に提供しうると直観的に感じていると報告し，ニューロマーケティングの成功への期待を述べた．彼らの予測後，時を経ずして，コンシューマーニューロサイエンスの分野は，社会，感情，認知，意思決定の神経科学の知見を取り入れて洗練されていった．例えば，公平性，互恵主義，メタ化，共感，自己調整，感情調整などの

---

[1] キーワードサーチは，2015 年 6 月 30 日と 2017 年 2 月 15 日に行った．

社会的相互作用の理解は，消費者の傾向をより良く理解するのに役立つ（Smidts et al. 2014）．

同じ頃，学会内外で，精神心理学的指標を使った消費者調査を手がける研究者や企業が現れ始めた．彼らの当初の目的は，情報システム研究（Dimoka et al. 2010）や組織研究（Lee and Chamberlain 2007）に情報を提供することであった．神経プロセスを代用するツールには，ガルバニック皮膚反応（GSR）または皮膚電気活動（EDA），呼吸，心拍数および心拍変動，頭皮の電気活動の（脳波（EEG）を介した）変化，表情や微表情（一瞬の表情変化）などが含まれる（Riedl et al. 2010）．このようなツールの利点は，コストの安さと簡便性，そして，機能イメージングでは得られないような自然な消費場面での消費者についての情報を集約し，一般化できることである．この2方面の利点により，学術界のコンシューマーニューロサイエンスと産業界のニューロマーケティング方法論は，広く普及するのに十分な量の社会的関心を獲得した．

16.2　研究の標準化

ニューロマーケティングは，方法論の革新や学術分野の統合によって進化し，分野の認知度も高まっているにもかかわらず，市場調査者のツールとしての支持は順当には広がらず，それはマスコミの評価の上下にも表れている（Botswick 2010; William 2010）．人気度の変化は，ガートナー社で言う「ハイプサイクル」（Linden and Fenn 2003）に従っており，マーケットリサーチでの受け入れ度合いは，S字型の上昇と下降を示している（図16.2）．その理由としては，歴史的に研究結果の再現性が低いことや，初期のニューロマーケティング企業が誇大広告をしたこと，ニューロマーケティング調査の標準化に限界があることなどが挙げられる．

ビジネスにポジティブな感情シグナルを使用することを研究している認知神経科学者のLynda Shawは，「神経科学が新規顧客の獲得と維持に強い影響力を持つということについて，実際のところ，2015年時点では，ビジネス界はまだ表面的に同意していただけだ」と述べている．マーケットリサーチャーは，新しい神経科学的手段を採用することに以前からずっと慎重である（Shaw 2015）．

マーケットリサーチ業界の人々は，心理学，行動経済学，消費者心理学に根ざ

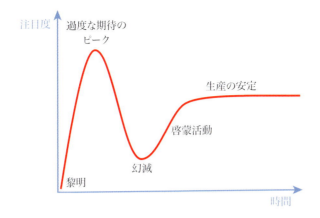

図 16.2　ガートナーのハイプサイクルは，特定の会社や業種における技術の成熟度を表す．ハイプサイクルは，現実と誇張を分離する評価表と，企業がいつ，どういうタイプの技術を採用すればよいかを決める助けとなるモデルを提供する．

す数々の尺度や，経験を思い出したり願望を予想したりする伝統的で明示的な尺度などから生まれた，意味があり信頼できる消費者インサイトを主に使ってきた．マーケットリサーチ業界が，将来，これらの使い慣れた方法を無意識の指標に完全に入れ替えるとは考えにくい．神経科学的指標は，スタンダードな指標を補助し，消費者の選択の予測モデルを拡充するために有効なツールとして業界に受け入れられる，というのが，より正確な将来予想であろう．

　Steve Genco らは，*Neuromarketing for Dummies*（サルでもわかるニューロマーケティング）と題して，ニューロマーケティング分野で最初の一般向けの本を著した（Genco, Pohlmann, and Steidl 2013）．その中で，彼はニューロマーケティング企業がこれまで達成できなかった四つの要件について述べている．すなわち，行動とビジネス応用との関連を構築すること，スケーラビリティを構築すること，信頼性を構築すること，消費者インサイトに意味のある貢献をすること，である．これらの点は，神経科学的尺度を現実社会での問題解決に応用することを受け入れてもらうためには，引き続き非常に重要である．幸運なことに，この分野の研究者やリサーチベンダーが，これらのキーポイントそれぞれについて有意義な対話を続けており，問題は解決に向かって進んでいる．

16.2.1 行動とビジネス成果を繋げる

コンシューマーニューロサイエンスの応用を確立する上での最大のハードルの一つは，マーケットリサーチ業界に簡潔かつ意味のある定義を提供するという，サプライヤーの「説明の困難さ」[2]であった．この難問は，脳や身体から収集された無意識の尺度の，現時点での信頼性と妥当性に部分的に起因する．標準的な調査では，その方法の一般例を見ることで，調査目的に対して妥当性と信頼性が高いかどうかを判断することが多い（図16.3）．

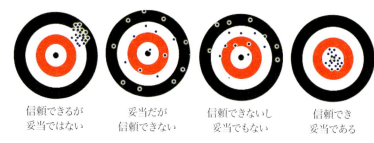

図 16.3 実験結果の信頼性と妥当性を議論するときによく使われるイラスト．神経科学を広告調査の問題に応用する際には，特に気になる点である．

内的妥当性とは，原因と結果，すなわち因果関係についての推測にどれだけ真実味があるかということである．将来のニューロマーケティングベンダーは，神経科学的または生物学的に計測された指標を理解することと，その指標を，ある特定の消費者行動を導き出す原因に関連づけることの間のギャップを埋めなければならない．著者が，この問題を「ROIからROI」[3]をどう解くかという形で数回指摘してきたように，まさにこの問題は，この分野の有用性を確実に理解してもらうために，コンシューマーニューロサイエンスとニューロマーケティングの双方がターゲットとしなければならないものである．言い換えれば，ニューロマーケターは，脳の関心領域（region of interest; ROI）と，マーケティング担当者が

---

[2] ニューロマーケティングサイエンス&ビジネス協会の創立者 Carla Nagel は，ニューロマーケティングベンダー全体のこの問題を，2015年4月24日の評論 "Five Global Trends in Neuromarketing" で指摘した．

[3] 神経科学では，ROI は脳の解剖学的な関心領域（region of interest）を示す．ビジネスでは，ROI は投資に対する成果である投資対効果（return on investment）を示す．

その調査プロジェクトの結果として期待する投資対効果（return on investment; ROI）の間に，論理的かつ合理的な関係性を見出せなければならない．脳や身体の指標が消費者の意思決定に先行すること，すなわち原因と結果の関係にあることは，時間の経過とともに研究が進み，明らかになってきている．

　外的妥当性は，特定の調査の結果を，他の状況や他の顧客集団にどれほど一般化できるかということであり，マーケティングキャンペーンやブランドメッセージが視聴者に及ぼすインパクトを知りたいマーケットリサーチャーが最も関心を寄せる点である．実験室環境，いわば「クリーンルーム」で収集された消費者の選択データは，「現実世界」での選択に一般化できないかもしれない．神経活動と行動を結び付けた経験的研究による査定値は，fMRI については 70% 程度までであり，この装置で得られたデータの外的妥当性には限界があることを示唆している（Kable 2011）．例えば，fMRI を使って製品価格評価に関連する脳活動を測定する実験を考えてみると，参加者は，その課題だけに焦点を絞っており，さらに，体を動かすことは制限されている．このような制約された環境での神経処理と製品評価は，同じ人が食料品売り場で製品価格を評価する場合と異なる可能性が高い．

　構成概念妥当性は，その指標が測定していると主張しているものがどの程度正確に測定されているかを示す．この問題は，無意識の指標を専門とするベンダーにとって解決すべき課題であり，特に自由行動下で EEG を計測する場合は深刻な課題となる．

　EEG 検査は，頭皮に取り付けられた小さな平らの金属ディスク（電極）を用いて脳内の電気活動を計測する．ニューロマーケティングにおいては，主に広告およびパッケージに対する感情的反応を確認するツールとして使われる．感情神経科学の文献は EEG を用いたものが圧倒的に多く，また，ニューロマーケティングベンダーの中には，自然な販売環境で動き回る消費者からデータを収集する携帯型 EEG デバイスを作っているところもある．実験室環境での EEG 計測では，移動に伴うアーチファクトを最小限に抑えるために，参加者は可能な限り動かないようにする必要がある．消費者アセスメントで携帯型 EEG デバイスを利用するベンダーは，データの前処理（掃除）によって多くの周波数を除去せざるを得ないため，データを解釈する際に構成概念妥当性の問題に直面する．この前処理

は，消費者が自由に動くと自然に発生するノイズを排除するために，データ解析に先立って行われる．したがって，捉えようとしている消費者の感情を測定する信号も捨ててしまっているのではないか，という疑念が生じる．

　この分野のデータ収集において構成概念妥当性が問題になるもう一つの例は，眼球追跡装置によって計測される瞳孔反応である．瞳孔径の変化をさまざまなレベルの覚醒度に結び付ける研究は，たくさんなされている（Garrett, Harrison, and Kelly 1989; Laeng, Sirois, and Gredebäck 2012）．さまざまな消費者コンテキストにおいて，しばしば，照明レベルが感情的覚醒に起因した瞳孔反応を無効にしてしまう．どのような指標であれ，実践者は，得られたデータと確かめようとしている内容の間の関連性を示さなければならない．

16.2.2　信頼性

　神経科学的指標に基づく方法の信頼性は，これらの指標を使う人たちが，指標の神経生物学的定義に合意することによってより強固になる．共通の定義が導入されて初めて，言語を共有することが可能になる．そうなれば，マーケット調査側も，さまざまなニューロマーケティングベンダーがさまざまな指標に基づいて収集したデータを使用して，縦断研究やメタ分析を行うことができる．

　神経科学的ツールから得られた数値の信頼性は，ベンダーが，研究デザインやデータの収集方法，アーチファクトの混入具合[4]，フィルター処理の仕方，結果を示すときの有意水準などの透明性を維持することで向上していくだろう．少数の指標のみを知財化しているニューロマーケティング会社の場合は，データ処理はブラックボックスのままになるであろう．神経科学的手段に基づくツールの特許が急増しているため，透明性はさらに増し続けるであろう．なぜなら，公共性を高くすることでニューロマーケティングのデータキャプチャー技術をより明確にできるからである．

　現在では，コミュニケーションを共有化するオープンな環境を促進し，透明化を重視することで，信頼性の水準を底上げしようとする企業も出てきている．ABVS（Applied Brain and Vision Sciences）は，透明性の促進において業界を

---

[4] アーチファクトは，EEG 計測時にデータに混入して妥当性を低下させる，課題と無関係な信号で，例えば，瞬きやガムを噛んだ動きなどに起因する．

先取りしている[5]．ABVS は，自社のハードウェアおよびソフトウェアを通じて収集したデータの分析手法を理解する上で必要な前処理アルゴリズムを，すべてクライアントに提供する．このように行動するベンダーは，今後クライアントが求めるであろう再現可能性の検証において，中心的存在になるだろう．このような透明性により，エンドユーザーは，知見について情報を交換したり比較したりすることが容易になり，その結果，ニューロマーケティングのツールをより快適に使えるようになるであろう．

さらに，ベンダーたちが結集して，サンプルサイズの設定方法を確立すれば，信頼性が向上する．Dmochowski らによる最近の研究（2014）では，脳ベースのデータ計測においてサンプルサイズが小さくてもよいことが正当化されている．Dmochowski の研究室では，調査に初めて参加する対象者グループに，以前に放映されていた人気のあるテレビのコンテンツを視聴させ，そのときの誘発電位（EEG）を計測した．次に，この小さなサンプルの反応を，ソーシャルメディアの活動と視聴率から導かれた幅広い視聴者の反応と比較した．Dmochowski の研究グループは，誘発電位の参加者間の相関のレベルが，数千人の関心と好みを予測したことを確認した．言い換えれば，小さなサンプルから収集されたデータは，大きな集団と有意に正に相関しうる[6]．

これは参加者募集コストの抑制の点では良いが，ニューロマーケティングの分野で成功するには，顧客の調査プログラム全体のアジェンダを検討した上で，適切なサンプルパワーを決定する必要がある．ニューロマーケティングの対象サンプルサイズは，複数の方法論のデータを統合して議論する必要性を考慮して，顧客の調査全体のアジェンダと整合していなければならない．無意識の指標の感度が上がるにつれて，従来の調査法とともに，人口統計学的属性，性格特性，感情状態などを統合することで，さまざまな母集団（個体群）が特定のブランド情報をどのように処理するかを理解し予測できるようになる．これは，ブランドマーケティング担当者に，消費者を非常に詳細なレベルまでマイクロセグメント化する能力を提供することに繋がる．消費者をこのレベルで理解することで，特定性の高いコンテンツを特定の時点で消費者に「ナローキャスト」できるようになる．

---

[5] http://www.abvsciences.com を参照．
[6] "Dmochowski" という言葉は「神経一貫性」(neural consistency) の別名になっている．

16.2.3　将来のベンチマーク

　三つの妥当性すべてがニューロマーケティングの未来へのハードルになっているが，学術界や民間業者はリサーチベンチマークを確立することによって問題に取り組んでいる．例えば，以前のいくつかの章で述べたように，広告調査財団（ARF）が資金を提供し，テンプル大学のフォックススクールオブビジネスとニューヨーク大学（Venkatraman et al. 2014）が共同で，さまざまなデータタイプについて，その後の広告効果を説明できるかを評価する研究を立ち上げた．彼らの実験パラダイムでは，複数のテレビ広告を視聴している間に，暗黙的指標（無意識の指標）と意識上の指標をたくさん収集した．彼らの研究結果は，ニューロマーケティングを主導する予測変数として現在使用されている，視線，バイオメトリクス，EEG などの暗黙的指標は，内的妥当性および構成概念妥当性の双方において限界があることを示唆した．実際，広告効果の変動を有意に説明することが示されたのは，fMRI で計測された脳活動のみだった[7]．

　ARF の研究は一部のニューロマーケティングのベンダーを落胆させるものだが，このような研究は必要不可欠であり，それによって，成功を約束するベンチマークを確立して，将来の応用研究の確固たる基盤を構築することができる．今後，学術界と民間ベンダーが継続的に共同し，共通するメトリクスとベストプラクティスを作成すれば，このような妥当性の問題は解決するだろう．

16.3　コンシューマーニューロサイエンスの将来のツール

　コンシューマーニューロサイエンスの未来の場面では，無意識の脳や身体を計測する方法論は，その指標の有用性ほどはフォーカスされなくなるだろう．この分野にいる人々とクライアント側の人々は，無意識のデータを収集する新しい技術に適応する柔軟性を保っておく必要がある．処理速度がますます上がり，ハードウェアがますます小型化し，データストレージがクラウドに移行するにつれて，新しいテクノロジーや感覚に特化したコンテキストが，この分野の変化の触媒となる．広告業界で利用できる新しい技術は，消費者測定の斬新なツールとと

---

[7] 腹側線条体の活動が，実世界のマーケットレベルでの広告に対する反応を最も良く予測する．

もに，業界と学術界を次のステップへ進ませるだろう．同時に，脳と身体の指標と行動をよりシームレスに橋渡しするのに重要な，相関関係を持つ情報を提供するだろう．

16.3.1 スタンドオフ技術

ウェブサイトのネイティブ広告と同様に，日常の文脈の中でのマーケティングを測定することは重要であり，ニューロマーケティングの分野を進歩させる重要なステップとなるだろう．今日の消費者環境でビデオカメラが普及しているように，将来は，スタンドオフ技術，つまり，物理的に人に触れることなくデータを収集するハードウェア・ソフトウェアを使用して，多数の消費者の無意識行動を同時に計測し，クラウドで解析したデータを多用するようになるだろう．空港の交通安全管理局（TSA）は，エボラや，最近では中東呼吸器症候群（MERS）の国際的な拡散を懸念し，国際線の乗客の無意識的指標をサーモイメージングで計測している（Sawitta Lefevre 2014）．TSA は，各乗客に明示的にインタビューする必要性と，体温の自己申告に頼る必要性を排除し，飛行機から降りる乗客の体温を単に観察することによって効率と精度を向上させた．

ビデオベースのデータキャプチャーは，消費者環境内での消費者の視覚的注意，覚醒度，全体的な感情をリアルタイムに評価するスタンドオフ指標として使用されるようになる．今日のマーケットリサーチャーは，視覚に訴える販売戦略キャンペーンの効果を確認するために，消費者の全体的な行動を測定している．行動の頻度と長さは，現在，この種のビデオベースのデータマイニングの一環として収集されている．今後，ビデオベースのデータは，表情解析[8]による感情や，心拍数や心拍変動による覚醒度など，他のスタンドオフ技術によって計測された消費者指標と統合されるだろう（図 16.4）[9]．

---

[8] Emotient, Noldus FaceReader, Affectiva は，スタンドオフ技術を使って表情解析を行う三大企業で，筋の組み合わせからなる FACET と呼ばれる「動作単位」（action unit）を使って表情を分類する．

[9] Eulerian Video Magnification という技術を使えば，映像から裸眼では見えない小さな変化，例えば皮下の血液の流れなどを可視化することができる．

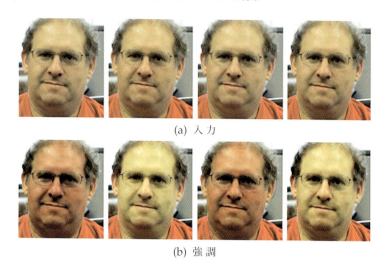

(a) 入力

(b) 強調

図 16.4 Eulerian Video Magnification を使えば，スタンドオフで消費者から生体情報を収集できる．写真提供：Michael Rubinstein．

16.3.2 ウェアラブル

　スタンドオフ指標による自然環境下での群衆分析が増える一方で，ウェアラブルは，消費者に紐づいた指標（テザードテクノロジー）というタイプの消費者情報として，応用コンシューマーニューロサイエンスと同等の価値を持つことになるだろう．現在，サムスン，Apple，フィビットなどの大手プロバイダーは，心拍数，呼吸数，血糖値などの末梢神経系測定値を商業品質で提供している．これらのアクセサリーのメーカーは，消費者がフィットネスの目的で，身体統計にアクセスするためのセルフモニタリングデバイスに主に関心を持っていた．ウェアラブルユーティリティは，個人による継続的なデータ収集を助ける．そして，それらのデータの巨大な集合を使って，機械が「ディープラーニング」により自己学習する．ディープラーニングを活用するコンピュータアルゴリズムは，一連の決まったルールに従ってプログラムされるのではなく，タスクを達成する方法を自力で学習する．ウェアラブルなどのインプットから十分な量の生物学的，神経学的，行動的，および位置的データが提供されると，ディープラーニングにより，新しい環境で消費者がどのように振る舞うかを予測することができる．消費者ベースのマーケティング戦略へディープラーニングを応用することで，今後の

マーケティング担当者は，消費者が最も望む広告コンテンツを予測することができるだろう．これはマーケティング担当者の行動を変える．消費者評価に基づくリアクティブ（反応的）なキャンペーンは，最も効果的な広告を前もって予測する，ディープラーニングに基づいたプロアクティブ（能動的）なキャンペーンに置き換えられるだろう．

クラウドベースの技術とテザードテクノロジーがニューロマーケティングのツールボックスの一部になると，今後の商業環境では，ウェアラブルの有用性を高め，広げるため，センサーが環境に埋め込まれるようになるだろう．近い将来，ウェアラブルは，消費者が小売店舗やあるカテゴリーの場所に物理的にいるのかいないのかという基本的な二択情報をベースに，消費者とインタラクションできるようになるだろう．例えば，ウェアラブルのアプリが場所情報を受け取り，ウェアラブルがそのコンテキスト内の買い物客に関係する広告を流したり，特定のウェブサイトにリンクしたり，食料品リストのアイテムのような必要な情報を思い出させたりする．神経科学に基づいたアプリケーションと一緒になると，ウェアラブルテクノロジーは最終的に精神生理学的状態，例えばグルコースの低下を感知するようになる．学術文献によると，グルコースが減ると，自己制御や自己調整の能力が低下する可能性がある（Baumeister and Vohs 2007）．この情報をアプリケーションに結び付けると，その人が自己制御できる状態だったら効果がないような広告，例えば，衝動的に買い物をする状態にある消費者をターゲットとした広告メッセージを流すといったことが可能となる．

16.3.3　仮想現実（バーチャルリアリティ）

センテニアルジェネレーション（「Z 世代」とも呼ばれる）[10]は，すでにオンライン環境に完全に浸って，二元的な世界の時代を生きており，そこでは，バーチャルリアリティ技術[11]によってデジタル空間と物理的空間の境界線が消し去られている．バーチャル環境が洗練するにつれて，コンシューマーアプリケーションがそれを利用する機会も増えていく．バーチャルリアリティを消費者マーケティング戦略のアプリケーションに利用する手段の一つは，広告クリエイターが

---
[10] センテニアルは，ミレニアルより後の世代で，1997 年以降に生まれた世代を指す．
[11] Oculus Rift と Magic Leap が，仮想現実に特化した主要な企業である．

使うストーリーテリングテクニックに取り組むことである．昨今のマーケティング担当者は，マーケティングコミュニケーションにおいて説得力のある物語を作り出すために，ストーリーテリングを重視している．将来的に，バーチャルリアリティ環境はバーチャル空間の情報を提示すると同時に，その環境を経験する人の脳や身体の反応を捉えて統合するようになる．これにより，クリエイティブはストーリーテリングを超え，ストーリーメイキングという新しいタイプのインタラクティブなマーケティングコミュニケーションを通じて，ブランド情報を提示できるようになる．ストーリーメイキングは「ゲーム的」広告であり，その環境を経験している人の生物学的フィードバックをもとに，プロモーションの物語に埋め込まれた動的な経験を提示する．例えば，世界の反対側にあるホテルやレストランを閲覧できる仮想世界を考えてみよう．バーチャル環境が神経的および生物学的入力を組み込む「スマートな」能力を有する場合，消費者の経験を，そのときの注意，感情，関与レベルに応じて，動的に変化させることができる．将来の広告は，最終的に，バーチャルリアリティと神経科学のツールを結び付け，消費者が製品に無関心であることを検出したら，即座に別の製品と交換したり，コンテキストを置き換えて製品の違った属性を強調したりするようになるだろう．

広告業界は現在，ターゲットの視聴者にもっとカスタマイズされたコンテンツを生成することで，消費者需要の so-lo-mo[12] の流れに取り組む方向に動いている．例えば，小売業者は，個人消費データに基づき，その人専用のホームページと購入インセンティブを備えた 1 対 1 の電子商取引を導入している．この章の後半（16.6 節）で神経科学的属性として説明する，消費者の無意識の反応の統合は，消費者データを混合して最適な個人対応を実現するために不可欠な要素になるだろう．

新技術が押し寄せるこの分野において，マーケットリサーチを進展させるために差し迫った問いは以下である．

- 調査課題に答えるために使うツールは，戦略の有効性を測定するのに十分なものであるか？

---

[12] so-lo-mo は消費者で大きくなっている動きで，ソーシャルかつローカルかつモバイルなマーケティングキャンペーンをより重視したいという傾向である．

- 新しいツールでは，どのようなタイプのデータストリームが生成されるのか？
- このような新しいデータストリームを，より大きなメトリクスにどのように統合すれば，既存のデータや「ダーク」データ（収集されたが解析されず，価値がわからないデータ）の有用性を高められるか？
- 新しいユーザーインターフェイスを評価するための，新しいメトリクスと技術が必要か？

16.4　五感すべてへのマーケティングと測定

　聴覚，嗅覚，味覚，触覚といった感覚は，消費者自身が思っているよりも知覚に大きな影響を及ぼす（Morrison et al. 2011; Sugiyama et al. 2015）．多感覚マーケティングは，消費者の無意識レベルと繋がっていることが多い感覚刺激を新しく組み合わせることで，すべての感覚を通じて注目を引き，消費者環境の中で探索と関与を増加させる手法である（Tullman and Clark 2004）．Amazon, Echo, Dash など増え続けるオンライン小売チャンネルと競争するために，物理的な小売環境では，魅力度と「リテールテインメント」（retailtainment）を強化する必要がある．将来の実店舗は，購入志向ではなく，消費者と共感する経験志向にもっとフォーカスするようになるので，全体的で多モーダルな感覚環境を実現することで，小売チャンネルにおいて消費者の検討場所（consumer consideration）としてその地位を保持することができるだろう．ビジョナリーな販売環境は，すでに「デスティネーションモール」（体験目的地としてのショッピングモール）の形で成長し始めており，革新的な体験環境を提供することによって市場の需要に対応している（Dobrian 2015）．そのようなスペースは，買い物客に，ますます頻繁に多感覚手掛かりを提示するようになる．

　実店舗にせよオンラインにせよ，多感覚マーケティングコミュニケーションが進歩するためには，多感覚入力が消費者の選択にどのように影響するかを研究する必要がある．知覚コミュニケーションの方式は，伝統的な視覚と聴覚の方式のみのマーケティングおよび販促コンテンツから必然的に多様化し，嗅覚，体性感覚，味覚を含む広範な感覚を使うようになるだろう．インターネットが購入時点

の要素に組み込まれる将来においては,複数の感覚ルートからの情報が,物理的な空間での「購入ボタン」のクリックを促進するだろう.

16.4.1 嗅覚

嗅覚は,脳の辺縁系と海馬に直接繋がっている唯一の感覚である.これらの脳の領域は,感情と記憶に関与していることが古くから知られており(Damasio 1998; Eichenbaum et al. 1999),コンシューマーニューロサイエンスの研究(McClure et al. 2004)でブランドの嗜好と想起に関連することが示されている.豊富な学術研究によって,特定の嗅覚手掛かりが効果的に消費者に訴えることがわかっている.子供時代の思い出を呼び起こすアロマは,新製品を購入する意図を促進することが示されている(Ibrahim 2015).嗅覚手掛かりは,製品品質を代替するものとしても機能することが示されている(Rimkute, Moraes, and Ferreira 2015).香りの環境は,小売環境における消費者の空間認識に効果的であることがわかっており,それによって消費者の活力に,ひいては製品の嗜好および購買行動に影響を与える(Madzharov, Block, and Morrin 2015).

将来,店内や家庭での香り生成技術[13]がマーケティングコミュニケーションのメインストリームの一部をなすようになると[14],コンシューマーニューロサイエンスにおいてメトリクスを開発する際に,香りが消費者の注意,感情,記憶に訴える力をよく考慮しなければならなくなる.

16.4.2 味覚

多モーダルの中で,味覚は,マーケティングへの影響力が大きいと考えられるようになり,コンシューマーニューロサイエンスにおいて成功の評価基準として

---

[13] U.S. Patent No. 20130284821 A1. 電子香りは,他の感覚とは独立にスタンドアローンで,もしくは,多感覚経験の一部として伝達される.多感覚経験は,例えば,香りを伴った劇場での映画,テレビ番組,音楽,電子書籍などである.香りは,コンテンツの要素に伴ったものにすることもできる.例えば,映画『真昼の決闘』に馬の匂いを加えたり,『ウエストサイド物語』の "When You're a Jet" の音楽にビールと皮革の香りをつけたり,ポーの『アモンティラードの酒樽』の電子書籍版にワインセラーのかび臭い香りを入れたり,といったことである.

[14] 香り生成技術を使えば,香りを検知したり伝達したり,香りが使われたウェブページ,ビデオゲーム,映画,音楽などを受信したりすることができる.この技術のセンシングの部分では,嗅覚測定装置や電子鼻が使われる.

組み込まれつつある．これまでの章で触れたコンシューマーニューロサイエンスの初期の研究によると，価格情報の操作などのマーケティング活動は，楽しい経験を反映する神経表現に影響する（Plassmann et al. 2008）．Plassmann らは，違う種類で違う価格で販売されていると信じているワイン（実際にはそうではない）を味わう参加者に対して，fMRI を用いて血中酸素レベルに依存した信号（BOLD 信号）を計測した．Plassmann らが見出したのは，ワインの価格を上げることによって，「味の心地良さ」に関する主観的な評価が上昇し，同時に内側前頭眼窩野の BOLD 信号が増加することであった．内側前頭眼窩野は，体験的な課題を行ったときの快感経験をエンコードする領域であることが示されている（O'Doherty et al. 2003; Kringelbach 2005）．さらに進んで，暗黙に，もしくは明示的に味覚の手掛かりを仕込んだ広告やプロモーションが増えると，それらは神経科学的手段を用いてテスト可能なコンテンツの筆頭となるだろう．ポジティブな風味の快感を引き起こす神経活動と生体計測とを結び付けることで，食品店などの現場のコンテキストで，キャンペーンが成功するかどうかを効率的に評価できるようになるだろう．

16.4.3　触覚

たくさんの触覚および体性感覚情報が，家庭用コンピュータの新しい入出力デバイスを通じて利用できるようになり，オンラインでの購入決定が変化していくだろう．例えば，inFORM テクノロジー[15]（Follmer et al. 2013）は，徐々にサイズが縮小し，ユーザーが身体的にデジタル情報とやりとりできるようなり，消費者向けに商品化されるだろう．

これにより，消費者は，オンラインで商品を購入するとき，製品を触った感覚を考慮事項の中に含めることができるようになり，感じる重みによってどの商品にするかを決めたり支払意志額を決めたりするようになる．製品の知覚に対する触覚手掛かりの重要性は，しばらく前から知られている．例えば，製品の重さ

---

[15] inFORM は，3次元のコンテンツを物理的に提示できる動的な形状のディスプレイであり，ユーザーはデジタル情報に触れてインタラクションすることができる．inFORM では，周囲の物理的環境ともインタラクションできる．例えば，テーブルの表面で物を動かしたりすることができる．遠隔の参加者をビデオ会議で物理的に提示することで，参加者の存在感が増し，インタラクションできるようになる．

は質を表現する機能があることが示されている（Piqueras-Fiszman and Spence 2012）．オンラインで靴を買うとき，もし，二つの靴の重さを比べることができたら，選択がどのように変わるかを想像してみよう．マーケティング担当者が触覚の使用を増やす戦略をとれば，ニューロマーケターは，触覚や体性感覚情報によって引き起こされる無意識情報を表す指標を使うようになるだろう．

16.5　知識

これまでは異なる分野で行われていた研究の知見が，コンシューマーニューロサイエンスの傘の下で正式に統合されると，脳や身体の無意識を測定する研究の有用性は間違いなく増大するだろう．オンラインコース[16]，大学のクラス，民間セクターのB2Bの教育ワークショップなど，学術界と民間の両方で，この分野の正式な教育トレーニングが爆発的に増えている．現在，大学のビジネススクールでコンシューマーニューロサイエンスのコースがあるところは，スターン，フォックス，ハーバード，ミシガンなど，まだ少数である．最近，ダートマス大学などのアイビーリーグの学校は，神経科学，心理学，経済学の学部専攻の科目として，コンシューマーニューロサイエンスのコースを立ち上げた．このようなコースが引き金となり，他の機関も従うようになるであろうことは明らかである．

16.5.1　アカデミア

この分野の定義，基準，倫理に関する知識の共有とコミュニケーションを支援するために，コンシューマーニューロサイエンスとニューロマーケティングの分野を育む専門組織が急増している．学術分野では，コンシューマーニューロサイエンスに関するサテライトシンポジウムが現れた．ここ数年では，大規模かつ歴史のある神経経済学学会が，コンベンション期間中にコンシューマーニューロサイエンスのサテライトシンポジウム（Consumer Neuroscience Satellite Symposium）を開催した．さらに，MIT，ハーバード大学，スタンフォード大学，ミシガン大学のビジネススクールの機関をまたいだ強力な共同研究の結果，Truth

---

[16] コンシューマーニューロサイエンスの最初のオンラインコースが，2014年の秋にコペンハーゲンビジネススクールで開講された．

Serum Conference[17] として知られる意思決定神経科学の学際的シンポジウムが毎年開催されるようになり，出席者と投稿者の数が年々増えている．これらのイベントは，学術界とビジネスを繋ぐパイプであり，その主な目的は，消費者の感情，注意，関与，記憶や，価格の評価や支払意志額のような購買決定情報に関連した，学術的に新規性のある研究に光を当てることである．このようなイベントは，神経科学の分野で成長し続けるだろう．20年後，Consumer Neuroscience Satellite Symposium と Truth Serum Conference は，数千人にも及ぶ現在のアメリカ神経科学学会やアメリカ心理学会（APA）の会合に匹敵する出席者数を獲得するだろう．

16.5.2　商業領域

学術界から民間セクターへの橋渡しが始まると，ニューロマーケティングサイエンス&ビジネス協会（NMSBA）などの組織は，ビジネス志向の視点を持ち始め，ニューロマーケティングベンダーのコミュニティにおいても，学術界にあるような調査の基準を満たすように動き出した．NMSBA はまだ初期段階にあるが，世界に展開しており，本章の執筆時点では91か国が参加している[18]．この組織の年次ニューロマーケティング世界フォーラムには，コラボレーションを促進する環境があり，産業界として有意義な社会貢献を立ち上げており，例えば，複数のラボで「ニューロはたばこに反対する」という戦略を打ち出している．この組織は，業界の進歩とともに引き続き計測の規準を定義し，ベンダーをチェックして品質のサービスマークを提供していく．

16.5.3　古いものと新しいものを結び付ける

現在，神経科学から導き出した指標を理解し，伝統的なマーケットリサーチの大きな体系に統合する必要性が，今までになく拡大している．その結果，科学的手法の専門家と広告マーケティング担当者とクリエイティブとの間に生じた空白領域を埋める役割を担う仲介企業が活躍し始めている．そのような企業は，脳や身体から得られた無意識的指標を，調査やフォーカスグループなどの自己報告から得られる従来型の明示的な指標と統合する役目を果たす．このようなコンサル

---

[17] http://truthserum.mit.edu/ISDN2015/?page_id=36/ を参照．
[18] 出典：NMSBA（www.nmsba.com/countries）

タントは，方法論にとらわれず，ベンダーが信頼できるか否かを有効に判別することで，品質管理の隙間を埋めることができるだろう．ニューロマーケティングが発達する初期に存在した「偽」セールスマンは，今後二度と現れないだろう（U. K. Essays 2013）．

全体が部分の総和より大きくなるパズルのように，学術界と民間の間で専門知識が融合することで，知識は巨大化するだろう．学術とビジネスのギャップを埋める第三者的な「通訳」企業と並んで，学際的な人材が広く活躍することが，ビジネスの成功には必須となる．神経科学の専門家がその知識をクライアント側に提供する動きと，クライアント側の専門知識をニューロマーケティング企業に提供する動きの両方が生じるだろう．コカ・コーラ，ウォルマート，マリッツ・ホールディングス[19]などの大企業は，コンシューマーニューロサイエンスの専門家を含む多様な労働力を採用することで，すでに急速に地盤を固めている．これらの企業は，発見的で学問的な仮説に基づいて評価する手法を，営業力の訓練やROI（投資対効果）の理論的正当化に利用する比率を高めている．

マーケティングリサーチ戦略の主流において，神経科学とビジネスが統合することは当然の成り行きであり，その結果，多様で統合された分析手法が充実し，また，成功指標の新しい基準ができていくだろう．伝統的なマーケットリサーチ戦略においては，消費者は，人口統計学的属性，心理学的属性，そして何を必要とするかでセグメント化されている（Schaninger and Sciglimpaglia 1981; Carpenter and Moore 2006）．これらの各セグメンテーション手法は，ある程度意味のある洞察をもたらすが，依然として一面的であり，消費者の意思決定プロセスの全体像を明らかにするには及ばない．

---

[19] マリッツのミッションは，人々を理解し，人々の能力を高め，動機づけし，隠された可能性を解き放ち，人々の強みや知識や自信を伸ばして，従来と違うやり方で物事に取り組めるようにすることである．この会社は，社員のインセンティブや報酬プログラム，消費者のロイヤルティプログラムをデザインする．この会社はまた，企業取引のショーやイベントを計画し，新発売のキャンペーン制作など伝統的なマーケットリサーチサービスも提供する．そのプログラムは，クライアントの労働の質と顧客の満足を向上させるようにデザインされている．

16.6 データ

　マーケットリサーチャーは，消費者を，心理学的属性，人口統計学的属性，所得と教育水準，家族の人数，何を必要とするかなどの情報に基づいて分類し，セグメント化する．コンシューマーニューロサイエンスが進展し，指標が統合されると，神経科学的属性やニューロセグメンテーションといった新しいタイプの消費者分類が可能になる．これらは消費者の物語というパズルに，意思決定のプロセスという重要なピースを提供する．伝統的なマーケットリサーチツールに無意識の指標を取り込むことで，消費者が製品やサービスに対してどのようにアクセスし，処理し，積極的になるかを解析することが可能になる．無意識情報の有効性は，消費者の選択肢を予測できるという学術的知見ですでに立証されている（Tusche, Bode, and Haynes 2010）．数多くの文脈と文化的多様性を背景に持つ「現実世界」の調査において，神経科学のツールを利用することで，消費者の将来の選択を最も良く予測できるだろう．

　消費者のニューロセグメンテーションは，セイバーメトリクス[20]のような手法を用いてデータ分析することで，実現できるだろう．このような「成績メトリクス」を達成するためには，まず，どの方法が最も効果的な指標かを決めなければならない．これらの指標からの出力を，リサーチ課題にどれぐらい有用であるかによって相対的に重みづけすることで，もとの指標より強力なメトリクスが導出される．

　ニューロマーケティングの歴史において重要な問題は，脳や身体の測定結果をより大きな集団へ一般化するスケーラビリティが限られていることである．ブランド担当者は，調査結果から，大規模な消費者セグメントにおけるSNSでのシェア（ソーシャルシェア）や購買行動などを予測できなければならないと考える．通常，脳や身体を計測するときのサンプルサイズは小さく，ニューロマーケティングのスケーラビリティが，ブランド担当者の調査目的と一致しないことがよくある．この不一致を改善する試みとして，ニューロマーケティングの初期の

---

[20] 米国では，野球は非常によく研究されている．Michael Lewis (2003) の *Money Ball* という本では，チームをどのようにまとめたらよいかを選手の計測値から統計的に評価するために，セイバーメトリクスという指標が使われている．

脳および生体の指標を使ったベンダーは，すべての脳は同じような刺激に対して同じように反応する，という立場をとった．類似した刺激に対して，ヒトは一貫して同じような神経表現を示すという考えは魅力的だが，一方で，「社会の違いが，企業や広告やブランドにどのように影響するかを理解することは，ニューロマーケティングが今後開拓すべき主要な課題の一つである」（Karmarkar 2011）．言い換えれば，応用コンシューマーニューロサイエンスの実践者は，個人は動的であり，それぞれが心理的および文化的相違を持ち，環境からの経験によって異なる影響を受ける，という考え方を採用する．さらに，その人が優先する目標や学習されたバイアスによって，個々の行動結果が複雑になる．このような特性や状態に基づく個別性によって，先に議論した消費者プロセスのニューロセグメンテーションが前例のない精度で実現でき，調査現場で無意識と意識の指標を統合することの継続的な信頼性が保証される．結果として，ブランドコンテンツの感情的共鳴を，その消費者集団のニューロセグメンテーションが示す嗜好と一致させ続けることが可能になる．これを「ネオコンテキスト」アプリケーションと呼ぶ．実際に，マスを対象としたメッセージ伝達では，メッセージを伝えたい視聴者と意味のある感情的繋がりを構築できないため，将来のブランド担当者は，特定の消費者セグメントにターゲットを絞ったメッセージングを取り入れるだろう．

　コンシューマーニューロサイエンスは，消費者をニューロセグメント化することで最終的にもたらされる大量のデータに対処できる効率的な翻訳・解釈環境を取り入れる方向に，急速に進んでいる．このような環境には，複数のソースから得られた違うタイプのデータセット間に存在するギャップを埋めるための，強力な分析手法が組み込まれるだろう．テキスト分析，神経尺度，FAC, IAT, ZMETなどの，感情の潜在的連合を測る尺度[21]と，自己報告や人口統計学的属性の情報などの伝統的な尺度は，マーケットリサーチャーにとっては，もはや個別の情報ではない．機械学習やニューラルネットワークを利用してこれらの情報を統合す

---

[21] FACは，表情解析におけるPaul Ekmanの顔面動作符号化システム（facial action coding system）を示す．IATは，二択課題における反応時間を指標とするさまざまな潜在的連合テストを示す．ZMETは，Zaltman Metaphor Elicitation Technique（ザルトマン・メタファー誘引法）という，特許化されたマーケット調査ツールを指し，意識的，無意識的思考の双方を，調査対象の文字どおりではない比喩的な表現を探索することで明らかにする．

ることで，マルチモーダルなデータストリームからこれまでにない予測力が引き出される．BRAIN Initiative や Human Brain Project などの最近の研究戦略は，データ処理やストレージの進歩に沿っており，われわれは今「ビッグニューロサイエンス」の予測力を垣間見始めている．

16.7　結論

1980 年，MIT メディアラボの創設者である Nicholas Negroponte が言った「コンピューティングは，もはやフォームファクタやインターフェイスの計算ではない．それは生活することだ」という言葉はよく引用される．同じように，コンシューマーニューロサイエンスの将来は，測定技術ではない．消費者が意思決定する間の最も早い時点で，最も正確で効率的に行動予測することである．Negroponte は，30 年後には，神経科学者が神経を人工的に補って，情報を直接摂取できるようにすることで，注意のボトルネック（注意を向けない情報は取り込まれない）という視覚システムの限界は打ち破られていると予測している (Negroponte 2014)．彼は，文字どおりシェイクスピアを食べて理解できるようになると予測している．それまでの間，コンシューマーニューロサイエンスの定義，基準，指標は進化し続け，これまでにない消費者インサイトを提供するだろう．

重要ポイント

- 将来マーケティングリサーチと広告リサーチの標準的な方法論的ツールになるためには，ニューロマーケティング技術は次の四つの要件を満たさなければならない．
    - 行動とビジネス応用の間を繋ぐこと
    - スケーラビリティ
    - 信頼性
    - 消費者インサイトに意味のある貢献をすること
- 将来，応用コンシューマーニューロサイエンス技術のベンダーは，メトリクスの信頼性と妥当性というハードルを克服できるだろう．

- ニューロマーケティング測定基準の定義を共有できれば，マーケットリサーチャーはその共通言語を使って，複数のベンダーから多くの測定値を集めて，データセットをまたいだ縦断研究やメタ分析ができるようになる．
- コンシューマーニューロサイエンスとニューロマーケティングを促進する学術およびビジネス組織は，成長を続け，標準化と倫理の問題に取り組んでいく．
- 方法論の学術的専門家と広告マーケティング担当者とクリエイティブの間の空白を埋め，ニューロマーケティングデータの解釈と応用を支援する仲介企業が活躍し始めている．
- 広告会社とニューロマーケティング会社で専門知識の交流が起こり，ニューロマーケティング指標の理解と有用性が促進される．
- 実店舗とオンラインの両方において多感覚マーケティングコミュニケーションが今後進展するためには，研究パラダイムにおけるマルチモーダルな感覚入力の影響を調べるニューロマーケティングリサーチが必要である．
- 将来のニューロマーケターは，参加者と物理的に繋がったハードウェアにはあまり依存せず，代わりにウェアラブルや非接触測定によるデータ取得の潜在的な力を活用する．
- 神経科学的属性（ニューログラフィクス）とニューロセグメンテーションによって新しいタイプの消費者分類が可能になる．これらは，消費者の物語のパズルに，意思決定がどのように行われるのかという，神経システムの活動によって示された重要なピースを提供する．
- 脳と身体から収集された指標は，コンピュータのディープラーニングを助け，消費者行動の予測モデルを将来的に向上させるだろう．
- どのヒトの神経プロセスも物理的な世界に同じように反応するが，応用コンシューマーニューロサイエンスは，将来的には，個々人のプロセスの違いを利用するようになるだろう．それぞれの脳は独特で，心理学的，また文化的な違いがあり，神経プロセスも遺伝，文化，経験によって変化する可能性がある．その人が優先する目標や学習されたバイアスは，個々の行動結果をさらに複雑にする．このような特性や状態による個別性を使うと，

消費者プロセスのニューロセグメンテーションは今までになく高い精度になるだろう．

演習問題

1. 従来の自己報告よりもコンシューマーニューロサイエンスによる脳や身体の指標のほうが正確な結果を導くと考えられる消費者リサーチアプリケーションを二つ挙げよ．
2. IoT（デスクトップコンピュータやモバイルデバイスの中だけでなく，日々使う物の中でインターネットが利用可能になること）が普及したとき，どのような IoT 製品を使えば，商業目的に脳や身体の指標を収集できるだろうか？
3. ニューロマーケターはデータ収集・解析のクラウド化によってどのような問題に直面するか？ 発生する前にそれらの問題を軽減するにはどうすればよいか？
4. 多モーダルな情報を利用することで説得力が増すことを示す学術研究について，インターネットを検索せよ．その研究の成果と潜在的な商業応用について簡単に議論せよ．
5. 個々人の脳または神経プロセスはどのような点で相違があるか，例を二つ挙げよ．

参考文献

Ariely, D., & Berns, G. S. (2010). Neuromarketing: The hope and hype of neuroimaging in business. *Nature Reviews Neuroscience*, 11(4), 284–292.

Baumeister, R. F., & Vohs, K. D. (2007). Self-regulation, ego depletion, and motivation. *Social and Personality Psychology Compass*, 1(1), 115–128.

Botswick, W. (2010). Waiter, there's pseudoscience in my soup: Campbell's chooses "neuromarketing" over consumer feedback in rebranding it's iconic soup cans. *Fast Company*. Available at https://www.fastcompany.com/1554158/waiter-theres-pseudo-science-my-soup.

Carpenter, J. M., & Moore, M. (2006). Consumer demographics, store attributes, and retail format choice in the US grocery market. *International Journal of Retail &*

Distribution Management, 34(6), 434–452.

Damasio, A. R. (1998). Emotion in the perspective of an integrated nervous system. *Brain Research Reviews*, 26(2), 83–86.

Dimoka, A., Banker, R. D., Benbasat, I., Davis, F. D., Dennis, A. R., Gefen, D., et al. (2010). On the use of neurophysiological tools in IS research: Developing a research agenda for NeuroIS. *Management Information Systems Quarterly*, 36(3), 679–702.

Dmochowski, J. P., Bezdek, M. A., Abelson, B. P., Johnson, J. S., Schumacher, E. H., & Parra, L. C. (2014). Audience preferences are predicted by temporal reliability of neural processing. *Nature Communications*, 5, 4567.

Dobrian, J. (2015). Destination malls create a sense of place. [special advertising section] *Wall Street Journal*, May 13, C9.

Eichenbaum, H., Dudchenko, P., Wood, E., Shapiro, M., & Tanila, H. (1999). The hippocampus, memory, and place cells: Is it spatial memory or a memory space? *Neuron*, 23(2), 209–226.

Fehr, E., & Camerer, C. F. (2007). Social neuroeconomics: The neural circuitry of social preferences. *Trends in Cognitive Sciences*, 11(10), 419–427.

Follmer, S., Leithinger, D., Olwal, A., Hogge, A., & Ishii, H. (2013). inFORM: Dynamic physical affordances and constraints through shape and object actuation. *UIST*, 13, 417–426.

Garrett, J. C., Harrison, D. W., & Kelly, P. L. (1989). Pupillometric assessment of arousal to sexual stimuli: Novelty effects or preference? *Archives of Sexual Behavior*, 18(3), 191–201.

Genco, S. J., Pohlmann, A. P., & Steidl, P. (2013). *Neuromarketing for dummies*. Hoboken, NJ: John Wiley & Sons.

Hsu, M., Bhatt, M., Adolphs, R., Tranel, D., & Camerer, C. F. (2005). Neural systems responding to degrees of uncertainty in human decision-making. *Science*, 310(5754), 1680–1683.

Ibrahim, N. (2015). Back to the future: Effects of olfaction induced episodic memories on consumer creativity and innovation adoption. Doctoral dissertation. Department of Marketing and Consumer Studies, University of Guelph, Ontario.

Kable, J. W. (2011). The cognitive neuroscience toolkit for the neuroeconomist: A functional overview. *Journal of Neuroscience, Psychology, and Economics*, 4(2), 63.

Karmarkar, U. R. (2011). Note on neuromarketing. *Harvard Business School Background Note*, 512-031.

Karmarkar, U. R., Shiv, B., & Knutson, B. (2015). Cost conscious? The neural and behavioral impact of price primacy on decision making. *JMR, Journal of Marketing*

Research, 52(4), 467–481.

Kenning, P. H., & Plassmann, H. (2008). How neuroscience can inform consumer research. *IEEE Transactions on Neural Systems and Rehabilitation Engineering*, 16(6), 532–538.

Kringelbach, M. L. (2005). The human orbitofrontal cortex: Linking reward to hedonic experience. *Nature Reviews Neuroscience*, 6(9), 691–702.

Laeng, B., Sirois, S., & Gredebäck, G. (2012). Pupillometry a window to the preconscious? *Perspectives on Psychological Science*, 7(1), 18–27.

Lee, N., & Chamberlain, L. (2007). Neuroimaging and psychophysiological measurement in organizational research. *Annals of the New York Academy of Sciences*, 1118(1), 18–42.

Lewis, M. (2003). *Moneyball: The art of winning an unfair game*. New York: Norton.

Linden, A., & Fenn, J. (2003). *Understanding Gartner's hype cycles*. Strategic Analysis Report No. R-20–1971. Stamford, CT: Gartner, Inc.

Madzharov, A. V., Block, L. G., & Morrin, M. (2015). The cool scent of power: Effects of ambient scent on consumer preferences and choice behavior. [oil]. *Journal of Marketing*, 79(1), 83–96.

McClure, S. M., Li, J., Tomlin, D., Cypert, K. S., Montague, L. M., & Montague, P. R. (2004). Neural correlates of behavioral preference for culturally familiar drinks. *Neuron*, 44(2), 379–387.

Morrison, M., Gan, S., Dubelaar, C., & Oppewal, H. (2011). In-store music and aroma influences on shopper behavior and satisfaction. *Journal of Business Research*, 64(6), 558–564.

Negroponte, N. (2014). A 30 year history of the future. TED Talk. [video] Available at www.ted.com/talks/nicholas_negroponte_a_30_year_history_of_the_future?language=en.

O'Doherty, J., Winston, J., Critchley, H., Perrett, D., Burt, D. M., & Dolan, R. J. (2003). Beauty in a smile: The role of medial orbitofrontal cortex in facial attractiveness. *Neuropsychologia*, 41(2), 147–155.

Piqueras-Fiszman, B., & Spence, C. (2012). The weight of the bottle as a possible extrinsic cue with which to estimate the price (and quality) of the wine? Observed correlations. *Food Quality and Preference*, 25(1), 41–45.

Plassmann, H., O'Doherty, J., Shiv, B., & Rangel, A. (2008). Marketing actions can modulate neural representations of experienced pleasantness. *Proceedings of the National Academy of Sciences of the United States of America*, 105(3), 1050–1054.

Plassmann, H., Ramsøy, T. Z., & Milosavljevic, M. (2012). Branding the brain: A critical review and outlook. *Journal of Consumer Psychology*, 22(1), 18–36.

Riedl, R., Banker, R. D., Benbasat, I., Davis, F. D., Dennis, A. R., Dimoka, A., et al. (2010). On the foundations of NeuroIS: Reflections on the Gmunden Retreat 2009. *Communications of the Association for Information Systems*, 27(1), 15.

Rimkute, J., Moraes, C., & Ferreira, C. (2015). The effect of scent on consumer behaviour. *International Journal of Consumer Studies*, 40(1), 24–34.

Sanfey, A. G., Rilling, J. K., Aronson, J. A., Nystrom, L. E., & Cohen, J. D. (2003). The neural basis of economic decision-making in the ultimatum game. *Science*, 300(5626), 1755–1758.

Sawitta Lefevre, A. (2014). Asia on alert with thermal cameras, doctors as Ebola declared global risk. *Reuters*. Available at www.reuters.com/article/2014/08/08/us-health-ebola-asia-idUSKBN0G80TZ20140808.

Schaninger, C. M., & Sciglimpaglia, D. (1981). The influence of cognitive personality traits and demographics on consumer information acquisition. *Journal of Consumer Research*, 8, 208–216.

Shaw, L. (2015). The importance of neuroscience in business. Press release available at http://www.personneltoday.com/pr/2015/05/the-importance-of-neuroscience-in-business/.

Smidts, A., Hsu, M., Sanfey, A. G., Boksem, M. A. S., Ebstein, R. B., Huettel, S. A., et al. (2014). Advancing consumer neuroscience. *Marketing Letters*, 25, 257–267.

Sugiyama, H., Oshida, A., Thueneman, P., Littell, S., Katayama, A., Kashiwagi, M., et al. (2015). Proustian products are preferred: The relationship between odor-evoked memory and product evaluation. *Chemosensory Perception*, 8, 1–10.

Tom, S. M., Fox, C. R., Trepel, C., & Poldrack, R. A. (2007). The neural basis of loss aversion in decisionmaking under risk. *Science*, 315(5811), 515–518.

Tullman, M. L., & Clark, K. R. (2004). Revitalizing visual merchandising—Restoring balance to retail environment entails engaging all five senses. *Chain Store Age*, 63–68.

Tusche, A., Bode, S., & Haynes, J. D. (2010). Neural responses to unattended products predict later consumer choices. *Journal of Neuroscience*, 30(23), 8024–8031.

UK Essays (2013). Neuromarketing holy grail or snake oil psychology essay. Available at https://www.ukessays.com/essays/psychology/neuromarketing-holy-grail-or-snake-oil-psychology-essay.php?cref=1.

Venkatraman, V., Dimoka, A., Pavlou, P. A., Vo, K., Hampton, W., Bollinger, B., et al. (2014). Predicting advertising success beyond traditional measures: New insights from neurophysiological methods and market response modeling. *JMR, Journal of*

Marketing Research, 52(4), 436–452.

William, J. (2010). Campbell's Soup neuromarketing redux: There's chunks of real science in that recipe. *Fast Company*. Available at https://www.fastcompany.com/1558477/campbells-soup-neuromarketing-redux-theres-chunks-real-science-recipe.

訳者あとがき

　コンシューマーニューロサイエンス（消費者神経科学）という分野はまだ歴史が浅い分野でもあり，馴染みのない言葉であると思う．これは，ニューロマーケティングという神経科学のマーケティングへの応用よりも，より広い消費者調査と神経科学の組み合わせを意味するものである．本書にも記載があったように，それは製品を買わせるための「購入強制ボタン」のようなものとはなり得ない．コンシューマーニューロサイエンス全体を記述する初めての試みとして出版された本書によって，その正しい理解が深まることを望みたい．

　神経科学はまさに日進月歩の発展途上の学問であり，本書にある脳神経系の機能についての説明も今後変化していく可能性は十分にありうるし，本書に書かれた内容についても，研究者によっては意見を異にするものもあるだろう．例えば，記憶における海馬周辺領域の役割や，扁桃体の感情以外の機能に関する研究や発見は，近年議論が活発に行われ発展している分野である．神経科学を専門としない読者には，本書を手掛かりとして，今後の神経科学の進展について理解を深めていただければと思う．現在では，オンラインでも無償で利用できる文献や解説が多く存在する．例えば，日本神経科学学会の事業として行われている脳科学辞典（https://bsd.neuroinf.jp/）や北米神経学会などを中心として運営されているBrainFacts.org（https://www.brainfacts.org）などが挙げられる．

　科学の方法論を身につけることは，知識体系を単に鵜呑みにすることではなく，問題の発見，事象の観測，仮説の構築と検証によって真理に近づこうとする営みと言えるだろう．コンシューマーニューロサイエンスは，マーケティングや消費者調査という分野にそのような科学的方法を体系的に用いるアプローチであると考えられるのではないだろうか．このような取り組みの歴史はまだ浅いが，科学の方法論を用いたアプローチを身につけるために，この本が一助となれば幸いである．

　また，コンシューマーニューロサイエンスで用いられている手法によってもたらされる，人々の間の情報伝達の最適化や効果的なコミュニケーションは，企業

によるマーケティングに留まらない応用を生み出す．本書でも見たソーシャルマーケティングなどは，より一般的な社会への応用の可能性の一つである．神経科学で得られた知見の応用や，生きた知恵や手法への転換には多くの技術的な課題が含まれている．神経科学の応用可能性は，それらの解決とともに，今後大きく開かれていくのではないだろうか．

　最後に，企画の構成から携わっていただいた共立出版の山内千尋さんに感謝を申し上げます．また，グラベルロードの皆さんには綿密な校正をしていただき，感謝申し上げます．

執筆者一覧

Fabio Babiloni, Sapienza University of Rome
Davide Baldo, Ipsos Neuroscience and Behavioral Sciences
David Brandt, Nielsen Consumer Neuroscience
Moran Cerf, Kellogg School of Management, Northwestern University
Yuping Chen, National Taiwan University
Patrizia Cherubino, Sapienza University of Rome
Kimberly Rose Clark, Department of Psychological and Brain Sciences, Dartmouth College; Merchant Mechanics
Maria Cordero-Merecuana, Emory University School of Medicine
William A. Cunningham, Rotman School of Management, University of Toronto
Manuel Garcia-Garcia, Advertising Research Foundation
Ming Hsu, Haas School of Business, University of California, Berkeley
Ana Iorga, Buyer Brain
Philip Kotler, Kellogg School of Management, Northwestern University
Carl Marci, Harvard Medical School; Nielsen Consumer Neuroscience
Hans Melo, University of Toronto
Kai-Markus Müller, The Neuromarketing Labs
Brendan Murray, Nielsen Consumer Neuroscience
Ingrid L. C. Nieuwenhuis, Nielsen Consumer Neuroscience
Graham Page, Millward Brown
Hirak Parikh, The Neuromarketing Labs
Dante M. Pirouz, Ivey Business School, University of Western Ontario
Martin Reimann, Eller College of Management, University of Arizona
Neal J. Roese, Kellogg School of Management, Northwestern University
Irit Shapira-Lichter, The fMRI Center, Cognitive Neurology Clinic and Neurology Department, Beilinson Hospital, Rabin Medical Center, Israel
Daniela Somarriba, Nielsen Consumer Neuroscience
Julia F. Trabulsi, Nielsen Consumer Neuroscience
Arianna Trettel, BrainSigns
Giovanni Vecchiato, Sapienza University of Rome
Thalia Vrantsidis, University of Toronto
Sarah Walker, Millward Brown

索引

■ 数字
1次的報酬　246, 254
2次的報酬　246, 254
3C　230, 239
4P　231, 239

■ A
ABVS 社　384
Ad Council　⇒米国広告協議会
AIDA モデル　13
AMP　⇒感情誤帰属手続き
Apple 社　356
ARF　⇒米国広告調査財団

■ B
BCI　⇒ブレインコンピュータインターフェイス
BOLD　⇒血中酸素濃度依存
Brainjuicer 社　338
Brand Asset Valuator（BAV）　352

■ C
CAT　⇒コンピュータ体軸断層撮影
CLV　⇒顧客生涯価値

■ D
Damasio, Antonio　11, 181, 212
DAR　⇒デイ・アフター・リコール
DREK モデル　352

■ E
Ebbinghaus, Hermann　156
ECG　⇒心電図
ECoG　⇒皮質脳波計測
EDA　⇒皮膚電気活動
EEG　⇒脳波
　——キャップ　84, 110
Ekman, Paul　93
ERP　⇒事象関連電位
e コマース　222

■ F
FACS　⇒顔面動作符号化システム
FMOT　⇒第一の瞬間
fMRI　⇒機能的磁気共鳴画像法

■ G
GSR　⇒ガルバニック皮膚反応

■ H
H.M.　153, 154, 269

■ I
IAT　⇒潜在的連合テスト
Innerscope 社　191–194, 196, 345
Ipsos 社　338
IRB　⇒制度審査委員会

■ J
James, William　6, 116, 117
James-Lange モデル　7

■ K
Kahneman, Daniel　11, 209

■ L
LFP　⇒局所電界ポテンシャル

■ M
MEG　⇒脳磁図
Millward Brown 社　210, 338
MRI　⇒核磁気共鳴画像法

■ N
N100　88
Neuromarketing Labs　17
NMSBA　⇒ニューロマーケティングサイエンス＆ビジネス協会

■ O
Ogilvy, David　1

索引 | 411

■ P

P100　88
PET　⇒陽電子放射断層撮影法
PSA　⇒公共広告

■ R

ROI（region of interest）　⇒関心領域
ROI（return on investment）　⇒投資対効果

■ S

SPECT　⇒単一光子放射断層撮影

■ T

TMS　⇒経頭蓋磁気刺激
Twitter　192

■ V

VOPAN Market Research 社　335

■ W

"What?" 経路　288
"Where?" 経路　288

■ あ

アーチファクト　384
アイオワギャンブリング課題　220
アイトラッカー　94, 128
憧れ　352
アルファ波　92, 129
アンカリング　293

■ い

意識　6
　　潜在―　330
意思決定　4, 9, 12, 31, 104, 285, 315, 327, 355, 379
　　―支援　238
　　―モデル　334
　　購買―　173
意味記憶　265, 270–272
意味的プライミング　186
意味的連想　186
医療保険の携行と責任に関する法律　366
色　48, 49
インフォームドコンセント　360, 363, 364, 366, 368

■ う

ウェアラブル　86, 388
ウェブサイト　96
ウェルニッケ野　58

■ え

映画　194
英国広告業協会　189
エクイティ　339
エピソード記憶　265, 270–272, 346
エングラム（記憶痕跡）　157, 273

■ お

音の周波数　56
おばあさんニューロン　288
オピオイド　252
音楽　58
音源定位　59
音声ピッチ分析　335

■ か

概念化　179
海馬　36, 101, 152, 154, 166, 196, 270, 272
灰白質　25
顔　48
価格　103, 284, 285
　　―感応性　190
　　最大許容―　285
科学的厳密性　369, 371
科学的妥当性　368
核磁気共鳴画像法（MRI）　10
学習　156, 163
　　機械―　273, 317, 318, 320, 326
　　強化―　320
　　道具的―　245
覚醒度　174, 175
過誤記憶　271
仮想現実（バーチャルリアリティ）　389
価値表象　253
活性化の拡散　268
活動電位　28
ガルバニック皮膚反応（GSR）　20, 97, 106, 107, 112, 130, 140, 184, 250, 335, 380
感覚　40
　　―器官　41
　　体性―　393

眼窩前頭皮質　10, 36, 101
眼球　95
　　——追跡　384
観察　285, 286
感情　6, 31, 32, 93, 102, 120, 125, 161, 162, 172, 218, 325, 332, 333, 379
　　——円環　109
　　——価　174, 175
　　——関与　84, 347
　　——語　175, 180
　　——誤帰属手続き（AMP）　186
　　——状態　4
　　——的手掛かり　121
　　——ヒューリスティック　231
　　——プライミング法　210
　　基本——　178
　　基本——モデル　177, 178, 180
　　基本——理論　174, 176, 178, 179
　　コア——　179, 180, 183
関心領域（ROI）　382
桿体　46
顔面動作符号化システム（FACS）　91, 92, 102, 185
関与　325
　　低——理論　125
関連性　352

■ き

記憶　3, 33, 84, 102, 103, 151, 334
　　意味——　265, 270–272
　　エピソード——　265, 270–272, 346
　　過誤——　271
　　——痕跡（エングラム）　157, 273
　　——の計測　164
　　——の再活性　158
　　——表現　154
　　——変容　271
　　既存の——　162
　　事後——効果　165
　　宣言的——　153
　　潜在——　158
　　短期——　33
　　長期——　33, 153
　　手順——　153
　　手続き的——　271
　　道具的——　265

機械学習　273, 317, 318, 320, 326
期待効用最大化原理　246
期待効用理論　246
機能的磁気共鳴画像法（fMRI）　10, 78–81, 83, 85, 89, 102, 105, 131, 165, 183, 186, 193, 249, 250, 255, 260, 289, 291, 304, 305, 321, 326, 346, 379, 383
機能ベネフィット　341
気分　173
基本感情　178
　　——モデル　177, 178, 180
　　——理論　174, 176, 178, 179
気持ち　173
逆推論　19, 370
嗅覚　59, 391, 392
　　——系　59
強化学習　320
強化子　245
教師あり　320
教師なし　320
恐怖反応　177
局所神経活動　187
局所電界ポテンシャル（LFP）　105
禁煙広告　305

■ く

空間解像度　256
偶発的所見　365
口コミ　238
グルコース　225

■ け

経験価値マーケティング　238
経験効用　246
計算論的モデル　256
経頭蓋磁気刺激（TMS）　85, 90, 98, 99, 105
ゲシュタルト　51
血中酸素濃度依存（BOLD）　80, 186
決定効用　246
嫌悪　177
検索手掛かり　157, 161
顕著性（サリエンシー）　47, 104, 119, 120, 307

■こ

コア感情　179, 180, 183
語彙判断課題　166
好意度　336
交感神経線維　184
公共広告（PSA）　300, 301, 304–306, 372
広告　12, 74, 96, 120, 122, 124–126, 128, 131, 301, 369
　　禁煙——　305
　　公共——（PSA）　300, 301, 304–306, 372
　　——戦略　163
　　——弾力性　250
　　——調査の妥当性のプロジェクト　335
　　——テスト　342
　　——主　122
　　——理論　13
　　サブリミナル——　42, 43
　　ダイレクトレスポンス——　190
　　バナー——　159
構成概念妥当性　386
構成ベースのモデル　178
行動経済学　380
行動主義　8
後頭葉　29, 30, 34, 88
購入強制ボタン　373
購買意思決定　173
考慮集合　207, 238
コカ・コーラ　165, 233
顧客生涯価値（CLV）　264, 266, 277
顧客中心的視点　266
顧客ロイヤルティ　230
呼吸　183
古典的条件づけ　177
コネクショニストモデル　273
コピーテスト　343
コマーシャルアラート　372
コミュニケーション　343
コモンルール　361, 364
コンシューマーニューロサイエンス
　　裏づけ　16
　　限界　18
　　手法　72
　　将来　378
　　提供価値　1
　　目的　14
　　利点　17
　　倫理　359
コンセプトステートメント　339
コンセプトテスト　335, 339, 341
コンセプトボード　340
コンピュータ体軸断層撮影（CAT）　10

■さ

サーベイ調査　105, 125, 182
再現性　369
サイコグラフィック　306
再生　336, 343
最大許容価格　285
再認　336, 343
細胞体　27
サッカード　46, 96
サブリミナル　331
　　——広告　42, 43
　　——提示　158
差別化　352
サリエンシー　⇒顕著性
酸素化ヘモグロビン　186
サンプルサイズ　385

■し

シェルターペットプロジェクト　188, 307
視覚系　44, 45, 60
視覚情報の処理　48
視覚的サリエンス　126, 127
視覚野　48
時間解像度　184
時間分解能　185
色覚　49
軸索　27
刺激検出　42
事後記憶効果　165
自己報告　208
事象関連電位（ERP）　88
市場調査　4, 359
システム1　209–212, 214, 247, 255, 287, 337
システム2　209, 212, 214, 247, 287, 337
視線　386
　　——追跡　20, 46, 47, 86, 91, 94, 105, 128, 188, 193, 250
実行注意　179

実査プロセス　109
質問紙　248
支払意志額　284, 291, 293, 295
指標　107, 108, 142
嗜癖行動　303
自由意志　217, 218, 315, 322, 366
収益指数　295
習慣　265, 271, 276
　　　──性消費者行動　302
集団除外　370
樹状突起　27
需要曲線　294
受容体　40, 44, 47
純音　54
純粋想起　165, 345, 348
順応　44
衝動買い　222, 247
消費者　2, 17, 19, 62, 122, 126, 148, 151, 299, 308
　　習慣性──行動　302
　　──過大申告　16
　　──神経科学　⇒コンシューマーニューロサイエンス
　　──調査　15
助成想起　345, 348
触覚　391, 393
自律神経系　173, 184
自律的　173
新旧効果　165
親近性ヒューリスティック　236
神経一貫性　385
神経解剖学　5
神経科学　332
　　──的属性　397, 400
神経経済学　14, 303
神経伝達物質　252
人口統計学的属性　385, 397
身体化認知　224
心電図（ECG）　184
心拍　7, 105–107, 109, 112, 130, 140, 183, 184, 192, 193, 196, 250
信頼性　382, 384, 399
心理学　334
　　──的属性　397
心理生理学的測定　183
心理的構成モデル　180
心理的構成理論　174, 176, 179

■ す

推薦エージェント　238
錐体　46
スーパーボウル　192, 356
スキーマ（知識構造）　163
スケーラビリティ　397, 399
スタンドオフ技術　387
ストーリーテリング　390
ストーリーメイキング　390
ストループテスト　186
スパイク　28

■ せ

生体指標　4
制度審査委員会（IRB）　360, 367
製品開発　76
生物医学的臨床研究　359
接近/回避　108, 276
　　──反応　185
絶対閾値　42
説得性　357
宣言的記憶　153
潜在意識　330
潜在記憶　158
潜在的測定　183
潜在的の連合テスト（IAT）　20, 85, 86, 98, 99, 135, 186, 211, 342, 354, 398
潜在テスト　186
前帯状皮質　184
選択肢過多　223, 226
選択集合　207, 247
選択のパラドックス　227
前頭眼窩皮質　231, 232, 254, 255, 270
前頭前野　181
前頭非対称性　185
前頭部脳波非対称性理論　108
前頭葉　29, 30, 35

■ そ

想起率　165
ソーシャルマーケティング　299, 300
ソーシャルメディア　363
ソーマ　212
側坐核　249–252, 254, 260, 291, 322

側頭葉　29, 30, 34, 88
ソマティックマーカー　180, 183, 212, 334

■ た

第1次聴覚野　57
第一の瞬間（FMOT）　349
体現化された反応　178, 180, 183
対象者の権利の保護　365
体性感覚　393
大脳基底核　276
ダイレクトレスポンス広告　190
多感覚マーケティング　391
タグライン　161
多次元尺度構成　174
多重記憶システム　269, 271
脱酸素化ヘモグロビン　186
妥当性　382
　　　構成概念——　386
　　　内的——　386
単一光子放射断層撮影（SPECT）　10
単一ニューロン記録　78, 102
単一ニューロン研究　100
単一ユニット活動　187
短期記憶　33
単純接触効果　158, 236

■ ち

チェンジブラインドネス　126, 127
知識　352
　　　——構造（スキーマ）　163
　　　ブランド——　267–269, 271
注意　8, 32, 84, 103, 116, 117, 125, 128, 325
　　　実行——　179
　　　——散漫　118, 124
　　　——資源　118, 122, 124, 179
　　　トップダウン——　119
　　　ボトムアップ——　119, 120, 124
中心窩　45, 46
中毒　303
　　　——的消費行動　302
中脳辺縁系ドーパミン系　246
聴覚　391
　　　——系　53, 57, 60
長期記憶　33, 153
調査　286

■ て

デイ・アフター・リコール（DAR）　330, 342
低アテンション処理　336, 346
ディープラーニング　388, 400
低関与理論　125
定性調査　339
手掛かり再生　165
テザードテクノロジー　388
手順記憶　153
手続き的記憶　271
テレビコマーシャル　139
電気活動　184
電気生理学　5, 86, 100, 105

■ と

道具的学習　245
道具的記憶　265
瞳孔　45, 95
　　　——径　384
　　　——反応　105, 131
投資対効果（ROI）　18, 348, 383
頭頂葉　29, 30, 34
島皮質　177, 322
ドーパミン　251, 253, 260
トップダウン注意　119
トノトピックマップ　56
トライアル　251, 253
トラッキング　348
　　　——調査　344
ドリフト拡散モデル　229, 230

■ な

内側前頭眼窩野　393
内的妥当性　386
ナッジ　300, 308

■ に

ニールセン　188, 192, 307, 338, 345
匂い　62
二肢強制選択法　207
ニューラルネットワーク　318
ニューロインサイト　345
ニューロセグメンテーション　397, 398, 400
ニューロプライシング　286, 287, 293, 294

ニューロマーケティングサイエンス&ビジネス協会（NMSBA）　21, 368, 395
ニューロン　25–27, 72, 100, 184, 187, 217
　　おばあさん──　288
　　単一──記録　78, 102
　　単一──研究　100
ニュルンベルク綱領　360, 361
認知　379
　　身体化──　224
　　──資源　116, 124
　　──神経科学　378
　　──心理学　9
　　──的負荷　221

■ の _____
脳　29
　　──領域　34
脳磁図（MEG）　90, 105, 166
脳神経倫理学　304, 359, 365, 373
脳波（EEG）　10, 20, 78, 83, 85, 89, 102, 105, 106, 129, 139, 140, 183, 184, 188, 192, 250, 255, 292, 294, 321, 323, 326, 346, 348, 383, 386
　　皮質──計測（ECoG）　101
ノード　268

■ は _____
バーチャルリアリティ（仮想現実）　389
バイアス　43, 103, 127, 183, 220
バイオメトリクス　72, 97, 98, 102, 105, 130, 183, 192–194, 196, 250, 338, 342, 348, 386
背側経路　288
ハイプサイクル　380
バイラルキャンペーン　238
パッケージ　350
　　──テスト　349
バナー広告　159
パブロフ　270
反射　5
反復　160

■ ひ _____
比較マトリックス　238
皮質　29, 30, 41
　　眼窩前頭──　10, 36, 101
　　前帯状──　184
　　前頭眼窩──　231, 232, 254, 255, 270
　　島──　177, 322
　　──下領域　35
　　──脳波計測（ECoG）　101
　　──領域　34
非侵襲的計測　183
左利き　371
ビッグデータ　286, 316, 320, 326, 355
皮膚コンダクタンス　86, 184, 192, 193, 196, 220
　　──反応　178, 183
皮膚電気活動（EDA）　130, 380
皮膚電気反応　184
皮膚伝導　4
ヒューリスティックス　209, 235
　　感情ヒューリスティック　231
　　親近性ヒューリスティック　236
　　利用可能性ヒューリスティック　236
表情筋　185
表情認識　348
表情分析　105, 183, 185

■ ふ _____
不一致（ミスマッチ）信号　292
フォーカスグループ　182, 248, 326
不確実性　315
複合音　54
副交感神経線維　184
物体定位　52
物体認識　50
プライバシー　360, 362, 365, 366, 373
ブランディング　263
ブランド　75, 122, 128, 135, 164, 167, 337
　　──アセット　160
　　──エクイティ　163, 352, 353
　　──拡張　268
　　──経験　272
　　──経験尺度　272
　　──構築　263
　　──考慮　207
　　──資産　354
　　──戦略　16
　　──知識　267–269, 271
　　──マネージメント　330
　　──連想　268, 272

ブレインコンピュータインターフェイス（BCI） 11
プロアクティブ 323, 327
プロクター&ギャンブル社 330, 342
文化差 226
文脈 354

■へ

米国広告協議会（Ad Council） 188, 307
米国広告調査財団（ARF） 195, 335, 344, 386
ペプシコーラ 165, 233
ペプシチャレンジ 272
ヘルシンキ宣言 360
ベルモントレポート 360, 367
辺縁系 251, 254
扁桃体 31, 32, 36, 101, 177, 184, 233
　　──恐怖仮説 177
弁別閾 42

■ほ

忘却曲線 156
忘却率 157
報酬 31, 103, 265, 325
　　1次的── 246, 254
　　2次的── 246, 254
　　──回路 291
　　──系 80
ボトムアップ注意 119, 120, 124

■ま

マーケティング 299
　　経験価値── 238
　　ソーシャル── 299, 300
　　多感覚── 391
マイクロワイヤー 100
前処理 383, 385
マスメディア 238
末梢神経系 183

■み

味覚 391, 392
　　──系 63

味孔 63
ミスマッチ（不一致）信号 292
見つけるテスト 349, 351
味蕾 63

■む

結び付け問題 52

■も

モード 177

■や

薬物反対キャンペーン 301

■ゆ

誘発電位 185
有毛細胞 56

■よ

陽電子放射断層撮影法（PET） 10, 78, 97, 105, 255, 379
予告編 194
予測 314, 315
　　──誤差 253, 317, 318, 326

■り

リテールテインメント 391
利用可能性ヒューリスティック 236
リンク 268
倫理 359, 362, 366, 372

■れ

連合記憶 268
　　──モデル 268
連合条件づけ 237
連合ネットワークモデル 268
連想 152
　　意味的── 186
　　ブランド── 268, 272
　　──記憶ネットワーク 154–156, 159

■ろ

ロイヤルティ 251, 253, 264
ロケーションベース 176

【監訳者・訳者】

福島 誠（ふくしま まこと）

2008 年	The University of Chicago, Department of Psychology, Integrative Neuroscience Program（Ph.D.）
2008 年	National Institutes of Health（NIH），Postdoctoral Fellow
2013 年	同 Research Fellow
2016 年	理化学研究所 脳科学総合研究センター 研究員
2017 年	ニールセン・カンパニー合同会社 コンシューマーニューロサイエンス シニアマネージャー

【訳　者】

大須 理英子（おおす りえこ）

1996 年	京都大学大学院文学研究科博士後期課程（心理学専攻）研究指導認定退学，博士（文学）
1996 年	科学技術振興事業団 川人学習動態脳プロジェクト 研究員
2003 年	（株）国際電気通信基礎技術研究所（ATR）脳情報研究所 主任研究員
2009 年	同 室長
2015 年	ニールセン・カンパニー合同会社 コンシューマーニューロサイエンス ディレクター
2017 年	早稲田大学人間科学学術院 教授

辻本 悟史（つじもと さとし）

2005 年	北海道大学大学院医学研究科博士課程（脳科学専攻）修了，博士（医学）
2005 年	National Institutes of Health（NIH），Postdoctoral Visiting Fellow
2008 年	神戸大学大学院人間発達環境学研究科 准教授
2012 年	ニールセン・カンパニー合同会社 コンシューマーニューロサイエンス ディレクター
2014 年	京都大学大学院情報学研究科 准教授
2017 年	The Nielsen Company Singapore Pte. Ltd., Director

編　者	Moran Cerf（サーフ）	
	Manuel Garcia-Garcia（ガルシア-ガルシア）	
監訳者	福島　誠	
訳　者	福島　誠	
	大須理英子	
	辻本　悟史　　ⓒ 2019	

コンシューマーニューロサイエンス
――神経科学に基づく消費者理解と
マーケティングリサーチ

原題：*Consumer Neuroscience*

2019 年 6 月 15 日　初版 1 刷発行

発　行　**共立出版株式会社**/南條光章
東京都文京区小日向 4-6-19
電話 03-3947-2511（代表）
〒112-0006/振替口座 00110-2-57035
www.kyoritsu-pub.co.jp

制　作　㈱グラベルロード
印　刷　加藤文明社
製　本　加藤製本

一般社団法人
自然科学書協会
会員

検印廃止
NDC 675, 491.171, 491.371, 141
ISBN 978-4-320-09646-2　Printed in Japan

―――――――――――――――――――――――――――――――
JCOPY ＜出版者著作権管理機構委託出版物＞
本書の無断複製は著作権法上での例外を除き禁じられています．複製される場合は，そのつど事前に，
出版者著作権管理機構（ＴＥＬ：03-5244-5088，ＦＡＸ：03-5244-5089，e-mail：info@jcopy.or.jp）の
許諾を得てください．

AIにかかわる知の礎 ― 至高の集大成！

人工知能学大事典
ENCYCLOPEDIA OF ARTIFICIAL INTELLIGENCE

基礎理論から応用事例まで、関連分野を含め770項目を収録。

人工知能学会 編

B5判・1,600頁・上製函入
定価（本体43,000円＋税）

[編集幹事長]
松原 仁

[編集幹事]
栗原 聡・長尾 確・橋田浩一
丸山文宏・本村陽一

[編集委員]
麻生英樹・稲邑哲也・岡田浩之・柏原昭博
北岡教英・來村徳信・栗原 聡・小長谷明彦
佐藤 健・柴田智広・鈴木宏昭・津本周作
寺野隆雄・徳永健伸・戸田山和久・中島秀之
新田克己・萩原将文・堀 浩一・間瀬健二
松尾 豊・松原 仁・山川 宏・山口高平
山田誠二・鷲尾 隆

CONTENTS

- 第 1 章　人工知能基礎
- 第 2 章　哲 学
- 第 3 章　認知科学
- 第 4 章　脳科学
- 第 5 章　知識表現・論理・推論
- 第 6 章　機械学習とデータマイニング
- 第 7 章　ニューロ・ファジィ・GA
- 第 8 章　自然言語処理
- 第 9 章　画像・音声メディア
- 第 10 章　ヒューマンインタフェースとインタラクション
- 第 11 章　エージェント
- 第 12 章　バイオロジー
- 第 13 章　ロボティクス
- 第 14 章　創造活動支援
- 第 15 章　教育支援
- 第 16 章　ゲーム
- 第 17 章　ソーシャルコンピューティング
- 第 18 章　知識工学とセマンティックテクノロジー
- 第 19 章　ナレッジマネジメント
- 第 20 章　産業応用
- 第 21 章　研究動向とプロジェクト

ISBN978-4-320-12420-2

https://www.kyoritsu-pub.co.jp/　**共立出版**　（価格は変更される場合がございます）